VISIBLE LEARNING
教育の効果

メタ分析による
学力に影響を与える要因の
効果の可視化

ジョン・ハッティ［著］　山森光陽［監訳］

図書文化

VISIBLE LEARNING: A Synthesis of Over 800 Meta-
Analyses Relating to Achievement
by John Hattie
Copyright © 2009 by John A. C. Hattie
All rights Reserved.
Authorised translation from English language edition published
by Routledge, a member of the Taylor & Francis Group.
Japanese translation published by arrangement with Taylor
& Francis Group through The English Agency (Japan) Ltd.

目次

図表一覧……………………………………………………………………4
序文…………………………………………………………………………6
謝辞…………………………………………………………………………10
日本語版への序文…………………………………………………………11
監訳者解説…………………………………………………………………13

第1章 本書の試み……………………………………………………25
第2章 何をエビデンスとするか──メタ分析による知見の統合………35
第3章 主張──見通しが立つ指導と学習……………………………57
第4章 学習者要因の影響……………………………………………82
第5章 家庭要因の影響………………………………………………98
第6章 学校要因の影響………………………………………………112
第7章 教師要因の影響………………………………………………137
第8章 指導方法要因の影響Ⅰ………………………………………154
第9章 指導方法要因の影響Ⅱ………………………………………205
第10章 学力を高める指導の特徴の統合……………………………252

巻末附録A：800超のメタ分析研究リスト……………………………294
巻末附録B：効果量順のメタ分析……………………………………330
文献一覧……………………………………………………………………334
索引…………………………………………………………………………418

訳者紹介……………………………………………………………………422

図表一覧

表

2.1	要因類型別の学力に対する平均効果量
4.1	学習者要因の影響に関するメタ分析結果の概要
5.1	家庭要因の影響に関するメタ分析結果の概要
6.1	学校要因の影響に関するメタ分析結果の概要
6.2	学級規模を25人から15人に減らした場合のメタ分析および代表的な研究の結果
7.1	教師の影響に関するメタ分析結果の概要
8.1	指導方法要因の影響についてのメタ分析の結果の概要
8.2	目標の難易度とパフォーマンスの関係のメタ分析
8.3	「がんばれ」というあいまいな目標との比較における難しい目標の効果
8.4	自己効力感と到達度の関係のメタ分析
8.5	メタ認知的方略の種類と効果量（Lavery, 2008）
9.1	指導方法要因の影響に関するメタ分析結果の概要
9.2	さまざまな教授方略の効果量（Seidel & Shavelson, 2007）
9.3	Marzano（1998）における教授方略の効果量
9.4	学校全体として取り組む授業改善の効果の概要（Borman et al., 2003）
9.5	コンピュータを利用した指導の効果の概要
9.6	教師の代わりにコンピュータを用いる場合と補助的に用いる場合の効果の概要
9.7	コンピュータを同じ教師が用いる場合と異なる教師が用いる場合の効果の概要
9.8	教室における主なコンピュータ利用法の効果概要
10.1	教師による児童生徒に対する直接的な関わりと教師を通じて間接的に児童生徒に影響を与える要因の効果量
10.2	指導と教育条件の効果量

図

0.1 正規分布における標準偏差，偏差値，分布の割合の関係
0.2 効果量が $d=0.50$ と $d=1.00$ の場合の分布のずれ
1.1 児童生徒の学習には何が影響するのかに関する児童生徒，保護者，学校管理職，教師の発言の割合
2.1 学力に与える効果についての連続尺度
2.2 全メタ分析の効果量の分布
2.3 基準値以上および基準値以下のメタ分析の数
2.4 典型的な影響要因の指標図
2.5 各メタ分析の分析対象研究数と効果量のファンネル・プロット
7.2 学習者に対する教師の関係性とその効果量
8.8 フィードバックのモデル
9.16 コンピュータを利用したメタ分析の数と全体的な効果量
9.17 研究の行われた年とコンピュータを利用した指導の効果量との関係
10.1 見通しが立つ指導と見通しが立つ学習の要件
10.2 専門職資格をもつ教師の平均と専門職資格をもたない教師の平均および両者の差に関する効果量
10.3 専門職資格をもつ教師のクラスと専門職資格をもたない教師のクラスで浅い学習もしくは深い学習を示すものとして分類された児童生徒の成果物の割合

序文

　エリオットは私にとってのヒーローである。彼は，家族ぐるみでつきあいのある近しい友人の子どもだが，5歳の誕生日に白血病と診断された。その後の1年はまさに苦難の連続であった。診断が下されたその日に，医療チームがただちに治療にとりかかったことを，私は鮮明に覚えている。医療チームはエリオットが落ち着きを失わないように算段を立てつつ，たちどころに診断にとりかかったのである。医療チームは，正しい診断に必要な検査は何かを心得ており，初期診断の内容に確信が得られしだい，速やかに治療にとりかかったのである。かくして，エリオットの病状が常時監視されその結果が医療チームにフィードバックされるという1年が始まったのである。その間ずっと，医療チームは病状の変化のエビデンスを収集し，治療がうまくいっているといえるかを判断し，そしてこれらのエビデンスを全て共有していたのである。エリオットの病状は一進一退を繰り返し，頭髪を失ったり（エリオットは自分と同じように私に眉毛を剃り落としてほしいと言ってきたのだが，私はそれを拒んだにもかかわらず，エリオットは再び生え始めた髪の毛をクリスマスプレゼントとして贈ってくれたのである），毎日脚に注射を打ち続けたりしたにもかかわらず，決してたじろぐことなく，治療期間中常に明るい性格のままであり続けたのである。家族に対しては，起こっていることが包み隠さず伝えられ，何冊も本が提供され，幾度となく話し合いが設けられるなど，治療期間中の家族に対する支援も素晴らしいものであった。私が本書で伝えたいことは，エリオットの経験によるところが大きい。

　本書の内容の端緒となったのは，1990年にGil Sax教授の研究室で始めたメタ分析による研究の調査とコーディングである。その後，Herb Walberg教授の励ましによって研究を続ける意欲をもち続けることができ，オーストラリアのパース，アメリカのノースカロライナでも研究を継続し，そしてニュージーランドのオークランドで研究の終わりを迎えることとなったのである。これは，15年にわたる長旅というべきものであった。私の研究知見に対しては多くの肯定的な反応が寄せられる一方で，疑問視されたり，挑発的であるというレッテルを貼られたり，好感をも

たれたり，一笑に付されたりもしてきた。「研究結果が私の経験を反映していない」「どうして私の得意な方法を取り上げていないのか」「平均について語っているが私は平均ではない」「教室で起こっていることの機微をわかっていない」といった意見が代表的なものである。このような批判は多いが，私が何について言及し，何について言及していないのかといったことに対しては誤解されていることが多い。

したがって，本書はどのような本ではないのか，といったことを最初に説明しておきたい。

1. 本書は教室での生活を取り上げるものではなく，教室の中で起きることの機微や詳細について言及するものではない。そうではなく，教室で起きることに関する研究を統合した結果を示すものであり，交互作用よりも主効果に主たる関心がある。私自身はさまざまな国で数百時間に及ぶ授業観察，聞き取り調査，教室で起こっていることの子細を詳しく調べることにも取り組んできたが，本書では教室での営みの詳細を示すことはない。

2. 本書は学校において変化させることができないことについては取り上げていない。階級，貧困，家庭の経済状況や健康状態，栄養状態といった重要な論点は本書では扱わないが，これは重要ではないから扱わないのではなく，むしろ本書で議論される内容以上に影響力が大きく重要なものであると考えられる。それでもこれらの要因について取り上げないのは，私の専門外であるというだけの理由である。

3. 本書は質的研究については取り上げていない。本書で取り上げるのは基本統計量（平均，分散，サンプルサイズ）が示された研究だけである。これもまた，質的研究が重要ではないから，説得力がないから扱わないということを意味するものではなく，私が15年の執筆期間でできることには限りがあるため，一定の線引きをしなければならなかったというだけの理由である。

4. 本書は研究の批評をするものではない。私は，研究知見を左右する要因である研究の特質（研究の質や研究手法）については意図的に取り上げないようにしているが，これは研究の質や研究手法が重要ではないからではなく，他の研究者によってすでに議論されているという理由のためである（たとえば，Lipsey & Wilson, 1993; Sipe & Curlette, 1996a, 1996b）。

では，本書がどのような本であるのかというと，それは数多くのメタ分析を統合した結果を示したものだ，ということである。数百万人の学習者が対象者として含まれる5万本以上の研究を統合した結果であり，私が収集した情意的，体力的なアウトカムや学力以外の学校教育のアウトカムに関する研究は除外したものである。私は，これほど多くの本数の研究に目を通す時間をもつことはできないのではないかという疑念の書かれた電子メールを受け取ることもある。しかし，この疑念に対する答えは否である。私はメタ分析に含まれる一次研究の全てを読んではいないが，本書を読めばわかるように，統合の対象となったメタ分析の研究の全てを読んでおり，また一次研究にさかのぼって読むことも少なくない。私は熱心に研究を読み，徹底的に研究知見の統合の方法を学び，見解を導こうとする態度で取り組んでいる。そして，私自身の専門領域における無数の所論に基づいて，理路の通った説明を組み立てたいと思うものである。本書の目指すところはデータで圧倒させることではない。実際に初めはそうしようと，500ページにもわたって子細に及ぶ説明を書いたのではあるが，そういう細かなことは読者の関心ではないと考え，それは反故にしたのである。そうではなく，主張と説明，そしてこれらを支持する根拠を，本書で示そうとしたのである。

　本書が示す学校教育に対する主張は建設的なものである。私が，本書で述べられている内容を教師に話す際によくある反応は，自分たち教師のことを，平均以下で，何も考えておらず，怠惰な横着者であるといいたいのか，というものである。しかし，それは見当違いである。たとえば，ニュージーランドが読解力，数学，理科の成績が上位6位以内に入っているのはなぜかということを，私は明快に説明できる。それは，ニュージーランドの教師が優秀だからである。優秀な教師は確かに，そして数多く存在するのである。本書の内容は，私がこれまでに出会った，そして私の子弟を担当した教師の多くにあてはまるものである。多くの教師が，私が本書で論じたようなことをかねてから考えている。またその多くが，自身が行うことがより効果的なものとなるよう，常日頃から自身の能力を振り返り，その向上をはかろうとしている。そして，あらゆる学校において最も大切なアウトカムである向学心を，多くの教師が引き出しているのである。本書は，教師のレベルが低いとか，専門性に問題があるとか，もっと努力が必要だとかを主張するものではない。本書で取り上げた研究の多くが，実際の学校で，実際に教師を目の前にした，実際の学習者を対象としており，これらの研究で扱われた教育方法の多くは効果的であることが示されていることが，多くの教師が優秀であるということの証左である。本書が最も

主張したいことは，何が効果的なのかを示す指標が必要だということであり，そのような指標があってこそ，卓越性の指針を策定することができるということである。教育関係者は，学校で卓越といえるレベルに到達することは不可能であるという考えで，卓越性という言葉を使うことに及び腰であることがままある。しかし，卓越といえるレベルに到達することは可能である。優れた事例は数多く存在し，それは一瞬のことであったりもするが，枚挙に暇がない。そういった優れた事例が起こったときに，起こったままに，それに気づき，重んじることができるような，適切な評価軸をもつことが必要なのである。

謝辞

　本書の出版にいたる15年もの間，Nola Purdie, Krystoff Krawowski, Richard Fletcher, Thakur Karkee, Earl Irving, Trisha Lundberg, Lorrae Ward, Michael Scriven, Richard Jaeger, Geoff Petty, Russell Bishopには，データや資料の提供，助言，フィードバックをいただいた。本書の内容を詳細に検討していただいたJanet Rivers，文献調査とデータのまとめに長けているDebbie Waayerには，本書を完成させるにあたって大変お世話になった。有意義な批評をいただいたLexie Grudnoff, Gavin Brown, Adrienne Alton-Lee, Christine Rubie-Davis, Misty Sato, David Moseley, Heidi Leeson, Brian Marsh, Sandra Frid, Sam Stace, John Lockeにも謝意を表したい。メタ分析の方法を開発したGene Glassには特に感謝の意を表したい。私をはじめとしたさまざまな研究者が効果的な指導や学習を明らかにすることができているのは，彼の業績によるところが大きい。

　私の家族には深甚な感謝を捧げたい。本書の執筆を支え，本書の内容のさまざまな部分を方向づけ，親愛なる家族ならではのフィードバックを与えてくれた。毎日の食卓で学校の様子を聞かれるというのは他の子どもにはあまりないことであるが，私の子どもは，学校に通っている間には「今日の授業ではどういうフィードバックを与えられたのか」と毎晩同じ内容を質問されることに，嫌がらずにつきあってくれた。私の息子たち，Joel, Kyle, Kieran, Billy, Bobby, Jamieは，私の日々の発想の源である。そして，誰よりもJanetには最大の謝意を捧げたい。さまざまな国を転々とする中で，よいときも悪いときも常に前向きで，「それもまた研究だ」と辛抱強くつきあってくれた，生涯の恋人である。Janetが私の人生に与えた影響の大きさは，本書で取り上げたどの効果量よりも大きい。

日本語版への序文

　私は日本を訪問したことがあるが，しっかりとした授業が行われ，どの授業でも児童生徒は学習に前向きな態度で臨み，日々の授業改善に教師間で共同して取り組むという，歴然たる日本の学校教育の特徴は，強く印象に残っている。そのため，本書の見解の多くが既に実践に移されている日本の教育に対して，本書がいえることとは何なのだろうかという疑問を禁じ得ない。本書で述べた見解の多くは，これまでどおりの実践を続けるべきであるということを裏付けるものである。しかし，教師が教育という長い営為の主役たる児童生徒に変容をもたらすように，児童生徒の立場で学習という行為を理解できるように，そして，児童生徒が自身の教師として振る舞えるような技能を身につけられるようにするために，抜本的に変えなければならない部分もあるだろう。

　効果を左右する要因を突きとめること，これは教育研究の主要問題の1つである。教育の効果は個人差によって左右されるからである。私も本書の内容の元となったエビデンスをまとめながら，実際に効果を左右する要因は何かを突きとめようとしたのであるが，それは困難な作業であり，とりわけ，先進諸国に当てはまるものを見極めるのはさらに厳しいものがあった。本書で統合の対象としたメタ分析の結果には，日本での研究は含まれていないが，本書の趣旨は日本の読者にも首肯していただけるものと思われる。日本での研究知見やメタ分析の結果を参照することで，本書の内容の多角的かつ妥当な解釈が可能となると考えられる。さらに，本書の内容を発展させることもできるだろう。

　本書で行ったメタ分析の統合の結果の最も重要な含意は，教師をはじめとした教育関係者は「自身の影響力を心得よ」ということである。能力が伸びるとはどういうことかを論理的・省察的に議論すること，児童生徒の成果物，評価結果，そして肉声といった児童生徒の能力の伸びに対する介入の効果のエビデンスを収集すること，そして，児童生徒の学力，学習態度，学び続ける意欲に対して一定の効果をもたらす介入を確実に実施することが求められるのである。本書は，効果量の順位表のトップ10を引き合いに出したり，ワースト10はやらないようにする，といった使い方のためにあるのではない。本書を通じて読者に理解いただきたいのは，1年

間の介入によって，1年間の発達で見込まれる以上に児童生徒の能力を着実に伸ばす教師や学校管理職の背景にある一連の特徴である。そして，その特徴の記述を本書の随所で展開することが，私が労力を割きながら取り組んだことでもある。

　本書の日本語版の出版に当たって，本書の全体的な内容から，単語，そして（膨大な）数字に至るまで，ひとかたならず綿密に検討し日本語として意味の通るような翻訳を行った，監訳者の山森光陽氏に心から感謝申し上げる。氏には翻訳にあたって，私に多くの質問を寄せていただいたが，それらは英語版の原著をよりわかりやすいものに改訂することに資するものであった。氏は卓越した専門的識見を惜しげもなく分かち合ってくれたのである。

　本書を最後までお読みいただければ幸いである。

監訳者解説

本書の特徴と読み解くための要点

　本書は 138 の要因（うち，この日本語版では 78 の要因に限定した）が，学力に与える効果を検討した研究のメタ分析の結果を，さらに要因ごとにまとめてメタ分析を行って統合した結果を列挙したものである。各要因が学力に与える効果の大きさの全てを標準化された平均値差と呼ばれる効果量 d によって表すことで，要因ごとに教育的介入として十分な効果が見られるかを評価するとともに，これらの効果の比較を可能としている。

　このような特徴をもつ本書は大きな関心を呼び，原書の出版部数は 3 万部以上と聞く。ドイツ語，スウェーデン語，デンマーク語，ノルウェー語，中国語にも翻訳されており，また，イギリスのタイムズ紙の教育版は，本書を "Research reveals teaching's Holy Grail"（「指導の聖杯，研究によってついに見つけたり」），すなわち，数多の人々が長年探し求めてきた効果的な教育の在り方を突き止めた 1 冊であると評した。

　多くの読者の目を引くのは，著者 John Hattie が考案した「指標図」（barometer）であろう。各要因に対するメタ分析の統合の結果として示されているこの図は，視覚的訴求力が高い。各要因に対する指標図を一覧すれば，各要因が学力に与える効果の把握や，要因間の効果の比較が容易にできよう。

　しかし，本書のセンセーショナルな特徴や視覚的訴求力の高さは，ややもすれば筋違いな解釈や見当違いな判断を招きかねない。以下では監訳者が考える，本書を読み解くための要点を述べたい。

効果量

■効果量の解釈

効果量 d については第 2 章で説明されているが，教育統計になじみのない読者にとってはやや理解しにくい部分があると思われる。そのため，ここでも簡単に説明する。

効果量とは，測定の単位に依存せずに効果の大きさを表す指標のことであり，標準偏差を単位とした平均の差（分布のずれ）を示す d-family のものと，相関を単位とした変数間の関係の強さを示す r-family のものとがある。本書で扱われている効果量は，d-family の効果量の 1 つである。この値は，実験（介入）群と統制群のそれぞれの平均と標準偏差を求め，両群の標準偏差の平均のようなもの（プールされた標準偏差）を求め，2 群の平均値の差をプールされた標準偏差で割ることで求められる。

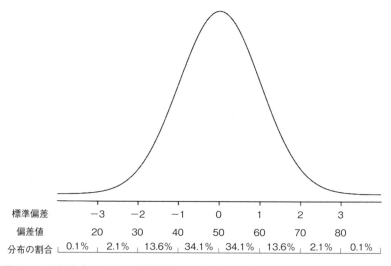

図 0.1　正規分布における標準偏差，偏差値，分布の割合の関係

効果量 d を解釈するには，図 0.1 に示したような正規分布と標準偏差に対する分布の割合との関係をおさえておくとよい。そして，効果量 d が 0.50，あるいは 1.00 であった場合の分布のずれを示すと，図 0.2 のとおりとなる。たとえば効果量 d が 1.00

であった場合，2群の分布のずれは1標準偏差分，$d=0.50$ であった場合には 0.5 標準偏差分であるということとなる。また，人数の割合で比較すると，$d=0.50$ の場合には実験（介入）群の69％が，$d=1.00$ の場合には84％が，統制群の平均を上回るということとなる。

効果量 d と似たような計算で求められ，学校でも用いられる機会の多い指標に「偏差値」がある。偏差値は分布における個人の位置の平均からのずれを標準偏差を単位にして表現する標準得点を，解釈しやすくするために10を乗じ，平均が50となるように50を加えて求められる。図0.1, 0.2には偏差値との対応も示したが，たとえば効果量 d が 0.50 であった場合には，実験群と統制群の各群の平均偏差値の差は5であるということがわかる。

偏差値を用いることで，複数の異なるテストの結果を同一尺度上に載せて検討することが可能となる。これと同様に，効果量を用いると効果指標が異なる複数の研究結果を比較したり，統合することが可能となる。複数の研究知見を効果量を用いて統合することをメタ分析といい，さまざまな研究の結果から，ある教育的介入の効果の平均的な大きさを推定することができる。

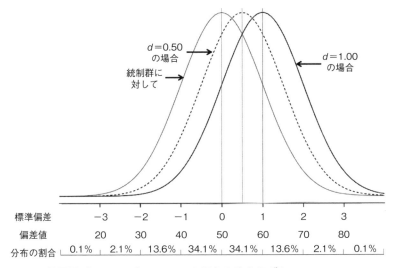

図 0.2　効果量が $d=0.50$ と $d=1.00$ の場合の分布のずれ

なお，効果量に関しては水本・竹内（2008）[*1]，大久保・岡田（2012）[*2]が，メタ分析に関しては山田・井上（2012）[*3]が，それぞれ日本語で平明に読める優れた参考文献である。

■直接教授の効果の基準値としての $d=0.40$

　本書で示されたメタ分析の統合の結果の解釈に際して，著者は $d=0.40$ を基準値としている。基準値をこの値に設定した理由は第2章でも述べられているとおり，本書が統合の対象としたメタ分析の結果得られた効果量の平均が $d=0.40$ であったためである。つまり，学力に影響を与えると考えられるさまざまな要因のうち，平均以上のものを「望ましい効果」があるものと見なしているのである。

　$d=0.40$ とは，ある介入の実施の有無で比較すると，介入群の方が偏差値が4高いことと同義である。たとえば，ある学習者の偏差値が48前後から52前後に上がると，学力が上がったと判断する教師は多いと思われる。一方，たとえば2前後の偏差値の変動では，学力に違いが生じたとは考えにくいだろう。

　この点に関して，Plonsky & Oswald（2014）[*4] が外国語教育の分野における研究437本に対してメタ分析を行った結果は参考となろう。この結果では，ある指導法の実施有無で効果を比較した研究236本の効果を統合した結果の効果量の中央値は $d=0.71$，指導法の実施有無で効果を比較した研究をメタ分析した研究67本の結果を統合した結果の効果量の中央値は $d=0.62$ であることが示された。そして，これらの分析結果から，d については0.40で小，0.70で中，1.00で大という解釈基準を提案した。

　効果量の解釈基準については多くの議論があり，文脈によってはその値が小さくとも意義が認められる場合もある。ただし，実践的な感覚や他の研究知見と照らし合わせると，著者が基準値とした $d=0.40$ は，教師が学習者に対して直接介入することの効果の基準としては一定の妥当性をもつと考えられる。

■効果量が低いことは必ずしも「実施すべきではない」ということを意味しない

　本書で示されたさまざまな要因の学力に与える効果は，小さいものもあれば大きいものもある。また，一般的に考えられているよりも効果の小さいものもある。第

[*1] 水本篤・竹内理（2008）．研究論文における効果量の報告のために─基礎的概念と注意点─　関西英語教育学会紀要，31, 57-66.
[*2] 大久保街亜・岡田謙介（2012）．伝えるための心理統計─効果量・信頼区間・検定力─　勁草書房
[*3] 山田剛史・井上俊哉（編）（2012）．メタ分析入門─心理・教育研究の系統的レビューのために─　東京大学出版会
[*4] Plonsky, L., & Oswald, F. L. (2014). How big is "Big"? Interpreting effect sizes in L2 research. *Language Learning, 64*, 878-912.

2章や第9章で取り上げられている「宿題」の効果（$d=0.29$）はそれらの代表的なものの1つといえよう。第9章の表9.1には25の要因の効果が列挙されており，その中での順位は17位と高くはない。このような結果を教師に披露すると，「宿題は出さない方がよいのか」といった反応を受けることがままある。しかし，本書の基準値である$d=0.40$には届かないものの，$d=0.29$というのは正の効果である。したがって，宿題を出すことが学習者の学力に負の影響を及ぼす，すなわち学力を実体的に下げるということにはならない。効果の低さは，「止めるべき」という意味に直結するものではない。

また，効果量が$d=0.00$に近いものの解釈にも注意する必要がある。たとえば第6章で取り上げられている異学年・異年齢学級編制の効果は$d=0.04$である。これは，同学年の児童生徒で学級を編制した場合と比較して，学力に与える効果には違いが見られないことを示している。したがって異学年・異年齢学級編制は，学力に対する効果という点では「毒にも薬にもならない」といいうる。このような効果量が$d=0.00$に近い介入や工夫改善などは，これを実施することで効果的な指導の実現につながるのであれば，実施することの合理性が支持されると考えられる。

■指導の効果と制度の効果

本書で取り上げられたさまざまな要因等には，教師が直接学習者に働きかけるものもあれば，そうではないものの含まれている。第8，9章で扱われた指導方法に含まれる要因は，教師が直接学習者に働きかけるものであるが，第6章で扱われた学校要因に含まれる制度や教育条件は，それ自体が学習者に直接働きかけるというものではない。

制度や教育条件は，教室環境や教師に影響を与えることを媒介して，学習者に影響を与える。そのため，教師が直接学習者に働きかけるものと比較すれば，学習者の学力に対する影響は小さいものとなる。このことは，第2章の表2.1に示されているように，他の要因と比較して学校要因が学力に与える効果はかなり低いことからも理解できよう。

一例として，本書で比較的紙幅が割かれている，学級規模の効果について考えてみたい。第6章にあるとおり，学級規模の縮小の効果は$d=0.21$であり，「効果は見られない」と述べられている。さらに「多くの介入の効果量と比べると小さく」「コストには見合わない」とも指摘されている。ただし，ここで注意しなければならないのは，学級規模縮小の効果が小さいというのは，本書で取り上げられた多くの要因，とりわけ教師が直接学習者に働きかけるものと比べての指摘だということであ

る。

　したがって，効果の大きさを議論したり，比較したりする際には，その要因がいわゆる指導（教師による学習者に対する直接介入）なのか，制度（学習者に対して間接的に影響するもの）なのかを分けて考える必要がある。また，効果的と考えられている指導は，そのような制度や教育条件のもとで実施しやすく，期待される効果が得られるのだろうか。このような多面的・多角的な議論も重要だろう。

■ 効果の比較

　本書は「学力に与える効果についての連続尺度を作り，学力に影響を与えるあらゆる要因」を連続尺度上に載せることで（第2章），さまざまな介入の効果を比較可能な形で示している。しかし，さきに指摘したように，効果量が低いことは必ずしも「実施すべきではない」ということを意味せず，また教師による学習者に対する直接介入か学習者に対して間接的に影響するものかでも効果の大きさは異なる。加えて，国の経済状況などでも効果が左右される（第2章）。これらの点を踏まえると，学力に影響を与えると考えられる諸要因の効果を手当たりしだいに比較したり，欧米での知見を主として統合された結果が示された本書の内容をそのまま日本の学校に当てはめるといったことは，慎むべきといえよう。

　また，効果が小さくても実施する価値が認められる介入もあれば，効果が大きくともコストが高すぎるといった介入や教育条件の整備もある。効果量の比較や解釈にあたっては，その介入や要因の特質を踏まえつつ，これらに関する先行研究の結果も参照しながら，総合的に検討することが求められる。そして実際の意思決定にあたっては，その介入や要因が効果的なのはなぜかといった，合理的な説明がともなわなければならないだろう。

エビデンスと合理的説明

■ 実証的知見を踏まえた理路の通った説明

　著者が本書の随所で主張しているように，本書の主たる目的は，学習者の学習に影響を及ぼす要因についての説明を展開することであって，各要因に効果量 d を付して「効果的な方法」を列挙することではない。取り上げられた要因ごとに軽重は見られるものの，各々の要因や介入に対して，それがなぜ効果的なのか，あるいは効果的とはいえないのかを，教育心理学を中心とした理論を援用しながら，理路の

通った説明を試みているのが，本書の出色な点である。

たとえば，本書で議論された効果的な指導の要諦とされているフィードバックについては，その効果を単にメタ分析の統合結果を提示するだけではなく，どのような種類のフィードバックが特に効果的なのか，それはなぜ効果的なのかといった具体的な説明が試みられている。学級規模の縮小に「効果は見られない」のも，学級規模の大小ごとに見合うと考えられる授業形態を論じた上で，学級規模の大小にかかわらず教師が指導方法を変化させないことが効果の低さにつながっていることを指摘している。

エビデンスの利用に積極的な医療の分野では，ランダム化比較試験（RCT）によって得られた複数の知見をメタ分析したものが，最もレベルの高いエビデンスであると考えられている。RCTとは，対象者の割り当てを厳密かつ無作為に行った実験のことであるが，これは介入から結果に至る因果関係を変動させうるさまざまな変数の影響を取り除いて，いうなれば介入から結果に至る過程を問題なくブラックボックスとして扱えるようにして，因果関係を立証できるようにするための手続きである。そして，単一のRCTの結果だけでなく，別の場所などでも同等の効果が得られるか，文脈が違えども一定程度の効果が見られるかを示すのがメタ分析である。

こうした手続きで得られたエビデンスは，たとえば薬剤の投与によって血圧を下げるといったような，単一の介入によって特定の部分に対して一定の効果を得ようとする際の，介入実施有無の判断には有効であろう。しかし，教師が学習者に働きかけることとは，所与の条件の下で，学習者の個人差を考慮しながら，さまざまな方法を組み合わせて，多様な側面からなる能力を伸長させることである。

そのため，因果の間がブラックボックスとされた知見だけでは，教師が合理的な判断をともないながら学習者に働きかけることはできないだろう。ある教育条件はなぜ一般的にはそのような効果が得られるのか，ある個人差はどうしてアウトカムに影響するのか，ある指導方法が効果的な理由とは何か，浅い理解，深い理解，そして概念化は何をすることで促されるのか，これら一つ一つに実証的知見を踏まえた理路の通った説明が与えられてはじめて，合理的な判断の下で教師が実践を，管理職や教育行政関係者が施策を実施することが可能となるのではないだろうか。

■さまざまな要因の主効果を並列させながら交互作用を思い描く

本書で記述されているのは，学力に影響を与えると考えられる要因の各々について，これらの全体的な効果，効果に対する説明，そしてこれらの知見と説明を踏ま

えた，学力を高める指導の特徴である。ただし，本書で示された効果量は，さまざまな学校種，多数の地域の学習者を対象者に含んだメタ分析の結果を統合した結果求められたものである。たとえば宿題の効果は $d=0.29$ とあるが，第9章でも触れられているように，学校段階によっても，教科によってもその効果は異なる。このように，本書で示された効果量は，ある介入が全ての学習者に対して同等の効果をもたらすということは意味しない。

　本書で示された各要因・介入の効果量は，個人差が捨象された主効果である。この点に関して著者は，ある介入の効果は別の要因によって変動しうること，指導方法の組合せによってはかけ算的な効果が期待できること，効果の低い教育条件や方法も効果的な指導と学習の原理に基づく実践がともなえば効果は大きくなりうることも指摘している（第10章）。つまり，主効果を列挙しながらも，交互作用に着目する必要も同時に主張しているのである。

　さきに指摘したように，教師が学習者に働きかけることとは，所与の条件の下で，学習者の個人差を考慮しながら，さまざまな方法を組み合わせて，多様な側面からなる能力を伸長させることである。いいかえると，教師の仕事とは，教育条件，学習者の個人差，さまざまな指導方法との交互作用を想定しながら，日々の指導にあたることである。交互作用を想定するには，各々の要因の効果を，実証的知見を踏まえた理路の通った説明に基づいて理解する必要がある。著者が単に効果量を列挙するのではなく，理路の通った説明を試みたことは，上記の点において意義が認められる。さまざまな要因の主効果を並列させながら交互作用を思い描くことこそが，効果的な指導の実現の鍵なのである。

本書で示された効果量は決定的なものではない

■更新され続ける統合後効果量

　本書で示されている各々の効果量は，本書の出版以前に公刊された研究を統合した結果である（第2章）。したがって，本書の出版以後に公刊された研究を含めて統合を行えば当然，統合後の効果量は異なるものとなる。著者は精力的にメタ分析の結果の収集とこれらの統合に取り組んでおり，本書以後に出版された *Visible Learning for Teachers* [5] などでは，一部異なる効果量が報告されている。著者によ

---

[5] 和訳あり（ハッティ, J., 原田信之（訳）(2017). 学習に何が最も効果的か　あいり出版）

る最新の効果量はhttps://visible-learning.orgの"Hattie Ranking"に掲載されている。

■効果そのものも変えられる

　本書が統合の対象としたメタ分析には，多数の一次研究が含まれており，各々の効果量は大小さまざまである。たとえば，第9章で引用されているKluger & DeNisi（1996）[*6]は，著者がフィードバックの効果に関するメタ分析の統合に含めた研究の1つだが，この研究に含まれた131本の一次研究から得られた470の効果指標の効果量dは，-3.00を下回るものから$+12.00$を超えるものまであったことが示されている。

　このように，同じような介入を行ったとしても，効果は大きくもなれば小さくもなることがある。さらに，本書で「効果は見られない」と述べられている学級規模の縮小も，「これまでに行われた学級規模縮小の効果をまとめたものとして示された結果」（第6章）であると指摘されている。すなわち，「メタ分析で得られる知見は過去に対する見解」（第2章）なのである。たとえば学級規模を縮小することで実施しやすくなると考えられるフィードバックが，学級規模の縮小にともなってより充実した形で多くの教室で実施されるようになり，そのような知見が蓄積され，統合がなされれば，学級規模縮小の効果は本書で示された$d=0.21$を上回る可能性も考えられる。

　本書の特徴の1つに，比較可能な形でさまざまな介入の効果を示しているという点が挙げられる。そして，本書の内容を参考にしながら，実施すべき指導方法などを選択的に検討することは重要なことである。しかし，介入の単なる取捨選択にとどまらず，たとえば，一般的に考えられているよりも効果の小さい宿題（$d=0.29$）をより効果的なものにするにはどうすればよいかといったことを検討するなど，ある教育条件整備，指導方法や介入そのものの改善を見通すために，本書で示された知見を援用するといったことも，本書の使い方の1つとして有意義といえよう。

[*6] Kluger, A. N., & DeNisi, A. (1996). The effects of feedback interventions on performance: A historical review, a meta-analysis, and a preliminary feedback intervention theory. *Psychological Bulletin, 119*, 254-284.

日本語版の出版にあたって

■邦題について

　本書の邦題は「教育の効果」とすることとした。その理由は以下のとおりである。

　本書の原題は "*Visible learning*" である。これを直訳すれば「学習の可視化」といった訳になると思われる。また，先に出版された中国語版では「可见的学习」と訳されている。しかし，学力に影響を与えうる要因として本書が取り上げたものは，学習者，家庭，学校，教師，指導方法と広範にわたっている。これらの要因の幅広さは，日本語の「学習」の意味の範囲には収まらないと考えた。さらに，本書では visible という語が「学習に関する効果の可視化」という意味に加えて，「見通しが立つ」（第3章）といった意味でも用いられている。

　副題は「メタ分析による学力に影響を与える要因の効果の可視化」とした。原書の副題は "*A synthesis of over 800 meta-analyses relating to achievement*" である。この副題の意味するところを踏まえつつ，「教育の効果」という邦題に含み切れなかった visible の意味合いを，邦訳の副題に反映させることとした。

■原書との違い

　原書は全11章で構成され，学習者要因，家庭要因，学校要因，教師要因，カリキュラム要因，そして2章に分けられた指導方法要因について扱っている。これらのうち，カリキュラム要因については欧米で実施されているプログラムを中心に扱っており，日本では実施されていないものが多い。そのため，カリキュラム要因の章については訳出の対象外とした。さらに，訳出の対象とした章で扱われた要因や指導方法などのうち，日本の状況にはなじまないと考えられたものについても訳出の対象外とした。また原書では，メタ分析の統合結果の一部に誤りがあった。これらについては原著者より提供を受けた修正後の値に修正した。そのため，効果量の順位の一部で原書とは異なっている。

　また，原書の内容の一部に明らかな記述の間違い，計算結果の誤りなどが見られた。これらの点については，訳者及び監訳者が確認できた限りで修正した。

　なお，本書に対する批判の1つに「結果の半分は間違いである」というものがある。これは原書で示された共通言語効果量（Common Language Effect size：CLE）の計算結果が全て誤りであったことに起因する。著者が求めた効果量 d と CLE の

うちの後者が全て誤りであったことが,「結果の半分が間違い」という指摘を招くこととなったのである。CLEについては,第2章での説明にも誤りが見られたため,訳者と監訳者が内容を修正した。各要因に関するCLEについては,著者より資料の提供を受けて監訳者が再計算し,修正後の値を掲載した。

以上の選択及び修正は,全て著者の確認を経た。

■訳語・訳文について

本書で用いられている用語についてはできるだけ日本語で表現することとしたが,カタカナ表記の方が一般的なものはカタカナで表すこととした。また原書における"learner","student"については,初等教育段階にだけ言及していると判断できる場合には「児童」,中等教育段階の場合は「生徒」,両者の場合は「児童生徒」,高等教育段階も含む場合には「学習者」とした。なお,平易な日本語とするために,効果量の一部について,符号を逆にして訳した箇所がある。

■監訳にあたって

監訳者解説の終わりに,私事にわたる内容だが,本書の邦訳を出版するに至った経緯について若干触れておきたい。

監訳者が本書の存在を知り,一読したのは2012年のことである。この年の8月に津田塾大学大学院で実施した,教育評価に関する集中講義において講読した文献の1つであるHattie & Gan (2011)[*7]の冒頭に,本書を引用して「フィードバックの効果は一般的な指導の効果の2倍である」「フィードバックは学力に対する効果の大きい要因の上位10位以内に入る」という記述があった。この記述は学習に与える効果の順位表の存在を示唆しており,おそらくその引用文献(本書)にそのようなものが掲載されているはずであると考え,直ちに本書を入手した。

本書を一読して真っ先に感じたのは「指標図」の見栄えと,巻末に付された効果量の順位表の訴求力の高さであった。そして,仮に本書が和訳のないまま普及した場合,効果量や指標図,そして効果量の順位だけに目が向けられ,本書の本来の目的である「学習に大きな影響を及ぼす要因についての説明」が見過ごされかねないと考えた。

介入の効果を議論したり,環境や教育条件に見合った指導方法を取り入れ実施す

[*7] Hattie, J. & Gan, M. (2011). Instruction based on feedback. In R. E. Mayer, & P. A. Alexander (Eds.), *Handbook of research on learning and instruction*. (pp.249-271). New York: Routledge.

るのに必要なのは，単に因果が示された知見や，効果が数量的にだけ表現された知見ではない。実証的知見を踏まえた理路の通った説明こそが不可欠である。このような考えで，本書をあえて和訳することとした。

第1章

本書の試み

　「すべてが効果的と考えられる」。これは教育現場での常套句の１つである。「平均以下」を自称する教師はほとんどおらず，保護者，政治家，学校管理職各々が，特定の指導方法や学校改革が効果的であるとする理由をもちあわせている。そして，指導や学習に対する根拠のない見解が，「すべて効果的」といった正当化をもたらすのである。各々の教師が異なる方法で指導を行うことは一般的に認められており，教師によって指導が異なることは「指導スタイル」や「専門家の独立性」という名の下に尊重されているが，それは往々にして「私独自の方法で教えることにあなたが干渉しないのであれば，私もあなたには干渉しない」といった態度を招くこととなる。教師は同僚とカリキュラム，評価，学習者のこと，時間や資源が足りないことについて話し合うことはあっても，指導方法は教師によって異なることを重要視しているため，指導方法について話し合うことはほとんどない（独自の方法で指導を行うのは互いの権利であるということを疑問視しないのであればこれが許容される）。教育制度の改革は，指導に関することよりも教育条件に関することに対して行われることが多い。たとえば学級規模，学校選択，進級の仕組み（成績が著しく悪くても次の学級に進級させること）などがあるが，これらが児童生徒の学習に最も影響を与えるものであるかのように見なされている。学級の方針として能力別学習集団編制の実施，あるいは取り止めといったこともまた，これらが学習者の学力に与える影響の大きさに訴えて実施されている。しかし学習指導というものは，多くの教師にとって個人的な問題であり，閉ざされた教室の扉の向こう側で行われることであり，疑問や異議を向けられることはほとんどない。そして，「指導が効果的だった」という教師の言葉は，教師に対して指導に干渉しないことを十分に正当化するもののように思われる。本書では，教師が効果的な指導であると思うことのほとんどに対して十分な説明ができることが示される。道理に背くふるまいや著しい指導力不足は別として，「すべてが効果的」と考えられることのほとんどに対して説明は可能である。しかし，そこに大きな問題が潜んでいる。

　ある年度の学習者に対する指導がいくら上手くいったとしても，次年度には別の

学習者を受け持たねばならないため，教師は指導を毎年刷新しなければならない。一方,年度が変わることで学習者が直面する大きな変化は教師の能力の違いであり，学校そのものや同級生は前年度と大した違いはない。教師が前年度上手くいったやり方で授業をしたい，前年度の学習者を基準として評価したい，前年度上手くいったとおりに単元を進めたいと思う気持ちはよくわかるが，教師たる者は気持ちを新たに指導に取り組まねばならない。教師は新しく受け持った学習者の特徴を把握し，それに適合的な指導を行うとともに，その時々の学習に対応する（学習とは一瞬一瞬で異なるものだからである）といったように，受け持った学年の学習者に対する対応は，自分が初めて授業をしたときのようでなければならない。学習者にとっては，教師との出会いも初めてであり，学習内容に触れるのも初めてだからである。

　本書で一貫して論じられるのは，授業が計画的に構成され，学習内容がきちんと伝わり，学習集団がうまく編成されれば，学習指導は一定の成果をあげるということである。指導技術の成否は「その後何が起こるか」にかかっている。すなわち，学習者がどのように知識や技能を解釈し，またそれらに適応あるいは拒絶し，もしくは再構成しているのか，学習者がどのように学習内容を別の課題に関連付けたり応用したりしているのか，学習者が知識や技能を身につけた，あるいは身につけられなかったことに対してどのような反応を見せているのかを把握したうえで，どのような次の一手を打つかによって決まるのである。学習とは自発的なものであり，個人的なものであり，また往々にして努力することが求められるものである。学習の過程は必ずしも楽しいものではなく，気分に左右されるものであるが，意欲と粘り強さ，そして細やかな気配りが（教師にも学習者にも）必要とされ，そして乗り越えるべき過程なのである。

証拠の蓄積は多い

　研究文献には，教師や学校がすべきこととしての提案がふんだんに示されている。たとえば Carpenter（2000）が過去 10 年に *Phi Delta Kappan* という学術誌に掲載された論文を調べたところ（ハンター・メソッド，アサーティブ・ディシプリン，「2000年の目標：アメリカ教育法」），経営品質管理，ポートフォリオ評価，エッセンシャルスクール，ブロックスケジューリング，能力別進路指導の廃止，品格教育など，「得策」として示されたものは 361 本もあった。しかし，これら得策なるものの効果は仮にあったとしてもわずかなものに過ぎないことが示された。同様に Kozal（2005）は，「フォーカススクール」「アクセラレーテッドスクール」「ブルーリボンスクール」

「エグザンプラリースクール」「パイロットスクール」「モデルスクール」「クオリティスクール」「マグネットスクール」「クラスタースクール」といった，注目されては消えていった改革は数多くあり，どれもがその効用と他との違いを主張しているものの，証拠はほとんど示されていないことを指摘している。「試してみて」という程度のことが次々と出てくることで，「効果がある」ことを示す根拠も次々と示され，もはや飽和状態にあるといえる。著名な変革論者である Michael Fullan は，学校が直面している深刻な問題は「新しい考え方を受け入れない」ことではなく「さまざまな新しい考え方を，無批判かつ一貫性もなく受け入れることでちぐはぐな状況となり，教師が過度な負担を強いられている」ことにあると述べている（Fullan & Stiegelbauer, 1991, p. 197）。また，Elmore（1996）は，学校教育の問題は良質な教育方法の適切な供給がないことではなく，むしろ学校側が良質な教育方法を受け入れようとする需要がないことにあり，研究者側は次々と新しい方法を供給してはいるものの，学校の側に良質な方法を受け入れたいという需要が高まるような取り組みがなされていないことを長年主張している。

　教室において何をすれば効果的なのかといったことについては，多くの知見が蓄積されている。図書館（の書架）やインターネット上にある学術誌をざっと見るだけでも，教育研究はすでにたくさんのことを明らかにしていることがわかる。学術的知見が膨大であるため，学習指導に関するハンドブックだけで図書館ができるほどに多く，またその多くは，手のひらに収まるような大きさではない。多くの国では教育改革の波が押し寄せ，新しいカリキュラムの実施，説明責任を果たすための新たな方法の導入，教員養成課程の見直し，教員研修，チャータースクール（公設民営学校），教育バウチャー制度，新たな学校経営の仕組みなどの導入がなされてきた。また，保護者，教師，教室，教育資源，教科書，学校管理職，そして児童生徒までもが非難の対象となってきた。これまでに示されてきた問題点とそれらに対する改善策として示されてきたものを列挙しようものなら，この本が何冊あっても足りないくらいに膨れ上がる。

　この方法が効果的であるとか，その新しい考え方は奏功するとか主張する知見は数えきれないほど世の中に出されてきた。教育研究の知見は豊富にあるものの，教師に活用されるものはほとんどなく，また学習指導の根本に影響を与えるような政策転換につながるようなものもほとんどない。それは，研究文献が教師の興味を引くような書き方がされていなかったり，研究成果が教師に提示される際に，教師は（少なくとも自分自身にとって）効果的な指導法はこれだという強固な信念を有した状態で研究成果に触れているという点が考慮されていないためかもしれない。さ

らに，教師の仕事は状況に大きく依存するものであり，多くの教師にとって腕の見せどころは，カリキュラム（プログラム）を学習者や教授法に適合するように修正するところにある。しかしこういった修正が行われているということが研究では見逃されている。

多くの論文が出版され，指針を示した報告書が世に多く出され，あれこれと方法を提唱する有識者会議が多く開催され，多くの保護者や政治家が新しい，あるいはよりよい解決策を思いついたりしているのに，授業の様子は200年前とほとんど変わらないのはどうしてだろうか（Tyack & Cuban, 1995）。研究の知見がこれほどまでに影響力をもたないのはなぜだろうか。その理由の1つとして考えられるのは，さまざまな形で示された授業の効果に関する証拠をまとめて要約したり比較したりすることは，かつては難しいものであったということである。1970年代に入って，研究論文のレビューをする方法に大きな変化がもたらされ，膨大な知見を自家薬籠中の物として教師にとって役立つ情報を引き出すことができるようになった。それまでの研究レビューの一般的な方法は，出版された論文を多数集めて文章でまとめていくというものであったが，1976年にGene Glassがメタ分析という考え方を公表し，以後広まることとなった。その方法は第2章で詳述するが，これは，各々の研究で示された効果を必要に応じて共通尺度化（効果量）するといったものであり，全体的に見てどの程度の効果があるのかを数値化し，解釈，比較することを可能とし，また全体的な効果に対する調整変数を発見したり，さらに詳しく調べたりすることが可能となる方法である。メタ分析の方法は時を経ずして普及し，1980年代の中ごろには教育研究の分野でメタ分析を行った研究は100本を超えるまでになった。本書の内容は，学習に与える影響について検討することを目的にこれまで取り組まれた800以上のメタ分析の結果を統合（メタ・メタ分析であるともいえる）した成果に基づいているが，これも最近行われたメタ分析研究の1つであるといえる。メタ分析に関してはさまざまな方法が開発されており，学習者の学力に著しく負の影響を与えるものから著しく正の影響を与えるものまでを順位づけることも可能となっている。このようなことを示すことで，教師が自分たちが実施している指導方法が効果的だと単純に思い込んでしまうのは見当違いによるところが大きいということが明らかとなる。メタ分析による知見の統合とその結果を用いた教育効果の順位づけを行うことの最も重要な意義は，学習者の学力向上に対して効果的な方法もあればそうでないものもあるのはなぜなのかを説明しうる基本的な原理原則を導くことにある。

単に効果のある方法を示すのではなく，なぜ効果があるのかを説明することの重要性

　本書の目的は「効果のある方法」を長々と列挙していくことではない。これらを列挙することは往々にして，その根底にある理論や真意を欠いたまま一連の提言を示すに過ぎないものとなり，それらの方法が効果をもたらす前提や，慌ただしく目まぐるしい教室の状況への考慮が欠如したものとなりがちで，ひいては常識を主張するに過ぎないものになりがちである。常識を基準としてしまうと，どんなものでも効果があるということになってしまうのであり，この点に学習指導の問題があるといえよう。Glass (1987) は "What Works: Politics and Research" で，このような常識に訴える主張は，これ以上費用をかけた研究をする必要はないといっているに等しいと雄弁に論じた。このような「効果のある方法」だけを提示することは，教室で起こっている現実をなおざりにしかねず，また相関と因果の取り違いを招きがちとなる。Michael Scriven (1971; 1975; 2002) は，長きにわたって相関と因果の誤解について論じてきたが，それらで主張されているのは，たとえば先行オーガナイザーや，学習者から目をそらさないことや，学習時間を多くもつことなど，学力との相関が見られるさまざまなものを，よい学習指導であると錯覚してはならないということである。これらは確かに学力との相関を認めうるものではあるものの，よい学習指導の中にはこれらの要因が1つも含まれない可能性もある。また，このような取り組みが増えることで，別のこと（たとえば学習者を尊重し思いやることなど）が減ることもありうるのだ。このようなことを踏まえると，相関と因果とは区別されなければならないのである。

　本書に示された結果の主要なものの中から，フィードバックの回数を増やすということを例に考えてみよう。フィードバックと学習者の学力との相関は強いが，だからといってすぐさまフィードバックを多く与えたとしても学力の飛躍的な向上は期待できない。学習者の学力を高めるためにフィードバックの量を増やそうとするのであれば，教師とは何たるかについての考え方を変える必要がある。すなわち，何ができ，あるいはできないのかを学習者から教師へとフィードバックされることの方が，教師が学習者にフィードバックを与えることよりも効果的であるし，また学習者とのやりとりや配慮のしかたをこれまでと変えることが必要となる（これらの点については後で詳しく述べる）。また，教師が学習者に対して相互にたくさんのフィードバックを与え合うことを促すということも，フィードバックの効果を誤

解しているといえる。Nuthall（2007）が示しているように，小学生が自分の学習した成果に対して受けるフィードバックの80％は，他の児童からのものである。しかし，それらのフィードバックの80％は内容的に間違ったものである。さらに，フィードバックの量を増やす（教師から児童生徒，児童生徒から教師のどちらの場合であっても）以前に重要なのは，学級の雰囲気である。間違うことが受け入れられることが重要なのであり，そういった雰囲気があってはじめて学習の効果が高まるからである。さらに，適度に難しい目標をもたせることも，フィードバックが効果的なものとなるためには欠かせない。このような事柄を踏まえると，単純に1つの方法（たとえば「フィードバックを多く与える」といったような）を適用したところで，あわただしく，多面性をもち，児童生徒の文化的背景も多様で，日々変化しつつあるといった状況にある教室では効果はないのである。

　何をもって因果関係の証拠と見なすかについての論争は，これまで以上に盛り上がりを見せており，ランダム化比較試験（RCT：対象者の実験群と統制群への割り当てを厳密に無作為に行った実験）の結果だけが因果関係を正当に検証可能であると主張する向きもある。ランダム化比較試験による研究は，本書にはほとんど含まれていないものの，本書の主張のほとんどは「証拠に基づいて説明されている」といえる。ランダム化比較試験を行うことは有効な方法ではあるが，Scriven（2005）が主張しているところによると，それよりも高い判断基準は「合理的な疑いの余地のない」結論を導くことができるかどうかである。本書では一貫して，学習者の学力を高める要因を調べることを目的に行われたメタ分析の結果としてのさまざまな相関を提示しているが，それは「合理的な疑いの余地のない」ものとはならないものの，相当の説得力と一貫性のある説明をデータから組み立てることを目的としている。説明するということは，因果関係を特定することよりも難しいこともあるのだ。

　研究デザインを重視したり，ランダム化比較試験が必要であるといった主張や，学習者の学習に与える影響に関する論争の多くは，証拠の必要の議論の高まりによって引き起こされている。「証拠に基づく」というのは流行語であるが，研究者が証拠を集めているまさにそのときにも教師は授業を行っているのである。現代の学習指導の200年以上の歴史の中では，教師の指導方法の選択の契機となりうるような研究成果がいくつも出されてきたにもかかわらず，その間教師自身は「授業がうまくいっている」という概念を持ち続けることから逃れることはできなかったのである。「うまくいっている」ということだけでは何の説明にもならないのである。著者が第3章で提示するモデルは思弁的なものととられるであろうが，これは学習

者の学力に影響を与えるさまざまな要因を統合的に説明すること，及びこれらの要因が学力に与える影響の大きさをわかりやすく比較するためのよりどころを提示することを目的としている。この考え方は明らかに挑戦的であるということを著者は強調しなければならないものの，以下の Popper の言葉に一縷の望みを見いだしうるのである。

> 大胆な着想，不合理な予測，思弁的思考は本質を解明するための数少ない方法であり，このような思考や手段によってのみ本質を把握することができるのである。また，そういった考えを思い切って表明しなければ，本質にたどり着くことはできない。反駁を受けるからといってこのような考えを表に出そうとしない者は科学の論争には加われないのだ。(Popper, 1968, p. 280)

研究者が証拠集めをしている間にも教師は授業をし続けている

さきに指摘したように，授業の方法にはこの1世紀の間で大きな変化は起こらなかった。Tyack & Cuban (1995) がいうところの学校教育の「原理」，すなわち，学級は同年齢の児童生徒によって編制されること，知識体系が教科に細分化されていること，編制された学級には1人の教師が付くことなどは不変であり続けた。新しい考え方は「受け入れられたり，改良を加えられたり，かわされたり，取り込まれたり，修正されたり，壊されたり」(p. 7) と，その行く末はさまざまであり，学校は学校の中におかれた人々の振る舞いを左右する規範と文化を育て上げてきた。ほとんどすべての人々は学校に通ったことがあるため，各々が「本当の学校」とは何たるか，そして学校がどうあるべきかについての考えをもっている。学校教育の原理なるものが連綿と受け継がれているのは，その原理があるがゆえに教師が先を読みながら仕事をし，周りの者が期待するとおりに日々の課題に対応できるとともに，学校に関係する者に対しても見込みをもたせ学校や教師が行うことに対して心配をさせずに済む，といったことも理由として挙げられる。

「学校教育の原理」なるものの1つに，児童生徒は自らの学習に責任を負うものである，ということがある。このような考え方は，授業に対する興味に欠けていたり，授業から学ぶ力に欠けている児童生徒もいるという考え方に容易にすり替わってしまう。Russell Bishop らが明らかにしたように，児童生徒は自らの学習に責任を負うものであるという考え方は適切とはいえず，特にマイノリティの児童生徒を担当

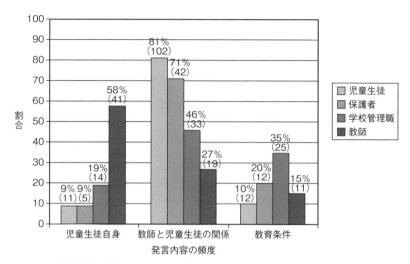

図 1.1 児童生徒の学習には何が影響するのかに関する児童生徒，保護者，学校管理職，教師の発言の割合

する際には問題を含むこととなる（Bishop, Berryman, & Richardson, 2002 など）。聞き取り調査の結果示されたのは，マオリ族の児童生徒の学力には何が影響するのかについての考えは，児童生徒，保護者，学校管理職，教師の間で異なるということであった（図 1.1）。児童生徒，保護者，学校管理職は学力に大きな影響を与えるのは教師と児童生徒の関係であると考えている反面，教師は学力に影響を与える主たる要因は児童生徒自身，児童生徒の家庭，学校の教育条件のいずれも，あるいはいずれかであると考えていることが多かった。教師はマオリ族の児童生徒や家庭の生活経験に問題があるという考えにとらわれており，またマオリ族の児童生徒の学力が低いことを「児童生徒は自らの学習に責任を負う」という考えで申し開きしているのだ。著者の同僚である Alison Jones はこのような考え方のことを「恵まれぬ条件言説」（discourse of disadvantage）と呼んでいるが，教師は自身が児童生徒の学力に大きな影響を与えているとは思わず，解決策も少なければマイノリティの児童生徒に対してできることもそれほどないと考えているのである。

Bishop らは大規模な観察研究の結果と，学力に関する分析，マイノリティの児童を担当する教師との協同によって，マオリ族の児童に対する学習指導のモデルを考案した。この学習指導モデルはすべての児童を思いやり，授業こそが学力に影響を与えるという考え方に基づいており，その大きな特徴は，学習に見通しをもてる

ようにしたことと，協同的に学習を進めることができるような適切な学習の文脈を設定したこと，そして学習の文脈と現実の文脈とにつながりをもたせるようにしたことにある。このモデルによる指導では，援助的なフィードバックを与えるとともに既有知識や先行経験を活用しながら学習を進められるように支援することと，教えるべきこと，学ばせるべきこと，期待すべき成果はどういったものであるのかを常に把握することが教師の役割となる。さらにこのモデルでは児童に何かを教えること，何かを創り出すための方法を教えること，そして学習の過程についても教えることが含まれている。このモデルはまさに，高水準の学習指導であるといえる。

まとめ

この導入で浮き彫りにされたのは，学校教育に関わる者は，解決策を見いだしたり，持論や今まさに取り組まれていることに対する証拠を観取することに非常に長けているということである。すべては学習者に学力が身につくという点において効果的といいうる。解決策は数多くあり，その多くには取り組み続けることが妥当であることを示す証拠が伴っている。したがって，教師が行っていることのほとんどすべてを正当化できる裏付けが得られるといえる。とはいえ，本章では「私が行っていることが学習を促進し学力を高めるという証拠をもちあわせている以上干渉しないでいただきたい」という原則を声高らかに主張するものではない。

本書の目的の1つは，学習者の学習に大きな影響を及ぼす要因についての説明を展開することであって，断じて「効果的な方法」を並べ立てることではない。その説明の大半は教師主導型の指導の効果に関するものであり，（フィードバックとモニタリングを行うことを通じて）その後の学習行動や学習の成果がよりよいものになるようにすることが指導の成否を左右するということを教師が理解できるようにすることと，教師の実施しているさまざまな指導方法を相対的に比較する方法を提示することをねらいとしている。

本書の始めに当たって2つの重要な補足をしておきたい。第1は，学校教育の成果にはさまざまなものがあり，態度，体力，帰属意識，他者を尊重する気持ち，市民性，向学心といったものなども挙げられるが，本書では学力に焦点化し，この点に限ったレビューを行うという点である。第2に，高い効果の多くは指導方法の工夫改善によってもたらされるが，それらの効果の大きさは一般的に教師が実施している指導の効果をやや上回る程度だろうということである。単に新しい方法の効果の大きさばかりを論じることは，それらの効果を誇張することにつながりかねない。

この問題については最終章で詳細に議論する。本書の各章では「学習者に直接関わる学習指導」の果たす役割を明らかにしていく。

第2章
何をエビデンスとするか
メタ分析による知見の統合

> あらゆる主題に対して，自然が許すのと同じ程度の精密さのみを求めるのが［中略］教養ある人間たる証し。(アリストテレス，350BC)

本章では，以降の章で提示されるエビデンスに関する方法論を概説する。分析手法の核をなすのは800を超えるメタ分析と，多岐にわたる分析結果を単一の連続尺度上に配列する方法である。ここでは特に，メタ分析に関わる諸問題の要点を説明するとともに，これまで試みられてきたメタ分析による知見の統合について考察し，800以上のメタ分析による研究結果の統合によって得られる多岐にわたる知見の一部を紹介したい。

学力に与える効果についての連続尺度を作り，学力に影響を与えるあらゆる要因をこの尺度に載せることができれば見事なことではないだろうか。図2.1はこの連続尺度の試案の1つである。

この尺度の左側に布置される要因は学力を下げるもの，右側に布置される要因は学力を上げるもの，ゼロ点の周辺に布置される要因は学力に影響を与えないものということとなる。

次の課題は，数多の研究で示された知見の極力多くをこの単一尺度に布置できるようにするために妥当な指標を適用するということである。これは効果量を用いることで解決する。効果量という指標は，1世紀以上にわたる調査研究の分析においてとりわけ輝かしい進展である。効果量を用いることで，学力に関する研究に代表されるような，研究間で共通の尺度が効果指標として用いられることがまずない研

図2.1 学力に与える効果についての連続尺度

究の結果として示された効果の大きさを，比較可能な形で表現することが可能となる。たとえば学力に与える効果に関する研究の文脈に当てはめると，効果量 $d=1.0$ は 1 標準偏差分だけ学力が高いということを示している。1 標準偏差分の学力の高さは，2-3 年多く学校に通うことで期待される学力の伸び，学習速度が 50％速いこと，ある変数（たとえば宿題の量）と学力との相関が $r=0.50$ である場合に相当する。ある新しいプログラムを実施する際，1.0 という効果量は，その処遇を受ける学習者の 84％が，統制群の平均を上回るということを意味する。

　Cohen（1988）は，効果量 $d=1.0$ というのは歴然たる，誰の目にも明らかな違いがあると解釈可能な大きな差であると主張しており，博士課程修了者と高校生との間の知能指数の平均の差に相当するとしている。別の例として 160cm と 183cm の身長差を挙げているが，これも肉眼で識別可能なくらいの差だといえよう。効果量を用いることは差の大きさの重要性を際立たせるわけだが，これは多くの研究論文が統計的有意性を強調することとは対照的である。Cohen（1990）は「フィッシャー的な枠組みの影響（あるいは，統計的有意性依存）のもとでは，物事の大きさに対してはほとんど意識されないままである［中略］科学は本来，大きさについての議論を避けて通れないはずである［中略］メタ分析は知見の蓄積の原動力としてうってつけである」（pp. 1309-1310）との見解を述べている。

　こうして，あらゆる要因のうちどれが学力に対して影響を与えるのかを突き止めるための連続尺度（効果量）が用意された。t 検定，分散分析などで得られたさまざまな統計量から効果量を求める方法は多くの教科書で詳述されているが（たとえば Glass, 1977; Glass, McGaw, & Smith, 1981; Hedges & Olkin, 1985），以下の 2 つが代表的な方法である。

効果量 = [平均値_{処遇群} − 平均値_{統制群}]／標準偏差

あるいは

効果量 = [平均値_{事後} − 平均値_{事前}]／標準偏差

上式での標準偏差はプールされた標準偏差である。この式に対する微修正は数多くあり，詳細に関心のある読者は，Glass, McGaw, & Smith（1981）や Rosenthal（1991），Hedges & Olkin（1985），Hunter & Schmidt（1990），Lipsey & Wilson（2001）を参照されたい。

メタ分析による研究知見の統合の例として，宿題の効果についてのメタ分析を行った5本の研究（Cooper, 1989; 1994; Cooper, Robinson, & Patall, 2006; DeBaz, 1994; Paschal, Weinstein, & Walberg, 1984）を検討してみよう。これら5本のメタ分析全体には，宿題が学力に与える効果について検討した161本の研究が含まれており，延べ調査対象者数は10万人以上となる。これらの研究を統合して得られた統合効果量は$d=0.29$であり，宿題が学力に与える一般的な効果の大きさとしてこの値を用いることができる。つまり，宿題のないクラスと比べて，宿題のあるクラスの学習者の方が1年多く学習することに相当する程度に学力が高く，学習速度は15％速いと解釈できる。各研究で示された効果量のうち，約65％は正の効果（すなわち，学習が高まり）であり，35％は効果がないか負の効果であった。宿題を課されたクラスの生徒の62％は，宿題を課されなかったクラスの生徒の学力水準の平均を上回る。しかしCohen（1988）によれば，$d=0.29$という効果量は肉眼では感知できない程度のもので，おおよそ180cmと182cmの身長差に等しいという。

　このように，図2.1のような単一の連続尺度をつくり，学力に対して影響を与えうる諸要因を効果の大きさを比較できるように布置することが可能なのである。この尺度では，効果量で（ないしは標準偏差を単位として）1.0は非常に明白なことではあるが，学力に関して起こりそうにない変化であり，0.0は全く変化がないというように表現される。このような連続尺度を用意することで，学力に影響を与える諸要因の効果の大きさを数量的規準に基づいて議論することが可能となる。

　効果量の意味を考えるもう1つの方法が，McGaw & Wong（1992）によって提案されている。彼らが導入した共通言語効果量（CLE）と呼ばれる単位は，ある分布から抽出された得点が，他の分布から抽出された得点より大きいものとなる確率である。例として，女性の平均身長（5フィート4インチ／162.5cm）と男性の平均身長（5フィート10インチ／177.5cm）の差を考えよう。これをdで表すと2.0である。このdは，92％という共通言語効果量で言い換えることができる。つまりわれわれは，どんなランダムな男女の組み合わせに対しても，92％の確率でその男性の身長はその女性より高いと推定することができるのだ。あるいは，100組のお見合いデートのうち92組は男性が女性より身長が高いという推定も可能である。さて，上の例を用いて，宿題を取り入れることに対する$d=0.29$についても考えてみよう（本書を通じて，慣習に従い，効果量はdと略記する）。このCLEは58％なので，学校で宿題を出すことは100回中58回肯定的な差をもたらす，または宿題を課されない生徒と比べて58％の生徒は成績が高まるといえる。

　効果量の大きさを小，中，大といった形容詞に置き換えることには慎重を期す

べきである。一例を挙げると，Cohen (1998) は，$d=0.2$ を小，$d=0.5$ を中，$d=0.8$ を大と解釈することを提案しているが，本書の結果を踏まえると，教育効果の解釈においては $d=0.2$ を小，$d=0.4$ を中，$d=0.6$ を大とした方がよいと考えられる。多くの場合これは合理的と考えられるが，状況によっては過度な単純化をまねきかねない。行動目標をもたせることの全体的な効果は $d=0.20$ と小さく（第 8 章参照），相互教授を行うことの全体的な効果は $d=0.74$ と高いが，このことを例に検討してみよう。行動目標を与えることのコストはごくわずかであるため，たとえ効果が小さくとも学力を高めるために実施する価値が認められる場合もあれば，ここで示されたような大きな効果を得るために相互教授を行うことはコストが高すぎるという場合もあるだろう。効果の大きさだけを考慮するのではなく，効果量としてどういったものがありうるかや各々の効果量がどういった因果でもたらされるのかを詳細に検討し，効果量の違いを総合的に検討した上で意志決定を行っていく必要がある。

さらに，効果量が小さくとも重要であるという例も数多くある。わかりやすいのは薬物の例である。Rosenthal & DiMatteo (2001) は，心臓発作の予防に対する少量のアスピリン摂取の効果量は $d=0.07$ で，これはアスピリン摂取が，心臓発作の分散に占める割合は 1% の 1/8 以下だということを示している。効果量は小さいが，このことは，定期的に少量のアスピリンを摂取していれば，1000 人につき 34 人が心臓発作から救われるという結論に言い換えることができる。この結果は重要であると考えられる。

Meyer et al. (2001) は効果量が小さいながらも重大な結果に至るものの例として，乳がん生存率に対する化学療法の影響（$d=0.06$）やメジャーリーグの野球選手の打率と特定の打席でのヒットの成功（$d=0.12$），くしゃみや鼻水を抑えるための抗ヒスタミン剤の有用性（$d=0.22$），著名な映画批評家のレビューと興行面の成功との結びつき（$d=0.34$）といった例を挙げている。

さらに興味深いのは，ある要因が及ぼす効果の全体的な平均よりも高い効果，あるいは低い効果をもたらしうる要因を特定することも可能となる。さきに言及した宿題の効果の例でいえば，宿題を与えることでの学力の伸びは女子よりも男子の方が高い（より高い効果量を示している）ことや，学力の伸びに与える効果は年齢の低い学習者と高い学習者では異なること，読解よりも数学においての方が効果が高いことなどが考えられる。さらに，宿題を与えることが学力の伸びに与える効果は年齢によっても異なり，小学生と比べて（$d=0.15$）中学生以降の学習者の方が高い（$d=0.64$, 第 10 章参照）。

また，学力の指標のもつ特徴によっても結果が左右される可能性もある。たとえ

ば，ある研究では特定的で範囲の狭い内容を指標とした場合（以前の状況からの上達度や，フォニックスの理解など）は，より汎用的な能力や，範囲の広い概念（計算や読解能力など）を指標とした場合と比べて効果量が大きくなることも考えられる。領域の広狭による効果の違いを検討したメタ分析の結果ではこの点での違いは見られなかったが（Hattie, 1992），効果に違いをもたらす要因の1つであるととらえておくことは重要である。

メタ分析の諸問題

　Glass（2000）は「メタ分析」という用語ができてから25年を迎えた区切りにあたって，この間にメタ分析に対する関心が高まり，「ごく一部の統計学者の関心事」に過ぎなかったものが「小規模な研究分野」（Glass, 2000, p. 1）となったと述べている。*Psychological Bulletin* 掲載論文の約25％は「メタ分析」という用語をタイトルに含んでおり，医学研究の方法として取り入れたことは特筆すべきことであるとも述べている。当然のことではあるが，このような研究の発展の一方で，メタ分析に対する批判は多く，根強い。よくある批判に「リンゴとオレンジ」を組み合わせているというものがあるが，このように外見上まったく異なる研究を多数組み合わせることは問題をはらんでいる。しかし，この例についていえば，「果物」の研究という点ではリンゴもオレンジも同じである。逆の議論，すなわち2つが全く同じものでない限り比較することはできないというのも不条理である。Glass（2000）は「『同一性』の問題はアプリオリに問われるべきものではなく，そもそも全く同じものを比べるということ自体が論理的に不可能であるということはさておき，実証性という点から問題としなければならない」（p. 2）。全く同じ研究は2つとしてないのであって，唯一関心のある問題は，教育に携わるものが重要であると思っているさまざまな要因の効果の大きさが，いかにばらつきの大きなものであるかを明らかにすることである。

　もう1つの批判は，Cronbach（1982）が「地球平面協会」（訳者注：「地球は平たい」といったような，明らかな間違いや古く廃れた考えに固執する人たちを指す用語，Glass, 2015を参照）と呼んだものであり，メタ分析は大きな事実を見つけ出そうとし，多くの場合，その複雑さを説明せず，またその効果を左右する要因を見つけようとしないという批判である。しかし，メタ分析によってその効果を左右する要因を検討することは可能であり，また本書に一貫して見られるように，教室とは複雑さに満ち，教師も学習者も理解しようとし続け，集中したりしなかったり，単

調ならざる状況から意味を見いだそうとする，そういう場である。そこで起こっていることには全体として説明できる部分も多いが，「平均では十分に表現できない」(Glass, 2000, p. 9) 部分もある。しかし（本書全体を通じて議論される）問題の1つである，平均的な効果はどの程度まで一般化可能かという点は，理論的には解決できないものである。そして，後で指摘するように，ある要因が学力に与える効果を左右しうる別の要因は，一般的に考えられているよりもずっと少ないのである。

さらに，メタ分析で得られる知見は過去に対する見解であるという批判もある。メタ分析が基づいているのは「過去」の研究であり，昨日上手くいったからといって未来はそれに縛られるようなものではないということである。これは常に意識すべき重要な問題であり，過去に公刊された研究を統合したレビューであるという点において，本書に所収したメタ分析の結果も過去のものというべきものである。過去の研究成果を，今日，明日の教育にどの程度反映させるかという問題は，読者の解釈にゆだねられる。

Eysenk (1984) は，メタ分析を含めたあらゆる研究の統合に質の低い知見を用いることにとりわけ批判的であり，「ゴミを入れればゴミが出てくる (garbage in ― garbage out)」という決まり文句で警鐘を鳴らしている。メタ分析では，得られた効果量が研究の質に影響を受けているかを確認することでこの問題に対処可能であり，一般的には得られた効果量は研究の質には影響を受けていないといえる。たとえば Lipsey & Wilson (1993) は，過去15年の間に蓄積された心理学と教育学，行動に関わる処遇を扱う研究のメタ分析302本をまとめ，（学力以外の）多くのアウトカムを対象として分析を行った（全体の効果は $d=0.50, SD=0.29$ であった）。ランダム化比較によるデザインの研究のみと非ランダム化比較デザインの研究のみとの間に大きな差はなく（$d=0.46$ 対 $d=0.41$），内的・外的妥当性や構成概念，統計の扱いの点で質の高い研究と低い質の研究の間にも違いは見られなかった（$d=0.37$ 対 $d=0.39$）。サンプルサイズは効果量に関係しなかった（$d=-0.03$）ものの，未公刊の研究（$d=0.39$）に比べて公刊された研究は効果量がやや高い（$d=0.53$）。Sipe & Curlette (1996) によれば，教育に関する97のメタ分析の効果量（$d=0.34$）と，サンプルサイズ，コード化された変数の数，研究デザインのタイプとの間に関係はなく，未公刊の研究のメタ分析の効果量（$d=0.36$）に対して公刊された研究のメタ分析の効果量（$d=0.46$）の方がわずかに大きかったぐらいである。検定力の計算方法の特質ゆえに予測可能な唯一の例外がある。それは，効果量がゼロに近い場合，その効果量の信頼度の高さはサンプルサイズに左右される可能性があるということである。

対象に含める研究の質がメタ分析の結果に与える影響を検討することが必要だということに対しては正当な理由があるが、研究の質の低さゆえに機械的にメタ分析の対象とはしないことに対する理由はない。わかりやすい例として、最近行われたメタ分析による研究であるTorgerson et al.（2004）がある。1980年から2002年の間に公刊された、成人の読み書きの能力、計算能力、あるいはこれら2つに対する介入の評価に関連する可能性があると考えられた4,555本の研究から29本を抽出してメタ分析を行った。メタ分析に含める研究の選定基準は「質の高い」研究、すなわち、ランダム化比較試験によるかということだけであった。特定のデザインによる研究だけとか、何らかの基準を満たした研究だけがメタ分析の対象としてふさわしいと判断することは、特定のデザインにあてはまる、あるいは一定の質にある研究が母集団に対する代表性が高いという前提をしていることとなる。このような基準を設けることは空論にすぎず、こういった空論はメタ分析によって検証にさらされることとなる。

　Torgerson et al.（2004）に含まれた研究を検討すると、ランダム化比較試験のほとんどは質が低いということが明らかとなる。すなわち、これらの研究のサンプルサイズの中央値は52と小さく、最低でも2群（実験群と統制群）が設定されたと仮定すると、このメタ分析に含まれる「代表的」な研究は各群26人に過ぎないということとなる。また、実験の対象者数の減の平均は66%であったことから、各サンプルの2/3は実験を最後まで終えていないということとなる。関連する可能性のある研究をすべて対象とし、実験条件の特徴や研究の質をコーディングし、メタ分析の手法を用いて実験条件や研究の質によって統合後の効果量に違いが見られるかを検討する方が妥当であったといえよう。研究デザインによらず関連する可能性のある研究はすべてメタ分析の対象とし、最終的な結果が研究の質によって変わりうるかを検討することこそが目指されるべきなのである（関連する可能性のある研究をすべて含めた分析についてはBenseman, Sutton, & Lander, 2005を参照）。

　第1章で述べたとおり、Scriven（2005）は、あらゆる科学的結論に対して重要な判断基準は「合理的な疑いの余地のない（Beyond Reasonable Doubt : BRD）」ものであるかということであり、ランダム化比較試験であっても合理的で疑いの余地のないものとはいえない場合もあると指摘している。「因果研究のデザインに対する『究極の判断基準』はBRD、すなわち合理的で疑いの余地のないものであるかということの方が、研究デザインが特定の特徴をもつかどうかということよりも適切であると考えられる。［中略］準実験的デザインが内的・外的妥当性を揺るがす要因を抱えていようとも、BRD基準、すなわち合理的で疑いの余地のないも

のであるかいうことを満たしていれば，妥当性が低いということとはならない」(pp. 45-46)。また，ランダム化比較試験の支持者の1人であるCook (2004) による「(ランダム化比較試験の) 結果の解釈は他のさまざまな要因，たとえば偏りのない割り当て，適切な検定力，一般化に耐えうる程度の母集団のゆがみ，そして介入にともなう対象者の減少，怒りにともなう意欲の喪失，介入の手抜かり，比較介入による意図せざる結果の有無に依存する。こうした問題に対処するには，観察，分析，論証が必要となる」という主張を引用している。この最後の文で述べているように，重要な教育的諸問題を明らかにするための研究方法は，ランダム化比較試験以外にもさまざまなものがとられてしかるべきである。研究計画法や研究の質は，統合対象とする研究を選択する上で考慮すべきものではあるが，優先的な選択基準ではない。

　より統計的な関心を向けられるべきは，メタ分析を行う際に効果量を求めるに当たってランダム効果モデルと固定効果モデルのどちらが用いられたのかによって，結果にかなりの違いが生じうるという点である。固定効果モデルはランダム効果モデルの特殊な場合，すなわち母分散が0である場合と見なしうる。そしてランダム効果モデルを用いることで当該研究領域全体への一般化が可能となるのに対して，固定効果モデルを用いることはメタ分析の対象となった研究全体に対する1つの母効果量の推定を可能とする (Kisamore & Brannick, 2008; Schulze, 2004)。必ずとはいえないものの一般的には，ランダム効果モデルによって求められた効果量を用いて求められた統合効果量の推定値は，固定効果モデルによる場合と比べてかなり高くなる。したがって，ランダム効果モデルによるメタ分析の結果と固定効果モデルによる結果とを，一緒くたに扱ってしまうと，これらの効果の違いは単にモデルの違いによるものであって，研究関心としたトピックの違いによるものではないといったことが起こりうる。これまで公刊されたメタ分析の大半が固定効果モデルを用いていることから，この固定効果モデルを本書では用いている。本書で取り上げる内容のうち効果がランダム効果モデルに基づくもので，それが違いをもたらしているという場合には，そのことを文中に明記することとする。

メタ分析の統合に関する先行研究

　複数のメタ分析の結果を統合する試みは以前から行われている。たとえば，著者はかつて教育条件および指導方法の工夫改善の効果に関するメタ分析による研究134本を統合した研究を論文にして公刊したことがある (Hattie, 1987, 1992)。この

研究の結論は，教育条件および指導方法の工夫改善の取り組み全体で見ると，学力に対しては0.4標準偏差分，情意的要因に対しては0.2標準偏差分の変化が期待できるということであった。また，この全体的な効果量の上下に位置付けられる諸要因に対する総合的所見も導いた。たとえば，教育条件および指導方法の工夫改善のほとんどは一貫して正の効果が見られた。すなわち，教育条件および指導方法の工夫改善とは，組織，管理職，教師それぞれに向けられた，学習の質の改善のための継続的・計画的な取り組みであり，概して学力を伸ばすことに結びつけようとされている。教育条件および指導方法の工夫改善に取り組むことは，その取り組みを行う教師の熱意と，新しいことを試みる学習者に胸の高鳴りを覚えさせると考えられる。これは多くの場合，実験者効果の一種であるホーソン効果であると説明されるものである。しかし，もう1つの理由として挙げられるのは，教師は工夫改善に取り組むことで，何が効果的か否かに対してより注意を払うようになり，何が効果的ではなかったかに注意を払うことが効果をもたらすのである。つまり，教師自身の行動の効果に対するフィードバックを教師が得ている，ということなのである。

このようにして著者は，学力を高める効果の唯一最大な要因はフィードバックであるということに思い至ったのである。そしてこれ以降，著者はフィードバックの概念を深く理解しようと長いこと取り組むこととなった。学習者の立場からフィードバックを考究し（援助要請など），教師から学習者へという視座からフィードバックを吟味し（テストに対してきちんとコメントを付けることや授業中のフィードバックの量を増やすことなど），教師が自身の行う指導についてのフィードバックを多く受け取ることができるような教室の状況を作り出すことこそが最も重要なことであるとわかりかけてきた。そして，これらの波及効果が学習者の学力を高めるのである（Hattie & Timperley, 2007）。実際に，著者の研究グループではこのようなフィードバックを促進することを第1の目的としたコンピュータによるアセスメントツールを開発したが（www.asTTle.org.nzを参照），これは別の話である。

学力に影響を与える過程について検討を進めていくと，そこには注目すべき一般性が見られた。なぜ，その一般性に注目すべきなのかというと，学習者に対する処遇の個別化を主張したり，英語，数学といった特定の教科ごとに固有の指導方法があたかも実在するかのようにカリキュラムをとらえている教育研究者や教師が圧倒的多数だからである。フィードバックに関する研究の統合から明らかになったことはかなり体系的に，あらゆる年齢集団に，あらゆるカリキュラム領域に，大半の教師に当てはまる。アウトカムとしての学力を広義のものとした場合と狭義のものとした場合とでは大きな違いは見られなかった。広義の学力の一部をアウトカムとし

た場合では効果はやや低め（$d=0.23$）であったが，これ以外である広義の学力の全体をアウトカムとした場合（$d=0.43$），狭義の学力の一部をアウトカムとした場合（$d=0.37$），狭義の学力の全体をアウトカムとした場合（$d=0.35$）はいずれも同じくらいの効果が見られた。一般性を求めること，それは絶対に必要なことである。しかし，あらゆる場合において例外はつきものである。

メタ分析の知見の大半は，英語圏の，先進諸国（とりわけアメリカ）で行われた研究によって得られたものである。したがって，こうしたメタ分析の知見を非英語圏に，あるいは先進国以外にまで一般化すべきではない。一例として，初等教育段階の年齢の児童 52,252 人と 12,085 人の教師，29 の発展途上国の 2,710 クラスの協力を得た，Heyneman & Loxley（1983）による研究の結果に言及しておこう。彼らは，高所得国と比べて，低所得国の成績は児童の社会的地位により強く影響を受け，教師の質には比較的影響を受けないと結論づけている。

Kulik & Kulik（1989）は，指導方法やデザインに関係するメタ分析 100 例以上をレビューし，「指導の改善のために考案されたシステムのうち名の通ったものの大半はメタ分析の研究結果では許容可能な程度の効果の高さが見られた」（p. 289）と結論づけている。この研究は，メタ分析の統合の研究に取り組まれた初期のものではあるが，その主張するところは慎重かつ適切なものである。また，カリキュラムの改善は（特に理科において）効果が期待できることを指摘するとともに，教員研修プログラムの効果（期待されるよりも効果が低い）については慎重に扱うべきと示唆した。負の効果は僅かだったものの，すべてにおいて大きな効果が見られたわけではないというのが彼らの主張である。教師に対する重要な実践的合意は，学習者に対して学習課題の意図を明確に示すこと，学習活動および小テストを完遂することを要求すること，フィードバックの量を増やすことにはさまざまな利点が見られるものの，学級や学習集団の編制を変えることといった手段が効果的とは支持されないということである。教育条件の改善ではなく，学習目的，到達基準，直接教授，フィードバックが重要であるという主張は，20 年を経てもなお説得力がある。

Reynols & Walberg（1998）は，筆者が以前行った統合研究（Hattie, 1987）を援用し，Walberg による「教育生産性」の 9 因子モデルの正当性を示そうとした。彼によればこのモデルは，学習に影響を与える 3 つの主たる心理学的要因を組み合わせたものである。第 1 の要因は，学習者の適性である（過去の学力，$d=0.92$：年齢・成熟，$d=0.51$：動機づけ・自己概念・学習課題をやり抜く意欲，$d=0.18$）。第 2 の要因は，指導である（学習時間，$d=0.47$：授業の質，$d=0.18$）。第 3 の要因は，心理的環境である（教室全体の意欲や教室集団の社会性の認知，$d=0.47$：家庭環境，$d=0.36$：

学校外の仲間，$d=0.20$；暇な時間におけるテレビをはじめとしたマスメディアへの接触の少なさ，$d=0.20$）。また最近では，Walberg（2006）は「9 因子のうち初めの 5 つ，すなわち過去の到達度，発達，動機づけ，指導の量，指導の質は，それぞれが学校での学習に不可欠なものと考えられる。これらの要因が全く満たされなければ，学習者は学習にほとんど取り組まないと考えられる。[中略]（これらの 5 要因は）必要不可欠だが，それだけでは効果的な学習には不十分だと考えられる」と論じている（pp. 103-106）。指導の質は学習時間あたりの効果を高める重要な因子であり，4 つの心理的・環境的要因は学習時間そのものを増やし，学習時間あたりの効果を高める。

　Marzano（1998）は著者や Walberg をはじめとした研究者によるこのような取り組みに対して批判的であり，「ブランド名」に基づいてメタ分析の結果を統合することは誤解を招きかねないと指摘している。たとえば，統合を行う際の研究の分類基準が緩く，1 つのカテゴリにあまりにも多くの異なる処遇が含まれてしまうため，分類基準は特定的であり，授業実践に対する指針を示せる程度に実用的なものでなければならないという主張である。そして，4 つの基本的構成単位，すなわち知識（$d=0.55$），認知体系（$d=0.75$），メタ認知体系（$d=0.55$），自身の性格（$d=0.74$）に基づいて研究を分類した上で統合を行った。4,057 の効果指標を用い，全体の統合後の効果量は $d=0.65$ であることを明らかにした（この全体の統合後の効果量は本書で示されたものよりも幾分大きなものであるが，これは学校要因，教育条件要因を含めなかったためである）。そして，以下 8 つがある要因が学力に与える影響を左右するものであると述べている。

1. その方法の実施が教師（$d=0.61$）または学習者（$d=0.73$）の手にゆだねられるものであるか
2. 影響を与える範囲が限定的である度合い（影響を与える範囲が限定的であるほど効果が高いと主張しているが，限定的な程度の低，中，高順に効果量を並べると $d=0.67$，$d=0.64$，$d=0.64$ であった）
3. 学習者の学年（違いは見られない）
4. 学習者の能力（低，$d=0.64$；中，$d=0.70$；高，$d=0.91$）
5. 処遇の長さ（3 週間以下に短縮されたプログラム，$d=0.69$；4 週間以上のプログラム，$d=0.52$）
6. 処遇の効果指標として用いられる尺度の内容の特定性（非常に特定的，$d=0.97$；妥当，$d=0.91$；非常に一般的，$d=0.55$）

7. 研究手法の質（違いなし）
8. 出版形態（公刊，$d=0.72$；非公刊，$d=0.64$）

　Marzano（1998）は，この非常に体系的に行われたレビューから，「体系化のための考え方，すなわち諸概念，一般論，諸原理を教えるのに最善な方法とは，かなり直接的にこうした概念を示すことだと考えられる」（p. 106）とともに，こうすることで学習者は概念等をこれまでに直面したことのない状況で活用できるようになる，という結論を導いた。彼はメタ認知体系を，認知体系の中の心的過程を増進する「エンジン」あるいは最上位の手段とみなし，学習者に対して知識・技能面での明確な目標と学習過程でとるべき方略を与えることを推奨している。Marzano, Gaddy, & Dean（2000）はこれらの分析結果から，教師はどうすべきで，その学習過程はどのようなものとなるかについての，優れた，そして非常に興味深い示唆を与えている。また，Marzano（2000）はこれらの効果量に対して発展的な再分析を行った結果から，学力の分散の80%は学習者要因で，7%は学校要因で，13%は教師要因で説明できると指摘している。そしてこの推定結果を用いて，効果的ではない学校，平均的な学校，特に優れた学校のそれぞれにおける，効果的ではない教師，平均的な教師，特に優れた教師が学習者の学力に与える効果を検討した。平均的な学校における平均的な教師についてMarzanoはほぼ無害と述べており，学習者全体の分布における担当した学習者の相対的な位置が平均的な教師によって変わるということはまず起こらない。効果的ではない教師は，優れた学校においてでも，すべての学習者の順位を下げるという負の効果をもたらす。効果的な教師が担当した学習者は，その学校が効果的ではない学校であっても，成績を維持，あるいは向上させており，多くの場合には成績を著しく上げていた。すなわち，「教師が卓越した能力をもっていれば，平均的な学校の学習者の学力を補償するだけでなく，効果的ではない学校の至らなささえ埋め合わせることができるのである」（p. 81）。

メタ分析の統合

　本書は，新たにメタ分析を行って，既に何百とあるメタ分析の研究の屋上屋を架すものではない。そうではなく，本書が目的とするのは学力に与える影響に関する800を超えるメタ分析の結果を統合し，学力に大きな影響を与える，また与えない要因とは何かを検討するための包括的な観点を提示することである。このプロジェクトは134のメタ分析による研究を収集し，ある要因が別の要因と比べて効果

が高い，あるいは低い理由に関する一連の共通項を提示することに端を発している（Hattie, 1992）。1992年以降，このメタ分析のデータベースには，さらに大量のメタ分析の結果が加えられ，更新を重ねている。所収された研究の一つ一つには数年かけてコードが振られ，現時点でのデータベースでは，所収されたすべてのメタ分析に対して要約，分類，そして本書の報告の計算に必要な効果量，標準誤差が付されている。

こうすることで，プログラム，政策，指導方法の工夫改善が学校（幼児教育，初等教育，中等教育，高等教育）での学力に与える影響を検討した52,637本の研究に含まれる146,142の効果指標に対して行った，800のメタ分析を統合の対象とすることが可能となった。本書で扱わない内容は，第2言語としての英語教育に関するもの，情意面や身体面に対する成果に関するもの，メタ分析の対象とした研究が3本以下のものである。同じメタ分析の結果が複数回公刊されていた場合には（たとえば，学位論文が学術誌の論文として書き直された場合），最も新しいもの，ないしは最も入手しやすいものだけを統合の対象とした。

読者の想像に難くないと思われるが，各々の効果量を全体的に見ると，ほぼ全ての教科（大半は読解，数学，理科，社会だが）を，そして全年齢をカバーしており，さまざまな角度からの比較が可能なものである。また，各々の効果量に含まれる調査対象学習者数の累計は数百万人にものぼる。そして，学習に影響を与える要因の諸領域，すなわち学習者，家庭，学校，教師，カリキュラム，指導方法の各領域を網羅したものである。対象となる学習者数はメタ分析の結果から特定できた数だけ見ても大きく，対象者数を特定できた286のメタ分析だけを取ってみてもその合計は8300万人となる。1研究に対する平均のサンプルサイズから推定すれば，その数は2億3,600万人にものぼる。ただし，多くの学習者が2本以上の研究の対象となったと考えられるため，この人数は延べ数でのサンプルサイズの推計である。とはいえ，本書が統合の対象とした研究は何百万人もの学習者に基づくものだと断定して差し支えないだろう。

巻末附録Aに，本書に含められたメタ分析をすべて列挙し，一次研究数，対象者数，効果指標数，平均効果量，標準誤差（記載があったもののみ）を提示した。配列順は各章ごとに取り上げた順である。巻末附録Bは各要因を効果量の大きい順に並べたものである。

■効果量の分布

まず，800を超えるメタ分析のそれぞれの効果量の分布（図2.2）を確認する。y

軸上の位置を示す縦棒は各階級での効果量の数を示しており，x軸が効果量の階級を与えている。

図2.2から，本書の議論を進める上で不可欠な以下の6つの示唆を読み取ることができる。

1. 効果量の分布は正規分布に従う：大規模統計の専門家にとってはこれは意外なことではないだろう。正規性は，必ずというわけではないが，サンプルサイズが大きければよく現れるものである。しかし正規分布はデータの結果であって，条件として課されているものではない。この正規分布を仮定すると，効果量の平均値を下回る影響要因も，平均値を上回る影響要因も同じくらいあるということになる。そして最も重要なことは，この平均値は学力に影響を与える要因のすべてに対して適用可能な合理的な指標となるということである。
2. ほぼすべての要因は効果があるといいうる：効果量の90%は正である。10%は負であるが，このうちの半分は負となって当然のものである（たとえば，授業妨害をする学習者の影響など）。したがって，すべての要因のうち95%は学力に正の影響を与えると見なしうる。教師は学力を高めているとか，政策が学力

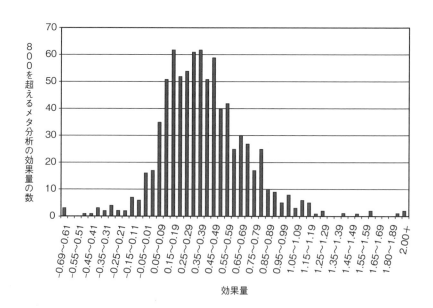

図2.2　全メタ分析の効果量の分布

の伸びに寄与するとか，そういった主張のほとんどは自明のものであるといえる。実際上はすべては効果的といえるからである。ちょっとしたことでもやれば学力が伸びるともいえる。

3. 目標値をゼロに設定することの不条理さ：目標値をゼロに設定して教師や学校が「学力を高めたか」を問うことは，実に低すぎる目標を設定しているということとなる。それではすべての教師が効果的であるとか，学力を伸ばす方法は数多あることがわかったとか，すべての子どもが学力を付けたとかいっても何ら不思議はないということになる。そして，本書の冒頭で述べたとおり効果的なプログラムを見つけるのは容易いということとなる。効果量 $d=0.0$ を上回れば学力を高めることに効果的と見なすことは，足下を掬われ紛れもなく誤りを犯すほどに目標値が低い。

4. 目標値を $d=0.40$ に設定する必要：本書が統合の対象としたメタ分析の結果得られた効果量の平均は $d=0.40$ である。教育上学力に影響を与えうるすべての要因の効果の典型を端的に示すのがこの平均値であり，教育の効果を判断するための基準点として使われるべきものである。ただし，効果量が $d=0.40$ を下回るものは更なる検討が必要なものと見なしうるものであって，（さきに論じたとおり）$d=0.40$ を下回ったからといって実施するに値しないとは一概にはいいがたい（それはコストや交互作用などによっても異なるからである）。効果量が $d=0.40$ を上回るものは明らかに実施するに値するものであり，本書の重要な焦点は効果のあるもの（効果量が $d=0.40$ を上回るもの）の共通の特徴を理解することにある。本書を通じて，この $d=0.40$ という効果量を基準値と呼ぶこととする。この値は連続尺度上の転換点に相当し，すべての要因の解釈はこの前後で異なる。

5. 学校教育の効果を推定する上での最善の方法は縦断的な調査に基づくものである。たとえば，全米学力調査（National Assessment of Educational Progress: NAEP, Johnson & Zwick, 1990）は，アメリカの学校に通う児童生徒がどのような知識をもち，どのようなことができるのかを，読解，作文，公民，アメリカ史，数学，理科の各教科ごとに調査をしている。9歳，13歳，17歳の児童生徒を抽出し，2年ごとの繰り返し測定が行なわれ，1年ごとの学力の伸びの全6教科平均は $d=0.24$ であることが示されている。著者らによるニュージーランドでの研究では，4年生から13年生までの児童生徒（$N=83,751$）を対象に読解，数学，作文について調査を行った。その結果，各教科の1年間の学力の伸びの平均は $d=0.35$ であると推定された。ただしこの伸びは直線的なものではなく，学

年や教科によってその伸びは大きかったり小さかったりする。本書では議論の便宜上，典型的な教師による1年間の学習の伸びの範囲は $d=0.20$ から $d=0.40$ と仮定し，これを平均と見なす。したがって，教師が求めるべき学力の伸びは $d=0.40$ を上回るべきであり，こうなった場合には平均以上の学力の伸びと見なし，$d=0.60$ を上回った場合には優れていると見なす。

6. 効果は変動しうるものであるととらえることの重要性：この典型的な効果量である $d=0.40$ というのは，すべての学習者，すべての要因にあてはまるものとは限らない。効果量を左右する要因も多々あるためである。たとえば，宿題が学力に与える典型的な効果は $d=0.29$ であるものの，この効果は高校生でより高く，小学生ではゼロに近づく。本書の「学力に与える効果についての指標」あるいは「学力に与える効果についての連続尺度」というべきものがもちあわせるべき特質は，改善を行うことでどのくらいの効果が期待できるのかを検討するための指針を示せることである。そのために，一般的な効果と，その効果を大きく左右しうる要因によってどのくらい効果が異なるかがわかるものでなければならない。

■典型的な効果：基準値

効果量 0.40 は，工夫改善が学力を高める程度が実在的な違いとして認識できる程度の水準として設定されており，現実的な変化の有無の基準点ともいうべきものである。これは有意水準 $p<0.05$ のような特別な数字ではないが，学習者に変化をもたらすために何を狙うべきかの議論を始めるための指針となる。そしてこの数字が効果の有無を判断するための基準となる。つまり，想定しうる最も強い効果，あるいは最も弱い効果で比較するのではなく，典型的，実際的な効果で比較するということである。工夫改善の少なくとも半数が行動に移されることで，そして学習者と教師のそれぞれ少なくとも半数が行動を起こすことで，この基準値である $d=0.40$ という点に到達することは可能であり，現にそうなっていると主張することは不条理ではない。

本書の目的の1つは，さまざまな要因が学力に与える影響を連続尺度上に布置し，典型的な効果量である $d=0.40$ と相対化することである。主張の根本は，教育における影響の強さは相対的なものだということである。ゆえに，教育条件および指導方法の工夫改善の成否は $d=0.40$ との比較で判断すべきである（そして，$d=0.0$ との比較で判断するべきではないということは疑いようがない）。さきに触れた宿題の例に立ち戻ると，宿題を与えるようにすることの典型的な影響の大きさは，その

他の要因すべての平均の効果をやや下回る。つまり、宿題の効果をゼロ点と比較すれば、宿題の効果の支持者は「効果あり」というだろう。一方、宿題を与えないクラスの効果量をその他の要因すべての典型的な影響と比較した場合、宿題は効果量の平均値をはるかに下回っており、もっと大きな効果量をもたらす工夫改善はたくさんあるといえる。宿題を与えることの効果が、宿題支持者や研究者が思っているほど目覚ましいものではないということに多くの教師が気づいているというのは、ある意味当たり前なのかもしれない。特定の工夫改善の方法の支持者やそれを研究しているものは効果をゼロと比較するものであるが、教育に携わるものは他の工夫改善の効果と比較しているはずである。帰無仮説（$d=0.0$）は重要な問題ではない。それは、ほとんどすべての工夫改善はないよりもましという誤った答えを導いてしまっても何ら不思議ではないからである。帰無仮説とは分析以前に実質的に偽であり、知見を導くに足るものではない（Novick & Jackson, 1974 を参照）。

■学力に大きな影響を与える要因

表 2.1 は、本書で用いた要因の大分類ごとの学力に対する効果量の平均を示したものである。これらの平均値は、学力を高める上でさほど重要ではない学校の違いという要因を除き、かなり似通っている。つまり、同程度の能力をもつ学習者 2 人を取り出してみたときに、その能力の程度と関連するのはどの学校に行ったかではなく、どのような教師に習い、カリキュラム、プログラム、授業を経験したかである。

図 2.3 は 800 以上のメタ分析を要因ごとに統合した結果の数を、基準値である $d=0.40$ を上回るか下回るかで示したものである。家庭、学習者、カリキュラム、指導方法要因においては基準値を上回るものと下回るものがほぼ同数であり、教師要因においては基準値を上回るものが多く、学校要因においては基準値を下回るも

表2.1 要因類型別の学力に対する平均効果量

要因	メタ分析数	一次研究数	対象者数	効果指標数	効果量 (d)	標準誤差	CLE
学習者	139	11,040	7,504,484	38,795	0.40	0.053	61%
家庭	35	2,148	11,672,658	5,843	0.32	0.058	59%
学校	101	4,150	4,416,898	13,348	0.24	0.070	57%
教師	31	2,264	402,325	5,669	0.49	0.049	63%
カリキュラム*	144	7,122	16,097,274	29,248	0.45	0.077	62%
指導方法	364	25,726	48,289,048	54,535	0.43	0.071	61%
合計／平均	814	52,450	88,382,686	147,438	0.39	0.063	61%

注）＊の項目は本書では訳出していない。

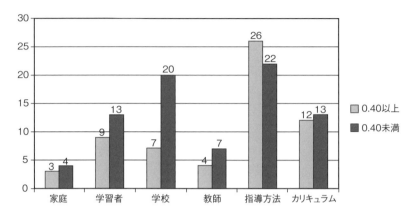

図 2.3 基準値以上および基準値以下のメタ分析の数

のが著しく多い。ただし，平均によって見えなくなる部分も多い。本書ではこれ以降，章ごとにこの大分類を取り上げ，基準値を上回る，あるいは下回る効果のある教育条件および指導方法の工夫改善の根本原因を深く掘り下げて検討したい。各章ではさまざまな教育条件および指導方法の工夫改善とその効果を取り上げ，それぞれに対して理解の助けとなるよう詳述するが，主たる目的は第3章で概説する総合的なモデルについての結論を導くことである。

■学力に与える効果についての指標

教育において，何が効果的で，何が効果的ではないのかを明らかにするための成否の指標は存在しないと考えられる。テストを実施し，しかも頻繁に実施し，学習者の学力が十分に伸びたかを評価することは一般的に行われていることである。しかし，これでは十分とはいえない。ある要因が「効果的」であったとしても，それはどの程度なのか，他の要因と比べてどの程度の違いがあるのかを問う必要がある。教育条件および指導方法の工夫改善の中には他と比べて効果の高いものはある。問うべきは「何が効果的なのか」ではなく「何が最も効果的なのか」なのである。この2つの問いに対する答えは似ても似つかないものである。すでに指摘したとおり，前者の問いに対する答えは「ほとんどすべてが」となるのに対し，後者に対する答えはより限定的なものとなる。より効果的なものは何か，より効果的ではないのは何かということを明らかにすることが，取りうる選択肢を増やすことにつながるのである。

さまざまな指導方法や学校改革などがある中で，取りうる選択肢のうち選ぶに値するものがどれかを示す指標が必要である。学校にいるすべての者が目指し，そしてより重要なことだが，到達したらそのことを自覚できるような，到達すべき高い水準という明確なゴールポストが必要なのである。そして，このゴールポストに近づこうとしている学習者にとっての助けとなりうる学校教育の特徴とはどういうものであるかを教師が理解できるようにするための成否の指標が必要なのである。

図 2.4 は，本書で用いるために考案された指標である。この指標を考案するに当たっては，さまざまな教育条件および指導方法の工夫改善に効果が見られたかどうかということを問題とするのではなく，取りうる選択肢と比べてこの方法は効果的といえるかを問題とした。すなわち，ある工夫改善について取り組まなかった場合と比べて効果的かということではなく，ある工夫改善に取り組まれることが，別の工夫改善に取り組まれた場合に見込まれる学力の高さ以上に，学習者の学力を高めたかを問うものである。

本書の各章において取り上げられた要因のそれぞれについて，その要因が学力に与える効果の平均が，指標に示された範囲の1つを通る矢印で示される。基準値（$d=0.40$）を上回る効果が示された要因は，学習者の学力に大きな影響を与える「望ましい効果の範囲」に入るとされる。本書の各章で調べられた多くの特性のそれぞれについて，各影響要因の平均効果量が，指標の領域の1つを貫く矢印で示されている。基準値（$d=0.40$）を超える影響要因はすべて，児童生徒の成績に最も大きな影響を与える要因なので，「望ましい効果の範囲」に分類される。

教師が学習者の学力に与える典型的な効果の範囲は $d=0.15$ から $d=0.40$ とした。これはさきに検討した縦断的研究の結果から決定した。この範囲に入る要因の効

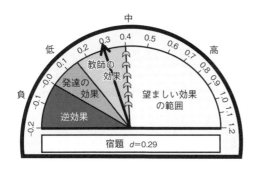

図 2.4　典型的な影響要因の指標図

は，教師が普通のことを1年間行った結果の効果と同程度であるということである。$d=0.0$ から $d=0.15$ の範囲は，学校に通わずとも学習者が到達しうる（就学率が低い国や義務教育期間の短い国などの知見から推定される）範囲である。成熟という要因だけでも学習の促進のかなりの部分を説明できるのである（Cahan & Davis, 1987）。したがって，効果量が $d=0.15$ を下回るものはためにならないものである可能性があり，大方の場合は実施しない方がよいものであると見なすことができる。残りの範囲は逆の効果，すなわち学力を下げるものであり，これは実施するに値しない。

　矢印は，特定の要因に関するさまざまなメタ分析の結果の効果量の平均を示している（図2.4の例では，宿題に関するメタ分析の結果の効果量の平均が $d=0.29$ であることを示している）。各々のメタ分析の結果から求めた効果量の平均のばらつき（または，標準誤差）を特定するのは必ずしも容易ではない。刊行物にばらつきについての情報が掲載されていないことが多く，また，ばらつきはそこに含まれた研究のサンプルサイズと非常に強い（負の）相関があるということがよく知られている。800を超えるメタ分析全体の，平均効果量の典型的な標準誤差は0.07である。大まかにいうと，「効果量の幅」が0.04以下であれば小さく，0.041-0.079であれば中程度，0.08以上であれば大きいとみなすことができる。このような推定はおおざっぱなものであるため，ある要因の効果が何によって変動するかを特定するには，本書の中で示された各々の要因に対する考察を読み取ることが必要不可欠である。ただし，標準誤差の推定上必要な情報が元の研究で示されていない場合も多く，本書で取り上げた各要因に対する要約統計量として示されていないものも多い。本書の指標図の横に記載した要約統計量を見ることで，どのくらい確信度をもって結果を解釈できるかを知ることができる。すなわち，図2.4の例でいうならば，各類型におけるメタ分析数（この場合は5本）には，161本の一次研究が含まれ，効果指標数が295で，対象学習者数は105,282人であり（訳者注：かっこの中の「4」は，対象者数が示された研究は4本であり，これらの対象者数の合計が105,282人であることを示している），平均効果量は $d=0.29$，標準誤差は0.027であることを示している。そしてこの例として取り上げた宿題の効果量は138本のメタ分析中88番目の高さであることを示している。

■効果量と分析対象研究数の関係

　メタ分析の対象とした研究に偏りがないかを検討するためによく用いられるのが，ファンネルプロット（Light & Pillemen, 1984）である。図2.5の場合のファン

第2章 ■ 何をエビデンスとするか

ネルプロットは，各メタ分析に含まれる研究数と各効果量との関係を散布図で示したものであり，1つの点が1つのメタ分析を示している。分析対象研究数の多いメタ分析ほど効果量の推定精度が高いため，散布図の右側の上下に狭い領域に点が集中することになり，一方，分析対象研究数の少ないメタ分析は，（結果のばらつきが大きくなると考えられるため）散布図の左側の上下に広い範囲に点がばらつくことになる。つまり，このような散布図は漏斗を逆さにしたような形状となる。図2.5に示されたように，本書で行ったメタ分析の結果の散布図はほぼ左右対称の漏斗の形状となっているため，出版バイアスはないことを示唆している。

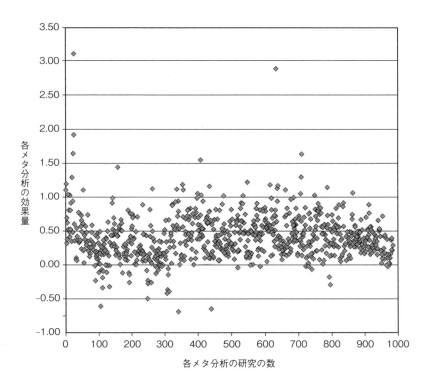

図2.5　各メタ分析の分析対象研究数と効果量のファンネルプロット

まとめ

　本書の一次データは800以上のメタ分析の結果であるが，本章ではこれらのメタ分析の結果の解釈の仕方を説明した。また，各要因が学力に与える影響の大きさを並べて検討可能な連続尺度を考案し，$d=0.40$ という基準値の重要性を強調した。学力に対する影響の指標図を用いることは，基準値である $d=0.40$ を上回る効果的な学力を実現するのは何であるのかを見いだすための一助となるであろう。

第3章
主張
見通しが立つ指導と学習

> 我々は一般化して考えるが,身を置いているのは部分である。
> (Whitehead, 1943, p. 26)

　本章では,次章より詳述する結果のうち主要なものを紹介する。本書の目的は,本書の議論の根幹をなしている5万を超える研究と800以上のメタ分析を一つ一つ示すことで読者を圧倒することではない。そうではなく,本書が目指すのは,学習者の学習に影響を及ぼすのは何かということの事実的説明を組み立てた上で,この説明が正しいことを立証する証拠を徹底的に示すことで,本書の内容の本質と価値を読者に納得してもらうことにある。本書で取り組もうとすることは理論の生成でもあり,評価でもある。統合することとは一般化された教訓を示すことであるが,本書で扱う統合的分析結果の多くが含意している明快な教訓は「見通しが立つ指導と学習」の必要である。見通しが立つ指導と学習が起こるのは,明確な目標があり,適度に困難で,教師と学習者が(さまざまな方法で)目標に対する到達度を確認しようとし,目標達成を目指して綿密に計画された練習が行われ,フィードバックが与えられ,活動的で情熱的で興味関心を引き合う人々(教師,学習者,仲間など)が学習に参加した場合である。教師が学習者の立場に立って学習を理解するとともに,学習者が教師の立場に立って指導を考えることは,学習が継続するための秘訣である。本書で示された証拠の中でも注目すべきは,学習者の学習の効果の最大化は,教師が指導対象の学習者の立場に立ち,学習者が指導を行っている教師の立場に立つことによって起こるという点である。学習者が教師の立場に立つことで,学習者は自己モニタリング,自己評価,自己教授といった自己調整能力を発揮するが,これは学習を進める上で最も望ましい姿であるといえる。すなわち,教師と学習者による見通しが立つ指導と学習が行われることが,効果的なのである。その証拠を次章以降で提示していく。

教師が教室で行う指導が学習者に大きな影響を及ぼす

　本書の主張は「教師が教室で行う指導が学習者に大きな影響を及ぼす」という単純なことである。しかし，こういってしまうと，教師が教室で行うことなら何でもよいととらえられかねない。学校教育の仕組みにおける最大の変動要因は，教師の違いに起因するものである。したがって正確にいうと，「一部の」教師，すなわち，慎重な検討の下に計画され見通しのある方法をとる教師が教室で行う指導が学習者に大きな影響を及ぼす，ということになる。このような教師は学習が起こっているときであっても，起こっていないときであっても，計画的かつ有意味な方法で介入を行い，授業を受けている学習者に共通の，あるいは特定の学習者についての，困難な目標を達成させるために学習方法の修正をはかる。特に，このような教師は学習者に対して複数の機会を与えたり別の方法を提示することで学習方略の発達を促し，浅いレベル及び深いレベルでの，教科内容や教科特有の問題についての学習ができるようにしたり，学習者と教師が後続の学習において活用可能なように学習内容の概念的理解につなげたりといったことを行う。学習者の個人差の多様性ゆえに，教師がこのような指導を行うことには困難が伴う。学習者が学習を行う場も，時間も，利用する学習方略の組合せも多様であるためである。学習というのは教師にとっても学習者にとっても極めて個人的な旅行のような側面があるものの，一方では共に歩まねばならないという側面もある。教師に求められるのは，すべての学習者に対して，学習者自身が「見通しをもてるようにし，自己評価に役立つフィードバックを得られるようにし，安心感をもてるようにするとともに，他の学習者と共通の興味関心を寄せている内容を習得し，共に学んでいる他者の学習に対して理解を寄せること」(Cornelius-White, 2007, p. 23) とはどういったことなのかを示すことである。

　指導という行為には，学習者の中で認知変化が確実に起こるようにするために，よく考えられた介入の実施が不可欠である。そのためには学習者のもつ目的を把握し，その目的の達成に至るのはいつ頃になるのかを知っており，課題に取り組み始めた時点での学習者の理解の程度を十分に理解し，学習者の能力の発達を促しうる有意味で適度に困難な経験を与えるために必要な学習内容に対する専門的な知識をもっていることが求められる。熟練した教師とは，学習方略について幅広い知識をもち，理解に至っていない学習者にこれらを示すことができ，学習内容の理解の方法を複数示すことができ，フィードバックを効果的に与え，またあるときには学習

者が到達基準に向かって学習を進めている際には傍らで見守るような腕前をもっている者である。

　学習者と目標の到達基準を共有すること，学習者が目標と到達基準を理解しその達成のために努力することは，学習を進める上での助けになるということはいうまでもない。適度に思いやりがあり発想の豊かな環境においては，学習者が学習に試行錯誤し，思考を働かせ，知識同士を結びつけることがしやすい。学習者にとって（そして教師にとっても）安心できる環境とは，間違いが許容され引き出される環境である。間違いと，間違いに対するフィードバックから多くのことが学ばれるからである。同様に教師自身も，指導が成功したか失敗したかを他者から指摘されて学ぶことができるような，安心できる環境に身を置くことが必要である。

　学習者の学習を促進するために，安心して学習できる環境を実現し，さまざまな学習方略を提示できるようにもちあわせ，教師のとる教育的手段を学習者が自覚的に認識できるようにするためには，教師は献身的で情熱的であることが求められる。献身的で情熱的な教師に求められるのは，指導方法が効果的であったか否かに自覚的であり，学習者（たち）や学習者の置かれた状況や事情，既習事項に見合った方法で指導を行い，学習経験を隠すことなくありのままに，楽しめる方法で学習者や同僚教師と共有することである。

　教育の文脈では情熱について語られることは滅多にないが，このことが認知的というより感情的な側面の強い教師の仕事が軽視されることにつながっていると考えられる。教師の情熱を検討の俎上に載せようとすると，指導とは関係のない歓喜や没頭といった側面にとらわれてしまうことが多い（Neumann, 2006）。しかし，教師や学習者にとっての情熱の根幹は，教師や学習者として高揚感や，指導や学習に夢中になる感覚を覚えること，学習内容の理解のために綿密に計画された練習を行おうとする意欲をもつことであるといえる。教育における情熱は，高揚感と焦燥感の両者を反映しており，これらは他人に伝わりうるものであり，教えられうるものでもあり，模倣されうるものでもあり，学習されうるものでもある。本書でレビューした研究ではほぼ検討されていないものの，情熱は学校教育の成果として最重要視されるべきものの1つであるとともに，学校教育の成果に大きな影響を与えるものである。その影響は，学習内容についての知識，優れた指導，学習に没頭すること以上のものがある（ただし，これらが学校教育の成果に不必要というわけではない）。学習者が教えられる教科を好きになるには，教師が教科内容を好きであること，面倒見のよいこと，教師が指導者としての姿だけではなく，学習者が学習に取り組んでいる最中や成果を得たときの姿を見せることが欠かせない。

学習はいつも楽しく容易いものであるわけではなく，場合によっては何度も学習を繰り返すことや，新しい知識を獲得したり既習事項を学びなおしたりすることや，他の学習者と協同して困難な課題に取り組んだりすることが求められることもある。学習者がこのような困難な取り組みができるのは，綿密に計画された練習があるからこそである。また，学習者がより一層難しい課題に取り組もうとすることと，難しい課題に取り組んでいる最中に教師がフィードバックを与えることは欠かせない。これらは学習の成立に不可欠なものである。取り組まれる課題が難しいほど学習者はフィードバックを必要とする。ただし課題の難しさ以上に重要なのは，教師がフィードバックを与え学習者が難問にうまく対応できるように導くことである。
　指導と学習の促進を目的として慎重な検討の上で用意された介入の多くは，効果量 d が 0.40 を超える。このことは，単に効果量 d が 0.40 を超える介入を行えばよいということだけでなく，教師が指導方法を改善させることによって効果に差がつくということを意味している。教師や研究者が指導方法の改善をはかる際には，何が効果的か否かをより意識し，その指導を行うことで目論見どおり，あるいはそうではない結果に至るのかを見いだそうとし，結果に対する影響に対して高い意識をもとうとする。指導方法の改善を行う状況に置かれた教師の姿とは，自身が行う指導の効果を学ぶ教師の姿であるといえるのである。そして，どのような指導方法の改善においても，その指導を行うことでもたらされる効果に対して慎重に注意を払うこと，学習者にとっての困難度に配慮すること，フィードバックの有効性を重視することが求められる。重要なのは教師が自分で行った指導の成功と失敗から学ぶことである。自身が行った指導の効果を学ぶ教師こそが学習者の学力を高めることができるのである。学習に対する正の効果（仮に効果量 d が 0.40 を超えるものとしよう）を探求することは，教師にとって永遠の容易ならざる課題である。効果的な指導は偶発的に起こるものではないため，優れた教師であるためには，教室において何が効果的であったか否かについて常に注意を払うことが求められるのである。

■優れた指導とは

　ここで，著者が考える優れた指導とはどのようなものか，1つの事例を取り上げて説明したい。かつて著者の研究室の修士課程の大学院生が，さまざまな教育プログラムが子ども及び大人の自己概念に与える影響のメタ分析を行った（Clinton, 1987）。さまざまなプログラムの中で最も自己概念に肯定的な影響を与えるプログラムだったのは，アウトワード・バウンド（野外活動の短期教室）や冒険教育プロ

グラムであった。このようなプログラムには自己概念を高める4つの特徴がある。第1に、アウトワード・バウンドで重視しているのは直接体験であり、この直接体験が後続の体験にも影響を与えうるものとなることが目指されている点である。つまり、活動における体験、身につけた知識、意思決定が後続の体験においても活用されるような転移が起こるように、計画され、意図されているのである（Hattie, Marsh, Neill, & Richards, 1997を参照）。第2に、アウトワード・バウンドにおいては困難度が高く、かつ具体的な目標を設定するとともに、参加者が目標を達成できるようにするために課題が構造化されているという点である。このプログラムでは一筋縄では達成できないような具体的な目標が与えられたり（20m以上の高さのある断崖をロープを使ってうまく降りる、など）、状況を組んだりすることで（十分準備をする、互いに助け合う、など）、参加者どうしが目標に到達するための責任を共有できるようにしている。第3に、このようなプログラムの中では学習過程において不可欠なフィードバックの量が増え、質が高いものとなるという点である。プログラムの中では危険が伴う状況が多いことで、フィードバックが必要となるとともに、到達目標や到達基準が極めて明快であることが求められる。目標が一筋縄では達成できず、かつ具体的であることは、学習者の注意を引きつけ、自身の努力を促し、ひいては学習者がその目標を達成するために必要なフィードバックを求めようとすることにつながるのである。第4に、アウトワード・バウンドでは、参加者一人一人が活動にどのように対処しているのか、認知的（学習方略）、個人的（自己効力感の高まりや課題に直面した際の粘り強さ）、社会的（援助要請や協同学習）といった諸側面から把握し、必要に応じて見直させたり修正させたりすることを、指導者は必然的に求められる点である。これら4つの特徴は指導と学習を奏功させるために欠くべからざる要因である。

　別の例として、著者が森林捜索救助隊で崖での救助技術を教える場合にどうするかを考えてみよう。著者が読者を3階建てビルの屋上に連れて行き、ビルを壁伝いに懸垂下降する方法を教えるとするなら、著者はまず、ハーネスの付け方とロープの結び方を実演し、降り始める際の体の反り方を見せる。その上で著者は、よい指導の原則に沿って、読者、すなわち学習者に、学んだことを実際にやってみるように求める。このような学習の状況では、仲間が何をしているかに対する学習者の関心が高まり、ロープの結び方とハーネスの固定の仕方を確実に身につけられるよう他者からの援助をより要請するようになる。目標が困難で、具体的で、見通しが立つからこそ、学習者は学習に向き合うようになるのである。このような学習では前向きな見通しが立つため、よりフィードバックを求めるようになるとともに、自身

のことを見つめるようになる。学習者はまさにフィードバックを「得よう」とするのである。そして学習者が実際に壁伝いに降りようと屋上の端に身を置いたときには，仲間どうしでの教えあいがより活発になる。体を反らせて降りるということは学習者にとってはなじみのないものであり，体勢がひっくり返りやすいからである。最終的に地上に降り立つことができたときには，挑戦しがいのある目標を達成できたという満足感がこみ上げてくる(到達目標が極めて明快だからである)。こういった経験は清々しいものであり，学んだことが自身の経験の一部として取り込まれる。このような経験をすると，学習者のほとんどがこのような経験を繰り返し，引き続き難しい目標を達成したいという気持ちをもつようになる。さらに，この例のような学習においては，行動のすべてと「何を考えているのか」のほとんどは教師にも学習者にも一目瞭然である。この「一目瞭然であること」が，本書が提案する効果的な指導と学習のモデルの要である。

見通しの立つ指導

　指導と学習において重要なのは，見通しが立つことである。指導や学習に秘訣のようなものはない。教師が効果的な指導を展開し，学習者が効果的に学習に取り組んでいる教室における指導や学習は，見通しが立つものになっている。また効果的な指導や学習が行われ指導や学習の見通しが立つことで，教師も学習者も意欲的に取り組むことができるようになる。そして指導を行う教師に対しても，学習に取り組む学習者に対しても，かなりの知識と技能が要求される。教師に対して要求されるのは，学習が正しく行われる，あるいは行われないのはどういう場合においてなのかを理解していること，どのようなタイミングで経験の中での学習が起こるのかがわかっていること，学習者の様子を見取りフィードバックを与える方法を身につけていること，ある学習方法がうまくいかない場合に学習者に提示する別の方法を知っていることである。重要なのは指導が学習者に見通しを与えるものになるとともに，学習が教師に見通しをもたせるようなものになることである。学習者が教師に近づくほど，そして教師が学習者に近づくほど，学習成果はより高いものとなるのである。

　見通しの立つ指導についての上記の説明は，教師は学習者に対して学習を引き起こす者であり，意図的計画的に変化を促す者であり，学習の進行を管理するディレクターのような者たるべきであるという考え方と軌を一にしているが，1日の80%以上を一方的な説明に費やし，何が何でも1回の授業計画や長期的な指導計画を消

化しようとするような教師主導型の授業をよしとするものではない。効果的な指導とは，学習者の意志を無視して訓練を繰り返したり，説明でしゃべり倒したりすることではないのである。アメリカの優秀教師による授業のビデオを検討した際に驚きだったのは，教師ばかりが能動的で，授業がまさに教師主導型であったということである。学習というのは常に騒々しく，白熱するといったものではないが，おおよそ静かで不活発なものでもない。多くの場合，学習とは心動かされ，活気に満ち，時として失敗を伴うようなものであるにもかかわらず，これらの授業はわかりやすいものの宙に浮いたようなものであり，受動的という用語はその教師たちの辞書には存在しないといわんばかりの振る舞いであった。

　本書でいう見通しの立つ指導と学習のモデルというのは，教師中心の指導と学習者中心の学習を対立させるものではなく，両者を一体化してとらえようとするモデルである。教師中心の指導と学習者中心の学習というのは，直接教授と構成主義的指導との対立で語られることが多い（そして直接教授は悪者視され，構成主義的指導の方がよしと見なされている）。構成主義的学習とは，学習者中心の探究学習，問題に基づく学習，課題に基づく学習，あるいは教育関係者の内輪だけで通じるような用語である「真正の学習」「発見学習」「内発的に動機づけられた学習」ととらえられることが多い。構成主義的な教師の役割として強調されるのは，指導を最小限にとどめながら，自身で活動に取り組むことや，ディスカッション，リフレクションや他の学習者と考えを共有することを通じて，知識の獲得と意味の構成ができるような機会をできるだけ多くもたせられるようにすることである（Cambourne, 2003; Daniels, 2001; Selley, 1999; von Glasersfeld, 1995）。しかし，このような考え方と，次章以降で展開される効果的な指導や学習の方法とはほぼ相反している。

■学習のモデル

　ここで強調したいのは，構成主義は指導の理論ではなく，知識の獲得や構成の理論であり，重要なのは知識を組み立てることの役割を理解することなのだということである。Bereiter (2002) は，ポパーの「3つの世界」説，すなわち世界は物理的世界，主観的精神的世界，知識によって構成されている世界の3つに分けられるとする考え方に例えながら，学校で注力すべきことを説明している。これらの3つの世界の例えは，学力の3段階と重なるところが多い。すなわち，物理的世界についての浅い理解，主観的精神世界としての思考方法や深い理解，そして学習者が浅い理解と深い理解を身につけた結果，知識を構成し，また自身にとっての現実を構成できるのである。この第3段階は，学習内容や思考方法を教えることに注力す

ぎて忘れられてしまうことが多いが，まさに人間が作り出すものであり，誤った場合には修正されうるのであり，1つの体系をなしうるものである。学習者は授業を受ける前に，構成された現実をもちあわせている（第3段階に相当する）ことが多いが，教師がこのことを理解しないまま指導を行うと，この構成された現実が将来の学習の妨げになりかねない。指導が奏功すると，学習者のもつ（浅い理解と深い理解に基づいて）構成された現実と，現実世界に対する探究心が，指導の成果として残される。第3段階を構成するのは，本や彫刻，ティーポットのような具体物ではなく（Bereiter, 2002, pp. 62-63 を参照），概念的な物である。Bereiter は「工業社会から知識基盤社会への移行が意味するところは，具体的な物を作る仕事ではなく，概念を作り出す仕事の方が増えるということである」（Bereiter, 2002, p. 65）ことを立証しているが，まさにそのとおりである。

　偶然に起こる学習においては，これら3つの段階の明確な区別はない。一方，教室での指導では第1段階，すなわち知識の習得が目指されることが非常に多く，また，深い理解と思考スキル（第2段階）の重要性が取り沙汰されることも多い。しかし，指導と学習が一体となって効果を上げるのは，知識，思考，構成の3段階すべてに注意を払った場合なのである。

> 多くの場合，人が作り出した概念についての知識や思考と，人が作り出した概念に適用された物理的世界についての知識や思考とを，明確な線引きをすることは難しいだろう［中略］人が作り出した概念が本質なのであり，概念を作り出したり修正したりすることがなすべきことであり，概念を理解することが真の理解なのだという考え方を受け入れることが肝心なのである。
>
> 　　　　　　　　　　　　　　　　　　　　　　　　（Bereiter, 2002, p. 67）

　学校教育が本来やるべきことは，概念を作り出し，またその概念の価値を高めることである。これは建築家には建築物の価値を高めることが求められるのと同じである。すなわち，推測し，説明し，証拠を示し，議論を行い，評価することが必要なのである。

　同様に，文化的に構築され，文化の中で大切にされてきたことが多々あるが，このようなことを教えることも教育の重要な側面の1つである。たとえば，ニュージーランドのマオリ文化においては，ファナウ（拡大家族：男性とその妻，息子夫妻，未婚の子どもを単位とし，住居や経済活動を共にする）という概念，歴史，文化的規範が重要視されている。文化として受け継がれてきたものや，その文化の世界観

や価値観を学習者自身が作り出す概念の一部とし，その文化が世界観を構成し，またその世界観や価値を受け継いできたのと同様に，学習者自身の世界観となるようにすることは，学校教育における重要なことの1つである。重要なのは，このような学力を3段階に分けるモデルによって，理論と実際の現象，個人的あるいは文化的なものの見方と現象，個人的なものの見方と理論とを結びつけてとらえることが可能となるということである。

> 異なる理論間の関係，異なる現象間の関係，そして人が違うことによる現象の解釈の間の関係は，単純なものではない。これらの関係はいずれも推測に基づくものであるから，解きほぐすことは非常に困難である。しかし，このような複雑な関係の上で，科学的知見の構築の営みが行われているのである。
> (Bereiter, 2002, p. 91)

Bereiter は，知識構築に向けた取り組み方にはさまざまなものがあると主張している。この第3段階には，ほとんどの人が正しいと思っていたり，検証済みのものであったり，重要であると見なされている知識を学習者自身が構成するといったものに限らず，疑わしい理論，不安定な概念，未解決の問題，新しい考え方を構成するといったものまで含まれるのである。この点において「第3の世界というのは，一般教養における規範的な知識や概念に限定されるものではない。学習者が構成する知識や概念は，規範的な知識や概念を継承したものであるとともに，どの世界に存在するものなのかといった点においては何ら変わりがない。このような第3の世界の包括性は，世間で広く認められ定着した知識や概念と学習者が作り出した知識や概念との分断関係を取り除く役割を果たしうるのである」(p. 237)「概念の構築の仕方を自家薬籠中のものとした者には，概念の構築の仕方を実体験を伴わずに知っている者や，あるいはこれを知らない者と比べて，さまざまな可能性が広がる」(p. 238)。知識を構成することとは，この第3の世界に足を踏み入れることであり，概念を組み立てるために何かをするということである。選択的に考えること，批判的に考えること，実験を考えること，ある物を別の物から導くこと，何が問題なのかを考えること，解決方法を考えること，問題解決の結果を評価すること，これらはすべて知識構成の営みに含まれるというのが，Bereiter の主張である。知識構成とは，単に知ること，誤って信じること，ある知識を疑ってかかることにとどまるものではないのである。

　教育とは考えることを教えることにとどまらず，学ぶことの価値を教えることで

もある。よい指導とは，考えることそのものが目的となるのではなく，説明を組み立てること，批判すること，推論を導出すること，応用を見つけることといった活動を学習者に求めることであって，「カリキュラムの中に学習者が考える機会を多く配列することを教師が考える必要はないはずである。それは，山岳ガイドの日常生活に有酸素運動を行う機会を多く設けようとするようなものだからである」（Bereiter, 2002, p. 380）。学習者が十分に思考しないのは，指導に何らかの深刻な欠陥がある場合である。「思考の促進や思考力の向上だけを学習の目的とするという考え方は放棄され，実際の問題解決において知識や技能を使いこなす能力を高めることにつながる学習者の理解の深化こそが学習の目的であるという考え方に置き換えられなければならない」（Bereiter, 2002, p. 381）のである。

■浅い理解，深い理解，そして知識の構成

したがって，浅い理解（第1段階）ばかりを教育の目標とすること，あるいは，深い理解や思考方法を身につけること（第2段階）こそが教育の目標であるとする両極端な思い込みから脱却し，浅い理解と深い理解がバランスよくなされ，知識や現実世界についての妥当な枠組みがよりよく構成されること（第3段階）につながるようにすることが教育の目標でなければならない。

学習者の多くは，身につけるべきとされている学習内容や学習方法を理解するためにとられる浅い方法に適応することが学校における成功につながるととらえている。一方，教師の多くは，学習者に深い理解を促すことが指導の目標であると考えている（Biggs & Collis, 1982）。たとえば，Brown（2002）が700人以上の15歳のニュージーランド人生徒と英語，数学，理科教師71人を対象に実施した学習観についての調査結果では，学習とは，教えられた内容をテストにおいて最大限再生できるように浅い知識を身につけることであると生徒がとらえているのに対し，このように回答した生徒を担当していた教師は深い理解を目指した指導を行っていると回答したことが示された。生徒は教師や学校によって課せられた課題や試験に束縛されているため，教師が思っていることとは裏腹に，浅い知識をできるだけ多く記憶することと，課題や試験を解くのに必要なだけの深い理解を身につけることに専念しているといえる。同様の結果は，学習についての概念を生徒と教師で比較した場合にも顕著に見られた（Purdie, 2001）。

学習者が浅い知識を身につけようとしがちなのは，学習における質問や試験の項目（口頭，筆記ともに）の多くが浅い知識に関するものであるためである。たとえば Gall（1970）は，教師の質問の60%が事実の再生を求めるもの，20%が手順を

答えさせるものであり，学習者に思考を求めるものは20%に過ぎないと述べている。そのほかの研究でも，教師の質問の80%以上は浅い思考を求めるものであることが示されている（Airasian, 1991; Barnette, Walsh, Orletsky, & Sattes, 1995; Gall, 1984; Kloss, 1988）。教師の質問が学習者の深い思考を引き出すことができないのは，教師は質問することを学習をコントロールする手段として用いていると学習者がとらえているためである。つまり，教師は自身が行う質問に対する答えをすでに知っていることを，学習者はお見通しなのである（Gipps, 1994; Torrance & Pryor, 1998; Wade & Moje, 2000）。日々の授業のほとんどは「知識伝達」であるため浅い知識だけで十分である。浅い知識を身につけるためだけの方法（試験対策，再読，学習の見直し）で学習することが高い成績をとるための方法であると学習者が気づくのに大した時間はかからない。一方，学力や認知能力の発達に焦点を当てた，深い理解を促す学習が大切だと主張しながら，資格試験などのハイステイクス・テストの対策として浅い知識を身につけさせる指導も重視している。浅い知識を身につけさせるための指導の重視が意味するところは，現代の学校において学習者が深い思考を必要とする場面が非常に少ないということである。

　より具体的にいうと，浅い学習は見解や事実を知ることにつながる。一方2つの深いプロセス，すなわち関連づけと精緻化が思考の質の変化を引き起こす。このような思考の質の変化が引き起こされるのは表面的な質問を与えられたときと比べて難易度の高い認知処理がなされたときである。関連づけを求める質問に対して応答するには，少なくとも2つの別個の知識，情報，事実，概念を統合することが必要である。つまり，知識間関係の図式化を学習者に求めるのである。精緻化や概念拡張を求める質問に対して応答するには，自身がもつ情報，知識，概念を推し進め，あらゆる場合に適用可能な一般的ルールや証拠を演繹的に導くことが必要である。このような場合に学習者がしなければならないのは，幅広い状況に適用可能な回答，予測，仮説を作り出すために，与えられた，あるいはすでにもちあわせている知識，概念，情報の範囲を超えた思考をすることである。このような浅い理解と深い理解を経て学習者は概念や知識を構成できるようになるとともに，浅い，あるいは深い学習に取り組むための方法を具現化できるようになるのである（第3段階である理解の構成）。

　このような，浅い理解，深い理解，構成的概念的理解といった，理解を3種類に分ける考え方は，BiggsとCollis（Biggs & Collis, 1982; Collis & Biggs, 1979）によるSOLOモデル（監訳者注：認知発達理論の1つであり，実際の思考の形態は課題の内容などによって異なるということを前提とし，観察される学習成果の構造

(Structure of Observed Learning Outcome: SOLO）は，課題解決には取り組むものの思考が既有知識や能力に引きずられている段階，課題に見合った領域に着目し単一の側面を取り上げて思考する段階，課題解決に多様な側面から取り組もうとするもののこれらの側面を統合した思考には至らない段階，多様な考え方を統合して首尾一貫した思考を行う段階，未経験の問題解決に適応可能な思考ができるようになる段階からなるというモデル）という，指導と学習のモデルの開発と学習評価に対する理解を深めるために非常に役立つことが明らかとなっているモデルに基づいている。そして，このような浅い知識を基に深い知識が身につくという考え方は，教育心理学及び教育評価研究の領域において常識になりつつある。興味深いことに，ブルームタキソノミー（教育目標の分類学）の改訂版（Anderson, Krathwohl, & Bloom, 2001）でも，理解を3種類に分ける考え方と類似した，知識次元の4段階が設定されている。この4段階とは，事実的知識（ある分野に精通し問題を解決するために必要な基礎的な要素としての知識），概念的知識（基礎的な要素としての知識が相互に関連をもち一体的に機能するような大きな構造としての知識），手続き的知識（何かを行うための手順や探究の方法についての知識），メタ認知的知識（一般的な認知についての知識及び自身の認知に関する意識や知識）からなる。このように知識を4段階に分ける考え方は，知識の段階と形式を混同して扱っていた，Bloom自身によるタキソノミーを大幅に進展させたものである（Hattie & Purdie, 1998を参照）。

　ここで特に注意しなければならないのは，浅い知識が必ずしも悪であり，深い知識が本質的に善であるといっているわけではない点である。むしろ，浅い知識と深い知識のバランスが重要なのである。浅い知識は深い知識をもつために必要である。そして浅い知識も深い知識も文脈や知識体系に位置づけた形で理解する必要がある。学習過程というのは，知識から理解へ，理解から構成へと続く長い道のりなのである。この道のりは身につけたり，忘れたり，繰り返したりといった紆余曲折なものである。学習者がある知識を概念へと変化させ，さらにこの概念を関連づけたり精緻化したりといったことを行うことが，学習なのである。そして学習者が学習を調整したりモニターしたりできるようになると，学習者は自身にとっての教師としての役割も演じることとなる。調整やメタ認知とは，自分自身の認知過程についての知識や，認知過程をモニタリングする技能のことを指す。このような技能を発達させることが多くの学習課題の目標でもあり，自己調整能力が身につくことにもつながるのである。

学習成果に関して

　前章までに記したとおり，本書の主眼は学力に置いている。ここでいう学力とは先述した理解の3段階をまたがるものと位置づけられる。浅い学習を目的とした場合には直接教授や特定の目標を与えがちになり，深い学習を目的とした場合には探究的な方法がとられがちになると，直感的には思われるかもしれない。しかし，こういった考えは単純すぎるものであり，誤解を招くものである。深い理解を目的としたとしても特定の目標を与えたり直接教授を行ったりすることが必要な場合もあれば，探究的な学習や問題解決学習によって浅い理解がなされることもあるからである。

　学校教育の主たる目的の1つは，達成基準に到達した後でも学習を続けるといった過剰学習を行うことや，すらすらと課題解決できるようになることである。たとえば，我々のほとんどは歩き方を身につけるために過剰学習を行ったはずである。しかし，歩き方を身につけようとし始めたときには試行錯誤をし，痛みも伴いながら学習をしたことを忘れている。しかし，大きな事故に遭ったりしてあらためて歩き方を学ばねばならなくなったら必死に学ぼうとするはずである。すらすらと課題解決ができるようになることや，取り組みがいのある学習に繰り返し取り組むようになることが，学校教育の主たる成果として求められているのである。言語を流暢に用いたり，楽器を流暢に演奏したり，数学，国語，理科の問題をすらすらと解けるようになるのは，過剰学習があってこそである。一定程度の流暢さや，すらすらと課題を解決できるレベルに達することが，記憶や持久力，安定性，教科内での応用力といった学習成果の他の側面においても望ましいレベルに到達することにつながる（Doughty, Chase, & O'Shields, 2004）。

　ある内容において学習者が高いレベルでの流暢さに達することは，後続の学習に取り組むために必要な認知的リソースが増えることにつながる。取り組まれる課題が学習者にとって複雑である場合には，知能よりもメタ認知的スキルの質の方が学力をより左右する（Veenman, Prins, & Elshout, 2002）。これは「知能と関係の強い知識や技能を使うことよりも即興で取り組んだり経験則（ヒューリスティックス）を用いる必要があるから」である（Prins, Veenman, & Elshout, 2006, p. 377）。初心者は試行錯誤方略を用いる傾向があるが，知識を多くもつ学習者は役に立つ方略の探索を行う傾向がある（Klahr, 2000）。初心者はデータを作ろうとするが，熟達者はデータの解釈に関心がある。データ収集よりもデータの解釈の方が重要である。

このことは学習者にも教師にも当てはまる。

　人間の認知構造には制約がある。一度に記憶できる量にも限りがあり，学習や問題解決のために費やせる認知処理能力にも限界がある。記憶できる量を増やすためには高次の概念やスキーマを形成する必要があり，学習をうまく進めるには学習方略を習得する必要がある。このような認知的制約は認知負荷という概念と関係している（例：Swaller, 2006）。事実，初めての内容や概念を学ぶには効果的な学習方略を利用することと，自身の認知能力を総動員する必要がある。熟達者は，熟達者ではない者と比べると，より深く，より原則に則った問題表象をもちあわせているため，より効果的な探索行動や解決行動が可能となり，認知負荷が軽減されることにつながる（たとえば，チェスをする，方程式を解く，歴史を読み解くといった場合）。熟達者と初心者の決定的な違いは，当該領域についての経験よりも，計画的な練習の有無によるところが大きい。熟達者は能力を高めるために何度も練習をするのである（水泳選手が手足のかき方，ターンや息継ぎの仕方を身につけた後でもこれらの本質を身につけるために何度も練習をするように）。

　このような意図的な練習とは

　　　妥当かつ一筋縄では解決できない程度の困難度があり，繰り返し取り組むことができ，誤りを修正する余地が与えられ，効果的なフィードバックが与えられることで，連続的な改善がなされるといった特質をもつ［中略］学習者がより高い能力レベルに到達できるようになるには意図的な練習が必要であり，練習には最大限集中し，長期間のたゆまぬ努力が不可欠だといえる。

　　　　　　　　　　　　　（van Gog, Ericsson, Rikers, & Paas, 2005, p. 75）

　つまり，このような練習によってより高いレベルのメタ認知を働かせることができるようになり，能力の改善につながり，浅い理解も深い理解もよりレベルが高いものとなる（Charness, et al. 2005）。意図的な練習とは繰り返すことが目的なのではない。意図的な練習とは，育成することが目指されている能力の特定の側面の改善に焦点化され，モニタリング，自己調整，自己評価の方法をよりよく理解することと，誤りを減らすことにつながるものなのである。

5つの要因

　本書の次章以降6章は以下5つの話題から構成されており，

1. 学習者
2. 家庭
3. 学校
4. 教師
5. 指導方法（2章に分けて示している）
注）原書では,「カリキュラム」について扱った章があるが,本書では扱っていない。

これらの各々の要因が学力に与える影響を分析した結果を示している。当然のことながら，これらの要因（及び研究やメタ分析の対象とされることが極めて少ないものも含めて）は互いに関係し合っている。これらの相互関係については最終章で議論する。なお，これらの要因が学力に与える影響の大きさを左右する別の変数（調整変数）の存在も考えられるが，意外にもこのような働きをする変数は極めて少ない。そのため，学力に与える影響の大きい要因に教科，年齢，文脈による違いは見られないと考えられる。

■学習者要因

学習者要因のうち学力に影響を与えるのは以下のようなことである。

・先行知識をもっていること。
・期待をもっていること。
・経験を積極的に受け入れる態度をもっていること。
・学習に努力を振り向けることで形成される自分に対する価値観
・学習に取り組むこと。
・学習に取り組むことで学習者としての自己観を構築する能力をもち，学習者として評価されること。

子どもは先行知識をもちあわせた上で教室での授業に参加する。この先行知識は就学前教育，文化，テレビ，家庭，前の年度などにおいて身につけたものである。先行知識の多くは教師，学習者の双方に対して学習に対する期待をもたらす。子どもは経験の世界に生まれ，その世界で成長する。このような期待は，学校で学ぶ機会を拡げる，あるいは狭めるものとして強力に機能する。期待は保護者，家族，きょうだい，友人，学校，教師，メディア，そして自分自身によってもたらされる

が，特に教室においてもたらされる部分が大きい。8歳になると多くの学習者は学力テストの平均を上回ろうとしたり順位を上げようとするようになる。懸念されるのは，本書で取り上げた要因の中でも学習者の学力に与える影響がとりわけ大きいものの1つに，自己評価得点が挙げられるが，これは学習者は自分の能力を評価することに非常に長けているためである。もし学習者の自己評価が低いと，自分の能力に対して低い期待をもつことにつながり，達成できそうだと思えるレベルを低く見なすようになる。ここに教師の出番があり，より挑戦しがいのある目標を設定し，その目標の達成に向けて学習者を学習に取り組ませるとともに，困難な目標を設定することとその目標を達成することに対する自信を与えることが教師の役割なのである。学習者自身による自らの能力に対する評価が自身の能力向上の妨げにならないようにしなければならない。

　学習者がどのような期待をもつのかは，学習者自身の個人差の影響を受ける部分も大きい。その中でも，経験を積極的に受け入れる態度，学習に努力を振り向けることで形成される自分に対する価値観，学習に取り組むことを通じて自己が確立するという学習観は，学習者がもつ期待に大きな影響を与える。このような考え方や態度は学校において形成されるものであるとともに，家庭，遊び場，学校とは関係のない活動（読書やテレビなど）によっても変化する。そしてとりわけ，同級生から受ける影響は大きい。学習の支えとなりうる個人差を学習者に身につけさせる機会は，保護者にも教師にも多くある。学習に取り組む意欲を高めること，学習に取り組むことで得られる評価をより高めようとする態度を育成すること，生まれながらの能力ではなく努力をすることで学力が高まるという学習観をもたせること，学習に対する前向きな気持ちをもたせることはいずれも，保護者にも教師にもできることである。このような，経験を積極的に受け入れようとする態度や，学習に努力を振り向けようとする意欲，頭を使おうとする態度はいずれも就学前において培われる。そしてこのような態度は，学校において適度に困難な課題が与えられ，学習者が努力することで能力が身につくという経験を経ることで，著しく発達する。さらにこのような態度が発達することで，学習者が学習者としての自己観と，共に学ぶ仲間の中で評価されているという感覚を得ることにつながる（Carroll, Hattie, Durkin, & Houghton, 2001）。このような個人差が学校教育の成果に著しい影響を与える。

　第9章で示されるように，挑戦しがいのある目標と，学習目的を学習者個人がもち，また学習者どうしで共有することは，学習を効果的に進めるための重要な条件であり，その上で学習者どうしが真剣に学習に向き合い，目標達成のために互いに

取り組んでいるという感覚が共有されると，その効果はさらに高まる。行動の意図が実際の行動に与える影響に関してメタ分析を行った結果の多くでは，実際の行動の分散の 28% は意図によって説明できることが示されており，学習者自身が実際に行動を制御できる場合には，行動の意図が実際の行動に与える影響はより大きなものとなる（例：Armitage & Conner, 2001, d = 0.24; Hausenblas, Carron, & Mack, 1997, d = 0.23; Milne, Sheeran, & Orbell, 2000, d = 0.20; Sheeran, 2002, d = 0.27; Webb & Sheeran, 2006, d = 0.29, いずれも意図と行動の変化との関係についての効果量）。適度に困難な目標の達成に向けた取り組みを行うには，学習に向き合うこと，実際に取り組むこと，経験を受け入れる態度，共に学習をしている仲間から学習者として評価されたいという気持ちなどが伴わなければならない。Levin（1988）は，学校の成績よりも就学期間の方が成人後の人生における健康度，富裕度，幸福度の予測率が高いと主張している。したがって，学校の大きな目標は，（学力の高低に関係なく）学習者の関心を学習に向けさせること，そして学習において学習者が新たな体験を進んで受け入れられるように支援すること，であるべきである。

　学習者を学習に取り組むようにするにはさまざまな方法がある。Steinberg, Brown, & Dornbusch（1997）は，学習者が学習に取り組まないという問題に向き合い解決しない限り，いかなる学校改革も成功しないと主張している。学習者が学習に取り組まないという問題は単なる教育問題ではなく，「学習者のもつ不快感の現れというより一般的な問題の現れ」（Steinberg, Brown, & Dornbusch, 1997, p. 63）である。「身体的には教室に身を置いていても精神的には欠席しているような」（p. 67）学習者がいかに多いことか。学習内容が理解できなくて学習者が困っている（授業についていけない，内容が難しすぎる）といったことも問題だが，多くの学習者にとって授業が退屈なものになっている（簡単すぎる，学習する意味がない）ということもまた問題なのである。Nuthall（2005）が明らかにしたように授業内容のほとんどは学習者がすでに知っていることであったり，Yair（2000）が指摘するように授業時間の 85% は教師の話を聞いている（または聞いているふりをしている）だけであったりすることが，児童生徒を学習に取り組ませることを難しくする原因なのである（Sirotnik, 1985 を参照）。教師がなすべきことは，うまくいっている授業の特徴であると Steinberg が指摘している，難しいが取り組みがいのある学習内容を扱うこと，学習者に高い期待を寄せること，卒業できなくなるといった悪い結果を回避させる目標をもたせるのではなく，学習目標の達成を目標とさせることなのである。

■**家庭要因**

家庭要因のうち学力に影響を与えるのは以下のようなことである。

・保護者が子どもに期待と希望をかけること。
・保護者が，学校で教えられている内容を理解したり学校関係者と意思疎通するための言語知識をもつこと。

家庭は，子どもの学力を高める養育的な環境のある場であることもあれば，子どもが学習に取り組むことに対して悪影響を与える場であることもある。しかし多くの保護者は，そもそも我が子に前向きな期待をかけるものであり，このような期待は学校での学習が奏功するためには欠かせないものである。これ以外に重要なのは，学校で教えられている内容を理解したり学校関係者と意思疎通するための言語知識を，保護者がどの程度もっているかである。このような知識を保護者がもつことが子どもの学齢期に有利に働き，一方，保護者がこのような知識をもっていないことが，家庭が学力に与える好影響と保護者が子どもにかけた期待の実現に対する大きな妨げとなる（Clinton, Hattie, & Dixon, 2007）。学校の重要な役割の1つは，学校で教えられている内容を理解したり学校関係者と意思疎通するための言語知識をもたせることで，子どもの学習能力を高め，また子どもが学習を好きになるような手助けができるようにすることであるといえる。

■**学校要因**

学校要因のうち学習に影響を与えるのは以下のようなことである。

・間違うことが歓迎され，安心でき思いやりのある学級風土のあること。
・仲間からの影響を受けること。

学校要因が学習成果に与える影響の大きさは，特に先進国では過大評価されている。多くの先進国では，仮に2人の同じような能力の児童生徒がいたとして，それぞれをどちらの学校に通わせたとしても，大した違いは起こらない。学校改善の取り組みとして多いのは，教育条件（学校建築，時間割，学級規模，能力別学級編制，学校予算など）を変えることである。これらが重要なのはいうまでもないが，これらは児童生徒の学力に決定的な違いをもたらすようなものではなく，いずれも効果

が小さいものの1つに過ぎない。それにもかかわらず，教育条件に関する議論はますます盛んとなっており，止むことはない。

　むしろ，本書に挙げた著者の研究を通して明らかになった興味深いことの1つに，盛んに議論されている問題のほとんどは効果が小さいということがある。効果が小さいにもかかわらず議論が盛んな問題とは，学級規模，能力別学級編制，原級留置，学校選択，夏期講習，制服着用の義務づけなどが挙げられる。これらはいずれも実施を求める声が大きいものである。このような，うわべだけを塗り替えるような改善のなんと多いことか。学校の教育条件を変えるべきという要求は，親を巻き込んだり（宿題が増える），また規則が増えることにつながったり（規則を破る児童生徒が増える），押しつけを招いたりする（沈黙と服従が望ましいとされるようになる）。また，「学級規模は小さい方がよいのはいうまでもない！」という主張のように，一般的によいと思われていることに訴えようとするのはよくあることである。しかし，学校に関わる要因のうち効果が高いのは，学級風土，同級生からの影響，破壊的行動をとる児童生徒の有無といった，学校内の様相に関するものである。これらの特質が備わると，学校は児童生徒も教師も間違うことが許され，学習者として互いを認め合うことができるような場となる。そしてこのような場で学習が引き起こされるのである。

　Purkeyは「招待学習」という理論を構築した（Novak & Purkey, 2001; Purkey, 1992）。ここでいう「招待」とは「考えるために役に立つ何かを差し出す」という意味に由来している。学校は，学習に取り組もうとする児童生徒を招き入れたり，あるいは誠意をもって呼び集めるような場であるべきだというのが，Purkeyの主張である。このモデルは以下の4つの要件に基づいている。

1. 委ねること：学習者自身にためになると思ってもらいたい活動には，強制ではなく納得してもらった上で取り組んでもらう必要がある。
2. 敬意を払うこと：学習者に関わる際には相手を思いやり，適切な振る舞いで接する必要がある。
3. 前向きな能力観をもつこと：学習者の秘められた能力と個性を探求する必要がある。
4. 能力の発揮を意図すること：学習者の学習を引き起こすことを意図して授業計画を立案する必要がある。

　これらの要件を満たすこととは「いい人を演じる」ということではない。学習を

学習者の興味を引くものにし，取り組ませるものにし，取り組み続けるものにするのは学校であり，教師であるということに大幅な信頼を置いた提案なのである。学校による違いが生じるのは，学校内の様相に関する要因の効果がとりわけ高いためである。

■教師要因

教師要因のうち学習に影響を与えるのは以下のようなことである。

・学習者から見て指導の質が高いこと。
・教師が学習者に期待をかけること。
・すべての学習者の能力は伸ばしうるものであり，学力は変えられるものであるという能力観と，学習者の能力の伸びを見取り，その結果を明確に学習者に戻すのが教師の役割であるという考え方に基づく指導観，学習観，評価観，学習者観を教師がもつこと。
・教師が心の準備の有無にかかわらず開かれた態度をとること。
・間違うことが許され，歓迎されるような，暖かい雰囲気のある学級であること。
・教師が到達基準と到達度を明確に示すこと。
・努力する態度を育てること。
・すべての学習者が学習に取り組むこと。

　本書の主張は学習に違いをもたらすのは教師である，ということである。さきに述べたとおり，この主張は単純な解決策のようでもあるが，実際はそうではない。適度に困難な内容を扱い，その内容に対する考え方や解決の方法を学習者に示すといった，確実な指導方法による授業を行う教師がすべてではないからである。すべての教師が効果的な指導を行うわけでもなければ，すべての教師が授業に熟練しているわけでもなく，すべての教師が学習者に対して高い効果を与えるわけではない。重視すべきは，どのような教師が学習者の学力を高めるのか，学力を高める教師とそうではない教師との間の決定的な違いとは何か，ということである。
　学習に影響を与える教師要因のうち重要なものの1つは，学習者から見て指導の質が高いことである。Irving（2004）は高校数学を対象とした学習者による教師評価指標を，全米教職専門職基準委員会（NBPTS）の基準に基づいて開発し，ニュージーランドでの尺度化を行い，NBPTSによる高校数学専門職資格を取得した教師と，資格を取得していない教師との間での教師評価結果の比較をアメリカで行った。

教師評価を行った高校生は教師の能力を適切に評価しており，経験が長く授業に熟達している教師と，経験が長いが授業に熟達していない教師との違いが明確となった。両者の違いを区別する主たる要因は，数学の教科内容を活用した思考をさせているかといった点と，数学的な思考や推論の方法を身につけさせようとしているかといった点であった。授業に熟達した教師の大きな特徴は，授業で何をするのかといった点ではなく，授業で学習者に何をさせるのかといった点にある。学習者は，問題解決の方法は1つではないということに着目しながら，主体的に学習に取り組まねばならない。数学者と同じように，学習者にも，正解を求めることにとどまらず，なぜその解法を用いたのかを説明したり分析したりといったことまで行うことが求められる。このような姿勢で課題に取り組んでいる際には常に，学習者は数学そのものと取り組んでいる数学の課題に対する価値を実感し，また常に課題解決の質を点検しながら最も高いレベルに到達できるように努力するのである。Irvingが主張するように，教師のことを最も評価できる立場にいるのは，日々教室で教師と時間を共にしている学習者である（Irving, 2004）。学習者の教師に対する評価は気まぐれであるとか，習っている教師に対する評価を高めにつけるとかいったことは俗説に過ぎないのである（Bendig, 1952; Tagomori & Bishop, 1995）。

　指導の質と比べると学習に与える影響の大きさはかなり低くはなるが，次に影響が大きいのは教師が学習者にかける期待と，教師がもつ指導観である。教師もまた，自身の指導観，学習観，評価観，学習者観をもちあわせて学校に通っている。このような，教師のもつ考え方は，指導の効果を左右する重要な要因であることを十分に理解しておく必要がある。学習者に対してかける期待が低ければ，学習者が到達できるレベルも低いものとなる。教師が学習者にかける期待の低さは，人種や性別などによる個人差によって異なるというよりも，教室にいるすべての学習者に対するものの方が多い（Rubie-Davies, 2006, 2007; Rubie-Davies, Hattie, & Hamilton, 2006; Weinstein, 2002）。重要なのはすべての学習者の能力は伸ばしうるものであり，すべての学習者の学力は固定的なものではなく変化させることができるという期待をもつような指導観，学習観と，すべての学習者の能力の伸びを見取り，その結果を明確に学習者に戻すのが教師の役割であるという評価観をもつことなのである。教師たる者は，学習者にさまざまな経験をさせ，学習者の間違いから学び，学習者の反応を引き出し，その反応からもまた学び，学習者の努力する態度を育て，明確な評価を行い，学習者を学習に取り組ませなければならないのである。

■指導方法要因

指導方法に関する要因のうち学習に影響を与えるのは以下のようなことである。

- 学習目的と到達基準に細心の注意を払うこと。
- 困難度のある課題を設定すること。
- 意図的な練習に何度も取り組めるような機会を与えること。
- 学習目標を達成するのは（教師，学習者ともに）いつ頃になるのかを心得ていること。
- 学習方略の指導が重要であることを理解していること。
- 学習計画を立てるとともに，指導方法について他の教師との話し合いをもつこと。
- 指導対象の学習者の到達状況に関するフィードバックを常に学習者から得ようとすること。

本章で一貫して示された指導と学習のモデルは，具体的な学習目的と到達基準によって，学習者の意欲の高さ，学習目的や単元の目標の質が決まるということに基づいている。指導方法は多様だが，これらを効果的にするためには必ず計画を立てて実施する必要がある。特に他の教師と指導方法や指導計画について討議すること，学習目標と到達基準に細心の注意を払うこと，学習者の到達状況を見取るためにあらゆる努力を払うことが，学習者に対する指導が奏功することにつながる。このようなことに取り組むには，授業中の学習者の反応に基づいた授業の振り返りを行う必要がある。そして，安心でき思いやりのある雰囲気が同僚との関係にあり，指導方法について他の教師との話し合いがなされると，授業の振り返りが効果的になされるのである。

まとめ

教師たる者は主体的，意欲的に指導と学習に取り組まねばならない。また，自身の学習者観と学習者に対する期待に自覚的になるとともに，これらを常に新しいものにしていかねばならない。さらに，学習者の学習をつかさどり，学習者が学習の見通しをもてるようにしなければならない。そして，学習者が知識を構成できるようになるために，浅い理解と深い理解に基づいた学習方略を身につけさせることに

つながるような機会を多く設けたり，機会を多様なものにしたりすることも，教師に求められるのである。学習者一人一人の思考や知識について深く理解すること，学習者のもつ知識に意味を見いだすこと，またその知識を考慮して意味のある経験を学習者にさせ，学習に役立つ適切なフィードバックを学習者に与えられるよう，学習内容がわかるようになることとは何を意味するのかについての高度な知識と理解をもちあわせることが，教師には欠かせない。

　単元の学習目的と到達基準，学習者が到達した基準，最終的な到達目標と学習者の知識や理解の程度との差を埋めるために次に到達すべき基準をもっておくことは，教師にとって必須である。学習者のもつ概念が単純なものからより多面的なものとなると指導が功を奏したということとなり，多面的な概念をもつことでさらに概念に広がりが見られるようになり，知識や概念を学習者自身が構成することにつながる。重要なのは，知識や概念を身につけることではなく，知識や概念を学習者自身が構成することなのである。再概念化と知識獲得の両者があいまって，学習がより進むこととなる。

　学習をよりよいものにするには，学校，職員室，そして教室が，自分たちで行っている指導について話し合うことができ，間違うことやつまずくことが学習機会として重要であるととらえられ，誤った知識や理解を修正することが歓迎され，教師が安心して学び，学び直し，指導や教材に関する研究ができるような環境である必要があり，その環境を醸成するのが学校管理職であり，教師である。効果的なフィードバックを行うには「どこに向かっているのか」（学習の目標），「進み具合はどうか」（目標に到達するための方法），「次に何をすべきか」（到達すべき次の段階）といった３つの問いに対する答えに相当する情報を与えることが重要だが，教師が，そして学習者が「どこに向かっているのか」「進み具合はどうか」そして教師，学習者にとっての「次に何をすべきか」といったことを率直に議論することが教師には求められる。

　学習者が行うこともまた，学習に大きな影響を及ぼす。学習者が教師の指導の従順な受け手となってしまうのはよくあることだが，本書で取り上げたメタ分析の結果が示すのは，学習者が学習過程で主体的に取り組むように教師や教師以外の者が働きかけることの目的は，学習者が学習者自身にとっての教師としての立場に立てるようにすることにあり，そうなることで学習者が新しい題材や考え方を学習する際に効果的な方法を探し出すことができるようになり，学習を進める上で役立つ手段を模索することができ，適度に困難な目標を設定できるようになる，ということである。学習者は，自分から到達基準を決め，高い期待を設定し，知識習得や問題

解決においてさまざまな方法を経験することを進んで受け入れるようでなければならない。そうすることで，学習者の自己意識を高め，学習者として認められるようになり，自己評価，セルフモニタリングや自己学習をするようになり，学習内容に価値を見いだしながら浅い理解，深い理解をするとともに，概念形成をはかるようになる。Kember & Wong (2000) は，主体的な学習者と消極的な学習者が指導をどのように受け止めているのかを検討した。その結果，消極的な学習者は系統的で，流れが明確で，学習のねらいが明確に示された授業を行う教師を好むが，主体的な学習者は教室内での相互作用を起こし，さまざまな指導方法を展開し，高い意欲を見せる教師を好むことが明らかとなった。学校教育の目標は主体的な学習者を増やすことだが，そのためには，教師は学習者の立場に立って学習を見ることと，学習者を学習に実際に取り組ませる手立てを知っていることが必要であり，そういう教師が主体的な学習者を育てるのである。

　すでに述べたように，見通しの立つ指導，見通しの立つ学習というのが肝心なのである。この考え方は，学習者が自身の状態を把握できるようにするとともに，教師がフィードバックを与えやすくするために学習者と協同して学習に見通しが立つようにし，学習がうまくいったらさらなる情報を学習者に与えるといった，授業をつかさどり，学習者の主体性を引き出し，学習に取り組ませるといった一連の教師の行動をまとめたものである。Fenstermacher & Soltis (2004) は教師を，学習者がもちあわせている高い学習技能と学習技術を使わせながら学習過程を前進させる者と位置づけている。同様の考え方は Salomon & Perkins (1989) でも見られ，主体的に学習に取り組み，深いレベルの認知処理を行うことは，学習内容を身につけることと，学習内容の転移を起こすために重要な働きをすると考えられている。また，Sheerens & Bosker (1997) は「テストとフィードバックを重視する系統学習と直接学習が最も効果的な指導形態であるとの考え方が再び注目されるようになったようだ」(p. 219) と結論づけている。これらの指摘が意味するところは，転移が起こるには深いレベルの，ネットワーク化された知識構造が必要であるということである。つまり，知識と理解は「深いレベルで，まとまりがあり，別の考え方や既有知識，複数の表象，日常経験との関連性をもつ」(Pugh & Bergin, 2006, p. 148) 必要がある。さらに学習者が，自分自身が何を知っているのかいないのかを理解し（メタ認知的知覚），認知処理とメタ認知的方略を働かせると，学習の成果はさらに高まる。加えて，動機づけが高いことで学習者がより学習に取り組むようになり，ひいてはよりよい学習方略を身につけることにつながる。

　指導と学習が見通しの立つものになることで，学習者の学力がより高いものとな

る可能性が上がるということが，本書の最大の主張である。そして，学習者が浅い レベル，深いレベルの両者の知識理解と概念的理解を積み重ねられるようにするために，さまざまな学習方略を知っているのが，熟練した教師なのである。教師は，あるときには学習内容の理解につながるように指導を繰り返し行い，フィードバックを効果的に与え，またあるときには学習者が到達目標に向かって学習を進めている際には傍らで見守るような腕前ももっていなければならない。教師も学習者も，より困難な課題に取り組もうとすることも必要であり，そうすることで課題解決に向けた行動とフィードバックとが効果的に結びつく。困難な課題に取り組むこととフィードバックが与えられることは，共に学習には不可欠である。学習者は，取り組む課題の困難度が高いほど，よりフィードバックを必要とするようになる。そして，学習者が困難な課題にうまく対応できるように導くことこそが，教師の重要な役割なのである。

第4章

学習者要因の影響

　子どもは，1年間のうち220日は，1日のうち5-6時間を学校で，9-10時間を家庭や地域で，8-9時間を睡眠時間にあてて過ごす。そしてこれが13年間繰り返されることとなる。生涯にわたって15,000時間を，子どもは学校で過ごすこととなるのだが，これは起きている時間の約3割が，教師に委ねられているという計算になる。在学期間中には，子どもは学校で過ごす倍の時間（29,000時間）を家庭で過ごすとともに，就学前（5-6歳）までに26,000時間を保護者や養育者と過ごす。したがって，10代半ばの子どもにとって，学校教育の影響は相当なものと考えられるが，就学時までに経験したことや培われたもの，また日々の学校外での経験や体験によっても，学校教育の成果は大きく左右される。このような学校外からの影響は，家庭，家族，文化，地域に端を発しているものである。本章では，学校に入学する前にすでに子どもに培われた要因，すなわち（1）過去の学力や個人差要因，（2）態度や気質，（3）就学前の経験，などの影響について概説する。

　本章の論旨は，過去の学力（就学前に身につけた能力，家庭で身につけた能力，遺伝的特徴しての能力）だけでなく，個人差要因までも，学校教育の成果に顕著な影響を及ぼしうるということである。学校教育が，学力や学習に関する個人差要因の双方に影響を及ぼしていることに疑いの余地はないが，学校に入る前は全くの白紙の状態であるとはいえないのである。たとえば，遺伝や乳幼児期の発達，幼児期の家庭及び社会での経験，0歳から5歳までの学習の機会（たとえば，就学前教育や早期教育）などは学力に影響を及ぼす。学習に関する個人差要因としては，新しい経験に積極的に挑戦すること，学習に力を注ぐことを重視する姿勢，学習活動によって自己を確立しようとする態度などが挙げられる。

　これらの個人差要因（もちろん，学力も含まれる）は，いうなれば子どもが学校に携えてくるものであるといえるが，学校教育によって変化させることが可能であり，実際に学校教育によって差異が生じる事例が多い。本書が強調したいことの1つは，学校も教師も（そして研究者も），学習に関する個人差自体を学校教育の重要な成果指標として認識する必要があるということである。多くの教師は，学力が

表4.1 学習者要因の影響に関するメタ分析結果の概要

学習者要因	メタ分析数	一次研究数	対象者数	効果指標数	効果量(d)	標準誤差	CLE	順位
学習者の経歴								
過去の学力	17	3,607	387,690	9,209	0.67	0.098	68%	14
ピアジェによる発達段階*	1	51	6,000	65	1.28	—	81%	2
能力レベルの自己評価*	6	209	79,433	305	1.42	0.030	80%	1
創造性*	1	21	45,880	447	0.35	0.110	60%	78
態度と気質								
性格	4	234	—	1,481	0.19	0.007	55%	109
自己概念	6	324	305,859	2,113	0.43	0.010	62%	59
動機づけ	6	327	110,373	979	0.47	0.047	63%	52
集中力，我慢強さ，積極性	5	146	12,968	587	0.48	0.032	63%	50
不安の低減*	4	121	83,181	1,097	0.40	—	61%	65
教科に対する態度	3	288	732,994	664	0.36	—	60%	75
出生時の体重*	2	46	4,489	136	0.54	—	65%	38
病気*	2	13	—	13	0.23	—	56%	102
食事指導*	1	23	—	125	0.12	0.037	53%	123
エクササイズ・リラクゼーション*	4	227	1,306	1,971	0.28	0.040	58%	90
薬物投与（ADHDなど）*	8	467	12,524	2,413	0.37	0.095	60%	73
ジェンダー*	41	2,926	5,594,832	6,051	0.12	0.034	53%	122
自身の属する民族に対する肯定的態度*	1	9	2,661	9	0.32	0.003	59%	83
就学前教育								
早期教育	15	1,656	80,697	9,313	0.49	0.041	63%	49
就学前プログラム	12	345	43,597	1,817	0.32	0.065	59%	84
合計／平均	139	11,040	7,504,484	38,795	0.40	0.053	61%	—

注）＊印の項目は本書では訳出していない。

高まることによって，個人差も連鎖的によいものになると考えている。しかしこのような考えは，学習に関する個人差の育成には計画的な介入が必要であることや，その先の学習を引き起こすものともなれば妨げるものにもなりうることをふまえると，正当化できるものではない。

　Feist（1998）は科学者と科学者ではない者，創造的な科学者とそうではない科学者，芸術家と芸術家ではない者の性格の違いを明らかにするためのメタ分析を行った。その結果，創造的な者は，自律性，内向性，新しい経験に積極的に挑戦する姿勢，規範に対する懐疑性，自信，自己受容性，意欲，向上心，支配性，非友好性，衝動性が高いといった，まるで強烈なカクテルのような特徴をもつことが明らかとなった。このような要因もまた，学校で育成される個人差要因である。また，創造的な者と一言でいっても，創造的な芸術家と創造的な科学者にはそれぞれの特徴がある。前者は感情の起伏が激しく，社会のルールや慣習にはまらない傾向があるのに対し，後者は，勤勉でかつ既成概念にとらわれずに，新しい経験に積極的に挑戦しようと

する傾向があるようだ。これらの個人差要因の中でも，新しい経験に積極的に挑戦する姿勢というのは，学習をうまく進められるかどうかを左右するものである。新しい経験に積極的に挑戦する姿勢とは，新しい考え方を生み出すこと，既成概念にとらわれずに物事を考えること，特定の考え方に縛られずに考えようとする意欲（及び，その過程に能動的に関与すること）をもっていることである。そして，新しい考え方を模索したり，学習の過程に力を注いだりすることも，その姿勢の表れといえる。

　新しい経験に積極的に挑戦する姿勢や学習に努力を注ぐ意欲の効果，これらが本章で概説されるメタ分析の主たる論点である。そして，このような学習に努力を注ぐ意欲というのは，就学直後の児童の多くに見られるものである。学校での経験は，それが積み重ねられていくほど，学習者としての自信がもてるようになりたい，また他者からも学習者としての能力を認められたいという意欲に，影響を与えるようになる。そして，高い自信をもつことや他者から高い能力をもっていると評価されることは，特に青年期前期において大きな関心事となる。青年期前期は今後も教育を受け続けるかどうかという選択をする時期ともちょうど重なる。知能と性格との関係を調べた Goff & Ackerman（1992）によると，学習知識の獲得や技能の習得のために多くの時間を費やそうとする意欲が高いほど，学力が高いことが明らかにされている（あるいは，Ackerman & Goff, 1994 を参照）。

　以下では，学習者要因の3つの側面，すなわち学習者の経歴，態度や気質，就学前の経験の効果について整理する。これら3つの要因はいずれも，さらに細分化された下位の要因に分けることができるが，下位要因ごとに平均的な効果量（及び関連情報）を図で示しながら議論を展開し，これらの議論を互いに結びつけながらまとめを行う。

学習者の経歴

■過去の学力

　毎年，子どもが教室に携えてくるものともいえる個人差要因は，過去の学力と関係している。利発な子どもほど学力が高く，そうでない子どもほど学力が低いという傾向がある。これは，学習能力と学力の相関は極めて高いということを考えると，当然のこととといえる。Hattie & Hansford（1982）は知能と学力の相関の平均は，$r=0.51$ であることを報告している（効果量で示せば $d=1.19$ である）。このような

第 4 章 ■ 学習者要因の影響

高い相関は，富める者はますます富み，貧なる者はますます貧するという聖書の一節からとられた用語である「マタイ効果」によって説明することができる（一般的には驚きを表す意味で用いられるのだが）。そして，就学前から就学後の 1 年目（Duncan et al., 2007; La Paro & Pianta, 2000; Schuler, Funke, & Baron-Boldt, 1990），高校から大学（Kuncel, Hezlett, & Ones, 2001），大学生から社会人になった後（Bretz, 1989; Samson, Graue, Weinstein, & Walberg, 1984），学校の成績と就職後における職場での業績（Roth, BeVier, Switzer, & Schippmann, 1996）の関係といったように，過去の学力はその後の学力や業績と関連するのである。

　教育制度のさまざまな場面で，過去の学力は，強力な予測要因の 1 つである。Schuler, Funke, & Baron-Boldt (1990) は，過去の学業成績は学習の成就を最も予測する変数であることを明らかにした。Fleming & Malone (1983) は，学習者の個人差の中でも一般知能，言語知能，数学的知能と理科の成績との間に強い正の関係があることを明らかにし，それらの関係は学年を問わず一貫して見られた。同様に，DeBaz (1994) は，理科の学力は数学能力，言語能力，理科の能力（先行知識），一般的能力，認知的推論能力といった過去の学力と高い相関を示すことを明らかにした（Boulanger, 1981; Piburn, 1993 も参照）。全体的な効果量である 0.67 は本書で示したメタ分析の結果の中でも高い値であるが，共通言語効果量（CLE，第 2 章参照）に着目すると過去の学力はその後の学力の伸びの 68% を説明するといえる。これは過去の学力では説明できない部分も相当あり（100 − 68 = 32 であるため 32% は説明できないということである），学習者の過去の経験や到達度以上に学校が与える影響は大きいものがあるといえる。ただし，子どもの就学前の状況，すなわち家庭や就学前教育の状況や遺伝的要因は入学後の学力をかなり左右するというのもまた事実である。上記のようなことが見られるものの，過去の学力以上に学校が子どもの学力に与える影響が大きいということが示されたことは本書で行ったメタ分析によって得られた極めて興味深い結果の 1 つといえよう。

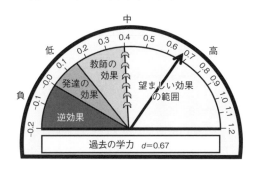

標準誤差	0.098（高）
順位	14位
メタ分析数	17
一次研究数	3,607
効果指標数	9,209
対象者数 (8)	387,690

Duncan, et al.（2007）が行った，就学後の読解及び数学の能力と就学前の能力等との関係を検討したメタ分析の結果では，これらの能力に対する影響が大きいのは，就学前の数理的能力（数や順序についての知識）と，数理的能力ほどではないものの読解能力（文字，単語，発音といった語彙力）であった。その一方で，行動的な側面（外在化問題行動や内在化問題行動など）や社会的スキルとの関係は見られなかった。メタ分析ではないものの，イギリスにおける1970年生まれの子ども17,000人を対象としたFeinstein（2003）の縦断的コーホート研究も参考になる。彼らは，22ヶ月，42ヶ月，5歳，10歳，26歳の各時点間の能力の関係を検討した結果，22ヶ月時点での能力（靴を履く，線を引く，顔の部位を指す）が26歳時点の学力を十分に予測していたことが明らかとなった。そして，彼らは，22ヶ月時点の能力が下位1/4であった子どもは「上位1/4であった者と比べて有意に学歴が低い傾向が見られる」が，これは「就学前ですでに学校教育でどこまで到達しうるかについての兆候が明らかに見られる」(p. 82)ということを示唆していると述べている。社会階級（これは保護者の職業に基づく）の影響は22ヶ月の時点で特徴づけられるものではあるが，いうまでもなく，年齢が上がるにつれてその影響の度合いの変化の幅は大きくなるものでもある。就学前の学力と社会経済的資本の両要因が，就学時に「子どもが学校に携えてくる」能力や個人差に影響を与えるのである。

態度と気質

■性格

　性格が，学力及び自己概念，自己評価，動機づけ，集中して取り組むこと，実際に学習に取り組むことの度合いなどに与える影響に関するメタ分析は多く行われている。全体的に見ると，個人差要因の多く（不安，独りよがりの傾向，外向性，ローカスオブコントロール，神経症的傾向など）は学力との関係はほぼ見られていない。しかし，自己効力，自己概念，動機づけ，学業達成への粘り強さといった要因と学力との間には高い相関関係が見られる。

　O'Connor & Paunonen（2007）は性格と学力との関係のレビューにおいて，性格が学力に影響を与える理由として以下の3点を挙げている。第1は，性格（たとえば，根気強さ，誠実さ，話し好きな性格など）によって反映された行動が，学力を左右する習慣に対して影響を与えるという理由である。第2は，認知能力とは，人が何を行うことができるのかを示すのに対し，性格は人が何をするのかを示すもの

第 4 章 ■学習者要因の影響

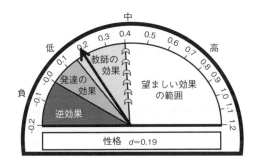

であるという理由である。第3は，学習者が年齢を重ねるにつれて，認知能力のみならず性格（特に，動機づけと関連するもの）などがあいまって，学力を左右するようになるという理由である。この研究ではいわゆる「ビッグ・ファイブ」と呼ばれる性格と学力との関係のメタ分析が行われ，その結果，神経症傾向が学力に与える効果が $d=-0.06$，外向性が $d=-0.10$，開放性が $d=0.10$，調和性が $d=0.12$，勤勉性が $d=0.44$（ビッグ・ファイブの説明については，McCrae & Costa（1997）を参照）であった。このように勤勉性以外は学力に与える効果は小さかったが，開放性の効果量については分散が大きかった。開放性の効果量の分散が大きいということは，状況によって開放性が学力を左右する場合もありうるということである。また，勤勉性の高い学習者というのは，よい成績をおさめようとする動機づけが高く，一般的には忠実，かつ熱心であり，自分に厳しく，成果志向的であると考えられる。

Lyubomirsky, King, & Diener（2005）は認知能力と幸福感に関するメタ分析を行った。その結果，平均的な効果量は $d=0.54$ であり，普段から幸福感を覚え楽しい気分でいる人は創造的で効率よく問題解決を行う傾向が見られることが示唆された。ただし，「幸福を感じている人は難しい課題をより適切に，より速く解決することが可能であり，そうすることで，別の課題解決を行う際にも自身の認知能力が高いと感じることができるようになる」（p. 839）ことから，認知能力と幸福感の間には何らかの調整変数が存在すると考えられるとも述べている。さらに，「人は機嫌がよい場合には特に危ういことはないかのように思い切った判断をする傾向があるが，実際に何かを失う可能性のある場合には保守的な判断をする」（p. 839）ものであるとも主張している。Witter, Okun, Stock, & Haring（1984）の研究は学力に関するメタ分析ではないが（したがって，巻末附録の表には含まれていない），学校教育が主観的幸福感に与える影響の検討を行ったものである。556本の研究を対象にメタ分析を行った結果，学校教育が主観的幸福感に与える効果の平均は 0.14 で

あり，下位要因で見ると生活満足度に与える効果が相対的に高く，幸福感に与える効果は相対的に低いことが明らかにされている（Csikszentmihalyi, 1997; 2000; 2002 も参照）。

■自己概念

著者はかつて，自己概念とは認知的評価と関連があり，どのような対処をするのか，どのような期待をもつのか，また自己を何に帰属させるのかといった面にその傾向が現れると主張したことがある（Hattie, 1992）。そして，この考えを発展させ，最近ではロープにたとえて説明するようにしている。つまり，自己概念とは，かなりの強度をもつ単一の概念ではなく，無数の繊維（自己のさまざまな側面）を撚り合わせ重ねることによって強度が生み出されるロープのようなものと考えている（Hattie, 2005）。この考え方の1つ目の前提は，Wittgenstein（1958）による説明と関連しており，「ロープの強さというのは1つの繊維によって決まるのではなく，多くの繊維が重なりあうことによって決まる」（Section 67）というものである。2つ目の前提は，動機づけとして機能するさまざまな自己概念に関する「撚り糸」があり，それが，自己効力感や不安，学力，学ぼうとする態度などの，さまざまな状況に対する個人の傾向を引き出すというものである。そして，それら個人の傾向は，動機づけを促すさまざまな自己方略（「繊維」）を選択させ，自己概念の形成に寄与しているのである。この考えでは，複雑に繊維が織り交ざった細長い糸を撚り合わせたものによってロープが作られるというたとえが用いられ，自己概念のさまざまな側面や情報が1つに統合されることが想定されている。また，我々が受けたり伝えたりする情報をどのように選択し解釈するかということに，自己概念はより密接に関連していることを，強調しておきたい。

教師は，自己概念と学力との関係についてあれこれと主張するが，よくある主

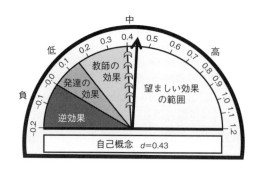

張に，学力の高い学習者は自己概念が高いというものがある。したがって，学習者に自信をもたせることが教師の為すべきことであり，そうすることで学力がついてくる。自己に対する認識と学力との間には強い関連があるという前提があり，このような主張がなされているわけである。Hansford & Hattie（1982）の自己認識に関するさまざまな尺度と学力との関係について検討した結果では，低い正の相関（$r=0.20$）が見られた。この結果は，アメリカでは Holden, Moncher, Schinke, & Baker（1990），ヨーロッパでは Muller, Gilling, & Bocci（1988）によっていずれも再現された。自身の能力の認知と学力との間には強い関係が見られると一般的にはいわれるものの，紛らわしいのは，自身の能力の認知の尺度が測定しているものが能力についての自己概念（自尊心，価値，及び自信についてのとらえ方も含まれる）というよりも能力についての自己評価であったりするという点である。一方，自己に対する認識の諸側面の中でも学力との関係が最も強いのは，自己効力感である（Multon, Brown, & Lent, 1991）。物事がうまくいかなかったり，間違ってしまったりといった困難に直面した際に，自己効力感は特に効果を発揮する。すなわち「できる」とか「したい」とかいった信念をもつことが，さまざまな困難を乗り越える助けとなるのである。

　Valentine, Du Bois, & Cooper（2004）は，自己概念と学力との関係を検討するために 3 つの因果モデルを設定してメタ分析を行った。(a) 学習者の学力が自己概念を高めるというモデル，(b) 学習者の自己概念が学力を高めるというモデル，(c) 学力と自己概念が双方向的に影響し合うというモデル，を検討した結果，学力と自己概念が双方向的に影響しあうモデルが最もあてはまりがよいことが示された。そして彼らは，「この結果は社会認知理論，とりわけ情意的，認知的，環境的な要因の双方向的交互作用によって人の行動が決まるということを強力に支持するものである」(p. 28) と結論づけている。ただし，この結果は，自己概念と学力との相関関係の低さを考慮すれば，当然のことといえよう。

　ある要因と学力との関係を調べる研究では，因果関係を特定しようにも，その方向を特定することは難しい。ただし，ある種の方略を用いることと学力との間には強い関連がありそうである。学力がより高まるのは，学習の場面において，他者より秀でたり高い順位を目指したりするような方略ではなく学習内容を身につけるための方略を用いた場合，フィードバックを軽視するのではなく受け入れた場合，簡単な目標ではなく難しめの目標を設定した場合，他の学習者と比べるのではなく自身が学習内容を身につけたかどうかで自己評価した場合，低い自己効力感ではなく高い自己効力感をもった場合，学習性無力感ではなく自己調整能力や自己管理能力

が身についた場合である。学習に力を注ごうとする，学習者として認められようとする，経験に対して開かれた態度を示そうとする，こういった意欲が，学習がうまくいくかどうかを左右する個人差要因なのである。自己概念の高低ではなく，さきに述べた方法や態度をとることが，学力が身につくことを引き起こすのであり，また一方で，学力が身につくことが，このような方法や態度をとることを促すのだと考えられる。したがって，さきに述べた方法や態度をとろうとしない学習者の学力を高めることに教師が難しさを覚えるというのは当然のことといえる。いきなり学力を高めようとするのではなく，学力を身につけることにつながる方法や態度を指導することが，学習者の学力を高めることに結びつくのだと考えられる。

■動機づけ

1960年代に，イギリスの哲学者 Richard Peters は動機づけの概念化に取り組んだ（Peters, 1960）。Peters は，動機づけの概念には押し引きという考えが含意されているが，子どもというのは，常に「あれをするのではなくこれをする」という意志決定を行っている存在であると論じた。子どもは常に移ろいゆく存在であるという考え方に立つと，押し引きという考え方は子どもを静的な存在であると見なすという誤った仮定を含意しているといえる。「なぜビリヤードではなく数学を学ぶのか」「なぜ野球をするのではなく宿題をするのか」「試験に合格できるだけの知識はあるのになぜさらに学ばねばならないのか」といったことを問うこと，これこそが教育の重要な役割である。想定される最大の損失を最小限にする方策を選択すること，すなわち最小の努力で最大の成果を得ようとすることは，戦略的には重要ではあるが，学習を促進するものであるとはいいがたい。しかし，学校は学習者に対して常に多くを求めたり，高圧的な要求を行ったりするものであり，これらは，学習者の反感の種となっている。さらに，動機づけについて議論する上では，課題の特質や誰に要求されたことなのかといった観点も重要であるが，目的と目標，学習意

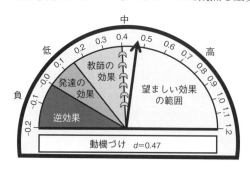

図と難しさ，学習者個人の努力といった観点もまた重要である。

　学習者の動機づけが最高の状態であると，さまざまなメリットがあると考えられる。Dörnyei（2001）は，学習者が有能さを感じているとき，自律性を十分に感じているとき，やりがいのある目標を設定したとき，適切な評価を得たとき，そして，他者から認められたときに，動機づけは最も高くなると述べている。また，動機づけの低下につながること，たとえば，学習者が公衆の面前で恥をかいたり，テストの結果が惨憺たるものであったり，教師やクラスメイトとの確執があったりすることなどを，真剣に考慮すべきであると，教師に対して主張している。多くの場合，動機づけの低下は，その向上以上に影響力が大きい。動機づけの低下は，学習目的に対して向き合うことに直接的な影響を及ぼし，フィードバックを得ようとする気持ちを失わせるとともに，フィードバックを受けること自体の効果も低めてしまう。そして，学習者の学習に対する熱意を失わせることにつながるのである。学習者を学習に向かわせるべく動機づけを高めることは，多くの場合かなり骨の折れることであるが，それに比べて，学習者の意欲を失わせることは実に容易いことなのである。

　自分自身の学習をコントロールしているという感覚をもつことは重要である。Ross（1988）は，学習者自身が学習のコントロール方法を身につけることの効果に関する研究のメタ分析を行い，学習のコントロール方法を身につけた度合いと学力との相関が高いことを示した。学習者には，学習をはじめとした生活上の出来事に対して自己責任を負う者と，学習とは自身の手には負えないものだと考える者とに大別できるが，学習は自己責任において行うものであると考えている度合いと学力との間には相関が見られるというのが一般的な見解である。この相関は，女性より男性の方が高く，子どもや大人よりも青年の方が高いことが明らかとなっているが（Findley & Cooper, 1983; Kalechstein & Nowicki, 1997），性別や年齢による違いは見られないといった知見もある（Sohn, 1982）。Frieze, Whitely, Hanusa, & McHugh（1982）が行ったメタ分析の結果では，男性は成功，失敗のいずれの場合も自身の能力に帰属させる傾向が強いが，女性は失敗を運に帰属させる傾向がやや見られることが示された。学力が身につくのは自身が努力をし，また興味をもっているためであるという考え方は，学習がうまくいくかどうかを左右する。また，いうまでもなく，自身が努力することでよい変化が生じると思っていないかぎり，学習に力を注ぐことに意味を見出すことは難しい。興味をもつことが学習内容の選択や，努力を傾注するかどうかの選択に影響を与えるということには疑いの余地はないが，そもそも興味自体は学力と強い正の相関関係がある（$d = 0.65$; Schiefele, Krapp,

& Winteler, 1992)。興味が学力に与える効果は，女性の場合（$d=0.70$）の方が男性（$d=0.50$）よりも高く，自然科学（$d=0.68$）の場合の方が社会科学（$d=0.48$）よりも高かったが，学年による違いは見られなかった。Twenge, Zhang, & Im（2004）は，1960年と2002年とを比べると，内発的よりも外発的に学習に動機づけられている大学生が増えたことを示している。そしてこの結果から，学習者は悲観的になり，効果的ではないストレス対処方略を選択しているのではないかと考察している。これは，テストや評価を行うことで外部への説明責任を重視する教育は有効ではないことを示唆しているといえよう。

■集中力，我慢強さ，積極性

　学習者が学校の勉強に対して肯定的な態度をもつようにすることは，学習者がより積極的に学習に取り組むことにつながるため，これ自体を学校教育の成果の1つとすべきである。学力の高さ，努力する度合い，学習に対する積極性は，それぞれがあいまって学校で好成績をおさめられるかどうかを左右すると考えられる。しかし，学習者が積極的に学習に取り組んでいたり，努力をしているように見えたりすれば，すなわち学力が身につくことにつながると考えるような間違いは犯してはならない。これは多くの教師と学習者が抱いている誤った考え方であり，ただいたずらに時間を費やすような学習活動を行うだけでは何の効果もないのである。本書で一貫して議論されているように，明確な学習目的と，わかりやすい到達基準があり，学習者にとって学習が見通しのあるものにすることが，学習者が学習に対して積極的に取り組めるようにするためには必要不可欠である。

　Kumar（1991）は，理科の授業時間内における実験，議論への参加，質問，応答，ノートの取り方といった，学習者が能動的に学習に関与しているといえる時間と学力との関係についてメタ分析を行い，全体的な効果量は極めて高いこと（$d=1.09$）を明らかにした。この他にも，課題に対する集中度とパフォーマンスとの間には

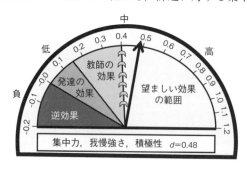

高い相関が見られることも明らかになっている（Datta & Narayanan, 1989）。また，Feltz & Landers（1983）では，スポーツでは，実際の運動や体の動きをイメージすることによって集中力を高めることが期待され，実際にパフォーマンスを高めることが示されている（$d=0.48$）。

積極的に学習に取り組むことは，人種を問わないと考えられる。Cooper & Dorr（1995）のレビューでは，達成への欲求の強さについては，アフリカ系アメリカ人の生徒と白人の生徒との間には明確な差があるとはいえないという結論を下している。

■教科に対する態度

学校に対する態度にはさまざまな側面があり，それは肯定的・否定的感情，学校での活動に取り組むもしくは拒否する傾向性，得意・不得意という学習観，学校は役に立つ・立たないという学校観など多岐にわたる（Aitken, 1969; Ma & Kishor, 1997; Neale, 1969）。数学への態度が数学の学力に与える効果は，さきに議論した一般的な個人差要因が学力に与える効果と同じくらい高いが，このような態度は教師によって育むことができる（Ma & Kishor, 1997）。数学に対する肯定的な態度と学力との正の関連は，性別や学年によって変わるわけではないが（Ma & Kishor, 1997），女子の方が数学に対する不安がやや高く（$d=0.18$），数学に対する自信はやや低い（$d=-0.12$）ことが示されている（Etsey & Snetzler, 1998）。

学校や教科に対する態度を育成することは，学校教育の成果の1つとして重要視されるべきである。そして，これらの態度は学力と明らかに相関が見られることから，態度の育成と学力を高めることには相乗効果があることを示唆していると考えられる。

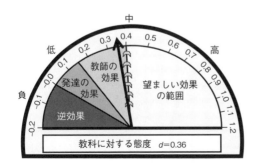

就学前教育

■早期教育

　学校教育の成否を左右する要因であると考えられているものの1つに，就学前の経験の質と量がある。早期教育（就学前の幼児に対するあらゆる介入を含む）の全体的な効果は$d=0.49$であり，就学前プログラム（幼稚園のような特定のプログラム）の効果に限ると$d=0.52$である。早期教育に関する知見をまとめていえることは，早期教育のプログラムが体系的であり，楽しいものであり，15人以上の集団で実施され，1週間あたり13時間以内で実施された場合に効果が高いということである。このような効果は，通常学級に属することとなる子ども，落ちこぼれそうな子ども，障害児，特別支援教育の対象となる子どものいずれの場合においても同様である。しかし，この効果は学校に上がって学年が進むにつれて減少するため，早期教育の成果に応じた効果を得るためには，体系的，長期的，継続的な視点に立って，学習を促進するための配慮を行うことが求められる。

　早期教育の効果は，さまざまなアウトカム（知能，運動技能，言語，学力など）において，子どもの属性，条件，プログラムの種類を問わず見られることが明らかとなっている。メタ分析の結果，注意力の散漫性，内在化問題行動，言語能力，一般的認知機能検査の得点で，早い段階の学力をよりよく予測できることが明らかとなっている（Horn & Packard, 1985）。そして，より体系的であるほど，また，より専門的な教育を受けた職員が教育するほど，その効果が高いことも明らかになっている。一方，保護者が関与することで早期教育の効果が高まるということは広く信じられているものの，これを裏づける知見は得られていない（Casto & Mastropieri, 1986; Casto & White, 1985; K. R. White, 1986）。なお，教育的支援が必要とされてい

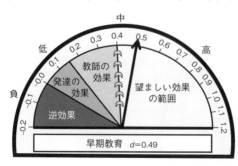

標準誤差	0.041（低）
順位	49位
メタ分析数	15
一次研究数	1,817
効果指標数	9,313
対象者数（5）	80,697

る子ども（障害をもつ子ども，社会的経済地位の低い家庭の子ども，マイノリティの子どもなど）ほど，早期教育の効果は高いということが裏づけられている（Collins, 1984; Harrell, 1983）。

■就学前プログラム

　Goldring & Presbrey（1986）は，不利な状況におかれた子どもに対する就学前教育プログラムの効果についてのメタ分析を行った結果，このような就学前プログラムは地域の違い，実施期間，カリキュラムの元となったモデルを問わず，有益な効果があることを明らかにした。就学前プログラムに参加したことの効果は小学校に就学してからも継続し，このようなプログラムに参加しなかった子どもと比べて学力が0.5標準偏差分高いことが示されたが，高校段階ではごくわずかな違いが見られるに過ぎなかった。Jones（2002）は，日中保育を行う幼稚園に通うことが，学校教育の初期段階における学力に与える効果が高く（$d=0.56$），算数（$d=0.40$）に対してよりは読解・言語（$d=0.60$）の方で効果が高いことを示した。また，La Paro & Pianta（2000）は，就学前と幼稚園1年目の学力，幼稚園1年目と2年目の学力との間に正の相関関係があり（$r=0.43, 0.48$），子どもの社会性に関しても同様の関係が見られると報告している（$r=0.32, 0.29$）。

　就学前プログラムの効果はその種類によって左右されると考えられる。Fusaro（1997）は，日中保育を行う幼稚園に通った子どもの学力は，半日保育を行う幼稚園に通った子どもと比べて有意に高いことを明らかにした。Applegate（1986）は，託児所に通った子どもは家庭で保育を受けた子どもと比べて，親に対する愛着において負の効果が見られたことを報告しているが，一方で託児所に通った子どもの方がイライラすることや，泣くこと，緊張することが少なく，親以外の人に対する愛着は低いものの，探索的な行動は多く，叱られる頻度は低いことも示された。さらに，託児所に通った子どもの方が家庭で保育を受けた子どもと比べて認知面（$d=0.43$），

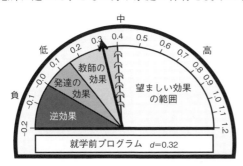

標準誤差	0.065（中）
順位	84位
メタ分析数	12
一次研究数	345
効果指標数	1,817
対象者数（4）	43,597

感情面（$d=0.56$），社会・行動面（$d=0.04$）の伸びが大きいことも示された。

プログラムの開始時期は早いほどよいという証拠はほとんどない。そして，あらゆる効果は時間の経過に伴い急激に落ち込んでいく（Casto & Mastropieri, 1986; K. R. White, 1985）。たとえば，不利な状況におかれた子どもの場合には，プログラムの直接効果は落ち込み，60ヶ月後にはほぼゼロになる（Casto & Mastropieri, 1986; Casto & White, 1984; Kim, Innocenti, & Kim, 1996; White & Casto, 1985; K. R., White, 1985）。Gilliam & Zigler (2000) はアメリカ13州における就学前教育の効果のメタ分析を行った結果から，就学前の時期の終了時点ではそれなりの効果（$d=0.2$から0.3）が見られるが，小学校第1学年終了時にはその効果が見られるとはいえないことを指摘している。

Nelson, Westhues, & Macleod (2003) は，就学前プログラムの効果が高いのは，子どもが少なくとも1年以上はプログラムを受けた場合であり，その効果はとりわけマイノリティの子どもにおいて高いことを報告している。また，学力検査の得点は数学（$d=0.25$），読解（$d=0.20$）ともに就学前プログラムに参加した子どもの方が，参加しなかった子どもよりも高かった（Goldring & Presbrey, 1986）。就学前プログラムに参加した子どもの中で，上級学年になった際に，成績が低い子どもは一定数いたが，特別支援教育や原級留置の対象となる確率は低かった（Goldring & Presbrey, 1986）。

まとめ

本章では，過去の学力や個人差要因，就学前の経験などが，学力に対して大きな影響を及ぼすということを説明してきた。学力に対して影響を及ぼす要因の中には，遺伝や保護者の養育，就学前教育などの学校教育では変化させることができないものもある。その一方で，学習に取り組む姿勢や，努力を重視すること，そして学習への肯定的な態度などの，学校教育によって育むことのできるものもある。

新しいことに挑戦する姿勢や学習に取り組む姿勢，知的な活動を行う姿勢は，就学前に育むことが可能である。これは，子どもにやりがいのある課題を与えたり，一生懸命に取り組んだために成果が得られたということを強調したりすることによって，成しうることである。その結果，子どもが，学習者としての自己評価を高め，学力に影響を及ぼしていくのである。また，個人差要因も学力に対して大きな影響を与えることも示された。調和性や勤勉性などの個人差要因は義務教育修了後に向上するといわれている。しかし，これらの性格特性とは異なり，新しいことに挑戦

する姿勢は，学力に対して大きな影響を与えるものであり，早い時期からはぐくまれるものであるということには注目すべきである（Roberts, Walton, & Viechtbauer, 2006）。

第5章

家庭要因の影響

　家庭は学習者の学力を育成する場であるが，同時に，学習に対する期待を低めたり，学習に取り組もうとする気持ちを失わせる場ともなりうる。とはいえ，ほとんどの保護者は，自分の子どもが生まれたらその子に大きな期待をかけるものであり，このように期待をかけることが，学校での成功を左右しうるのである。問題となるのは，学校教育のことを理解している保護者もいれば，理解していない保護者もいる，ということである。保護者が学校教育のことを理解していることは，学齢期を通じて子どもを有利な状況におくことにつながるが，そうでないことは，子どもの学力を高めることに寄与する家庭環境をつくりだす上で大きな障壁となりうる。本章では，家庭の経済的・文化的資本，家庭環境，テレビ視聴，保護者の関与，家庭訪問といった家庭の要因の影響について検討する。この章で展開されるテーマは，子どもに伝わる保護者の後押しや期待は大きな影響をもつということである。しかし，多くの保護者にとって学習に関する用語はなかなか理解しにくいものであり，それゆえに，保護者の期待に応えられるように子どもを後押しするための方法に不得手であることがままある。

社会経済的な地位

　社会経済的な地位（SES）とは，個人（あるいは家庭，世帯）の社会的階層における相対的位置及び経済的・文化的資本に関する指標の1つである。経済的・文化的資本の中でも保護者の収入，学歴，職業が社会経済的な地位の主たる指標である。499の研究（957の効果指標）に基づく4つのメタ分析の全体的な効果量は $d=0.57$ であった。つまり，これは学習者の学力に対して顕著な影響があるということである。一方，この影響があたかも単一の概念からのものであるかのように議論する前に，SESのさまざまな下位要因の影響についてよく検討することが重要である。

　Sirin（2005）による58の研究を対象に行ったメタ分析の結果によると，子どもの学力とその保護者の学歴との関連の効果量は $d=0.58$，保護者の職業 $d=0.56$，保

表5.1 家庭要因の影響に関するメタ分析結果の概要

家庭要因	メタ分析数	一次研究数	対象者数	効果指標数	効果量(d)	標準誤差	CLE	順位
社会経済的な地位	4	499	176,915	957	0.57	0.016	66%	32
生活保護	1	8	—	8	−0.12	0.030	47%	135
家族構成	12	782	10,147,912	2,394	0.17	0.032	55%	113
家庭環境	2	35	5,831	109	0.57	—	65%	31
テレビ視聴	3	37	1,022,000	540	−0.18	—	45%	137
学習への親の関与	11	716	320,000	1,783	0.51	0.178	64%	45
家庭訪問	2	71	—	52	0.29	—	58%	89
合計／平均	35	2,148	11,672,658	5,843	0.32	0.058	59%	—

護者の収入 $d=0.58$ であり，それらは著しく類似していた。さらに，近隣家庭の経済的・文化的資本の効果量は $d=0.50$，給食費の全額あるいは一部免除（アメリカでよく用いられるSESの指標）は $d=0.66$ であった。また，SESと各教科の学力との関係には大きな違いは見られなかった（言語 $d=0.64$，数学 $d=0.70$，理科 $d=0.54$）。Sirin（2005）はまた，SESの学力に対する効果量は，就学前 $d=0.38$，小学校 $d=0.54$，ミドルスクール $d=0.62$，高校 $d=0.52$ と，学校段階が上がるにつれて漸増することを示した。地域類型別で見ると農村部の学校において（$d=0.34$，SESの学校内差が比較的小さい）の方が都市近郊（$d=0.56$）や都市部（$d=0.48$）の学校よりも低かった。全体的に見ると，SESの主たる下位要因が学力に与える効果の，要因間における違いはほとんどないことが示された。そこで浮かび上がってくる疑問は，SESが学習者の学力に対してどのように影響を及ぼすのかということである。

　社会経済的資本が学力に与える効果は，特に就学前及び学校段階の初期において大きい傾向がある。たとえば，Hart & Risley（1995）は，就学前4年間で触れる語彙の延べ数は，低SESグループの児童は平均して250万語であるのに対し，高SESグループの児童は450万語であることを明らかにしたが，これは就学時点で児童の能力にすでに著しい差があることを示している。経済的・文化的資本の欠如，就学前教育施設への通所率の低さ，高い期待をかけられていることや後押しを得ていることを感じられるような施設の少なさ，そして，学習で用いられる言葉の知識の欠如といったことが，低SESグループの児童が，就学時に他の児童と比べて遅れをとっていることの背景にあると考えられる。

　しかしながら，ここで注意しなければならないのは分析単位，すなわち学校の社会経済的な地位なのか，学習者の社会経済的な地位なのかという点である。White

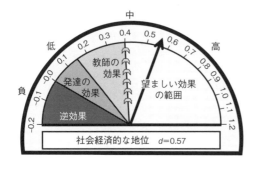

（1982）はSESと学力との関係についてのメタ分析を行った結果，集団単位（たとえば，学校レベルのSES）の影響と個人単位（たとえば，学習者レベルのSES）の影響とを区別することが重要であると指摘した。この研究では学校レベルのSESが学力に与える効果は$d=0.73$である一方で，学習者個人レベルのSESが学力に与える効果は$d=0.55$であることが示された。さらにSirin（2005）では，保護者の申告によるSESを指標とした場合の効果量（$d=0.76$）と比べて，学習者自身の申告によるSESを指標とした場合の効果量は著しく低い（$d=0.38$）ことを示しており，これは，学習者の方が家庭の経済的・文化的背景にともなう違いによる不公平感を低く見積もると考えられるためと指摘している。

　SESについては，個人レベルのものよりも学校レベルのものの方がより重要であるとともに，学習者に対してよりも保護者に対しての方が重要である。このことから提起される問題は，学校に対する予算投入はどうあれば適切か，ということである。つまりこれは，学習者の学力向上のために十分なリソースが整っているかということであり，平等かどうかということではない。平等かどうかということは，学習者や家庭レベルのリソースの違いを小さくすることであり，貧困家庭の児童生徒が通う学校が直面する問題を認識することにはならない。学校の効果に関する先行研究に対する批判としてしばしば挙げられることは，学校に内在する文化，また学校の一部集団の文化が考慮されていないということである（Slee, 1998）。紛れもなく，学校の文化や制度は，学校が効果を発揮できるか否かを規定する重要な要因である。本書の大前提でもある，指導と学習の見通しの立ちやすさというのは，まさに学校の中での問題であり，学校内の文化や制度によって促進されもすれば阻害されもするものであり，そしておそらく，この見通しの立ちやすさを最大限にまで高められるかどうかは，学校内の文化や制度にかかっているといえよう。

　学校内の文化や制度の影響の強さを示す一例として，学校の側から教育用語や学

校とはどのような場であるかを親に，とりわけこういったことに対するなじみの薄い低SES家庭の親に対して知ってもらえるようにするという取り組みの効果が挙げられる。ニュージーランドにおける，学校レベルでのSESが最も低い学校5校における5年間の取り組みの結果が明らかにしたのは，学校教育用語や学校教育とはどういうものなのかを教師が親に教えることが大きな影響をもたらすということである (Clinton, Hattie, & Dixon, 2007)。この取り組みはフラクスメア・プロジェクト（Flaxmere Project）と呼ばれ，家庭にコンピュータを配布したり，元教師を「家庭・学校連携担当」として雇用するなど，家庭と学校との良好な関係づくりのためにさまざまな取り組みを行うというものであった。家庭・学校連携担当者は，教育用語や学校とはどのような場であるか，すなわち学校における学習の今日的特質，子どもを学習に集中して取り組ませるための支援のあり方，学校の教職員に対する相談の持ちかけ方を親に教える役割を担った。フラクスメア・プロジェクトを通じて保護者が学校に関与するようになったことで，子どもが学校における活動に対してより積極的に取り組むようになり，読解力が向上したことに加えて，保護者のスキルも向上し，よい職につけるようになり，教育用語や学校とはどのような場であるかに対する理解が深まり，高い期待を子どもに寄せるようになり，学校に対する満足度が高まり，地域の学校やフラクスメア関係者への支援も高まった（これらの事柄に対する効果量は $d = 0.30 - 0.60$ の範囲であり，中にはこれら以上の効果量を示すものもあった）。最も効果量が高かったのは，教育用語や学校とはどのような場であるかに対する理解と，保護者自身の学習に対してであった。

　学校と家庭との間の垣根を取り払おうとする取り組みなくしては，子どもに2つの別々の世界，すわなち独自の枠組みと言語をもつ家庭という世界と，学校というまた別の独自の枠組みと言語をもつ世界のそれぞれで学習に取り組むことを強いることとなり，家庭の要因は学習に対して逆効果をもたらしうる。2つの世界での学習を強いることは，多くの子どもにとってあまりにも多くのことを求めることになる。これら2つの世界それぞれで功を成し，学習に対する援助の求め方を身につけ，学習経験に対して広く開いた心をもつことというのは，子どもにとっては難しいことである。

生活保護

　Gennetian, Duncan, Knox, Clark-Kauffman, & London（2004）が行ったメタ分析の結果では，生活保護受給家庭の学習者とそうでない学習者との学力の差は，効果

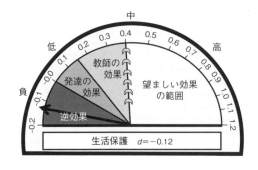

量ではほぼゼロであることが示された。実際に示された効果量は $d=-0.10$ であるもののこれを大げさにとらえ，対象となった中等教育段階の学習者においては生活保護受給家庭の学習者の学力は「有意に悪い」と述べられているものの，目に見えるほどの差であるとはいいがたい。おそらく生活保護受給家庭に対する福祉プログラムがさまざまなよい影響をもたらしているということもあるのであろうが，こうした福祉の状況よりもより強力に学力に影響を及ぼしている要因がほかにあると考えられる。

家族構成

家族構成にはさまざまなものがあるが，家族構成の違いが学力に与える効果は，他の要因と比べると低い方に区分される。

■ひとり親家庭と両親のそろった家庭

西側諸国の多くでは，おおよそ 70-80% の家庭は両親がそろっており，10-20% がひとり親家庭で，2-10% がこれ以外の家族構成である。Pong, Dronkers, & Hampden-Thomson (2003) は，ひとり親家庭であることと数学・理科の学力の低さとの間に関係が見られることを明らかにした（ただし，その効果量は小さい）。また，このような学力格差はオーストリアのような社会福祉政策が充実している国では小さいことも示された。ひとり親であることに伴う学力格差が大きいのは，アメリカやニュージーランドのように，他の先進国と比べて資金援助，児童手当の一律給付，納税，産休といった，ひとり親家庭や貧困家庭に対する優遇措置に後れをとっている国であることが指摘されている。そして，「ひとり親家庭であることに伴う学力格差がオーストリアで低くアメリカやニュージーランドで高いということ

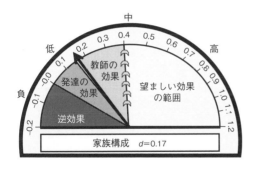

は，国の家族政策に対する投資によって一定程度説明できる」と結論づけている。

■父親との同居・別居

このことに関連する3つのメタ分析の結果は，いずれも家庭に父親がいるかどうかということが学力と小さいながらも関連があることを示している。Amato & Gilbreth (1999) は，養育費の支払い（$d=-0.13$），父親と子どもとのふれあい（$d=0.11$），親近感（$d=0.06$），権威的な養育（$d=-0.17$）はいずれも小さい効果量を示していると述べている。Salzman (1989) は父親が家庭にいることはいない場合と比べて学業面で効果量 $d=0.26$ の差があることを明らかにした。この効果は学力（$d=0.30$）の方が適性検査（$d=0.20$）よりもやや高く，就学前と比べて小学生，中学生において差が大きいが，男女や SES による違いは見られなかった。

■離婚

婚姻関係が続いている親と生活する子どもと比較して，離婚した親と生活する子どもの方が学力，心理的適応，自己概念，社会的関係の得点が低い（ただしほとんど差はない）。Amato & Keith (1991) は92本の研究を対象に，離婚したひとり親家庭と両親のいる家庭を比較するメタ分析を行った。その結果，学力に対する全体的な効果量は $d=-0.16$ であり，ひとり親家庭の子どもの方が学力が低いことが示されたが，最近実施された研究ほどその違いは小さかった（最近の研究で $d=-0.12$，30年以上前の研究で $d=-0.23$）。学力以外では行動面が $d=-0.23$，心理的適応が $d=-0.08$，自己概念が $d=-0.09$，社会的適応が $d=-0.12$ であり，いずれも効果量が小さかった。これら2群の学力の違いは教師による報告に基づくものでは教師はこれら2群の違いを認識していないといえる（$d=-0.04$）。また，男女別に見ると女子の方が，離婚したひとり親家庭の子どもの方が学力は低いことが示された

（$d=-0.30$）。さらに，親を亡くした子どもの方が学力が低い（$d=-0.22$）ことも示された。

　Jaynes（2006）は，両親ともに血のつながりのある家庭と親が再婚した家庭の子どもの学力を比較したところ効果量は$d=0.22$で，前者の方が高いことを示した。一方，親が再婚した子どもと，離婚してひとり親家庭で暮らす子どもでは違いは見られなかった。そしてこの結果について，家庭に大人が2人いることは相互交渉の機会が増えるという利点はあるものの，家族構成のたび重なる変化（ひとり親になったり離婚をしたりして，さらに親が再婚するという変化）についていくことは難しいことと考えられると述べている。Kunz（1995）によるメタ分析の結果では，親の離婚を経験した子どもとそうでない子どもの認知能力の差は全体的には$d=0.30$であったが，学力面での差はやや低かった（学力で$d=0.25$，言語で$d=0.16$，数学で$d=0.52$）。また，このような違いは年齢が上がるにつれて小さくなる傾向が示されており，こういった傾向が見られることの背景の大部分はひとり親（または離婚）家庭と両親のいる家庭との間の経済状況の差によるところが大きいためと考察されている。Kunz（2001）は，対人関係に対する離婚の影響をより詳細に検討している。53の研究をメタ分析した結果，離婚を経験した子どもは母親や父親との肯定的な対人関係をもちにくい傾向が示されたが，きょうだい関係においては肯定的な結果が示された（ただし，これらの効果量はいずれも著しく小さいものであった）。

■養子の子どもとそうでない子ども

　養子になった子どもの学力は，養子に入った家でのきょうだいと比べると後者の方がやや高く，一方，元の家でのきょうだいと比べると養子になった子どもの方が学力が高いことや，養子でない子どもと比べると養子の子の方がやや学力が低いことが明らかとなっている。しかし，これらの要因の効果量は他の要因と比べると小さい。とりわけ重要なのは，養子に入る年齢が重要と考えられる点である。生後1年以内に養子に入った子どもと養子に入った家でのきょうだいや同級生との学力の差は見られないが（$d=-0.09$），2歳で養子となった場合にはその差が広がり（$d=-0.32$），3歳以上で養子となった場合にはさらに養子に入った子どもの方が学力が低くなる（$d=-0.42$）。養子となった理由と学力との関係を検討した研究は少ないが，虐待，育児放棄，栄養不良が理由で養子となった子どもの学力が養子ではない子どもと比べて著しく低い（$d=-0.46$）ことも示されている。van Ijzendoorm & Juffer（2005）は全体的なまとめとして，「養子に入った子どもは養子に入ることとその後の養育によって環境が好ましい方向に変わるという恩恵を受ける」（p.327）

と考えられると述べている。しかし，全体的に見ると効果量は小さい。

■一人っ子と一人っ子以外の子ども

　Falbo & Polit（1986）が行った一人っ子に関する先行研究の量的レビューによると，一人っ子である子どもは，きょうだいのある家庭の第1子及び2人きょうだいの子ども以外と比べると，学力と知能が高いことは示されている。さらに，一人っ子は一人っ子以外の子どもと比べて，積極的な性格特性を示し，また良好な親子関係を築いていることが示された。特に，その傾向は3人以上子どもがいる家庭の子どもと比較して，顕著であった。一人っ子と第1子及び家族規模が小さい家庭の子どもとの比較では，発達上の違いは認められなかった。親の注目や不安が高いことが，学力，知的能力，性格面の発達を促すと考えられる。Polit & Falbo（1987）は，一人っ子とその他の家族構成の子どもの情緒的側面の違いについてのメタ分析を行った結果，最も異なるのは達成動機（$d=0.17$）であった。つまり，一人っ子の子どもは動機づけが高く親子関係がより良好（$d=0.13$）であるといえる。しかし，これら以外の情意的要因においては違いは見られなかった。

■母親の就労

　1980年代からアメリカの母親の大部分が就労するようになったものの，母親の就労が子どもに何らかの悪影響を及ぼすという言説は広く流布している。Goldberg, Prause, Lucas-Thompson, & Himsel（2008）は，母親の就労が子どもの学力に及ぼす影響は全くない（$r=0.032$）ことを明らかにした。これはSES（中・上流階級 $r=-0.043$, 低・中流階級 $r=-0.055$），人種（白人 $r=-0.028$, アフリカ系アメリカ人・ヒスパニック $r=0.020$），子どもの年齢（就学前 $r=0.020$, 小学校 $r=0.061$, 高校 $r=0.019$），家族構成（ひとり親家庭 $r=0.149$, 両親のいる家庭 $r=-0.009$），勤務体系（パートタイム $r=0.042$, フルタイム $r=-0.005$）といった面から検討しても違いは見られなかった。子どもの学力と母親の就労の有無とは何ら関係はないのである。

■家庭環境

　家庭環境には，家庭における社会心理的影響や，知的な刺激といった側面が含まれる。Iverson & Walberg（1982）は，子どもの学力は，職業や学歴といった保護者の社会経済的な地位よりも，家庭の社会心理的影響や知的な刺激とより密接に関係していることを示唆した。ただ，これらの家庭に関する指標のうち，どれが最も

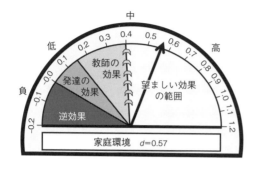

影響が強いかということにまでは言及していない。Gottfried (1984) は、HOME (Home Observation for Measurement of the Environment) と呼ばれる育児環境評価尺度を用いた研究のメタ分析を行った。この尺度は母親の感情的・言語的反応、拘束及び虐待の回避、物理的・時間的環境の構成、適切な遊具の用意、母親としての子どもとの養育的な関わり、日課の多様性の6つの下位尺度からなり、これらのうち学力との相関が一貫して高かったのは母親としての子どもとの養育的な関わり、日課の多様性、適切な遊具の用意であった。

■テレビ視聴

テレビ視聴が学力に与える効果は小さいものの負である。しかし、学習者が手にするテクノロジーが変化している（ビデオゲーム、コンピュータ、双方向メディア）ことを踏まえると、学力に対するテレビ視聴の影響は、その他の要因の影響と比較して、関心や重要性はかなり低いと考えられる。

娯楽としてのテレビ視聴が学力に与える影響についてのメタ分析の結果では (Williams, Haertel, Haertel, & Walberg, 1982)、テレビ視聴時間と学力との関係は小さいが負であることが明らかとなった。この効果はサンプルサイズ、調査実施時期、調査実施地域によらず一貫して見られた。しかし、1週間あたりの視聴時間との関係には全体的に一貫性は見られなかった。1週間あたりの視聴時間が10時間までの場合にはわずかに正の効果が見られる一方で、視聴時間が10時間を超えると負の効果が見られ、視聴時間が35-40時間と多くなるほど効果量が負で大きくなることが明らかとなった。また、これ以上視聴時間が増えても、効果量は変化しないことも示された。このような効果量の非線形性は最近の研究でも示されている (Ennemoser & Schneider, 2007)。さらに、女子や知能指数の高い子どもにおいてこのような悪影響が大きいことも示された。

第5章 ■家庭要因の影響

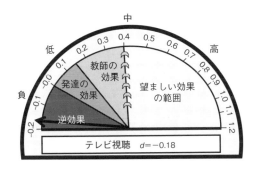

Razel（2001）は全国的，国際的なデータベース6つを用いてテレビ視聴と学力との関係を検討した。全体的には負の効果が見られ，さきに示した研究と同様に視聴時間と学力との非線形的関係が見られた。すなわち，1日あたり視聴時間が2時間までの場合には視聴時間と学力との間には小さいものの正の効果が見られ，2時間を超えると負の効果が見られた。重要なのは，テレビ視聴の適正時間（学力との関係が少なくとも正である時間）は年齢が上がるにつれて短くなるということである。すなわち，年齢の低い子どもではテレビ視聴時間が多くても負の効果は見られないが，7歳で1時間となり，17歳で0時間となる。

同様の非線形の関係は，アメリカの8州における知見を統合したNewman（1988）においても報告されている（ただし，全体的な効果量は示されていない）。この研究の結果ではテレビ視聴時間と読解能力との間には曲線的関係があることが示されており，視聴時間が控えめ（1日2-3時間）な場合には読解能力の得点はやや高く，視聴時間がこれ以上増えると効果量が低くなり，1日4時間を超える場合には得点が著しく低くなることが示された。しかし，1日2-3時間視聴する群と視聴時間がこれ以下の群との得点の差は小さかった（$d=0.15$）。そして，このような違いが見られるのは，親の特徴によるところが大きいと主張されている。すなわち，テレビ視聴に制限を設けず管理もしない保護者はテレビ視聴を管理する保護者と比べて，子どもにかける期待も低く，教育に対する熱意も低いためである。また，テレビ視聴時間と娯楽としての読書,運動,友達と過ごす時間との関係も見られなかった。なお，テレビ視聴が向社会的行動に与える効果（$d=0.63$）は，反社会的行動に対する効果（$d=0.30$）を上回ることも示されている（Hearold, 1980）。

■学習への保護者の関与

保護者の関与の影響は多様である。保護者の関与が監視的な方法によって行われ

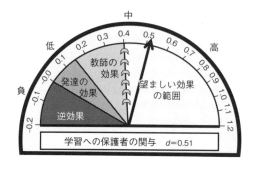

る場合、その効果は負となったり、就学前の場合には効果は低かったり、保護者の熱意や期待が高いことや保護者がより能動的に学習に関わることの効果が高かったりする。

　Casto & Lewis (1984) が就学前教育プログラムにおける保護者の関与について検討した結果では、保護者の関与によって就学前教育プログラムの効果が高まるという裏づけは見いだせなかった。そして、保護者の関与のあるプログラムは効果的である可能性はあるものの、保護者の関与が全くない、あるいは関与が少ない場合と比べて効果が高くなるとはいえないと述べられている。同様に、White, Taylor, & Moss (1992) が就学前教育プログラムにおける保護者の関与に関する研究を検討した結果でも、保護者の関与によって効果的なものとなるというのは根拠のない主張であることが明らかとなった。保護者の関与の影響というのは多くの場合、学習者及び教師の要因を統制すると、せいぜいごくわずかにある程度である (Innocenti, Huh, & Boyce, 1992)。

　Hong & Ho (2005) は、保護者が強い期待をかけることが子どもの学力に対して影響を与える最も重要な要因であるが、宿題を行うことや、テレビ視聴時間、友達と遊ぶ時間をチェックするといった、保護者による監視は、思春期の学習者の希望や意欲に対して負の影響を与えると考えられると述べている。全体的に見ると「保護者が自分の子どもの学習の成果に関心をもち、かける期待が高く、またよい成績をとってほしいという願いが強いほど、子ども自身も学習の成果に対する期待が高まり、結果的には子どもの学力を高める」(Hong & Ho, 2005, p. 40) といえる。こうした高い期待は、親子間の良好なコミュニケーションと子ども自身が自分の学習をコントロールする力によって支えられている (Fan & Chen, 2001 を参照)。

　Crimm (1992) は保護者の関与に関する先行研究をレビューした結果、最も効果量が高いのは就学前から3年生までの間であり ($d=0.41$)、年齢とともに低くなる

ことが示された(3年生から5年生までが$d=0.36$, 中等教育で$d=-0.05$)。また, 最も効果的な関わり方は個人指導($d=0.49$), 家庭訪問や教師とのコミュニケーション($d=0.48$)であり, 最も効果が低いのは保護者教育($d=0.15$)であった。教科別に見て最も効果の高いのは読解($d=0.40$)であり, 特に低いのは数学($d=0.18$)であった。この結果は, 保護者は数学よりは読解の方が関わりやすいということを考えれば至極当然のことである。Jeynes(2005)は, 中でも保護者が期待をかけることの影響は大きく($d=0.58$), 保護者が学校の活動に参加すること($d=0.21$)をはるかに上回ることを明らかにした。続けて実施された中学生を対象とした研究であるJeynes(2007)でも類似の傾向が見られ, 保護者が期待をかけることの効果は高く($d=0.88$), 宿題の点検($d=0.32$), 家庭のルールを設けること($d=0.00$), 学校行事への出席や参加($d=0.14$)を上回るものであった。

Senechal(2006)は, 能動的な保護者の関与は, より効果的であることを明らかにしている。保護者が子どもの音読を聞くこと($d=0.51$)と比べて読み方のこつを教えること($d=1.15$)は2倍効果が高く, またこれらは子どもに読み聞かせをすること($d=0.18$)よりも効果が高い。このような効果は就学前から3年生までの間では比較的一貫して見られ, 読解力に問題のある学習者($d=0.38$)でも問題のない学習者($d=0.74$)でも, またSESの違いによらず見られた。

■家庭訪問

Sweet & Applebaum(2004)は, 教職員による家庭訪問は子どもへの虐待を減少させるだけではなく, 学力も高めるとしている。認知的能力に対する効果は$d=0.18$, 社会情緒的側面に対する効果は$d=0.10$であった。Black(1996)は, 学習障害の子どもに対する家庭訪問の効果を詳細に検討した。家庭訪問は多くの場合, 保護者への情報提供と, 保護者としての対処の仕方と子どもの発達を促すことを目

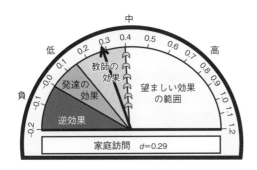

的として行われることが多く，平均的には1回あたり2時間の訪問が年に36回行われていた。全体的には，認知的能力に対する効果が$d=0.39$，発達的側面（身長や体重の増加や健康状態）に対する効果が$d=0.13$，社会性・行動面に対する効果（社会的機能，対人関係，自尊感情）は$d=1.01$であった。とりわけ社会性・行動面に対する効果が高いのは，養育（$d=1.06$）や保護者の社会的機能（$d=1.52$）といったより強力な影響因が介在している結果と考えられる。

まとめ

　保護者の子どもへの後押しや期待は，子どもに大きな影響をもつ。しかしながら，多くの保護者は学習に関する用語を理解することに苦戦しており，期待を子どもに伝え後押しする方法がわからずハンデを抱えている。

　さまざまな家庭要因のうち，子どもの学習成果に関する保護者の願望と期待が最も学力と関連が強く（$d=0.80$），コミュニケーションに関わること（宿題や学校の課題に興味を示すこと，宿題を手伝うこと，学校の勉強の進み具合を話し合うこと：$d=0.38$）は中程度の効果量を示し，保護者の家庭における監視（たとえば，テレビ視聴に関して家庭のルールを設定する，学校の課題をするよう家庭環境を整える：$d=0.18$）の効果量は低い。したがって，保護者は高い願望と期待を子どもに対してもつことが大事であり，学校は保護者の子どもへの期待が適度に高く維持されるような協働関係を構築する必要がある。そして，子どもや家庭と協働関係を築くことによって，彼らの期待を実現し，それをさらに超えていけるよう取り組むことが重要である。家庭と学校との関係が分断的なものであると，保護者の最初の期待が低下してしまうことがままある。フラクスメア・プロジェクトでも，子どもが学校に最初に入学する時点では，98％の保護者が自分の子どもの将来にとって教育が非常に重要であると考えていることを示している。2/3の保護者は子どもに高校や大学を卒業してほしいと考えている。しかしながら，小学校を終える頃には，保護者のこうした期待はしぼんでしまい，保護者はただ子どもに「仕事にさえ就ければよい」とだけ考えるに至ってしまう（Clinton et al., 2007）。

　保護者は学校のことを理解する機会を必要としており，それによって家庭と学校が同じように期待を共有することができ，家庭と学校の共通理解が少しでも進むことによって，子どもは家庭と学校という2つの異なる世界を行き来する必要がなくなる。学校で用いられる用語を知っているために，学齢期を通して子どもの学習をサポートすることができる保護者がいる一方で，学校で用いられる用語を理解して

いないがために学力を身につけるための家庭の役割を発揮できない家庭もある。保護者の期待は，多くの家庭の構造的な要因（例：ひとり親か両親のそろった家庭か，父親との同居有無，親の離婚，養子の子どもとそうでない子ども，一人っ子かそうでないか）よりもはるかに大きな影響力をもっている。家族構造ではなく，家庭における保護者の信念や期待こそが，子どもが学力を身につける上で重要なのである。

第6章
学校要因の影響

　学校教育の成果に対する学校要因が及ぼす影響の大きさを検討する研究は多く行われてきたが，特に洗練された分析手法であるマルチレベルモデリングが用いられることで，学校以外の要因の影響を分離して学校要因の影響の大きさを推定できるようになってきた（Fitz-Gibbon & Kochan, 2000; Teddlie, Reynolds, & Sammons, 2000）。マルチレベルモデリングを用いることで，児童生徒レベル，学級レベル，学校レベルそれぞれの影響の大きさを同時に推定することが可能となる（さらに，レベル間の交互作用を検討することも可能である）。マルチレベルモデリングの適用例として，Konstantopoulos（2005）は，児童生徒の学力の分散は学校間要因よりも学校内要因によって説明される部分が大きいことを明らかにした。学校内要因による分散が大きいということは，学校要因よりも教師の違いの方が児童生徒の学力に与える影響が大きいということを意味している。

　Alton-Lee（2003）は，マルチレベルモデリングが用いられた研究をレビューした結果，児童生徒の学力の分散の0-20%は学校レベルの要因，16-60%は教師や学級の違いによるものであることを明らかにした。この知見の広がりは重要な意味をもち，多くの国々の政策に反映されるようになったと考えられる。とりわけニュージーランドは，学校間分散が特に低い（約4%であるため学校内分散はそれよりも大きいといえる）国である。第2回国際数学調査の結果を分析したVermeuren & Pelgrum（1989）は，ニュージーランドにおいては学力の分散に学校要因が与える影響は見られないものの，教師間分散及び学級間分散は42%であったことを示した。また，Harker & Nash（1996; Nash & Harker, 1997）は，ニュージーランドの高校生の学力の分散が学校要因によって説明される割合は，数学で5-7%，英語で9-10%，理科で5-7%であることを明らかにした。この結果が示唆するところは，能力が同程度である2人の児童生徒がいたとして，その児童生徒たちの学力の違いはどのような学校に通うかではなく，どのような教師につくかによって生じるところが大きいということである。ただし，全ての教師が効果的とかそういったことを意味しているのではなく，学校内分散が大きいということは効果的な教師もいれば

表6.1 学校要因の影響に関するメタ分析結果の概要

学校要因	メタ分析数	一次研究数	対象者数	効果指標数	効果量 (d)	標準誤差	CLE	順位
学校の属性								
学校の効果＊	1	168	—	168	0.48	0.019	63%	51
学校予算＊	4	189	2,277,017	681	0.23	—	56%	99
学校の種類								
チャータースクール＊	1	18	—	18	0.20	—	56%	107
宗教学校＊	2	71	54,060	71	0.23	—	56%	101
サマースクール＊	3	105	28,700	600	0.23	—	56%	98
人種別学校の廃止＊	10	335	6,731	723	0.28	0.060	58%	91
大学寮の有無＊	1	10	11,581	23	0.05	—	51%	130
学校構成の効果								
学校規模	1	21	—	120	0.43	—	62%	58
夏期休暇＊	1	39	—	62	-0.09	—	48%	134
転校＊	3	181	185,635	540	-0.34	0.005	40%	138
学校外の学習プログラム	2	52	30,554	50	0.09	—	52%	127
校長・管理職＊	11	491	1,133,657	1,257	0.36	0.030	60%	74
学級構成の効果								
学級規模	3	96	550,339	785	0.21	—	56%	106
オープン教育（従来型との比較）＊	4	315	—	333	0.01	0.032	50%	133
能力別学習集団編制	14	500	—	1,369	0.12	0.045	53%	121
異学年・異年齢学級集団編制	3	94	—	72	0.04	—	51%	131
学級内学習集団編成	2	129	16,073	181	0.16	—	55%	116
小集団学習	2	78	3,472	155	0.49	—	63%	48
インクルージョン＊	5	150	29,532	370	0.28	0.090	58%	92
原級留置＊	7	207	13,938	2,675	-0.16	—	45%	136
才能ある児童生徒のためのカリキュラム								
才能ある児童生徒のための能力別学習集団編制＊	5	125	—	202	0.30	0.064	58%	87
飛び級＊	2	37	4,340	24	0.88	0.183	73%	5
個別教育＊	3	214	36,336	543	0.39	0.018	61%	67
学級の影響								
学級経営	1	100	—	5	0.52	—	64%	42
学級のまとまり	3	88	26,507	841	0.53	0.016	64%	39
学級での児童生徒の行動	3	160	—	942	0.80	0.290	71%	6
妨害行為の減少	3	165	8,426	416	0.34	0.037	59%	80
クラスメイトの影響	1	12	—	122	0.53	—	64%	41
合計／平均	101	4,150	4,416,898	13,348	0.24	0.070	57%	—

注）＊の項目は本書では訳出していない。

そうではない教師もいるということを意味しているのである。

　学校要因と比べて教師要因の方が著しく重要であるということは，研究知見を総じて一般的な見解である。Willms (2000) は「改善を促す圧力や支援は学校内の特定の教師に向けられるべきであって，単に学校全体に向ければよいというものではない」(p. 241) と主張している。Muijs & Reynolds (2001) は「学校と比べて，学級は学校での学習者の行動を左右する要因としてはるかに重要であるということ

は，効果のある学校に関する研究の分野で明らかにされたあらゆるエビデンスによって示されている」(p. vii) と主張している。Rowe & Rowe (1993) は「これまでに得られた知見から，効果的な学校とは効果的な教師がいてはじめて成り立つといいうる」(p. 15) と述べている。Bosker & Witziers (1996) が行ったメタ分析の結果では，児童生徒間の入学時点での学力の違い，及び児童生徒の入学時点での学校間の学力の違いを統制した場合，学校レベルに起因する学力の分散は約 8% であること，さらにこの割合は他の統制要因（学級や学年の違いに起因するものなど）によるものと比べて著しく小さいことが明らかとなった。

国力の低い国々（アフリカ各国など）や，学校種の階層化（学校系統が教養教育を行う学校と職業教育を行う学校とに分かれる）の度合いの高い国々では，学校の違いによる学力の違いは大きい（Bosker & Witziers, 1996）。また，家庭や地域から受ける影響が教師から受ける影響と同じくらい強い小学校段階の読解力においては，教師に起因する分散は比較的小さく，一方で児童生徒の日常経験（特に家庭生活）との直接的関連が低い算数・数学や他の教科の学力においては，教師に起因する分散は比較的大きい。

以上の内容を慎重にまとめると，先進国においては，どのような教師に習うか，どのようなカリキュラムで学習するか，教師がどのような方法で教えるかといった学校内の要因が，児童生徒の学習を左右するといえる（Grodsky & Gamoran, 2003）。加えて，教師以外の学校内要因，すなわち学校の文化や慣習，学級編制の効果といった点についても十分に検討する必要がある。

本章では以下の 3 つの要因を扱う。

1．学校の取り組み
2．学級の編制（学級規模，能力別学習集団編制など）
3．学級の影響（学級風土，クラスメイト，問題行動など）

学校構成の効果

■学校規模

学力に影響を与える学校レベルの要因として挙げられるものの 1 つに，学校の在籍児童生徒数がある。Stekelenburg (1991) は高校の学校規模が学力に与える効果

第6章 ■ 学校要因の影響

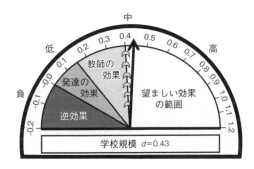

はd=0.47であることを明らかにした。これは学校の組織に関する要因が学力に与える影響としては相当なものであるものの，Stekelenburg（1991）自身は比較的小さいととらえている。著しく規模の小さい学校は経営に高額な費用がかかり，規模が大きい学校ではカリキュラムの面で優位ではあるものの，その優位性は生徒数800人を境に減じると主張した。そして，学校の適正規模は800人であると結論づけ，「小規模な高校では，在籍生徒数とテスト得点との間には正の相関が見られる。大規模な高校を統合するよりも，著しく小規模な高校を統合することの方が重要であると考えられる」（p.111）と主張した。

　この知見が含意するところは「適正な」規模があるということであり，規模が小さすぎても大きすぎても効果的とはいえないということである。Ready, Lee, & Welner（2004）は，800校以上を対象に学校規模が学力に与える効果について調査を行った結果，高校在籍期間中の数学と読解の学力の伸びが大きかったのは中規模の学校（生徒数600-900人）であったことが示された。同様の結果はLee & Smith（1997）でも示されている。

　ここで重要なのは，学校の適正規模は別の要因によっても左右されるということである。すなわち，学校に在籍する児童生徒集団が経済的に恵まれている度合いが高いほど適正規模は大きくなり，またマイノリティの児童生徒が多い学校ほど適正規模は小さくなるのである（Howley & Bickel, 1999; Lee & Smith, 1997）。学校以外の組織の場合にも，組織の人数とアウトカムとの間には曲線的な関係が見られる。Gooding & Wagner（1985）は，組織の規模と経済的効率性との関係を検討した研究31本を対象としたメタ分析を行った。その結果，組織の規模が大きくなるほど総生産量は多くなるが，投資に対する生産量の比は組織の規模による違いは見られず，その傾向は特に，学校のように人の努力に依存するところが大きい組織において見られた。この大きな原因の1つは，組織内の協調にかかるコストは追加便益を

もたらさないためであると述べられている。

　Newman et al. (2006) は小規模な学校ほど，教師も児童生徒も学校の状況をより肯定的にとらえる傾向があるものの，学校規模が大きいほど児童生徒1人あたりのコストは低くなると指摘している。Lee & Smith (1993; 1997) は生徒数 600 – 900 人の高校では，教師どうしの協力やティームティーチング，教師自身が自らの働き方に対する提案をすることが多いことを明らかにしている。また，Bryk, Easton, Kerbow, Rollow, & Sebring (1993) は，中規模な学校が適正規模であることの理由として児童生徒と教師との関係がよく，児童生徒がリーダーとなる経験が多く，また児童生徒が教師は自分たちのことに関心を寄せていると感じる傾向が高いといったこともあると指摘している。児童生徒数 600 – 900 人の学校が効果的である大きな理由と考えられるのは，しっかりとしたコアカリキュラムが全児童生徒を対象に実施され，また能力別に児童生徒を分けたり，カリキュラムの価値を薄めたりするような選択科目があまり行われていないといったことがあるといえよう（Walberg & Walberg, 1994 を参照）。

■学校外の学習プログラム

　子どもはかつてないほど，学校以外での時間を自由に使えるようになった。保護者の中には，学校外での経験は有害（たとえば薬物濫用や非社会的行動など）であるとか，役に立たない（テレビやコンピュータ・ゲームなど）とか心配する向きもある。また，自分の子どもに対して家庭教師をつける保護者もいるが，家庭教師をつけることはこの数十年で急速に増えつつある。放課後の学習プログラム，特に個別指導プログラムは多くされるようになってきているのに対し，放課後の学習プログラムに関する体系的な研究は多くないというのは不思議なことである（Bray, 1999）。学校としても正課以外の授業を実施している場合もある。Lauer et al. (2006)

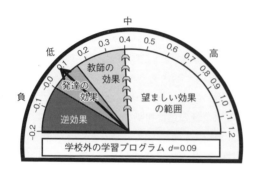

は学校外で行われる学習プログラムによってもたらされる学力の伸びは小さく，読解（$d=0.05$），算数・数学（$d=0.09$）といった教科による大きな違いも見られないことを明らかにした。また，短期的なものの方が長期的なものと比べて効果が高いこと（読解では短期的 $d=0.23$, 長期的 $d=0.05$, 算数・数学では短期的 $d=0.15$, 長期的 $d=0.16$），小学校低学年（就学前から第2学年までの間で読解が $d=0.22$, 算数で $d=0.22$）と高校（読解が $d=0.25$, 数学が $d=0.44$）で効果が高いことが示された。一方，落ちこぼれの恐れのある児童生徒に対しては，多くの場合より体系的な学校外学習プログラムが実施されていると考えられるが，全体的な効果は（$d=0.09$）であり，その効果はさまざまな指導方法を駆使して授業を行う指導力の高い教師がもたらす効果と比べるとわずかなものに過ぎない。

学級構成の効果

■学級規模

学級規模の縮小が学習成果を高めるという主張と，高めることにはつながらないという主張のいずれも，よく目にするものである。学級規模の縮小が学習指導の個別化，授業の質の向上，指導方法の工夫改善の余地を広げ，学習者中心の授業が実施されるようになり，教師のやる気を高め，児童生徒による授業妨害や非行行為が少なくなり，児童生徒が学習活動に集中して取り組めるようになることにつながるというのが，学級規模の縮小を支持する側の主張である。一方で，学級規模を縮小しても学力が高まるとはいえないことを示す知見も多い。

著者は，メタ分析によって示された，あるいはメタ分析以外によって示されたエビデンスを詳細に検討した結果，エビデンス全体を通して学級規模が学力に与える

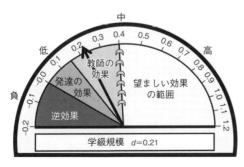

効果は一貫して小さいことを示した（Hattie, 2006）。学級規模の縮小が効果的であるとか，またかなりの影響を与えるとかいわれているほどの効果は見られない。また，これらの知見からいえるのは，小規模学級は教師・児童生徒の双方に対して指導及び学習の条件面でよいということであって，児童生徒の学習そのものに対する小規模学級の効果が小さいということではない。学級規模の縮小は，教師が授業を行う条件，児童生徒が学習に取り組む条件をよくすることにはつながると考えられるが，だからといって児童生徒の学習そのものに影響を与えるかどうかまではわからないと考えられる。

表6.2は学級規模に関する研究のメタ分析の結果をまとめたものである。過去に行われた代表的な研究と最近行われた研究の結果を統合するメタ分析を行った結果，平均効果量は$d=0.13$であった。すなわち，学級規模を25人から15人に減らした場合の効果の範囲は，$d=0.10-0.20$であるということである。また，これらのメタ分析の結果示された効果量には大きなばらつきは見られないということを踏まえると，メタ分析の結果の統合の結果得られた平均効果量は学級規模縮小の効果として妥当なものであると考えられる。

ここで行ったメタ分析の対象とした研究のデザインは縦断的研究，コーホート間比較研究など多岐にわたり，また行われた国もさまざまであり（イギリス，アメリカ，イスラエル，ボリビアなど），対象学年も幅広い。また，一部の研究ではより洗練された統計的手法が用いられている。そして，このような多岐にわたる研究間で効果量に一貫性が見られるという点は注目に値する。学級規模の効果量の標準値である$d=0.10-0.20$というのは，その他の多くの介入の効果量と比べると小さく，1学級あたりの児童生徒数を減らすに必要な数十億ドルというコストには見合わないといってもよいだろう。そこで重要となる問いは「学級規模縮小の効果量はなぜこれほどまでに小さいのか」ということである。

学級規模縮小の効果量が小さいことの理由の1つとして，小規模学級を担当する教師が大規模学級で行ってきたことと同じような方法による指導を行い，小規模学級の利点が生かされていないということが挙げられる（Finn, 2002）。しかし，大規模学級と小規模学級との間での授業や学習活動の特徴の違いを調査した，あるいは記述した研究は見られない。さらに，大規模学級の場合と25-30人といった小規模学級の場合では，優れた指導の概念が異なる（詳細はHattie（2006）を参照）。80人以上のクラスでは，学習者一人一人は自己調整的に学習を進めることができるという前提に立つ必要があるとともに，学習内容を提供すること，詳しくいうと学習内容を解説し，学習者がどれだけの内容を吸収できたかを評価し，

第6章 ■ 学校要因の影響

表6.2 学級規模を25人から15人に減らした場合のメタ分析および代表的な研究の結果

著者	出版年	一次研究数	効果指標数	対象学級数	対象児童生徒数	効果量 (d)	アウトカム
Glass & Smith	1997	77	725	14,358	520,899	0.09	学力
Smith & Glass	1980	59	371	—	—	0.24	学力以外
Finn	1988	1	1	79	6,500	0.22	学力
	—	1	1	79	6,500	0.12	学力 (第4-6学年)
		1	1	79	6,500	0.02	自己概念, 学習意欲
McGiverin et al.	1989	10	24	—	—	0.34	学力
Molnar et al.	1999	1	1	411	9,790	0.21	学力
Hoxby	2000	1	1	14,593	306,453	0.03	学力
Blatchford	2005	1	1	368	9,330	0.23	学力
Goldstein et al.	2000	9	36	1,178*	29,440	0.20	学力
Dustmann, Rajah, & van Soest	2003	1	1	224	3,811	−0.04	学力
Akerhielm	1995	1	1	1,052*	24,000	0.15	学力
Rice	1999	1	1	8,760	24,599	−0.04	学力
Johnson et al.	2003	1	1	168*	3700	0.00	学力
Angrist & Lavy	1999	1	1	1,327	46,455*	0.15	学力
Urquiola	2000	1	1	608	10,018	0.20	学力
合計／平均	—	164	1,165	40,728+	948,540+	0.13	—

＊ = 予測値

　（小論文や多肢選択項目のテストを受験させることを通じて）学習内容を自分の言葉で語れるようにしたり，あるいは考え方として身につけられるようにするということが教師の主たる役割となる。このようなクラス（大学でよく見られる）の学生による授業評価を精査すると，講義内容がわかりやすくまとめられていること，講師が十分に準備することが望ましいと考える傾向が強く，試験の仕組みが明確であり，解説や資料が与えられ，教科書，シラバス，評価を通じて学習段階が明瞭に示されていることを期待しているということが明らかである。

　クラスの規模が30-80人である場合の優れた授業とは，指導案に忠実に従い，黒板やホワイトボードが用いられ，授業から逸脱した行動を容赦せず，クラスの決まりを繰り返し意識させ，カンニングなどの不正を許さないようなかなり厳格な基準が設けられ，暗記することが多く，一律に，常に一定のペースで進む授業である（Cortazzi & Jin, 2001を参照）。20-30人のクラスではグループ学習を実施することが可能となり，能力別（あるいは態度）のグループ分けの実施，クラスメイトどうしの相互交渉の促進，自己調整能力を身につけさせることへの配慮，学習者に合わせたカリキュラムの修正（内容や進度）がしやすくなる。20-30人のクラスでの

優れた教師の特徴や，優れた教師と経験年数の多い教師との違いについての知見は枚挙に暇がない（たとえば，Berliner, 1987, 1988; Borko & Livingston, 1989; Chi, Glaser, & Farr, 1988; Hattie & Clinton, 2008; Housner & Griffey, 1985; Krabbe, 1989; Leinhardt, 1983; Ropo, 1987; Shanteau, 1992; Smith, Baker, Hattie, & Bond, 2008; Sternberg & Horvath, 1995; Strahan, 1989; Swanson, O'Connor, & Cooney, 1990; Tudor, 1992; van der Mars,Vogler Darst, & Cusimano, 1995; Westerman, 1991: Yekovich, Thompson, & Walker, 1991 など）。ただし，20-30人規模以外のクラスの教師も，20-30人のクラスでの優れた教師の特徴をもちあわせるべきであるとは考えにくい。

　ここで強調したいのは，学級規模が異なれば優れた授業の概念もまた異なるということである。つまり，直接教授（多くの場合伝達型の授業）によって学習者を指導するのが優れた授業である場合もあれば（80人以上），面倒見よく教え学ばせるのが優れている場合もあれば（20-80人），学習者一人一人との共同作業としての指導と学習が行われるのが優れている場合もある（Chan, 2005）。教師に求められるのは，単に学級規模に合わせて指導方法を変えることだけにとどまらず，それぞれの学級規模に応じて優秀な教師像が異なるということはどういう意味をもつのかという，発想の転換である。

　このように学級規模縮小の効果が期待に反して小さいということに対する典型的な反応として挙げられるのは，本書で示された効果の高い要因の多くは学級規模を縮小することでその効果がより高まるのではないかということである。要求かなって学級規模が縮小されれば，より多くのフィードバックを与えることができ，教師と学習者どうしの相互交渉が活発となり，学習者の状況をよりよく見取ることなどにつながるのではないかということである。このようなことは場合によっては当てはまるかもしれないが，現時点でのエビデンスによって示されているのは，学級規模縮小が実施されているのに，学習者の学力には大きな影響を与えてはいないということなのであり，これこそが興味深い問題なのである。さきに指摘したように，アウトカムに違いが見られないのは，十中八九教師が指導方法を変化させないというのがその理由であると考えられる。このことは教師が小規模学級での指導の仕方に関する再研修を受ければ，学級規模に応じた効果的な方法による指導をするようになるともいいうるが，同時に，単に教師1人あたりの学習者数を減らすだけでは，教師による指導も，学習者のアウトカムもほとんど変わらないということである。思い返してほしいのは，メタ分析とは知見のレビューの一方法であるということである。すなわち，学級規模の縮小に効果が見られないというのは，これまでに行われた学級規模縮小の効果をまとめたものとして示された結果であり，またこれま

は学級規模の縮小はアウトカムを大きく左右するものではなかったということなのである（もっとも，小規模学級の効果は正であるため，学級規模を大きくするというのは愚策であるといえる）。

■能力別学習集団編制

アメリカでは，ミドルスクールの2割から4割で全ての授業が能力別学級編制によって行われており，また4割近くの学校では読解や数学を中心に学級間能力別学習集団編制（特定の教科において学級とは異なる学習集団を編制する）による授業が行われているといわれている（Epstein & Mac Iver, 1990; Lounsbury & Clark, 1990; Wheelock, 1992）。1,000校近くを調査対象校，25,000人あまりを調査対象生徒として実施された全国的な縦断調査（NELS）のデータによれば，アメリカの公立のミドルスクールや高校の生徒の約86%は何らかの形で能力別学習集団編制による授業を受けているということが示されている（訳者注：ここでいう能力別学習集団編制とは，能力別学級編制と学級間能力別学習集団編制の総称である）。

学級は能力や学力の面で学習者の多様性が見られるように編制されるべきか，同質の学習者によって編制されるべきか，これが重要な論点である。高校の後期では，生徒によって異なるコースを履修させるということが能力別学習として行われることが多いが，高校の前期では生徒が全員同じ教科を履修し，各教科で生徒の能力によって方針や進度が異なる授業を受けるのが一般的である。ミドルスクールでは，一部の教科（英語や数学など）で能力別学習が行われるが，他の教科では能力別には編制されない学級で授業が行われることが多い。

能力別学習集団編制のアウトカムは，学力に対する効果と，公平性に対する効果とに大別できる。公平性に対する効果とは，能力別学習集団編制によって得られるもの，失われるものが集団類型間（たとえば，マイノリティとそうではない者との

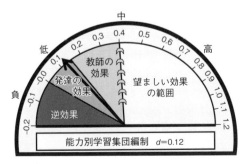

間など）で同じかどうか，ということである。集団類型によって授業の進度や実際に用いられる指導方法に違いが見られるか，また一般的に用いられている基準によって能力別に分けること以外に，差別的に学習集団が分けられること（たとえば，学力よりも社会階級によって所属する学習集団が決定されてしまうことなど）が起こっていないか，といったことを扱った研究も多い。

　能力別学習集団編制の効果に関するメタ分析はすでにいくつか行われており，メタ分析の対象となった研究も 300 本以上であり，これらの研究の文化的，歴史的背景は多岐にわたっており，対象教科もさまざまであり，あらゆる学年が対象となっており，学力及び教育の成果として扱うことのできる学力以外のアウトカムに対する効果が検討されている。これらのメタ分析の効果量の平均は小さく $d=0.11$ である（詳細は Hattie, 2002; Jaeger & Hattie, 1996; Wilkinson, Parr, Fung, Hattie, & Townsend, 2002 を参照）。この結果が示唆するのは，能力別学習集団編制の効果はきわめて小さく，公平性に対する効果という点では弊害が大きいということである。算数・数学，国語ともに全体的な効果量は同じくらい小さく（読解 $d=0.00$，算数・数学 $d=0.02$），自己概念に対してもその効果はほぼゼロであり，教科に対する態度に対してはこれらと比べればわずかに高い（$d=0.10$）。能力別の集団ごとの全体的な効果量は，高学力集団で $d=0.14$，中学力集団で $d=-0.03$，低学力集団で $d=0.09$ であり，恩恵を受けている学習者はいないといえる。

　公平性の観点から見ると，能力別学習集団編制の効果は深刻かつ弊害が大きい。能力別学習集団編制における指導と学習に関して詳細かつ反響の大きかった研究が，Oakes (2005) の *Keeping track: How schools structure inequality* である。中学校，高校 25 校を対象とした徹底的な質的分析を行ったこの研究によって示された主たる結果は，低学力の学習集団の多くは意欲が低く，非教育的環境にあるということである。そして，「多くの場合，能力別学習集団編制は学校が育むべきものを育んでいないということが強力に裏づけられた」(p. 13) とまとめられている。能力別学習集団編制は，集団内の学習者の特徴に応じた学習者間のつながりをもたらすとともに，集団内の学習者どうしの関わりが，学力レベルに即した偏った態度を高校生にもたせることにつながると考えられる。高学力集団の生徒は学習に対してより熱心に取り組むようになるが，低学力集団の生徒は学習をより遠ざけるようになるのである (Oakes, Gamoran, & Page, 1992)。さらに Oakes et al. (1993) は，能力別学習集団編制は「学習者の学校での学習機会，学力，そして人生の可能性を狭める。高学力集団に属せなかった学習者は，頭を使うかいのある難しい課題に取り組むことがほとんどなく，集中して取り組むことも支援が得られることも少ない集団

に属することとなり，十分に教育を受けた教師につくこともほとんどない」(p. 20)と述べている。後にアメリカ教員同盟の会長となる Shanker (1993) は，Oakes による一連の研究に対して「(低学力の) 学習集団に属した子どもは，取り組むに値する学習活動を与えられることはほとんどない。その子どもたちは，ワークブックや学習プリントの穴埋めばかりをさせられている。教師はその子どもたちに対してほとんど何も期待していないのだ。だから，その子どもたちはほとんど何も学ばないのである」(p. 24) と，直截にコメントしている。同じようなデザインで行われた質的研究である Page (1991) では，8つの低学力クラスを対象に日々の活動の詳細な記録が行われ，その結果教師も学習者も，無難にやり過ごせるようにお互いが強い刺激を与えないようにするにはどうすべきかといった知恵を身につけるようになるということを明らかにした。低学力クラスは問題行動がとりわけ深刻な学習者を囲い込むために使われていて，そして教師はそのような学習者を矯正することばかりを考えて単調な繰り返しばかりの自習をさせるのである (Camarena, 1990; Gamoran, 1993 を参照)。

　Oakes & Wells (1996) は，能力別学習集団編制は，白人以外や低所得層の学習者から遠ざけられた一流の知識を，白人や富裕層の学習者が手にするという恩恵を受けるという，特権の不公平な分配のためにあると指摘している。Oakes, Ormseth, Bell, & Camp (1990) はアメリカの公立，私立の小学校と高校 1,200 校のデータを分析し，マイノリティの児童生徒が低学力クラス相当とされるのは，高学力クラス相当とされることの 7 倍にもなることを明らかにした。能力別学級編制の結果編制された学級が，人種で分けたようになっている学校は，そうなったのは過去の学力を参考に編制したに過ぎないと説明し，そして能力別学級編制が他の方法よりも学習者にとってより有利な条件となりうると主張する。能力別学級編制によって，社会経済的地位の低い層や特定の民族の児童生徒ほど低学力クラスに割り当てられるとしたら，能力別学級編制は階級及び民族間の亀裂，人種の分断を深めると考えられる (Haller & Davis, 1980; Rosenbaum, 1980)。Loveless (1999) はカリフォルニア州とマサチューセッツ州で実施した能力別学級編制政策に関する調査の結果，学力の低い学校，低所得者層の多い学校，そして都市部の学校では能力別学級編制は実施されておらず，郊外の学校，富裕層の多い地域の学校，学力の高い学校では能力別学級編制を実施し続けているという大きな矛盾が見られると述べている。つまり，能力別学級編制を受け入れているのは，後者の学校の地域の人々なのである。そして「このことは，エリートは社会的に抑圧された人々に対して実をもたらすとはいえない政策を押しつけるという一般論の逆をいくものである。仮に能力別学級編

制がエリートにとっても悪い政策であるのなら，エリートたちは自身の子どもに対して能力別学級編制を訳もなく実施し続けているということになるのだが，実際はそうではない背景があるのだろう」ということである。Braddock (1990) は，在籍児童生徒のうちマイノリティの子どもが2割を超える学校では，マイノリティの子どもが少ない学校と比べて能力別学級編制を実施する傾向が高いことを明らかにしている。

Oakes, Gamoran, & Page (1992) は学力検査得点が同程度であった場合，アジア人の児童生徒の方がヒスパニックの児童生徒と比べて発展的なコースに割り当てられる傾向が高いことを明らかにしている。低学力クラスや大学進学を目指さないクラスの生徒に占める，社会経済的地位の低い層や不利な状況にあるマイノリティの生徒の割合は，不均衡なまでに高い (National Centre for Educational Statistics, 1985; Oakes et al., 1992; Persell, 1979; Vanfossen, Jones, & Spade, 1987)。学力は平均的な生徒であっても，社会的に有利な層にある家庭の生徒の場合には高学力クラスに割り当てられることが多いが，これは保護者の働きかけがあるためである。この層の保護者は自身の子どもが受ける学校教育に辣腕を振るうのである (Alexander, Cook, & McDill, 1978; Baker & Srevenson, 1986; Dornbusch, 1994; Lareau, 1987; Useem, 1991, 1992)。さらに，マイノリティや社会経済的地位の低い家庭の子どもの割合が高い学校では，高学力の生徒のためのコースが十分に用意されていないことが多い。これは，生徒が高学力のコースに割り当てられる確率が低いためである。さらに，このような学校における高学力コースのプログラムは，マイノリティの生徒が少なく社会経済的地位の高い層の生徒が多い学校の高学力コースと比べて内容が高度ではないことが多い (Oakes et al., 1992)。

最後に，能力別学習集団編制に関する研究には以下のような難問が残されていることを指摘しておきたい。実証的なエビデンスによって導かれる結論は，能力別学習集団編制のもたらす効果はゼロに近い，ということである。しかし，質的研究の知見が示しているのは，低学力クラスと高学力クラスでは行われている指導や教師と学習者，また学習者どうしの関わり方が大きく異なるということである。質的なエビデンスが示しているのは，低学力クラスは秩序がなく，学習に集中して取り組まず，十分に教育を受けた教師が担当しないことが多い。仮に低学力クラスでの授業が刺激的で，挑戦的で，そして十分に教育を受けた教師によって行われるものであったとしたら，低学力のクラスの学習者も能力別学習集団編制によって学力が高まるはずであることは明らかである。しかし，そうなっていないのが現実である。学級や学習集団の編制の仕方よりも，授業の質や教師と学習者，また学習者どうし

の関わり方の状況が重要な問題であると考えられるのである。

■異学年・異年齢学級編制

　異年齢学級編制とは，複数の学年の児童生徒が同一の教室で同一の教師による授業を受ける形態のことを指す（異学年，異年齢，複式，縦割り，異年齢混合，根幹グループ，無学年など呼び方はさまざまである）。異学年学級編制は，著しく小規模な学校や発展途上国の学校などで，学年ごとの児童生徒数に偏りがあるような学校で行われることが多い。また，同一学年で学級を編制するよりも，「柔軟なグループ編成や学習形態をとることができるほか，子どもどうしの助け合いや協力的・協同的な取り組みを促し，より「家庭的」あるいは「共同体的」な状況に身を置くことができる」(Trussell-Cullen, 1994, p. 30) といった教育的な利点があることは確実だと考えて，異学年学級編制が行われていることもある。

　Kim（1996）は無学年制学級編制と学年制学級編制の比較に関する研究 98 本を対象にメタ分析を行い，無学年制の効果は低く（$d=0.17$），教科別に見ても，読解（$d=0.16$），言語（$d=0.13$），語彙（$d=0.17$），算数・数学（$d=0.10$）といったように，大きな違いはないことを明らかにした。さらに，無学年制学級編制の全体的な効果は異学年・異年齢学級編制と比較しても同様に小さいことも示された。Veenman（1995）は，英語圏，非英語圏の国々で行われた研究を対象に，小学校における異学年・異年齢学級編制が学力面，情意面のアウトカムに与える効果に関するメタ分析を行った。異学年と同一学年の学級編制を比較した研究 34 本と，異年齢と同一年齢の学級編制を比較した 8 本の研究をレビューした結果，学力に関しては違いは見られなかった（異学年 $d=0.00$，異年齢 $d=-0.03$）。また，異学年と同一学年の学級編制を比較した研究 13 本と，異年齢と同一年齢の学級編制を比較した 8 本の研究をレビューした結果，学校に対する態度，自己概念，学級適応では若干の効果

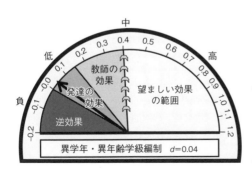

標準誤差	na
順位	131位
メタ分析数	3
一次研究数	94
効果指標数	72
対象者数（0）	na

が見られた（異学年 $d=0.10$, 異年齢 $d=0.15$）。なお，学年や教科（読解，算数・数学，言語）によっても若干の違いが見られた。そしてこれらの結果から，「保護者も，教師も，管理職も，異学年・異年齢学級編制を行うことによる児童生徒の学力伸長や社会情緒的適応を懸念する必要はない。異学年・異年齢学級は同学年・同年齢学級と比べてよくもなければ悪くもないという程度のものである」（p.367）とまとめている。加えて，異学年・異年齢学級でどのような授業実践が行われたのかを記述した研究が少ないが，これはクラスメイトどうしでの学び（協同学習や教え合いなど）が促進されるという異学年・異年齢学級の特徴に見合った実践を行っている教師は少ないことを示唆するとも指摘している。指導方法を同質集団の学級で行っているものに合わせようとして，異学年・異年齢学級でも異学年・異年齢のグループを組むようなことはしないのである。

　Mason & Burns（1996）は Veenman の主張に反論し，異学年学級編制と同学年学級編制に違いはないとする結果は，指導の質が低いクラスを好都合に取り上げた選択バイアスのためにもたらされたものであり，異学年学級が実施される学校に見られる利点がないものとされていると主張した。そして，異学年学級を実施する場合には，一般的に児童生徒もよく，またよい教師が担当することが多いが，こういった選択要因が，児童生徒の多様性の著しさゆえにかかる教師に対する負担が大きいことにともなう，小さいながらももたらされる負の効果を打ち消していると指摘した（Burns & Mason, 1995; Mason & Burns, 1995, 1996; Mason & Doepner, 1998）。Mason & Burns（1996）は，このような選択要因の影響を統制した場合，異学年学級は同学年学級と比較すると -0.10 標準偏差分学力が低いことが示されるとの考えを示している。さらに，異学年学級では教師に対して時間的負担が上乗せされるため，主要教科以外の教科，たとえば理科や社会などが軽視される可能性があるとも述べている。

　この批判に対して，Veenman（1995）は対象研究数を増やしてメタ分析による再分析を行った。その結果，全体的には異学年・異年齢学級と同学年・同年齢学級との間には学力面，情意面ともに有意な差はないことを明らかにした。学力に対する効果量は実質的にゼロであり，情意面に対しては正ながらもほぼゼロであった。また，1年生から3年生では異学年学級の効果は小さいながらも正（平均効果量 $d=0.06$）であり，4, 5年生ではほぼゼロ（$d=0.01$）であり，6, 7年生では小さいながらも負（$d=-0.08$）であることも示された。さらに，異学年学級は同学年学級と比べて理科（$d=-0.19$），算数・数学（$d=-0.25$）といったように，一部の教科の学力を低める可能性があるという見解を一部支持する結果も示された。しかし，

異学年学級の選択要因を統制しなかった場合には小さい負の効果が見られるという仮説を支持する結果は得られなかった（たとえば，農村部における異学年学級の平均効果量は $d=0.10$ であった）。

　Veenman と Mason & Burns の主張には一部共通する点が見られる。それは双方とも，クラスメイトどうしの学び合いが促進される異学年や異年齢で編制された学級に適合的な授業を行う教師は希であると述べている点である。むしろ教師は，異学年や異年齢で編制された学級においても，学年ごとに厳密に区別された内容を，それぞれの学年の児童生徒に対して別々に教える傾向にある。Mason & Burns (1996) は算数の学力に関する研究の一部として，小学校を対象として，異学年学級 6 学級と同一学年学級 18 学級（そのうち一斉指導を行っていたのが 6 学級，学級内能力別学習集団編制を行っていたのが 12 学級）の，カリキュラム，授業，集団の構成の比較を行った。153 本の授業観察の結果は，教室の様式，算数の学習のための集団の構成の仕方，教師主導及びグループごとの自力解決の学習活動の質によってコード化された。その結果，異学年学級の教師はほぼ全ての授業で児童を 2 つの集団に分けていることが示された。さらに，同様の形態でグループ分けされた場合であっても，異学年学級でグループごとに行う自力解決は同学年学級のものと比較しても非生産的であることが示された。異学年学級の児童生徒は協同的な問題解決に取り組むことはめったになく，また手助けが必要な場合であっても手をさしのべるということもほとんど見られなかった。これらの結果から，異学年学級の実施は，教師が工夫改善された，あるいは新しい方法による授業を行う機会となるという見解は，データからはほとんど支持されないと述べている。異学年学級では児童生徒の社会性の発達，教え合い，自力学習の機会が増えるといったエビデンスは示されなかったのである。

　これらのことを踏まえると，異学年学級の効果は同学年学級と比べて，どちらかが効果的だと主張するに足るほどのものではない。教師は，学級内の児童の年齢に幅があってもお構いなしに同じような授業を行うものであり，異学年学級とはいえどもその学級の中は年齢によってグループ分けされている場合がほとんどである。構造が変わろうとも同じことをし続けるべきだという考えは，学習指導の原理として深く組み込まれているものである。ゆえに，異学年・異年齢学級の効果はほぼゼロであるという知見は驚くに当たらない。

■学級内学習集団編制

　学級内学習集団編制とは「学級ごとに，能力レベルが同程度の児童生徒からなる

学習集団を編制し，授業を行うこと」である（Hollifield, 1987, p. 1）。ニュージーランドではよく見られる方法であり，5年生では読解の94%，算数・数学のほぼ全ての授業で，学級内学習集団編制が行われている（Wagemaker, 1993）。学級内学習集団編制には能力・学力別に集団を編制する場合と，単に小集団を編制する場合の2つの形態があり，前者では集団は数週間固定であり，後者の場合は必要に応じて，多くの場合は特定の課題に取り組ませるためだけに短期間編制されるものである。

　Kulik & Kulik（1992）は，アメリカの学級内学習集団編制に関する研究19本を対象としたメタ分析を行った。その結果，学級内学習集団編制を行った場合の効果量は（英才教育として実施された場合を除く）$d=0.17$であった。その効果量は学力層別でも類似しており，高学力層で$d=0.29$，中学力層で$d=0.17$，低学力層で$d=0.21$であった。Kulik & Kulik（1992）ではメタ分析に含める研究の選定基準を別の内容にして11本の研究を対象とした追加分析を行った。その結果，学級内学習集団編制の平均効果量は$d=0.25$であったが，高学力層における効果（$d=0.30$）が，中学力層（$d=0.18$），低学力層（$d=0.16$）と比べてやや高かった。

　能力・学力別学級内学習集団編制に関するメタ分析の結果では（Lou et al., 1996），学級内学習集団編制を行った方が行わなかった場合と比べて児童生徒の学習を促進する（平均効果量$d=0.17$）ことが明らかとなった。さらに，学級内学習集団編制の効果はクラスサイズによって異なり，大規模学級（35人以上）で学級内学習集団編制を実施することの平均的な効果は$d=0.35$であるのに対し，小規模学級（26人以下）で$d=0.22$，中規模学級（26−35人）で$d=0.06$であった。また，伝統的な一斉指導と比べると小集団指導の方が（$d=0.24$），個別的完全習得学習を行う場合（$d=0.15$）よりも効果的であることも示された。そして低学力層（$d=0.37$），中学力層（$d=0.19$），高学力層（$d=0.28$）の全ての学力層の児童生徒に対して小集団指導は効果的であると考えられる。

■小集団学習

　小集団学習と学級内学習集団編制とは，小集団に対して課題を与え自力で課題解決をさせるという点において異なる。小集団学習に関するメタ分析は高等教育を対象としたものだけで行われている。Lou, Abrami, & d'Apollonia（2001）は，小集団学習はコンピュータを利用した個別学習と比べて成績，成果物の質，解決過程の質，情意面において有意に上回ることを明らかにした。そして，小集団学習の効果が高まるのは，学生がグループワークを経験しているか，取り組み方を指導されている場合，協同学習特有の学習方略が用いられた場合，集団の人数が少ない場合である

第 6 章 ■ 学校要因の影響

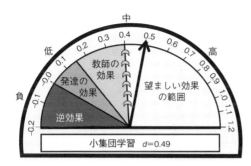

標準誤差	na
順位	48位
メタ分析数	2
一次研究数	78
効果指標数	155
対象者数（1）	3,472

ことが示された。Springer, Stanne, & Donovan（1999）もまた，大学生における小集団学習の効果は，成績，態度，粘り強さに対して同様に $d=0.5$ くらいの効果が見られることや，小集団学習を行うことは学部生の自尊感情も高めることを示した。

クラスの中で能力別，あるいは能力の多様性をもたせて小集団を編制することの効果を示した知見が一貫して示唆するところは，教材と授業の質が各集団に見合ったものでなければならないということである。単に学習者を小集団に分けたり，同質集団に分けたりすることだけでは不十分なのである。小集団を編制することの効果を最大化するためには，教材や指導方法を多様に用意するとともに，学習者一人一人の能力に見合った適度に困難な課題に取り組ませることが必要なのである。

学級の状況

以下では，学級風土，授業を妨害する児童生徒がいること，このような児童生徒がいることでその他の児童生徒が被る妨害を減らすこと，クラスメイトの影響といった，学級内の要因について検討する。

■学級風土：学級経営的側面

Marzano（2000）は，学級経営が学力をはじめとしたさまざまなアウトカムに与える影響について検討を行った。その結果，学級経営がうまく行われていることの学力に対する効果は $d=0.52$ であり，集中して授業に取り組むことに対する効果は $d=0.62$ であった。教師の特性は授業規律の維持や授業妨害を減らすことに大きな影響を及ぼすが，これは教師が適切な心構えをもつこと（$d=1.29$）や教室の動きに敏感であること（$d=1.42$）に由来する。つまり，このような教師は問題行動の徴候を感じ取り即座に対応できる能力をもち，感情に左右されない気持ちをもち

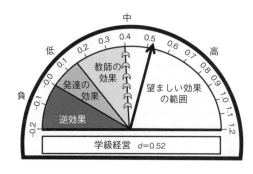

あわせているといえる（$d=0.71$）。これらの要因は，Langer（1989）がいうところの状況認識や注意深さと関係している。次に効果的な方法としては，児童生徒の行動が適切か不適切かを児童生徒自身に教師が言葉や体で示すこと（$d=1.00$）に代表される規律的介入（$d=0.91$），基準として明確に示された一連の望ましい行動を集団全体がとったときに集団全体を褒めるといった介入（$d=0.98$），児童生徒が適切な行動をとった際にシールや物を与えるといった具体的な褒美を与えること（$d=0.82$），そして問題行動に直接かつ具体的に介入すること（$d=0.57$）が挙げられる。

教師－児童生徒関係は学級経営を大きく左右する（$d=0.87$, Cornelius-White, 2007を参照）。Marzano（2000）がいうところの「教師の優勢性の高さ」（教師の存在意義を明確にし強い指導力を発揮すること）や「教師の協力性の高さ」（他者から必要とされていることは何か，他者はどのような意見をもっているのかといったことを気遣い，チームのメンバーとして働こうという熱意をもつこと）も教師－児童生徒関係の一部である。また，望ましい行動を明文化したり，明瞭な規則や行動規範を児童生徒と取り組めることといった，規則や行動規範を示すことも効果的である（$d=0.76$）。

■学級風土：集団のまとまりの側面

学級での行動とは学級内で起こるあらゆる行動のことであり，学習者の教育目標の達成に向けた課題解決や技能の定着の程度や，学習における能力の発揮の度合いを高めもすれば，低めもする。メタ分析の結果，効果が大きいことが明らかとなり，前向きな学級風土の醸成を左右するのはクラスのまとまり，すなわち（教師も学習者も）クラス一丸となって，学ぶことで多くのことを身につけようと取り組んでいると意識できることである。

第6章 ■学校要因の影響

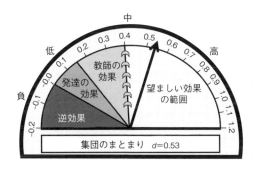

標準誤差	0.016 (低)
順位	39位
メタ分析数	3
一次研究数	88
効果指標数	841
対象者数(2)	26,507

　学級風土に関するメタ分析による研究全体にわたって，学習者の学習をよりよいものとする要因は共通であることが示されている。その要因とは，一心に目標に向かおうとする態度，前向きな人間関係，そして，社会的な支援である。たとえばHaertel & Walberg（1980）は，学習のアウトカムは集団のまとまり，満足感，課題の困難度，規律，目標志向性，物理的環境と正の相関があることを明らかにした。また，軋轢があること，排他的な雰囲気のあること，無関心さ，無秩序さとは負の相関が見られた。Johnson & Johnson（1987）は青年を対象とした研究のメタ分析を行った結果，他者と協力しあうグループの方が成績がよく，人間関係が前向きであり，社会的支援が多く，自尊感情が高いことを示した。これらの知見は数十年にわたって一貫しており，学級の評価構造が個人的報酬構造か協同的報酬構造か，研究が行われたのが実験室か教室か，研究期間の長短，与えられた課題の違い，及び研究の質の高低といったことによる違いも見られない。

　Evans & Dion（1991）は，集団のまとまりと成績との間には正の相関が見られ，その安定性も高いとまとめている。Mullen & Copper（1994）は，集団のまとまりと成績との関係は大きな集団よりも小さな集団においての方が強いこと，集団のまとまりが強いほど成績が高いのは，集団のまとまりの強さが対人魅力や所属する集団への誇りに対してよりも，課題に対する取り組み方に影響するためであると指摘している。集団のまとまりが強いと，クラスメイトどうしの学びあいが起こりやすく，間違うことを恐れずむしろ歓迎する気持ちが高まりフィードバックが増え，達成目標，到達基準，教師－学習者間及び学習者どうしの良好な関係についての議論が活発化する傾向が高くなるのである。

■妨害行為の減少

　妨害行為を行う児童生徒がクラスにいることは，クラスの全児童生徒の学力に対

して負の影響を及ぼしうる。したがって，妨害行為を減らせることは優秀な教師の能力の1つとして欠くべからざるものと位置づけられる必要がある。ここで主張したいのは，妨害行為を行う児童生徒を教室から排除せよ，ということではない。ある授業では妨害行為を行う児童生徒であっても，別の授業ではそれほどでもない，ということがままあるからである。むしろ教師にとって必要なのは，いかなる児童生徒であっても学習を妨害せずに済ませることができるようにする能力である。妨害行為を減少させるためのさまざまなプログラムの効果に関するメタ分析は多く行われている（学力に対する効果ではないため巻末附録Aには含めていない）。たとえば，Weisz, Weiss, Alicke, & Klotz（1987）では学齢期の児童を対象に行う心理療法の平均的な効果は $d=0.79$ であることが明らかにされたほか，Kazdin, Bass, Ayers, & Rodgers（1990）ではさらに多くの研究を対象としたメタ分析を行った結果その効果は $d=0.77$ であり，行動療法的な介入の効果（$d=0.76$）は行動療法的ではない介入（$d=0.35$）と比べて著しく効果が高いことが示された。また，心理療法は自己統制に対する効果が高く（$d=0.87$），次いで非行行動（$d=0.42$），規則破り（$d=0.42$），攻撃的行動（$d=0.34$）の軽減に対する効果が見られた（Prout & DeMartino, 1986 も参照）。

Stage & Quiroz（1997）は，公立学校の教室における教師による妨害行動の減少を目的とした介入の効果の検証を行い，介入を受けた児童生徒の78%に対して効果的であったことを明らかにした。この結果が示唆するのは，教師による介入は，子ども及び大人対象の心理療法の効果を検討したメタ分析的研究によって示された効果に匹敵する効果があったということである。また，教師評定の結果を指標として用いた研究では，観察法が用いられた研究と比べて，教室における妨害行動の減少を示した研究が少ない傾向が見られた。さらに，妨害行動を行う児童生徒を取り出した学級において介入を受けた児童生徒は，通常学級において介入を受けた児

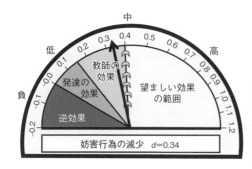

標準誤差	0.037 （低）
順位	80位
メタ分析数	3
一次研究数	165
効果指標数	416
対象者数（3）	8,426

妨害行為の減少 $d=0.34$

童生徒と比べて妨害行動をとることが少なくなる傾向も示された。同様に，Reid, Gonzalez, Nordness, Trout, & Epstein（2004）は情緒障害児に対する介入プログラムの効果は $d=0.69$ であることを明らかにしている。Ghafoori（2000）は学校における妨害行動の減少を目的とした認知行動療法の効果に関する20本の研究を対象としたメタ分析を行った。その結果，全体的な効果量は $d=0.29$ であり，社会経済的地位が低い児童生徒に対するほど効果が高かった。一方で，認知行動療法を行うのが教師であった場合とそうではない場合，クライアントの人種の違い，ADHDに対する場合と行為障害に対する場合との間での効果の違いは見られなかった。

Skiba & Casey（1985）は，妨害行動をとる児童生徒に対する介入の効果は $d=0.91$ であったことを示している。その介入の中でも学力に焦点化したものの効果が最も高く，次いで学級での行動，社会的相互交渉に焦点を当てたものの効果が順に高かった。また，最も効果の高いプログラムは他者や集団が賞賛や承認などを与えること，あるいは褒美を与えることによる強化を行うもの（$d=1.38$），協同（$d=1.05$），行動コンサルテーション（$d=1.09$），認知行動療法（$d=1.00$）であり，最も効果が低いのはソーシャルスキルトレーニング（$d=0.44$）であることが示された。これらの結果が示唆するのは，行動療法的アプローチによってクラスでの妨害行動に対処することが効果が大きいということである。

■ **クラスメイトの影響**

クラスメイトの影響というのはかなり大きいと考えられるものの，クラスメイトの存在というものが指導や学習の過程に位置づけられることは希である。著者らの研究では，クラスメイトが学習に影響を与える方法は数多あることが明らかにされ，その例を挙げると，支援すること，個別指導を行うこと，友人関係を作り出すこと，フィードバックを与えること，教室や学校を学習者が毎日来たくなるような場とすること，などがある（Wilkinson & Fung, 2002）。クラスメイトは他の学習者に対して，社会的比較，精神的支援，知識の再構築，繰り返し練習，計画的練習を与えることにも荷担する存在でもある。

友人関係はクラスの環境を左右する重要な要因の1つである。友人関係には，思いやり，支え合い，助け合いの度合いが高いことなどが絡んでおり，もめごとの解決を容易とするものであるため，友人関係が良好であることは学習の機会を増やすことにつながり，結果として学力を高めることに至るのである（Anderman & Anderman, 1999）。このような傾向は社会的関係の重要性がいっそう増す青年期前期からいっそう高いものとなる。また，Levy-Tossman, Kaplan, & Assor（2007）は

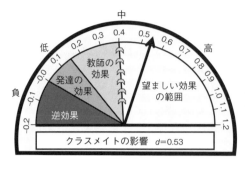

次のようなことをしている。すなわち，遂行目標志向の学習者（学習過程ではなく成果やアウトカム，また他者よりも秀でていることを立証することを重視する学習者）は多くの場合，友人関係における他者との親密さが低いため，社会的比較や他者からの印象を操作することを重視することとなり，ひいては自身の能力は低くないということを示すために，自身にとって難しいとはいえない課題にばかり取り組むようになる。一方，習得目標志向の学習者（学習そのものの価値や意味を重視し学習内容を身につけることを目的として学習に取り組む学習者）は，自身の学力の広がりや伸びを重視する。友人関係の質が高いほど，より幅広く友人からの影響をうけるようになる。青年期の学習者が受ける友人からの影響には，学習者として尊重されたり，またあるいは社会的不適応者だとレッテルを貼られたり，スポーツマンとして声望を得たりといったことなどさまざまなものがある。このような他者からの評価は，学習者の学力を伸ばすことに対して好影響を与える場合もあれば，悪影響を与える場合もある（Berndt, 2004）。

Buhs, Ladd, & Herald（2006）は，クラスにおけるクラスメイトからの受容の程度の低さと，学習に集中して取り組む度合い（Ladd, 1990; Ladd, Kochenderfer, & Coleman, 1997）や学力（Buhs & Ladd, 2001）との間には一貫した関係が見られることを明らかにした。クラスにおいてクラスメイトから受容されていない学習者はクラスで冷たい扱いを受け，クラスメイトどうしで行う活動でのけ者扱いされるようになる。排斥とは社会的，道具的資源を手に入れ活用することを妨げる行為であり，クラスメイトどうしで学習活動を行う際に見られるものである。

まとめ

自分の学校は，別の学校とは文化的な面，人的な面，関係者の面などで違いがあ

るとか，自分の学校は特別な状況に置かれているとか思いがちである。しかし，このような違いは，学力に対しては大きな違いをもたらさない。先進国においては，能力が同程度である2人の児童生徒がいたとして，その学力の違いはどのような学校に通うかでは左右されない。学校関係者は学校間の相違点を見つけ続けようとするものであり，学校の教育条件に関する問題を延々と議論するものであるが，学校規模，学級規模，能力別学習集団編制や学級編制の実施といった要因は，別の要因と比べると学習者の学力に対する影響は小さいのである。これらの要因は教師の労働条件とも関係するものであり，著者としては教師の労働条件の改善に向けた努力はやめるべきであるということを主張したいわけではないが，これらの要因に目が向き過ぎると，議論が学習者の学力に対してこれらの要因以上に影響を与える諸要因から目をそらしたものになってしまう恐れがある。

　学校教育に関してよくある論争の1つの例として，制服を着せるべきかどうかというものを取り上げてみよう。アメリカのクリントン大統領が「アメリカの公立学校では児童生徒に制服を着用させるべきである」といったん発言して以降，出席率が増えるとか，安全性，自尊感情，学力が高まるとかいった理由をつけて，多くの学校（アメリカの公立学校の1/4）が制服着用を導入した。学校教育の分野はこのような，あたかも万能薬であるかのように見なされているものにありふれている。「この制服は格好いいでしょう。子どもも誇りをもつようになりますよ」とかいって，保護者の心に訴えるのは安易な解決策である。Brunsma（2004）はアメリカの公立学校における制服着用の効果について，2つの大規模データベースのデータを統合して検討を行った。その結果「学校の制服の有無による，8年生における自身の学校に対する安心感の認知に有意な違いは見られない」（p. 109）とともに，学校管理職による自身の学校には安全な雰囲気があるかという認知とは負の関係が見られたと結論づけている。また，ミドルスクールでは，制服の導入後には生徒も管理職も学校の安全についていっそう否定的な見方をするようになったことも示された。

　さらに重要なのは，制服の導入が学力に与える効果は小学校では見られなかったものの，高校では負の効果が見られたという点である。このような結果についてBrunsma（2004）は「全ての学校種について分析をした結果，制服の導入はあらゆる教科の学力に負の効果を及ぼ」し，生徒の大部分をマイノリティが占める高校で制服を導入することは「このような学校において見られる学力の問題をさらに悪化させる傾向にある」（p. 132）と結論づけている。さらに，制服の導入は学校やクラスメイトに対する前向きな態度，出席日数，自尊感情，ローカスオブコントロール（統制の所在），対処能力，薬物濫用，問題行動に対する効果も見られなかった。

制服の導入は児童生徒に着用を義務づけるのに対して，服装規則は何を着てはならないかを規定するものであるが，制服の導入の場合と同様に，服装規則についても効果はないという結論を導くことができると考えられる。

　　服装規則を定めたり制服を導入することの効果に関する一連の分析結果から，これらが学校や児童生徒に対して目に見える効果をもたらすというエビデンスは得られないし，学校の平均学力や児童生徒の学力を左右しうる要因（たとえば，学級風土や学校に対する前向きな態度など）にすら影響を与えないのである。(Brunsma, 2004, p. 142)

　加えて，「場合によっては，制服の導入やドレスコードの導入は想定外に有害ですらありうる」(Brunsma, 2004, p. 154) とも述べている。
　本章で行った学校要因の効果に関する検討の結果のうち注目すべき点の1つは，制服導入の議論のように学力に与える影響はゼロに近いにもかかわらず，あたかも効果が大きいかのように制度面について白熱した議論がなされることが多いということである。学級規模や能力別学級編制，制服導入といった問題が，これほどまでに声高に主張されるのはどうしてだろうか。学校教育を巡っては，目に見えて違いがわかりやすいものの，学力に対しては効果がゼロであったり，意図と正反対の効果をもたらすことの多いものが議論の俎上に載せられることが多い。そして，このようなうわべだけ，あるいは上塗り的な改善が行われることが起こりがちである。教育条件に関して主張することは，保護者を巻き込み，規則を増やし（その結果規則破りを行う子どもが増えることとなる），威圧的文化の徴候を引き起こし，一般常識に訴えかけ，そして多様性の減少に向かうことにつながるのである。
　学校要因のうち学力に与える効果が最も大きいのは，学級風土，クラスメイトからの影響，妨害行為をする児童生徒が教室にいないことといった，学校内の様子に関するものである。その次に効果が大きいのは，困難度を適切なものにすることによるカリキュラムの適合化や，学校における学習指導を先導することに自覚的な校長の存在である（訳者注：これらの点については本訳書では割愛した）。効果がほぼゼロなのは，能力別学習集団編制，学級規模，異学年・異年齢学級である。

第7章

教師要因の影響

　第3章では「本書の主張は，学習成果に違いをもたらすのは教師であるということである」と主張したが，これは誤解を招きかねない表現である。教師は1人残らず有能で，熟達者であり，学習者に対して大きな効果を与えるというわけではないからである（「学習成果に違いをもたらすのは教師である」ということは「学習成果の分散が教師要因によって説明される割合が高い」ということを意味しているのであって，重要なのは効果や影響の大きさは教師によって異なるということなのである）。一方で，ほぼ全ての教師が有能であるということ（つまり，$d>0.00$ の正の効果をもたらすという点で）に疑いの余地はなく，かなりの教師は効果があると見なしうる基準点である $d=0.40$ を超えた「望ましい効果の範囲」の効果をもたらしうる。重視すべきは，教師によって学習者の学力に与える影響が異なるのはどうしてか，そしてその違いを引き起こす最も大きな要因は何かということなのである。

　読者の頭の中で，学校に通っている間に習った教師の中で紛れもなく力をつけてくれた教師を思い出してほしい。著者は機会あるごとに大勢の人たちにこのような質問をしてきたが，多くの場合思い浮かぶ教師の数は2-3人である。小学校，中学校，高校を通して接する教師の数は40-60人であるので，影響を与えた教師は4-6%ということとなる。このような教師を選んだ理由を調べることで，学習者に教科を好きにさせ，やりがいを感じさせるのはどのような教師なのかを明らかにすることができるのである。今まで習った中で最もよかった教師を挙げさせると，その教師には学習者との関係を良好に結ぶ（Batten & Girling-Butcher, 1981），今まで使っていなかったり効果的である学習方略を教えたり教科の学習に取り組んでいる際に手をさしのべる（Pehkonen, 1992），嫌な顔ひとつせず内容を説明し学習に取り組んでいる際に手をさしのべる（Sizemore, 1981），といった特徴が共通して見られる。

　前章の冒頭で述べたように，学校内要因，とりわけ教師の質は，学校間要因と比べて学習成果の分散を説明する割合が高い。18本の研究を対象として教師効果の大きさを検討した Nye, Konstantopoulos, & Hedges（2004）の結果では，学力の伸

びの分散のおおよそ7-21%は教師の有能さの違いによって説明されることが示された。これは平均的な効果量が$d=0.32$であることに相当し，教師の有能性が1標準偏差分上がると学力の伸びは約1/3標準偏差分高くなることを意味している。また，教師の有能性による学力の伸びの分散の説明率は数学の方が読解に比べて大きいことも示された（数学では平均的に11%であるのに対し読解では7%）。さらに，学力の伸びの分散に対する教職経験年数や教員研修による説明率は大きいものではない（5%を上回ることはない）ことも示された。教師の効果は社会経済的地位が低い学校の方が大きいが，このことは社会経済的地位の高い学校と比べて，低い学校では教師の有能性が均一ではないということを示唆するとともに，「社会経済的地位が高い学校においてよりも，社会経済的地位が低い学校においてこそ，児童生徒がどのような教師に習うかが重要なのである」（Nye et al., 2004, p. 254）といえるのである。

　教師の効果について説明するに当たって，教師とはどのような人物なのかといったことを簡単におさらいしてみたい。アメリカの典型的な教師とは，白人，アングロサクソン系あるいは中流階級の女性で，郊外または農村部出身である。使用言語は英語だけであり，生活圏は自宅から100マイル圏内であり，出身校のような学校で教えることを望んでいる。教員養成課程に入学し，教えることとは技術であると考え，どのようにして教えるかを身につけようとし（しかし，手始めに何をすべきかといったわずかばかりの方略と，若干の学級経営手法に過ぎないのだが），すでにもちあわせた考え方を正当化できるような器用さをものにしようとするのである（Wideen, Mayer-Smith, & Moon, 1998）。Cochran-Smith & Zeichner（2005）は，新

表7.1　教師の影響に関するメタ分析結果の概要

教師要因	メタ分析数	一次研究数	対象者数	効果指標数	効果量(d)	標準誤差	CLE	順位
教師の効果*	1	18	—	18	0.32	0.020	59%	85
教員養成*	3	53	—	286	0.11	0.044	53%	124
マイクロティーチング*	4	402	—	439	0.88	—	73%	4
教科内容の知識*	2	92	—	424	0.09	0.016	53%	125
指導の質*	5	141	—	195	0.44	0.060	62%	55
教師と学習者の関係	1	229	355,325	1,450	0.72	0.011	70%	11
現職教育	5	537	47,000	1,884	0.62	0.034	67%	19
学習者への期待	8	674	—	784	0.43	0.081	62%	57
学習者の分類	1	79	—	79	0.61	—	67%	21
教師の明瞭さ	1	39	—	110	0.75	—	70%	8
合計／平均	31	2,264	402,325	5,669	0.49	0.049	63%	—

注）*の項目は本書では訳出していない。

規採用教員の多くは女性で，白人で，単一言語話者であり，なり手が少なかったり離職率が高かったりする，学力が低めな農村部や都心部の学校に配属されることが多いことを報告している。また，この数十年で新規採用教員の年齢は上がっている（たとえば，Brookhart & Freeman, 1992 を参照）。教師全体で見ると，その約1/5 は免許外の教科を教えている。高校の教科担当教員のうち，英語の23%，数学の27%，理科の18%，初等化学の61%，生物の45%，物理の63%，社会の24%は免許外教員である（Ingersoll, 2003; Seastrom, Gruber, Hanke, McGrath, & Cohen, 2002）。

本章では，教師と学習者の関係，現職教育，教師の学習者に対する期待などの要因を検討する。

教師と学習者の関係

第1章で，ニュージーランドにおけるマオリ族の児童生徒も通う学校に関するRussell Bishop らの研究に触れた。児童生徒，保護者，管理職，教師に対して何が児童生徒の学力に影響するかと質問したところ，教師を除いた全てが重要視していたのは教師と児童生徒の関係であった。一方で教師は，学力に大きな影響を与えるのは児童生徒の態度や性格，家庭の状況，学校の教育条件であると考えていることが示された。つまり，学習しないのは児童生徒であり，悪いのは児童生徒である，と教師はとらえているといえるのである。学習者との関係の構築は，教師が学習者の主体性と有能性，そしてもちあわせている（家庭，文化，仲間を背景とした）個人差を尊重し，教室で認められる経験をさせることによってなされる。さらに，教師と学習者の関係を深めるには，傾聴し，共感し，思いやり，そして他者に対する敬意を払うことといった教師の資質が不可欠である。

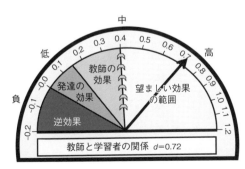

Cornelius-White（2007）は，学習者総数355,325人，教師数12,851人，学校数2,439校となる119本の研究と1,450の効果を対象としたメタ分析を行った。その結果，教師の学習者尊重性と学習者のアウトカム（学力と態度）との相関は0.34（$d=0.72$）であることが示された。教師の学習者尊重性と学力との関係の中でも高い相関が見られたのは，批判的・創造的思考（$r=0.45$），数学（$r=0.36$），言語（$d=0.34$），成績の評語（$r=0.25$）であった。また，教師の学習者尊重性の各下位指標と児童生徒のアウトカムとの関係を示すと図7.2のとおりであった。

　その結果，他者を尊重する教師の学級では，学習者は学習に集中して取り組み，自己と他者を尊重し，反抗的な行動はほぼなく，教師主導型の指導が少なく（学習者が自主的，自律的に学習に取り組む），学力が高い。Cornelius-Whiteは，児童生徒が学校に行きたがらない，あるいは学校が嫌いなのは，主として教師のことが嫌いだからであると指摘している。そして，「教師と児童生徒との関係を良好に結び，そのことを成果につなげるには，教師は児童生徒の発達を促す術を学ばねばならない」と主張しており，そのためには児童生徒一人一人を人として尊重し，一人一人の学習を思いやりをもって支援し（学習の目的とまずもって何に取り組むべきかを明確に伝える），児童生徒に共感的に接することが必要なのである。つまり「児童

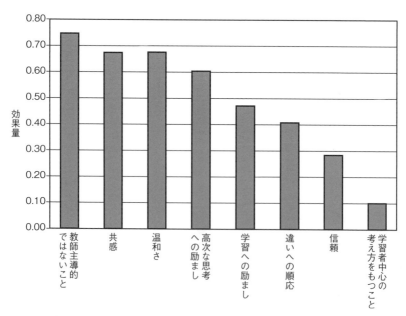

図7.2　学習者に対する教師の関係性とその効果量

生徒の立場に立って、児童生徒のことを理解し、児童生徒にとって自己評価をしやすく、安心感をもち、関心を寄せられ気遣いを受けていると感じられるようなフィードバックを与えること」(p.23) が必要であると述べている。

現職教育

現職教育に関する研究のレビューの難しさの1つは、対象とされたアウトカムの多くは教師の変化に関するものが多く、その教師が受け持つ学習者のアウトカムに与える影響について検討されたものが少ないという点にある。たとえばWade (1985) は、現職教育のアウトカムを以下4つに分類している。

1. 反応：現職教育について教師はどのように感じるか
2. 学習：教師が身につけた知識はどのくらい増えたか
3. 行動：現職教育の結果、教師が行動を変化させたか
4. 学習者のアウトカム：学習者に与える効果

現職教育は教師の学習を変える傾向にある（$d=0.90$）。しかし、それが実際の行動の変化（$d=0.60$）や現職教育に対する態度（$d=0.42$）に与える効果は低くなり、学習者の学習に対する影響はさらに小さくなる（$d=0.37$）。教師の知識や行動に対して効果が高いことが示されているのは、実際の教室での授業観察、マイクロティーチング、動画や音声による振り返り、実践演習の4つの方法である。一方、効果の低いことが示されたのは、討議、講義、ゲームやシミュレーション、ガイド付き実地見学であった。コーチング、モデリング、学習・指導教材の作成も同様に効果が低かった。一連の研究では、同一学校種の教師が集まる研修よりも校種合同研修、

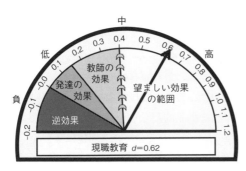

141

学校や教師ではなく，国，州，地方政府が主催，出資あるいは計画した研修，対象者が限定された研修，また内容が理論的なものより実践的な研修の方が効果が高いことが明らかとなっている（Wade, 1985）。

Joslin（1980）は，現職教育プログラムは教師の業績，技能，態度に対しては効果的であるものの，教師に現職教育プログラムに参加させることで学習者に変化を促そうとすることには懐疑的であると述べている。また，Harrison（1980）も現職教育は職務遂行能力（$d=1.11$）や職務に対する満足度（$d=0.85$）を高めるものの，学習者の学力に対する効果は正であるものの小さい（$d=0.47$）ことを明らかにしている。

Timperley, Wilson, Barrar, & Fung（2007）は，現職教育が学習者の学力に与える影響を検討した研究72本を収集しメタ分析を行った。その結果，学力に対する全体的な効果量は$d=0.66$であり，教科別には理科（$d=0.94$），作文（$d=0.88$），数学（$d=0.50$），読解（$d=0.34$）の順に高かった。この効果は現職教育を受けた教師が受け持っている学習者の総数による違いは見られなかったが（100人未満の場合$d=0.84$; 100 - 999人の場合$d=0.69$; 1,000人以上の場合$d=0.69$），低学力の児童生徒や特別支援教育対象の児童生徒に対する効果（$d=0.43$）や才能ある児童生徒に対する効果（$d=0.31$）は高く，通常学級に対する効果は低かった（$d=0.18$）。重要なのは，Timperleyらが効果量を用いてこのような検討を行ったことで，現職教育を効果的たらしめる7つのポイントが突き止められたということである。第1は，教師は長期にわたって学び続けなければならないということである。何かものすごい考えによって，これまでにない指導方法があみ出され，学習者の学力に対して強烈な効果を与えるようなことが起こらない限り，教師は学び続けなければならないのである。第2は，学校内の教師だけで取り組むよりも，学校外の専門家も加わることの方がより効果的であるということである。第3は，教師が自身の知識を深め，技能を高め，学習者の能力を伸ばせるようにするために，教師がじっくりと学ぶことができるようにすることが重要であるということである。第4は，これはとりわけ重要なことであるが，教師にはびこる学習にまつわる固定観念や言説（問題をはらむ言説のもとでは，ある層の学習者は，別の層の学習者のようには学習できないし，学習しないと決めてかかることなどが起こる）を疑問視できるような現職教育が行われたり，ある内容をいっそう効果的に教えるにはどうすればよいかとあらゆる手を尽くされることが，学習者の学習を効果的たらしめるのである。第5は，授業について教師どうしが話し合うこと（専門家としての実践共同体に身を置くこと）は必要であるが，それだけでは十分ではないということである。問題をはらむ言説

を疑問視したり対立する考え方のどちらが効果的なのかを検証したり、あるいは学習者の学習状況を示す成果物を俎上に載せながら議論したりすることこそが必要だからである。第6は、現職教育がより効果的となるのは、教師が学習の機会を得られるように学校管理職が支援し、その内容にふさわしい専門家の助言や援助が得られ、新しい知見に対する思索ができるような状況に置かれた場合においてであるということである。第7は、研修資金の提供や職務専念義務免除の有無、参加が自発的か義務かといったことは、学習者の学力に対する影響に違いをもたらさないということである。

学習者への期待

教師が学習者の能力や技能に対して期待をし、その期待が学習者の成績に影響を与えるということは、教育の分野においては広く受け入れられている考え方である（Dusek & Joseph, 1985）。ここで問題となるのは「教師は期待をもっているか」ということではなく「場合によっては、学習者の学習を抑制したり学習の伸びを低めたりすることにつながるような、間違った、あるいは誤解に基づく期待を教師がもってはいないか」ということである。

教育の分野で過去50年にわたって最も高名な（あるいは悪名高い）書物の1つに *Pygmalion in the classroom* がある。Rosenthal & Jacobson（1968）は、教師の期待は学習者の学習の成就を大きく左右すると主張した。一部の生徒を「これから伸びる生徒」（「この生徒たちはその他80%の生徒と比べて1年間で目覚ましく、あるいは一気に成績が伸びる」p. 66）とランダムに実体なく名付けたところ、「これから伸びる」とされた生徒の1年間の学力の伸びが有意に大きかった。この書物とそれに対する批評によって、賞賛を呼びもすれば嘲罵も憤慨も巻き起こったのであ

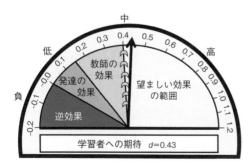

143

る。再現実験の多くは失敗に終わり，この研究には方法論的な問題があるとする指摘が多くなされるようになったが（Spitz, 1999），期待の効果が大きいということ自体が誤りであるということの実証にも脈々と取り組まれてきた。さまざまな集団（女子，マイノリティの子ども，教室の後ろに陣取る子どもなど）のやる気を削ぐような期待とは何かを特定しようとした研究者もいれば，誤った期待を修正するのに効果的なフィードバックのあり方を示そうとした研究者もいた。Raudenbush (1984) はメタ分析を行った結果，児童に対する誤った事前情報をもちあわせていない教師ほど，指導の効果が高いと主張している。期待に関する研究は，現在では1970-80年代ほど多く取り組まれていないが，Weinstein (2002) やそのグループによる研究を皮切りに再興しつつある。

この節で最初に取り上げるメタ分析による研究は，対人関係における期待に関するものである（このような研究では研究者が期待したとおりの結果が得られる傾向がある）。Rosenthal & Rubin (1978) は，対人関係における期待の効果に関する345本の実験を対象にメタ分析を行った結果，8つの異なる研究分野を通した平均的な効果量は$d=0.70$であることを示した。これは大きな効果である。研究の種類にもよるが，平均効果量にはばらつきが見られ，実験室における反応時間の計測やインタビューなどでは効果量は小さく，心理物理的判断や動物実験などでは効果量は大きい。また，対人関係における期待や自己遂行の見込みをもつことの効果は平均的に高く，それは日常的な生活の場面でも，実験室での実験においても同様であることも示された。この結果が教師に対して含意するところは，(1人の人間である)教師は，その期待が真か偽かに関わらず，期待に見合った成果に学習者を到達させようとするものである，ということである。

Harris & Rosenthal (1985) は，さまざまな行動に対する期待の効果を検討した135本の研究を対象としたメタ分析を行った。この結果明らかとなったのは，期待の伝達における媒介変数として重要なのはインプット（高い期待を寄せる学習者により多くの，あるいは難しい内容を教えること）であり（$d=0.26$），次いでアウトプット（質問をすることや相互交渉の頻度：$d=0.19$），学級風土（$d=0.20$），フィードバック（賞賛や批判：$d=0.13$）であった。これらの4要因の効果は，各要因の項目ごとの効果と比べて高かった。また，褒めることの効果は低いことや，フィードバックの頻度，タイミング，単に肯定的か否定的かといった性質を検討することよりも，フィードバックの内容を検討することが重要であると指摘している。

多くの場合，褒めたり批判したりといったことは，「よい」「間違い」といった

言葉がけが型どおりに，機械的に行われているだけといわざるを得ない。このようなフィードバックは学習者にとってためになるものではなく，単に正解したか間違ったかがわかること以上の影響を子どもに与えるものではないと考えられる。(Harris & Rosenthal, 1985, p. 377)

　Smith (1980) は，各児童生徒についての一方的・断定的な評価の情報を教師に与えると，教師はその情報に沿って忠実な形で児童生徒の能力，学力，行動を評価しようとするということを明らかにしている。教師の学習者に対する期待は，教師の行動に対して少なからず影響を与えるが，とりわけ，好ましい期待を寄せている学習者に対してほど，より多くの学習機会が与えられることが示されている。Raudenbush (1984) は，教師と児童が事前に接触（少なくとも2週間）することで，期待をかけられた児童ほど成績が高くなるといった傾向が見られなくなることと，期待をかけることの効果は1，2年生の低学年の方が，3，4年生と比べて高いことを明らかにしている。

　教師の期待の影響を特に受けるのはどのような学習者なのかを検討する研究は，長期間にわたって取り組まれている。Dusek & Joseph (1983) は学習者の見た目のよさ ($d=0.30$)，過去の学級における品行やそれまでの学習，行動の記録や所見 ($d=0.85$)，社会階級（上流・中流と下流を比較して $d=0.47$) が，教師の学習者に対する期待との間に有意な正の相関が見られることを明らかにした。家庭の保護者の数，学習者の性別 ($d=0.20$)，過去にきょうだいを教えた経験，名前のステレオタイプ，学習者の出身民族との関係は見られなかった。しかし，より妥当な情報（たとえば学力に関する情報）が教師に与えられた場合には，見た目のよさなどの影響は低くなることも示された。また，このような研究の多くでは，教師の期待の効果を明らかにしようとするために，よく知らない学習者についての判断を教師に求めるようなこともなされているとも述べられている。Jackson, Hunter, & Hodge (1995) は，身体的な見た目のよさが学力と関係があるのはなぜかということの検討を行った。メタ分析の結果，見た目のよい人はそうではない人と比べて知的能力が高いと認識されるという仮説が支持された。この傾向は男性の方が女性よりも強く，能力についての明らかな証拠がある場合にはその傾向は低くなるものの，なくなるということではないことが示された。また，見た目のよさと学力の関係は大人では見られない ($d=0.02$) が，子どもでは見られた ($d=0.41$)。見た目に対する偏った見方が，見た目のよい学習者に特恵的に働いていると考えられる。

　Dusek & Joseph (1983) は，期待が社会的な側面に与える影響と学力に与える影

響とは全くの別物であり，これらを混同することはあってはならないと警鐘を鳴らしている。たとえば，見た目のよい子どもはそうでない子どもよりもクラスメイトとの関係を良好に結ぶ傾向がある，といったことがあるが，社会的側面に対する学習者への教師の期待は先入観によってもたらされるものではなく，教師自身の経験が反映されたものである。Ritts, Patterson, & Tubbs (1992) は，身体的な見た目のよい学習者に対して，教師は知能や学業成績（$d=0.36$）と比べて社会的スキル（$d=0.48$）の方をより好意的に判断することを明らかにした。しかし，見た目のよい学習者ほど標準学力検査で高い得点をとり，保護者もまた見た目のよい子どものことをひいきするといった場合もある。このような研究で検討されるべきは，見た目のよさの影響は，いつ，どのような場合に起こり，そしてそれが長期的に見てどのような影響を与えるのかということである。

「学習困難児」であると学習者を分類することも負の効果をもたらしうる。Fuchs, Fuchs, Mathes, Lipsey, & Roberts (2002) は，読解能力の低い学習者と，学習困難ありと分類された学習者との比較を行った79本の研究を検討した。その結果，効果量は $d=0.61$ であり，これは学習困難ありと分類されていない低学力の学習者の73％の学力は，低学力かつ学習困難ありと分類された学習者の学力の平均を上回るということを示している。明らかに，学習者にレッテルを貼ることは，身につく能力に違いをもたらすとともに，証拠もなくレッテルを貼られた学習者が，そうではない学習者と比べて，その個人差にどれだけの違いがあるのかはわからない。本当に障害があるがゆえに著しく学力が低くなったときにこそ，それに応じた教育を施すことが必要なのではないだろうか。

さきに取り上げた Dusek & Joseph (1983) では，人種の違いが教師の期待に与える効果は小さい（$d=0.11$）ことが示されている。しかし，人種の違いによる有利，不利はあらゆる場所で起こっており，白人及びアジア系の学習者が好意的にとらえられることが多い。Tenenbaum & Ruck (2007) は，教師はマイノリティの学習者よりも欧米人の学習者に対してより肯定的な期待を寄せると報告しており（マイノリティ $d=0.23$; ヒスパニック $d=0.46$; アフリカ系アメリカ人 $d=0.25$; アジア人 $d=-0.17$），その傾向は小学生（$d=0.28$）や高校生（$d=0.26$）に対しての方が，大学生（$d=0.12$）に対してよりも高い。さらに，教師はマイノリティの学習者に対してより否定的に接する（特別支援教育を受けることを進めたり懲戒処分を与えたりすることなど）傾向が見られ（$d=0.31$），白人の学習者に対してはより肯定的，中立的な言葉遣いをする（$d=0.21$）といったことが明らかとなった反面，否定的な言葉遣いに関しては白人とアフリカ系アメリカ人やヒスパニックとの間には違い

は見られなかった（$d=0.02$）。Cooper & Allen（1997）は，教室における教師と学習者との関わりについて，白人の学習者とマイノリティの学習者との間で違いがあるかどうかを検討した。その結果，平均的な効果量は $d=-0.18$ であり，マイノリティの学習者に対する教師の関わりは白人の学習者とは異なることを示唆している。特に，白人以外の学習者は教師から否定的な言葉がけを受ける傾向が高く（$d=-0.15$），白人の学習者は褒められることが多く（$d=0.09$），教師との関わりは白人の学習者と比べてマイノリティの学習者の方が少ない（$d=0.15$）といったことが明らかとなった。

　教師の期待が学習者の学力を左右するのはどうしてだろうか。その理解の助けとなると考えられる研究を2本取り上げたい。1つ目は，Weinstein（2002）が示している期待効果に関する新しい視点である。Weinsteinは，学習者は自身が教室で受ける扱いが違うのは教師の寄せる期待の違いによるものであるということを認知しており，また他の学習者と比べて教師が高い期待を寄せている学習者をどれくらい特別扱いしているかということをかなり正確に把握しているということを明らかにした。教師が学習者の才能を選別してそれぞれに別の教育課程を受けさせようとする学級もあれば，一人一人の才能を伸ばそうとする文化のある学級もある。このような学級の違いは，学力は固定的で生まれつきのものであって変わりにくいものであると教師がとらえているか，学力は変化させられるものだと教師がとらえているかによって生じる（Dweck, 2006）。Weinsteinもまた，学習者集団を固定化するような教育（たとえば，能力別学級編制など）は，学習機会からの排除の論理を助長しうることを示している。「期待をもつという行為は，教師の心の中だけにとどまるものではない。それは，組織や社会の仕組みにまで組み込まれるものなのである」（Weinstein, 2002, p. 290）。

　2つ目は，Rubie-Davies らによるものであり（Rubie, 2003, 2006, 2007; Rubie-Davies, Hattie, & Hamilton, 2006），期待効果の研究に対して，教師が低い期待をもっている場合には学級の学習者全員に対してそのような言動をとるという知見に基づく，新たな視点を導入しようというものである。これはまさに，教師効果というべきものである。この知見に基づくと，教師は能力を過度に強調することを行うべきではなく，上達することをまずもって強調すべきであり（いかなる段階から始めようとも学力が高まること，これは全ての学習者に保障されるべき権利である），過去にもちあわせていた期待に対する証拠を探すのではなくこれまでには見られなかったことは何かということを求めるべきであり，全ての学習者の学力を高める方法を見つけるべきであり，過去の業績や経験の殻に閉じこもるような学校にはなら

ないようにすべきであり，あらゆる学習者の多様性を受け入れ，（教師や学校の期待とは関係なく）全ての学習者が学力をつけることに責任をもって取り組み，全ての学習者の資質能力とその伸長を具体的な証拠に基づいて語るようにすべきなのである。「驚きに対する心構えをもつ」というのは，否定的な期待がもたらす悪影響を免れるためのスローガンである。教師も学校も学習者に期待をするようになれば，全ての学習者が目標の達成に向けて，挑戦的で取り組みがいがある適切な内容で，学習成果を確かめながら学習に取り組めるようになるのである。付け加えると，学習者自身のもつ期待が低いものであることもまた，負の効果をもたらすともいえる。また，期待を超えることができるという高い自信をもつことを削がれてしまうと，学習目標を達成することができないばかりか，目標の達成に向けた挑戦の過程に意欲的に取り組むこともできなくなってしまうのである。

学習者の分類

　この節でレビューしたメタ分析による研究は，学力をアウトカムとして扱ったものは少なく，教師（あるいは保護者）が特別支援対象児と通常学級児（またはそのほかの分類）とをいかに別扱いしているかといったことを検討しているものが多い。知的障害児とそうではない子どもを分けて教育すべきかという議論は，発達的な観点からなされる場合もあれば，認知能力の関連からなされる場合もある。発達的な観点から見た障害児とは，子どもの認知発達は一定の発達段階に沿って進むものであるが，発達段階間の移行のペースが多くの子どもとは異なったり，到達しうる発達段階が異なったりしている場合のことである（Inhelder & Piaget, 1964; Piaget, 1970）。認知能力の観点から見た障害児とは，推論の際に用いられる認知過程が異なる場合のことである。Weiss, Weisz, & Bromfield (1986) は，発達遅滞児とそうではない子どもとの間には，ピアジェによる発達段階に沿った発達はするものの，そのペースに違いが見られるという考え方に基づいた研究のレビューを行った。その結果，このような違いが全ての学習領域共通に見られるのではなく，弁別的学習（言語，絵画，立体）においては違いが見られるものの，会話や偶発的学習においては違いは見られないことを示した。また，発達遅滞児においては，記憶に関する特定の領域，すなわち，聴覚的短期記憶，視覚的感覚記憶，視覚的短期記憶，多感覚的短期記憶，視覚性対連合学習の領域に困難が見られることが明らかとなった。Swanson & Jerman (2006) は，算数障害と分類された児童と年齢相応の算数学力のある児童とを比較した研究のレビューを行った。28本の研究を対象にメタ分析

第 7 章 ■ 教師要因の影響

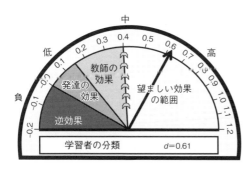

を行った結果，算数障害のある児童は文章題（$d=-0.58$），命名速度（$d=-0.70$），文字，単語，数，文章の短期記憶（$d=-0.70$）といった算数の学習における言語能力が低いことが示された。この結果から「先行研究で行われたメタ分析の結果と同様に，作動記憶に困難が見られることが算数障害につながっており」(Swanson & Jerman, 2006, p. 265)，特に言語的作動記憶がその原因であると結論づけられている。

読解能力に関しては，Hoskyn & Swanson（2000）は，低学力児と読解障害児との比較を行った結果，音韻処理速度（命名速度：$d=-0.06$）や単語認識（$d=0.02$）においては違いは見られなかったが，語彙知識（$d=0.55$），統語知識（$d=0.87$），視覚空間処理（$d=0.36$），音韻処理（$d=0.25$）において大きな違いが見られた。これらの変数を用いた回帰分析を行った結果，低学力児も読解障害児も共通して音韻処理に困難が見られることが示された（むしろ，読解障害児は他の認知処理能力が低学力児を上回っていた）。Swanson, Carson, & Sachse-Lee（1996）は，読解障害児に対しては音声的な訓練（特に，綴りと単語の理解を結びつけること）を行うことが読解能力に対して直接的に効果的であると結論づけているが，これは合理的なことといえよう。

学習者の分類にはさまざまなものがあるが，それらが全て，学習者の特徴をうまくとらえるものであるとは限らない。Kavale & Nye（1985）が，学習障害児とそうではない子どもとを比較した結果，学習障害児の 75% はそうではない子どもと比較して，あらゆる認知処理領域において明らかな違いが見られ，これらの困難が学力の違いにつながっていることを明らかにした。Kavale & Forness（1983）は，脳損傷のある学習者と家庭・文化的な困難のある学習者の学力を比較した研究のレビューを行った。26 本の研究から抽出した 241 の効果指標を対象にメタ分析を行った結果，平均効果量は $d=0.10$ であり，領域別に見ても知覚運動能力（$d=0.11$），認知処理能力（$d=0.14$），言語能力（$d=0.10$），行動（$d=0.09$），知能（$d=0.05$）

といったように，その違いは著しく小さいものであった。学習者を断定的に評価することは学習者の分類には便利であり，追加的な予算を獲得することにも寄与しうるが，どのような分類であっても，そうすることだけで効果が得られることはほとんどないのである。

教師の明瞭さ

本書の主張の1つは，教師が学習者に対して授業の目標について語り，またその目標を達成するとはどういうことなのかということを語ることが，いかに重要であるかということである。Fendick (1990) は教師の明瞭さに関する研究のメタ分析を行った。ここでいう明瞭さとは，授業の構成，説明，例示や手順が示された練習，学習者の評価といった面で必要となる話の聞き取りやすさとその内容のわかりやすさである。教師の明瞭さと学力の相関は 0.35 ($d=0.75$) であり，観察者や教師評定による明瞭さよりも，学習者評定による明瞭さの方が学力との相関が高く，またその相関は小学校においてよりも大学においての方が高いことが示された。また，明瞭さと学力の相関について，学級規模や教科による違いは見られなかった。

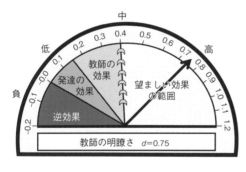

まとめ

教師が学習者の学力に与える影響の中でも最も大きいのは，教師の質であり，そして教師と学習者の関係がどうであるか，といったことである。学力に対して中程度の影響を与えるのは教師の期待であり，中でも，受け持っている学習者全員に対して寄せる期待が低いことは中低度の負の影響を与える。教師の現職教育は中程度の正の影響を与える。全ての効果量を示した表からわかるように，学習者の能力を

第 7 章 ■ 教師要因の影響

実体的に低めるような，学習者に悪影響を及ぼすような教師はまずいないのだが，Rubie-Davies（2007）が示したように，教師が低い期待をもつことは学習者の学力を相対的に低める。本章の内容をまとめると，教師が効果的な方法で指導を行い，全ての学習者に高い期待を寄せ，前向きな関係を学習者と結ぶことで，多くの場合平均的な教師以上に学習者の学力を高めることができる，といえるのである。基準点である $d=0.40$ を下回る効果をもたらす教師もいれば，上回る教師もいるわけだが，学習者の側からすれば，どのような教師に受け持たれることとなるのか，つまり，高い効果をもたらす教師なのか，正の効果をもたらすもののその効果が平均以下の教師なのか，学年の始めに大きな賭けに直面しているようなものである。平均的な教師の効果である $d=0.40$ を下回るような教師には，著者は自分の子どもを担任してほしいとは思わない。

　教師の質の議論において俎上に載せるべきは，教師がどのようなことをすると，それが学習者にどう影響するかといったことである。教師の質が議論される場合，人格とか熟練度が話題となることがほとんどであるが，そうしたことよりも，教師が学習に対して効果を与えるということはどういうことなのかを話題とすべきであると考えられる。つまり，教師について議論することよりも，教え方について議論することのほうがはるかに重要なのである（第 8 章を参照）。

　教師になるために行われる教員養成プログラムは，その教師が受け持つ学習者がどの程度の学力を身につけるのかといったことに与えるインパクトは小さい。これはおそらく，教師になってからの経験の効果が教員養成課程の内容の効果を色褪せさせてしまうため，教員養成課程の効果は限定的なものとなってしまうのだといえよう。それでも，教員養成課程のエビデンスが質的にも十分ではなく研究の本数としても少ないということは，年限を増やすとか，予算を増やすとか，影響力を高めようとか，教員養成課程にこれまで以上のことを要求し続けてきた団体や関係者にとっては，非常にばつが悪いだろう。教員養成課程の効果についての実質的なエビデンスはほとんどなく，またあったとしても，それが効果的であることを示唆するものはさらに少ない。教員養成をより効果的なものとするには，学習方略や指導方略をより強調すること，学習指導を行うには教師が証拠から学ぶ（失敗からも成功からも学ぶ）という考え方をもつ必要があるということを強調すること，観察結果やビデオを用いて実践の評価や振り返りをするといった，客観性の高い方法による評価制度を作ること，ある方法が効果的ではない場合の代替として用いることができるようなさまざまな指導方法を幅広く身につけさせることが求められるだろう。より効果が高いと考えられるのは，初任教員に対してとりわけ効果的であると

考えられる指導方法を微視的に再考させること，熟練した教師に対して浅い知識，深い知識，概念的知識を身につけさせるためにはそれぞれ別の教え方があるということを理解させること，全ての学習者と前向きな関係を構築するための方法を示すこと，指導がどれくらいうまくいっているのか，指導が行き届いていない学習者は誰か，どの部分で繰り返しの指導を行う必要があるのかといったことを教師が確実に把握するためにはどのような学習評価を行えばよいかを示すことであろう。教員養成の抜本的改革は待ったなしの状況にあり（Darling-Hammond, 2006 を参照），その1つの方向性として考えられるのは，教員養成課程の各プログラムに対する修了基準を明確化し，その基準が適切かを評価するとともに，学生がそれらの基準に達したと判断するために用いられるエビデンスの内容や質をも評価するということに取り組むということであろう。そして教員養成プログラムの方向性を決めるに当たっては，教員養成課程担当教員だけでなく，教師を雇い入れる側の関係者や教育学者も関与することで，教員養成課程の内容は，教員を目指す学生が学習者の学習を効果的にするための技能を習得することに主眼をおいたものとして，大きく変わることとなろう。

　教師が教室に入るとき，そのときには常に，教えることとは，学ぶこととは，カリキュラムとは，評価とは，そしてそのクラスの学習者とは，といったことについての，自分なりの考えをもって教室に入る（Brown, 2004）。十分に理解しなければならないのは，こういった教師なりの考えというものが，教師としての仕事がうまくいくかを大きく左右するということである。学習者に対して低い期待をもつことは，その期待どおりのことの実現にしかつながらない。そして，教師が学習者に対してもつ期待は，個々の学習者の違い（性別や人種など）よりもむしろ，受け持っている学習者全体がどうなのかという考え方に左右されると考えられる。重要であると考えられるのは，いかにして学習者に対する期待を高めるかということであり，そのためには学年ごとの学習者の特徴を適切にとらえる基準について校内で議論を重ね，その上で学年が始まるに当たって学習者の学習状況を検討することであろう（Nuthall, 2005 では，授業で教えられる内容の半分は学習者がすでに知っていることであることが示されている）。学年の始めの時期には教師は学習者の能力を見定めようと試行錯誤を重ねるものであるが，そのための情報は学習履歴，行動の記録や所見を見たり，前年度の担任に聞けばたやすく集められるものである。ニュージーランドの10万人の学力データを分析した結果として著者がすでに述べたとおり，学力を高める上での最も重要な課題は，全ての教師が学習者の能力伸長に対する共通理解を図ることである。学習者を受け持つ教師が変わった際に，学年の始め

の学習者はこの程度のものだという固定観念をもつような教師ではなく，学習者がこれまで以上に挑戦的でやりがいのある課題が与えられ，より高い到達度に至るという期待（願わくば，高い期待）を同じようにもっていて，現状よりも伸ばそうと教師が手をさしのべてくれるような教師に受け持ってもらえるという保証はないのが現状だからである。

　教師は学習者に高い期待をもち，そして能力伸長についての共通理解を図ることによって，学習者との関係をどう結ぶかということに関心を向けるようになる。著者の共同研究者である Russell Bishop は学校で子どもたちに「先生はあなたのことが好きかな」と聞いてまわっているのだが，(ニュージーランドでの)マイノリティの民族の子どもの多くは「いいえ」と答え，白人の子どもは「はい」と答えるのだという。この結果を（質問の内容と一緒に）示された教師は一様に驚愕する。そもそも教師は，自分は子どもと良好な関係を築いていると思っていて，全てがうまくいっていると思えるところにだけ目が向いていて，子どもの立場に立って教室を見るということはまずないからである。Bishop のこの調査は大きな影響をもたらし，このような結果を見せられた教師は，直ちに自身の実践を変化させるのである。前向きな教師－学習者間関係は，学習活動のありようを大きく左右する。前向きな教師－学習者間関係とは，学習活動を学習者の立場に立って工夫し改善しているさまを学習者に見せることであり，「学習者が自己評価に役立つフィードバックを受け取り，安心感を抱き，教師も自分と同じ関心をもち，また教師が自分のことを気にかけていると感じるにつながる」(Cornelius-White, 2007, p. 123) ものである。そして，前向きな教師－学習者間関係を築くことで，社会的，情緒的に暖かい学級風土が醸成され，学習者が気持ちを学習に振り向けるようになり，ひいては全ての学習者が学習に取り組むようになる。そういう状況を作り出すためには，教師は能力を伸ばすこと，学習者との関係，そして学習者とはということに対して，次のような考えをもって教室に入らねばならない。すなわち，教師とは変化を起こすものであるという職業観である。全ての学習者は学ぶことができ，伸びることができるという学習者観と，学力は固定的なものではなく変えられるものであるという能力観である。そして，全ての学習者に対して，学習をうまく，効果的に進めることができるように気にかけているということを，身をもって示すことである。

第8章

指導方法要因の影響 I

　指導方法は多様でありその数も多いため，読者の理解を助けるために，やや乱暴ではあるが2つの章に分けることとした。第8章では達成目標，到達基準，学習者自身の取り組みを促進すること，第9章ではその他の指導方法，たとえば直接教授法，学校としての指導方針，教育機器・メディア・コンピュータの利用，学校外での学習といったものについて検討する。第8章の内容は，Clarke（2001; Clarke, Timperley, & Hattie, 2003）に基づいた教授学習のモデル，すなわち学習目的や到達基準によって授業のねらいや難易度が左右されるとするモデルに沿ったものである。このような目標志向型の授業が効果的に行われるためには,適切なフィードバックを与えること，学習過程について学習者はどのように考えているかを考慮すること，学習者が自分の学習をモニタリングしたりメタ認知的スキルを伸ばしたりするよう促すことが教師に求められる。

　Pressley, Gaskins, & Collins（2006）は，一定程度の到達基準に到達できないような児童生徒が多い学校の中でも，効果を上げている学校の特徴として，学習方略を教えることが効果的であることを示している。教師が効率的な思考方法とは何かを十分に考えた上で多様な学習方略を児童生徒に教えることで，手続的知識と宣言的知識の両者の獲得が促され，ひいてはこれらの知識が活用できるようになることにつながるとPressleyらは主張している。このような効果を上げている学校が重要視しているのは，児童生徒が積極的に学習に取り組むこと，教師が指導方法をわかりやすく児童生徒に伝えることや学習理論に配慮すること，そしてこのような指導が可能となるように教育条件の整備や教師集団を構築することであった。このような学校の教師は，児童生徒に対し間断なく足場がけやモデリングを行い，日々の児童生徒の様子を見取り，自身の指導に対するフィードバックを得ようとしており，児童生徒に与える課題の難易度が適切なものとなるようにし，他の専門家（カウンセラーや専門性に優れた教師）にいかにすれば児童生徒が積極的に学習できるか助言を求めていることが明らかになった。つまり，教師が適切な指導方法を用い，児童生徒が学習を効果的に行えるようになるためには，教師が児童生徒を学習に対し

動機づけるにはどのような指導方法がよいのか考え，いかにさまざまな教科の中で適切な学習方略が指導できるのか模索し，そして自身の指導が児童生徒にとって効果的であるかどうかのフィードバックを継続的に得ることが鍵となる。Pressleyらが示した効果を上げている学校の特徴は，指導方法に言及した本章および次章の内容とあてはまる。すなわち，難しいがやりがいのある課題を設定すること，どのようになれば達成目標に到達したといえるかを教師も生徒もわかるようにすること，効果的なフィードバックを与えること，そして適切な学習方略を指導することが重要視される。

表8.1　指導方法要因の影響についてのメタ分析の結果の概要

指導方法要因	メタ分析数	一次研究数	対象者数	効果指標数	効果量 (d)	標準誤差	CLE	順位
学習目的を重視する指導方法								
目標	11	604	41,342	820	0.56	0.057	65%	34
行動目標と先行オーガナイザー	11	577	3,905	1,933	0.41	0.040	61%	60
概念地図法(コンセプトマッピング)	6	287	8,471	332	0.57	0.051	65%	33
学習の階層化	1	24	—	24	0.19	—	55%	110
到達基準を重視する指導								
完全習得学習	9	377	9,323	296	0.58	0.055	66%	29
KellerのPSI*	3	263	—	162	0.53	—	65%	40
解法つき例題の提示	1	62	3,324	151	0.57	0.042	66%	30
フィードバックを重視する指導								
フィードバック	23	1,287	67,931	2,050	0.73	0.061	68%	10
テストの頻度／テストを行うことの効果	8	569	135,925	1,749	0.34	0.044	60%	79
テスト方略の教授とコーチング	10	267	15,772	364	0.22	0.024	56%	103
指導改善のための形成的評価	2	30	3,835	78	0.90	0.079	74%	3
教師が学習者に質問すること	7	211	—	271	0.46	0.068	63%	53
教師と学習者の物理的・心理的な近さ	1	16	5,437	16	0.16	—	55%	115
学習者の立場を重視する指導								
学習時間	4	100	—	136	0.38	0.101	60%	69
分散学習と集中学習	2	115	—	164	0.71	—	69%	12
ピア・チュータリング	14	767	2,676	1,200	0.55	0.103	65%	36
メンタリング	2	74	10,250	74	0.15	0.047	54%	120
学習者の学習能力を発揮させ，育成する指導								
メタ認知的方略	2	63	5,028	143	0.69	0.181	67%	13
スタディスキル	14	625	29,311	2,217	0.59	0.090	65%	25
自己言語化と自己質問	3	113	3,098	1,150	0.64	0.060	67%	18
学習者自身による学習の管理	2	65	—	38	0.04	0.088	51%	132
適性処遇交互作用*	2	61	1,434	340	0.19	0.070	55%	108
学習スタイルに合わせた指導	8	411	29,911	1,218	0.41	0.016	61%	61
個別指導	9	600	9,380	1,146	0.23	0.056	56%	100
合計／平均	155	7,568	386,353	16,072	0.49	0.067	62%	—

注）＊の項目は本書では訳出していない。

学習目的を重視する指導方法

本節では学習目的を重視する指導方法として，次の5つの指導方法について検討する。

1. 目標
2. 行動目標
3. 先行オーガナイザーと補助的質問
4. 概念地図法（コンセプトマッピング）
5. 学習の階層化

学習目的とは教師が学習者に対して，技能，知識，態度，価値などに関し，どういうことを身につけてほしいのかということを示すものである。学習目的は明確なものでなければならず，教師が何を教えるべきかという判断をする際に指針となり，授業から何を学ぶべきかということを学習者に気づかせ，また学習者の学習状況や教師が学習者一人一人に対して効果的な指導を行ったかの評価の基準となるものである。授業で行う活動は，学習目的に沿ったものでなければならず，多く見られるような単に手を動かすだけの活動や学習者に迎合した内容など学習目的とは関係のない活動にはならないようにする必要がある。

何を学ぶべきか，またどのように教えるかを検討する際には，以下のようなことが重要であるとClarke, Timperley, & Hattie（2003）が述べている。

・クラスのすべての学習者が同じ水準で学習しているわけではないため，学習目的はすべての学習者にとって適切なものにすることが求められる。
・学習時間はすべての目的に対して一定とするべきではなく，身につけさせようとしているのは概念か，技能か，知識かによって時間を変えるべきである。すなわち，知識の獲得や浅い理解よりも，概念の学習やより深い理解の方がより長い時間を要する。
・ある1つの学習活動によって複数の目的を達成しようとする場合もあれば，1つの目的を達成するのに複数の学習活動を要することや，あるいは同じ学習活動を複数回行わなければ目的を達成できない場合もある。
・学習目的は教師が学習者に学んでほしいこととして設定するわけだが，学習者は

往々にして教師の意図せざる内容を学習することがある。このような偶発的な学習があるということを教師は知っておくべきである。

　学習目的が具体的になった1つの形が習得目標である。Ames（1992）は，習得目標をもつ学習者は，新しい技能を身につけること，いま自分がどういう取り組みをしているのかわかろうとすること，自分の能力を高めること，自身の伸びの自己評価をすることで達成感を得ることを志向すると述べている。Elliot & Dweck（1988）は，目標には遂行目標と学習目標の2つがあると主張した。ここでは，学習目標は新しいものを学ぶこと以上の目標であるとされ，学習目標をもつよう促された学習者たちは，自分の知的能力について不安に思う傾向が低く，学習に集中して，効果的な問題解決方略の使用を継続したとされる。このような目標理論と軌を一にするものとして，Brophy（1983）による学習動機づけの理論では，このような動機づけをもつ学習者は，学習内容の理解と習得に集中し，自ら進んで学習に取り組む姿勢を有していると主張している。

　学習目的についてもう1つ重要なことは，いかに実行に移されるかということである。学習目的は，「私は○○を学びたい」という形で示されるが，そこへどのようにして到達するかを明確にすることで，教師と学習者は「実行意図」をもつようになる。Gollwitzer & Sheeran（2006）は，実行意図が教師と学習者が目標を達成するのを促進するという考えを検証するメタ分析を行った。そして，結果に基づきながら，「実行意図は目標へ向かう行動を開始，維持，終了し，さらなる目標の追求を行う能力を高め，それにより目標を達成しようとする意図がうまく行動に移される可能性を高めるだろう」（p. 20）と述べている。この分析では63の研究が対象となり，効果量は$d=0.65$であった。重要なのは，単に学習目的が設定されていることや実際に学習に取り組むことだけではなく，「こういう場合どう対処するか」という判断をともないながら目的に到達するための学習行動が実行に移されるのを促すことである。したがって，適度な難易度の目標を設定し，これを達成しようとする意図をもてるようにし，そして達成に必要な方略を使おうとする意図ももてるようにすることが鍵となる。

■目標

　Locke & Latham（1990）では，パフォーマンスを伸ばすのに目標が極めて重要であるということが，多くのメタ分析も含めて説得力のあるデータにより示されている（ただし学力をアウトカムとして扱った研究はほとんど含まれていない）。彼

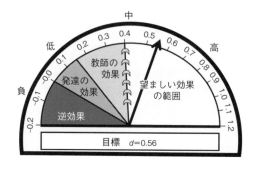

らの主張では，目標は指導過程の成否をさまざまな面から左右する。すなわち，目標は行動を制御し，過去から未来へいかにつながるかを明確にするといったように，目標理論では人の行動はすべてが意識的に制御されているとは考えてはいないものの，行動は意識的な目標や意図により方向づけられると考えられている。Lockeらの著書における主要な知見の1つは，「がんばれ」という目標を与えるよりも，学習者の現在の能力のレベルに対して難しめの目標を設定する方がパフォーマンスが促進されるという結果が得られたことである。

難しい目標がより効果的である主な理由は，難しい目標を与えると，成功のイメージを明確にでき，学習者の注意を目標達成に結びついた行動や結果に向けさせることができるためである。一方，「がんばれ」という指示は，いかなる目標にも当てはまってしまう。重要なのは目標が具体的かどうかということではなく，難易度である。目標の難易度とパフォーマンスには直接的な相関関係がある。この関係について分析したメタ分析が5つ報告されていて（表8.2），全体の効果量は $d=0.67$ と大きいものであった（これらの研究では学力以外のアウトカムを扱っているため，本書の巻末附録には載せていない）。最も難しい目標を与えられた学習者は，最も簡単な目標を与えられた学習者よりも，パフォーマンスが250%高かった（Wood & Locke, 1997）。

表8.2 目標の難易度とパフォーマンスの関係のメタ分析

著者	出版年	一次研究数	効果指標数	効果量
Chidester & Grisgby	1984	12	1,770	0.52
Mento, Steel, & Karren	1987	70	7,407	0.55
Tubbs	1986	56	4,732	0.82
Wofford, Goodwin, & Premack	1992	3	207	0.90
Wood, Mento, & Locke	1987	72	7,548	0.58
合計／平均	—	213	21,664	0.67

また，難易度の高い目標は，「がんばれ」という目標や，目標を与えない場合と比較しても有効である。「がんばれ」というモットーを学校目標に掲げているところは，「困難に立ち向かえ」や「頂上を目指せ」といった目標に変えた方がましである。この点は以下6つのメタ分析（表8.3）からも明らかである。「がんばれ」という目標は，ある意味どのようなことをしてもそれが全力を尽くした結果であるといえてしまうため，簡単に到達できるものである。そうではなく，教師も学習者も難易度の高い目標を設定するのがよい。

　目標が学習者の能力に応じた適切な難易度である場合，難易度や要求されることに応じて努力するよう学習者を動機づけることにつながる。しかし，目標を守らせることは，目標達成につながりはすれども，必須というわけではない。ただし特別支援教育においては，目標を守らせることが大きな効果をもつ。その例として，Klein, Wesson, Hollenbeck, & Alge（1999）によると，目標を守らせることとパフォーマンスとの間に強い関連性（$d=0.47$）が見られ，また目標の難易度が高いほど，目標を守らせることと学力に与える効果は高いことが示された。Donovan & Radosevich（1998）では，予想よりも低かったとはいえ，それでも高い効果量（$d=0.36$）が得られている。

　したがって，目標は学習者に次のようなことを伝える働きをするといえよう。

　どのような種類，どのような水準のパフォーマンスに到達することが求められているのかを教師が伝えること，それに応じて学習者は行動や努力を方向づけ，適切かどうか評価できる。フィードバックを与えることで，学習者は妥当な目標を設定することができ，目標に照らし合わせながらパフォーマンスを振り返り，それによって努力，指向，方略の調整を行うことができる。

（Locke & Latham, 1990, p. 23）

表8.3　「がんばれ」というあいまいな目標との比較における難しい目標の効果のメタ分析

著者	出版年	一次研究数	対象児童生徒数	効果量
Chidester & Grigsby	1984	17	2,400	0.51
Guzzo, Jette, & Katzell	1985	na	na	0.65
Hunter & Schmidt	1983	17	1,278	0.80
Mento, Steel, & Karren	1987	49	5,844	0.42
Tubbs	1986	48	4,960	0.50
Wood, Mento, & Locke	1987	53	6,635	0.43
合計／平均	—	184	21,117	0.66

これらの結果から見えてくるのは，学習者の能力を伸ばす教師とは，適切な難易度の目標を設定し，学習者がそれを達成できるように場を整える者である。教師と学習者が難易度の高い目標を共有し，かつ目標達成へ向けて努力しているところで，どうすれば学習を効果的に進めることができるかというフィードバックを与えることで，より目標を達成しやすくなる。

　目標を示すことで，どの程度の水準のパフォーマンスが期待されているのかを学習者が理解することにつながり，自己効力感や自信を高め，ひいては困難度の高い目標を選択することを促す。自己効力感の高さと到達度との関係についてのメタ分析の結果は，表8.4のとおりである。

　Martin（2006）は，児童生徒に課題特定的目標と状況特定的目標の両方をもたせるための1つの方法として，自己ベストを出すという目標をもたせることを提案している。課題特定的目標をもつことで，児童生徒が直後に何を達成すべきか（具体性と難易度の両方の観点で）明確にできる。状況特定的目標をもつことで，なぜ目標を達成すべきかといった理由が明確なものとなる（たとえば，前よりもできるようになりたい）。Martinによれば，自己ベストを出そうとする児童生徒ほど，意欲の向上，学校を楽しいと思う気持ち，授業への参加，粘り強さが高いことが示された。自己ベストを出そうとすることの特質は目標の具体性と難易度にあり，また目標が自己向上に関連するととらえやすくなることである。自己ベストを出そうとする目標設定は，習得目標と遂行目標のよい面を組み合わせたようなものである。すなわち，自己ベストを設定することは「とりわけ習得志向をもつことにつながる。それ

表8.4　自己効力感と到達度の関係のメタ分析

著者	出版年	一次研究数	効果量
Ajzen & Madden	1986	169	0.57
Ajzen & Madden	1986	90	0.44
Bandura & Cervone	1986	88	0.43
Garland	1985	127	0.39
Hollenbeck & Brief	1987	47	0.49
Locke, Frederick, Lee, & Bobko	1984	181	0.54
Meyer	1988	90	0.69
Meyer & Gellatly	1988	56	0.62
Meyer & Gellatly	1988	60	0.48
Silver & Greenhaiis	1983	56	0.29
Taylor	1984	223	0.20
Weiss & Rakestraw	1988	80	0.60
Wofford, Goodwin, & Premack	1992	6	1.06
Wood & Locke	1987	517	0.32
合計／平均	―	1,784	0.46

は自分自身を問題とし，自分ができることを増やそうとする点においてである。しかし遂行志向の要素も含むものである。それは過去の自分と競うという点においてである」(Martin, 2006, p. 816)

　困難度が適切な目標をもつことは，特別支援教育の児童生徒に対しても効果的である。Fuchs & Fuchs (1986) は，長期的な目標をもたせることの効果量は $d=0.63$，短期的な目標をもたせることの効果量は $d=0.67$ であったと報告している。さらに重要なのは，アウトカムの指標の種類によって効果的な目標のもたせ方が異なるということである。知識理解的な側面をアウトカムとした場合，短期的または長期的な目標をもたせることとで比べると，短期的な目標をもたせる方が効果量が高かった（$d=0.85$，長期的な目標の場合 $d=0.41$）。一方，概念的思考力的な側面をアウトカムとした場合，短期的または長期的な目標をもたせることとで比べると，効果はその逆であった（短期的な目標 $d=0.45$，長期的な目標 $d=0.92$）。この結果は，浅い学習に対しては短期的な目標を，深い学習に対しては長期的な目標を，適切な難易度で設定することの必要を示唆している。

　「難易度」は，学習者の現在のパフォーマンスや理解の水準，および学習のねらいから導かれる到達基準に対して相対的に決まるものであることが指摘されている。学習者の自己効力感や自信に対して難易度が高すぎて，目標が到達不可能と思われてはならない。むしろ，教師も学習者も，難しい目標へ到達するための道筋が見えるようにしなければならず，その道筋とは，目標やねらいを理解する方略，目標に到達するための実行計画，そしておそらく，目標へ到達しようという意図が含まれるものと思われる。Burns (2002) はある特定の学習形式を取り上げてメタ分析を行った。すなわち，（授業でよく行われる活動の1つである）ドリル学習における，既知の問題と未知の問題の最適な割合をメタ分析により検討した。その結果，最適な割合は，獲得段階（知識や情報を獲得する段階）にあるのか習熟段階（正確さや速さを向上させる段階）にあるのかによって異なることが示された。その他にも維持段階，一般化段階，応用段階があると Burns は述べているが，これらの段階に関する分析は行われていない。ドリル学習の効果の段階別の違いは習熟段階（$d=0.39$）よりも獲得段階（$d=1.09$）においてその効果が高いことが示された。また，未知の問題と既知の問題の割合については，既知の問題が少なくとも9割含まれた場合に最適で（$d=1.19$），5割を下回ってはならない（$d=0.49$）ことが明らかとなった。Gickling (1984) は，読解の学習では，テキストに含まれる単語のうち，未知語は5%以下，既知語は95%以上である必要があることを示している。もう1点重要なのは，既知・未知の割合を学習者が選んだ場合よりも教師が選んで学習課題

を設定した方が効果が高いという点である。また，この点はまだ研究はなされていないが，浅い学習よりも深い学習が求められる場合は，既知情報の割合はもっと高い方がよいだろうと考えられている。

■行動目標と先行オーガナイザー

先行オーガナイザーとは，

> 広義には読み手の既有知識とこれから学習される内容との橋渡しとなるものを指す。学習内容が具体的であるのに対し，先行オーガナイザーはより抽象的，包括的で，新しく学ぶ内容を整理する手段を与えるものである。
> 　　　　　　　　　　　　　　　　　　　　　　　　　　　　（Stone, 1983, p. 194）

先行オーガナイザーは旧情報と新情報を橋渡しする目的で使われ，学習する前に提示して，学習者がこれから受ける授業の内容を整理，理解するためのものである。同様に行動目標は，授業を受けた結果どういったことができるようになるのかを指し（Popham, Eisner, Sullivan, & Tyler, 1969），深い理解よりも浅い理解を目指す場合に用いられることが多い。行動目標の効果は研究により異なるものの，全体的に見ると学習のねらいが明示され，ねらいを達成したらどうなるかが示され，かつそれらが学習者と共有されたときに効果が大きいものとなる。しかし，行動目標が授業案など教師にだけ示された場合や，単に浅い学習に関するものだけ示された場合には，その効果は低いものとなる。Kozlow（1978）は，行動目標を示す場合には，単にねらいを示すだけではなく具体的に何ができるようになるかを示す方がより効果が高いことを明らかにした。

Luiten, Ames, & Ackerman（1980）では，先行オーガナイザーは，影響は小さい

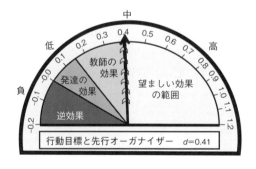

ながらも学習と記憶の保持を促進する効果があり（$d=0.21$），先行オーガナイザーが与えられた群と与えられなかった群で比較すると，記憶の保持の違いは日数が経過するごとにその差が開いていく。同様に Stone（1983）も，先行オーガナイザーは教材の内容の学習とその保持とに関係があるとしている。先行オーガナイザーを導入に用い，既有知識との橋渡しを行うことで，長期間の学習内容の保持につながることが示された。しかし先行オーガナイザーが文字により与えられた場合には，ほかの形態の場合と比べて効果が低くなるほか，低学力層へ指導する場合や児童生徒が学習領域の知識をあまり有していない場合には効果は見られなかった。先行オーガナイザーや行動目標が具体的になりすぎていたり，難易度を考慮していなかったり，学習目標との関連づけがなされていない事例は，枚挙にいとまがない。

■概念地図法（コンセプトマッピング）

概念地図法とは，学習内容の概念的な構造を図式化するための方法である。学習すべき内容が特定されるということのみならず高次の概念の図式化もできるようになるため，概念地図が描けるようになることは学習目的の一種ともいえる。行動目標を示すことや学習の階層化と同様に，概念地図法は，概念は認知構造の中で階層的に体系づけられているという Ausubel（1968）の考えに端を発しており，学習しようとする内容と関連した概念が，学習者が有する概念地図と結びつくことで学習が促進されると考えられている（Novak, 1977 を参照）。概念地図法と他の組織化の手法（たとえば行動目標，学習の階層化）との違いは，概念地図法では学習者自身がマッピングに関与するという点である。

概念地図法の重要性は，学習内容の要点をまとめることに力点が置かれている点にある（ただし，学習者がマッピングしようとしている概念について，多少の浅い知識はもっていなければならない）。概念地図法は，要点やテーマを見出し，それ

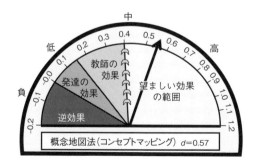

標準誤差	0.051（中）
順位	33位
メタ分析数	6
一次研究数	287
効果指標数	332
対象者数（3）	8,471

らの相互関連を見出すことを促し，特に情報の整理や統合の技能をもたない学習者にとって有効である。Kim, Vaughn, Wanzek, & Wei (2004)によれば，概念地図によって描かれる図のように情報を図式化して提示することが，学習に困難を抱えた学習者の読解を促進することができること，また，言語的に与えられる情報を整理することを援助し，記憶の保持の促進につながるために効果的と考えられている。

　Moore & Readance (1984) は，概念地図法を教材に触れる前またはその途中ではなく，教材に触れた後に行った場合に，効果が最も大きいことを明らかにした。Nesbit & Adesope (2006) は，マッピングしている情報の細かい点ではなく中心的な情報を理解することに力点が置かれた場合に，最も効果が高いことを報告している。また彼らは，概念地図法の有効性は，箇条書きを書かせることと比べた場合は差はほとんどなかったが（$d=0.19$），講義を聞くことや議論することと比較した場合，その差は大きいことを示している（$d=0.74$）。概念地図法の重要な特質は，発見的に情報を整理・統合する過程を学習者自身が経験するという点にある。他にもそういった経験的・発見的手法はあるが，概念地図法はその中でも有効な手段の1つである。Horton et al. (1993) によると，誰がマッピングを行うのか（たとえば児童生徒個人，グループ，教師）はあまり重要ではなさそうではあるが，概念地図を描くのが誰であっても，地図に書き込む言葉を児童生徒が考える場合に最も効果が高い。しかし，Kim et al. (2004) では児童生徒が地図を描いた場合よりも教師が描いた場合の方が効果が高いといった結果も示されているほか，Nesbit & Adesope (2006) では概念地図を与えられて見た場合（$d=0.37$）と比べて，児童生徒自身が概念地図を描いた場合の方が効果が高いことが示されている（$d=0.81$）。

　多くの研究者が，概念地図法は，上位概念と下位概念の関係性を理解できていないと考えられる学習者，つまり高学力層や言語能力の高い学習者ではなく低学力層の学習者にとって最も有効であったとしている（Horton et al., 1993; Nesbit & Adesope, 2006; Vasquez & Caraballo, 1993）。Nesbit & Adesope (2006) が述べているように，能力の伸びが見られるのは，「概念地図法が有効なのは，学習内容をとらえやすくなるということよりも，概念地図を描くことに学習者自身が積極的に関与するためである」(p. 434) ためと考えられる。ただし，文章，リスト，アウトラインを与えることよりも概念地図法の方が効果が高いということも示されている。そしてNesbitらは，概念地図法は「要約・統合」を行うという特質をもつがために効果があるのではなく，「2次元空間で関係を線によって結びつけたり，さまざまな学習内容を1つの図式に統合したり，内容間の関係に名前を与えてその関係がどういったものなのかを特定する」(p. 434) といったことを行うことで認知負荷の

第8章 ■ 指導方法要因の影響 Ⅰ

軽減にもつながるために効果が高いと考えられると主張している。

■ **学習の階層化**

　学習目的を示す別の方法の1つとして，学習を階層的な構造に沿って進めるというものがある。これは，ある技能を最初に習得して後の学習の補助とすれば効果的であるという考えを反映したものである。Horon & Lynn（1980）は，学習の階層化は学習を促進し（$d=0.19$），学習にかかる時間をわずかばかり短縮することができる（$d=0.09$）ことを明らかにした。学習を階層化した指導は高校段階よりも（$d=0.07$），小学校段階で効果が高かった（$d=0.44$）。ただし，全体的な効果はとても低い。

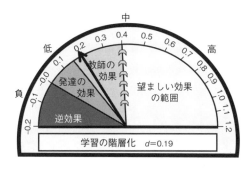

標準誤差	na
順位	110位
メタ分析数	1
一次研究数	24
効果指標数	24
対象者数（0）	na

到達基準を重視する指導

　到達基準は，教師がどのような基準で学習状況を評価するのかを学習者に理解させるために，そしていうまでもないことだが，達成目標に到達したと判断するための明確な基準を教師が確実にもてるようにするためにある。学習者は学習の目的はわかっているものの，教師がどのように自分たちの成績を評価するのか，どんな場合に達成したといえるのか，自分は達成したといえるのかといったことは知らされていないことが多い。たとえば，「効果的な形容詞の使い方を学ぶ」という学習目的だけでは，学習者に基準が示されず，どのように自分たちが評価されるかもわからない。到達基準あるいは「どうすればわかるようになるのか」の設定にあたっては，学習者がどのような姿を見せたときか，教師はどのような学習者の姿を見たいのかをできるだけ具体的に示すことが必要である。形容詞の使い方の学習について

いうならば,「少なくとも5回は適切に形容詞を用いて作文する」といったものや,もしくは「最低4回は,名詞の前に形容詞を置く文をつくり,読み手が生き生きとその様子をとらえることができるような効果的な表現で形容詞を使うこと」といった到達基準が考えられる。到達基準はできるだけ明示的で特定的であることが重要である(浅い理解,深い理解,浅い理解と深い理解の両方を目指す場合のいずれにおいても)。それは,教師は(そして学習者も)単元を通して学習者の伸びを把握することで,学習者が学習目標の本意を確実に理解した上で学習に取り組めるようにする必要があるからである。以下では,到達基準を強調する指導として,完全習得学習(マスタリー・ラーニング)と解法つき例題の提示について検討する。

■完全習得学習(マスタリー・ラーニング)

完全習得学習が基本的に主張するところは,学習内容を「習得」するとはどういうことなのかをはっきりと説明すれば,すべての学習者が学習内容を身につけることができるということである。他にも,クラスメイトがよく協力し合うといった適切な学習条件下で授業が行われること,診断テストを用いた特定的なフィードバックが頻繁に行われること,学習過程における学習者の誤りがその都度修正されることといった特徴がある。完全習得学習を実施するには,学習の流れを細分化し,各々の段階における診断テストの出来具合に応じたフィードバック・ループを計画して用意しておく必要がある。Bloom (1968) は完全習得学習を,フィードバックや修正の手順を補足した教室における授業と定義した。さらに,Willett, Yamashita, & Anderson (1983) によって「細分化された内容のテストの結果,習得していないと判断される内容についての補充指導を実施することと,各段階での具体的な達成度を明確化して示すこと」(p. 408) が,完全習得学習の流れに加えられた。完全習得学習では,一定のレベルに到達するために必要な時間が重視される。すなわち,

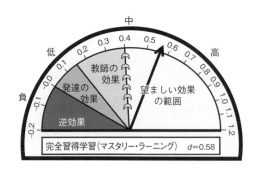

伝統的な授業の典型的な考え方とは異なり，学習は連続的になされるものであり，必要な時間は学習者によって異なるという考え方である。完全習得学習を実施する際には，教師が指導のペースを決めるとともに，教師自身がフィードバックを与えたり誤りの修正を行ったりする（Guskey & Piggott, 1988）。学習内容はできるだけ細分化され，細分化された段階ごとに目標と評価が用意される。各段階に取りかかる前には短時間の診断テストを行い，学習者ごとに目標との差や強みを把握する。基本的な内容や前もって必要な内容を習得してはじめて，学習者は次の新しい内容の学習に進むことができる。

Willett et al.（1983）は，さまざまな新しい指導方法をレビューし，完全習得学習が最も効果が高いことを示した。Guskey & Gates（1986）は，小学校（$d=0.94$），高校（$d=0.72$），大学（$d=0.65$）の各学校種で，完全習得学習は同じような高い効果があることを明らかにした。Guskey & Piggott（1988）による追跡調査では，完全習得学習を適用した小集団指導が学力面と情意面の両面で一貫して正の効果があることが示された。Kulik & Kulik（1986）は，完全習得のためのテストを行うことは，大学生段階でも大学より前の学校段階のいずれにおいても，学習者の成績に対して正の効果があり（$d=0.52$），学力の低い学習者に対してとりわけ大きな効果があること（$d=0.96$）を示した。同時に，完全習得のためのテストを行うにあたっては，指導に要する時間を平均で25％増やす必要があると指摘している。しかしながら，彼らの研究では，完全習得のためのテストの実施によって，学習者間の学力差がゼロ近くまで減るだろうというBloomの予測を支持するエビデンスは得られなかった。

Kulik, Kulik, & Bangert-Drowns（1990）は，完全習得学習のプログラムは大学，高校，小学校高学年の試験の成績に正の効果を与えることを明らかにし，約1/2標準偏差分得点が高いことが示された。またその効果は，特に学習適性の低い学習者において高いことが示された。完全習得学習のプログラムは学習者の学習内容や授業に対する態度に対して正の効果を与えるものの，指導に要する時間が多くなる。また，自己ペースの完全習得学習のプログラムを行うことで大学の講義の修了率が低くなることも多い。

完全習得学習のプログラムで正の効果を見いだせなかった唯一の例外は，Slavin（1987）によるメタ分析の結果である。この研究では小集団による完全習得学習が標準学力検査の成績に対して効果的であるというエビデンスは示されなかった。この研究の特徴の1つに，メタ分析の対象とする研究の選出基準に見合わなかったものが除外された結果，7本の研究だけがメタ分析の対象とされたため，メタ分析の

対象となり得る研究は多いにもかかわらず代表性が著しく低いものになってしまったということが挙げられる。この研究での選出基準は，4週間に1度以上の完全習得のためのテストが行われること，完全習得のテストの実施前の指導が個別指導ではなく一斉指導として行われたこと，フィードバックによる修正が行われない指導を対照群としていること，介入の期間は4週間以上であること，少なくとも2つの実験群と2つの統制群が設けられていることであった。

■解法つき例題の提示

　学習者に「目標に到達する」とはどのような場合のことであるのかを示すとともに，どのような目標を設定して学習に取り組めばよいのかを示す指導形態の1つとして，解法つき例題を与えるという方法が挙げられる（Crissman, 2006）。解法つき例題としてよく用いられるのは，問題文と適切な回答手順が示されたものである。このような解法つき例題を与えることの利点は，単に答えを与えることによってではなく，（それが正しいか正しくないかに関わらず）学習者が正答を導く過程に集中できるよう，認知的負荷を軽減するというところにある。解法つき例題を用いた指導は一般的に3つの段階，すなわち，導入的段階（例題の提示），習得または訓練段階，そしてテスト段階（学習の評価）からなる。解法つき例題の提示の効果に関する研究の多くはこのような段階に沿って指導が行われたものがほとんどである。学習者の認知的負荷を軽減させるために解法つき例題を用いた研究を対象としたメタ分析を行った結果，統合後の効果量は $d=0.57$ であり，ほとんどの研究でこの値に近い効果が示されている。解法つき例題の種類別に見ると，工夫された解法つき例題の使用（例を複数提示したり，例題と演習問題を組み合わせたりするなど）の効果量が $d=0.52$，伝統的な解法つき例題の使用は $d=0.49$，多様な情報の提示（図や説明文を載せるなど）は $d=0.52$，目隠し（回答手順の一部を隠すなど）

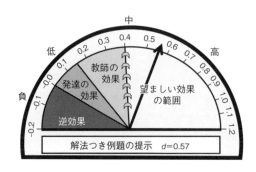

は $d=0.60$，下位目標を同時に示すことは $d=0.52$，学習者に説明をさせながら解法つき例題に取り組ませることは $d=0.57$ であった。解法つき例題を用いた指導はこのようにさまざまな形のものがあるが，いずれも認知的負荷の軽減に寄与すると考えられる。

　ここまで検討してきたように，解法つき例題を与えることは学習者に対して非常に効果的であると考えられるが，教師に対して解法つき例題（教師用指導例と呼ばれるもの）を与えることの効果に対するエビデンスは見いだしがたい。Peddie, Hattie, & Vaughan（1999）は，教師用指導例の効果を示すエビデンスを洗い出すための調査を行ったが，その結果得られたのは大げさな記述や単に教師用指導例を使うことの重要性を主張したものばかりであった。この調査に対しては 50 以上の教師用指導例の出版社が応じ，その全てが箱の単位で教師用指導例を送付してきたが，その効果を示すエビデンスを送付してきた出版社はなかった。

フィードバックを重視する指導

　ここでは，フィードバックの意味，さまざまなタイプのフィードバックの効果，頻繁にテストを行うことによるフィードバック，テストスキルの教授，教師への形成的評価の提供，教師と学習者にフィードバックするための質問，教師と学習者の物理的・心理的な距離の近さなどについて概説する。

■フィードバック

　著者が初めて行ったメタ分析による研究である，学力に影響を与えうる要因に関する 134 のメタ分析の結果，たちどころにわかったことは，学力に最も大きな影響を与えるのはフィードバックであるということであった。そして，学力に対して大きな影響を与えるプログラムや指導方法のほとんどがフィードバックを多く与えるものであることも明らかとなった。この研究に取り組み始めた頃にその成果を香港で発表した際，著者がフィードバックと呼んでいるものは何を指すのかという質問があった。このような質問をされて以来，著者はフィードバックの概念の理解に苦心し続けている。著者は何時間もの間学校の教室に入り（そこでは，教師はフィードバックをいつも与えているとはいうものの，実際にはフィードバックは行われていなかった），学習者の自助努力を増やそうとし（それはあまり効果はなかった），フィードバックを与えるさまざまな方法を試した。ここでの著者の過ちは，フィードバックは教師が学習者に与えるものととらえていたことであった。常に教師は学

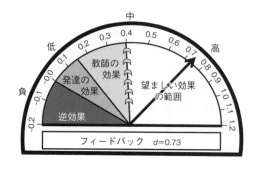

習者にフィードバックを与えているとはいうものの，実際にはそうではなく，教師が与えているフィードバックと呼ばれるものは，人付き合いや振る舞いに対するものであった。そして，学力に対して大きな影響を与えるフィードバックとは，学習者から教師に与えられるものであることに気づいてはじめて，フィードバックの概念の理解の糸口をつかんだのである。学習者が何を知っていて，理解していて，どこでつまずいていて，いつから間違えるようになり，またいつから学習に取り組めなくなったのかといったことを，教師が学習者の側から得ようとしたり，また少なくともこれらのことに目を向けるようになったりすることで，指導と学習とが一体化され，学力を高めることにつながるのである。教師が学習者からフィードバックを受け取ることが，見通しの立つ学習の実現につながるのである。

　本書が出版される直前に，フィードバックの効果をテーマとした論文を公表し，著者らはそこで本書以上にフィードバックの効果について詳細な検討を行った（Hattie & Timperley, 2007）。この内容を要約すると，フィードバックとは学習者に関わりをもつ人，もの（たとえば，教師，仲間，本，保護者，学習者自身の経験など）から与えられる，学習者の到達状況や理解の程度に関する情報であるということである。たとえば，教師あるいは親は，正確な情報を与えることができ，仲間は別の学習方略を与えることができ，本は考えを明確に示すための情報を与えることができ，親は励ますことができる。そして，学習者は，解答の正誤を評価するために正答を調べることができる。つまり，フィードバックとは学習者が何かを行った結果に対して与えられるものなのである。

　フィードバックの目的，効果，種類について理解するには，指導とフィードバックは一連のものととらえるのがよい。指導とフィードバックを一連のものととらえたとしても，指導とフィードバックとの間には明確な線引きがなされることにはなるのだが，たとえば間違いを見直し修正する際にフィードバックを与えるといっ

た場合には,「学習者に正誤を伝えるということだけにとどまらず,それ自体が次なる学習に対する指導であると見なすことができる」(Kulhavy, 1977, p. 212) ため,指導とフィードバックが互いに絡み合うこととなる。このように指導的な目的でフィードバックを行うには,フィードバックされる情報は,課題の内容,あるいは課題解決の過程と直接的な関係のある内容であり,現時点での理解の程度と目標とされる理解の程度との間のギャップを埋めることができるようなものである必要がある (Sadler, 1989)。そうすることで情意面と認知面の両者に働きかけることができるようになる。たとえば情意的な過程についていえば,学習者の努力の程度や動機づけを高めたり,より学習に集中して取り組めるようになったりすることにつながりうるといえよう。一方,認知的な過程についていえば,学習者に別の視点をもたせたり,正誤を確認させたり,課題解決に必要な情報を追加して示したり,別の解決方法を示したりといったように,認知的過程のさまざまな面に働きかけることで,このギャップを埋めることにつながりうるといえよう。Winne & Butler (1994) による,「フィードバックとは,学習者が自身の記憶に保持されている知識を確認し,またその知識に追加したり,上書きしたり,調整したり,再構築したりするために用いられる情報のことである。そしてこれらの対象となる知識には領域知識,メタ認知的知識,自身に対する考え方,課題に対する考え方,認知的方略が含まれる」(p. 5740) という主張は,フィードバックの本質の的確な約言である。

　フィードバックに関するメタ分析の結果報告されている効果量には相当なばらつきが見られるが,これはフィードバックの種類によって効果の高いものもあれば低いものもあることを示唆している。最も効果の高いフィードバックは,視聴覚機器やコンピュータによって与えられるもの,あるいは達成目標と照らし合わせた形で与えられるもの,学習者に対して学習を喚起し維持するものであった。特に意識すべき点は,フィードバックを受け取り,それに基づいて行動するのは学習者であるということである。教師の多くは十分なフィードバックを与えているとはいうが,問題とされるべきはフィードバックを学習者が受け止め,その内容を理解したかどうかということなのである。すべての学習者が1日の間で少しでもフィードバックを受け取っているというのは,むしろましな方である (Nuthall, 2005; Sirotnik, 1983)。Carless (2006) が大学生と講師の双方を対象として,持ち帰り課題に対するフィードバックが次の持ち帰り課題の取り組みに役立つものであったかを問う調査を行った結果,66%の講師がいつも,あるいはたいていこのようなフィードバックを与えていると回答したものの,いつも,あるいはたいていこのようなフィードバックを受け取っていると回答した学生は12.6%であった。さらに,Nuthall (2005)

は，学習者が教室で1日に受け取るフィードバックのほとんどはクラスメイトからのものであるものの，フィードバックの内容のほとんどは間違ったものであったことを明らかにした。

　また，フィードバックの種類の中でも，プログラム学習，褒めること，罰すること，外的報酬を与えること，これらはいずれも学力に対して効果がないものであったことが示された。むしろ，報酬を与えることはフィードバックであるとはとらえがたい。Deci, Koestner, & Ryan (1999) は，物的な報酬（シール，賞など）は，学習課題に対する情報をほとんど含んでいないため，フィードバックというよりはむしろ，課題解決の結果に対する成功報酬のようなものであると指摘している。彼らは，動機づけについてのフィードバックの効果に関するメタ分析で，外的な報酬と課題実行の成績の間に負の相関を見いだした（$d=-0.34$）。物的な報酬が内発的動機づけを有意に低め，この傾向は，興味のない課題（$d=0.18$）に比べ，特に，興味のある課題（$d=-0.68$）において強く見られた。さらに，フィードバックが管理的に行われた場合（たとえば，やるべきことだからしなさいと学習者に伝えること）には，効果はさらに落ち込んだ（$d=-0.78$）。このように，Deci, et al. (1999) は，外的報酬は概して負の影響を及ぼし，それは，「自分自身の動機づけを高めようとしたり自己調整をしたりすることが他律的なものとなる」(p. 659) からであると結論づけた。より正確にいうと，外的報酬は管理のための方法であり，こういった方法を用いることでより監視を強めたり，競争心を煽ったりすることにつながりがちであり，学習行動や自己調整的に取り組もうとする気持ちに水を差すということは，すでに明らかにされていることである（Deci & Ryan, 1985）。

　フィードバックをすることとは，報酬を与えることではなく，課題に関する情報を与えることである。Cameron & Pierce (1994) は，外的報酬が内発的動機づけを高めることにつながるかメタ分析による検討を行った（このメタ分析は学力を指標とはしていないため巻末附録には収録しなかった）。その結果，外的報酬を与えることが内発的動機づけに有意に影響を与えることは示されなかった。課題解決の中断に対しては $d=-0.06$，態度に対しては $d=0.21$，休み時間にも学習に取り組むことに対しては $d=0.08$，自発的に取り組もうとする意欲に対しては $d=0.05$ であった。また，言葉で褒めることは内発的動機づけを高め，物的報酬を与えることは内発的動機づけを低めることが示唆された。褒め言葉や肯定的なフィードバックが与えられた学習者は内発的動機づけが高く，課題に取り組む時間が長いことが示された。これは重要な知見ではあるが，その効果は小さいという点には注意する必要があり，褒め言葉を与えたりすることが重要であると結論づけるのは尚早であるとい

えよう。

　さまざまな種類のフィードバックの効果のメタ分析の中でも最も系統的に行われた研究として挙げられるのはKluger & DeNisi (1996) である。このメタ分析では，フィードバックを他の介入方法とは明確に区別されたものに限定し，対照群が設けられ，課題遂行成績を指標とし，調査対象が10人以上であった研究が対象となった。授業場面，あるいは学力を扱った研究以外が多く含まれたメタ分析の結果ではあるものの，導かれた結論は非常に興味深い。131の研究から得られた470の効果指標（総対象者数12,652人）に基づいて得られた統合後の効果量は $d=0.38$ であることが示された。また，これらの効果指標のうち32％は効果量が負であったことも示された。そして，何を間違ったのかを示すことよりもどうすれば正答となるのかを示すこと，過去と比較してどのような変化があったのかを示すことで，フィードバックはより効果的なものとなることが明らかとなった。また，フィードバックの効果は達成目標や課題の困難度によっても左右される。達成目標が特定的かつ挑戦しがいのあるものであり，課題が複雑なものではない場合にフィードバックの効果は高いものとなる。一方，課題を成し遂げたことに対して褒めることは効果的でないと考えられるが，これは学習に関係する情報が含まれていないためである。さらに，自尊心をあまり損なわないような条件の方が，学習者の注意がフィードバックの内容に向くため，フィードバックの効果は高いものとなると考えられる。

　図8.8は，フィードバックとはどのようなものかを構造的に示したものである。この図から，フィードバックとは現時点での理解の程度や能力のレベルと，達成目標との差を減らすために行うものであるということが理解できよう。学習者が，また教師がとる術がこの差を減らすことにつながるのだが，差を減らすためにどのような術を用いるべきなのかは，どのようなレベルのフィードバックを与えるかによって異なる。フィードバックのレベルには，課題遂行レベル，課題解決の方法を理解する過程のレベル，自己調整またはメタ認知的過程のレベル，自己レベル（課題との関係をもたない）の4つがあるからである。

　「どこに向かっているのか」（学習目的，達成目標，到達基準），「進み具合はどうか」（自己評価），「次に何をすべきか」（次の段階，新しい目標）という問いに答えることこそが，フィードバックであるといえる。そして，理想的な学習の環境や体験とは，教師も学習者もこのような問いに対する答えを求めている場や状況である。さきに示したフィードバックの4つのレベルの各段階では，これらの問いのうち1つだけが取り上げられるということはなく，3つが同時的に取り上げられる。「どこに向かっているのか」という問いに対するフィードバックが与えられることでさら

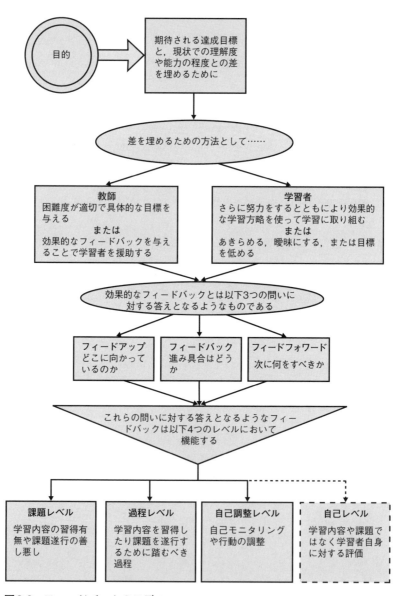

図8.8 フィードバックのモデル

に課題解決に取り組むようになるとともに、「進み具合はどうか」「次に何をすべきか」といったことに意識が向くようになる。Sadler（1989）が指摘しているように、フィードバックが機能するのは、学習者の現時点でのレベルと達成しようとしている目標のレベルとの差を埋めようとしているときである。

その上で、さきに述べたフィードバックの4つのレベルというものを考慮する必要がある。第1のレベルは課題や成果の正誤についてのフィードバックである。この段階のフィードバックが目指すのは、より多くの内容を、また正しい知識を習得することであり、たとえば、「あなたはベルサイユ条約についてもっとよく知る必要がある」といったようなフィードバックを与えることが相当する。第2のレベルは成果物を作り出したり、課題を解決する過程についてのフィードバックである。この段階のフィードバックは情報処理過程や、学習内容の理解や学習課題を解決したりするための学習過程に働きかけるものである。たとえば、教師やクラスメイトが学習者に対して「あなたの文章の中のこの表現に着目して手直しすると、読み手があなたの言いたいニュアンスを理解しやすくなる」であるとか、「以前話題にした論理構造を使って書くと、このページは筋が通ったものになる」といったフィードバックを与えることが相当する。第3のレベルは、学習者の自己調整能力や自己評価能力、さらに集中して学習に取り組めるような自信を高めるためのフィードバックである。たとえば「作文で主張を書き始めるにはどういったことが大事なのかわかっているのですから、それがこの作文の第1段落に書いてあるか確認してみましょう」といったフィードバックを与えることが相当する。このようなフィードバックを与えることは、自己効力感、自己調整能力、学習観に対して大きな影響を与え、ひいてはよりよく、また効率的に課題解決を継続できるようになることにつながる。第4のレベルは「学習者自身」に向けられたフィードバックであり、次の段落でも触れるが、多くの場合、課題解決能力とは無関係な内容のものである。たとえば「すばらしい」とか「よくできました」といったものが相当する。

重要なのは、学習者に見合ったもの、あるいは1つ上のレベルのフィードバックを与えることである。ただし、自己レベルのフィードバック（褒めること）は全く効果的ではない。褒めることは先に挙げたフィードバックで応えるべき3つの問いとは全く関係がないため、学習を促進することにはつながらない。フィードバックが学習者個人のことに対する注意を引き出すと、自身の身に降りかかるリスクを最小限にとどめるために、学習者は挑戦的な課題に立ち向かうことで起こりうる失敗を回避しようとしたり、努力を最小限にとどめたり、失敗に対して高い不安をもつようになったりする（Black & Wiliam, 1998）。学習課題を理解することから、学習

課題に取り組む際に必要な考え方を身につけることを経て，ひいてはより挑戦的な課題に取り組んだり，より高い目標を設定したりして学習を継続できるようになることが，指導と学習の理想像である。このような流れで学習を進めることは，学習者に高い自信をもたせ，よりいっそう努力して学習することにつながる。そして，このような流れが起こることで，学習者はよりしなやかな思考ができるようになり，学習内容が理解できるようになる。

　ただし，慎重を期さねばならないのは，フィードバックとはすなわち効果的な指導や学習そのものであるという訳ではなく，指導や学習を著しく効果的たらしめるものの1つであるという点である。効率的に学習を進めることができない学習者や，獲得途中（未習熟）段階にある学習者に対しては，十分に理解していない概念に対してフィードバックを行うことよりも，詳細な説明を授業中に行った方がよい。フィードバックは学習者のレベルに見合ったものとなってはじめて，学習者の理解，集中して学習に取り組むこと，学習内容を効果的に理解することにつながる学習方略を身につけることの支えとなる。フィードバックを効果的なものとするには，その内容が明確で，目的的であり，学習者の先行知識とのつながりがあり，次の学習に筋道をつけるようなものである必要がある。さらに，学習者に能動的な情報処理を行うことを誘発し，課題の複雑さを軽減し，目標達成に確実につながるようなものであり，できるだけ人格を傷つけないようなものである必要もある。さきに挙げた3つのレベル，すなわち課題レベル，過程レベル，自己調整レベルのいずれかに向けられており，かつ自己レベルに向けられていないものがフィードバックといえるのである。そして，このようなフィードバックの特質が浮き彫りにするのは，相互評価と自己評価が促され，間違いから学ぶことが許容される学級風土の醸成の重要性である。教室は思い切って間違えることができる場でなければならないのである。

　このように，フィードバックは効果的な授業と組み合わせられることで，学習の効果を高めることに大きく寄与すると考えられる。Kluger & DeNisi (1996) が述べているとおり，フィードバックが学習に取り組むための手がかりを与えるものであったり，現時点のレベルと到達基準との差を意識させるものであったり，そして人格にまでは踏み込まないものであることで，学力がめざましく高まることにつながるのである。ただし，状況によってはフィードバックを与えることよりも指導を行うことの方が効果的である場合もあることには注意しておく必要がある。フィードバックとは何かに上乗せするものであるから，学習者が何も学んでいない段階や浅い知識のない場合に行ってもほとんど役に立たないからである。まとめると，

フィードバックとは一定程度学習が進んだ状態で与えられるものであり，学習に著しく大きな影響を与えるものの1つであり，その効果の割にはほとんど取り組まれていないものである。そして，授業や学習過程でフィードバックはどのように機能するのかについては，量的にも質的にも，さらに研究される必要がある。

■テストの頻度／テストを行うことの効果

フィードバックの別の形態として挙げられるものに，テストを繰り返すということがある。テストを繰り返すことは，テストの結果から教師にフィードバックされる内容が，学習者の強みや達成目標と学習者の能力レベルとの差に合わせた指導の修正につながるものである場合に限って効果的である。テストの頻度が多いほど学習者の能力が高くなる傾向が見られるが，その傾向は直線的なものではなく，テスト回数の増分ごとの改善率は漸減する傾向が見られる（Bangert-Drowns, Kulik, Kulik, & Morgan, 1991）。15週間に1度以上テストを受けた学習者は，テストを受けなかった学習者と比べて，集団基準準拠検査の得点が1/2標準偏差分高いことが示された。また同一項目のテストの結果を比較した結果，短時間で行うテストを多く受けた学習者の方が，長時間で行うテストを少数回受けた学習者と比べて得点が高いことが示された。テストの頻度が多いほど効果的であるというのは，テストの回数そのものが学力に影響を与えるということではなく，テストを多く受けることで学習目的と到達基準が明確化され，わかりやすくなるためであるということである。Clariana & Koul（2005）は，学習内容に立ち戻って繰り返し解かせるフィードバックを行うことは，浅い理解に対しては効果的ではなく（$d = -0.22$），これと比較して高次の理解に対する効果が高い（$d = 0.10$）ことを示した。「誤答に対して学習内容に立ち戻って繰り返し解かせるフィードバックを行うことは，学習者が落胆したり焦ったりしていい加減な思考をしない限り，学習内容についてより多く考

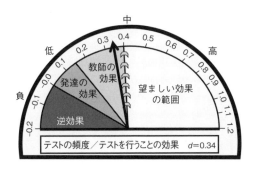

標準誤差	0.044（中）
順位	79位
メタ分析数	8
一次研究数	569
効果指標数	1,749
対象者数（2）	135,925

えることを求めることとなる」(p. 216)。同様に, Kim (2005) はパフォーマンス評価を長く行うほど効果的であることを明らかにしている。それは, 長く行うほど学習者も教師もその評価形式に精通するようになるからである。

この効果は, 単にテストを繰り返すことからでなく, テストから学ぶことによるものである。たとえば Gocmen (2003) はテストの頻度の効果は $d=0.41$ であることを明らかにしたが, フィードバックなしの場合 ($d=0.30$) と比べて, フィードバックありの方が効果が高かった ($d=0.62$)。Lee (2006) はアメリカにおける全州規模で実施されるハイステイクス・テストと, テストの結果で学校への予算の配分が決定する政策が読解と数学の学力に与える効果を検討した (1990 年以降を対象)。その結果, 効果量は $d=0.36$ (読解が $d=0.29$, 数学が $d=0.38$) であることが示されたが, 学校種間で見ると小学校 ($d=0.44$) とミドルスクール ($d=0.35$) では効果が見られたが, 高校では効果は見られなかった ($d=0.03$)。また, テスト得点の経年変化を検討した結果, テストの結果で学校への予算の配分が決定される度合いが大きい州ほど得点が高くなることが示されたが, この傾向は政策の導入以前から見られたものであると指摘している。そして,「テストの結果で学校への予算の配分が決定する政策によって児童生徒の学力が有意に向上したという主張は, 教育条件と授業実践が大幅に改善されない限り説得力をもたない」(p. 26) と結論づけた。

アメリカの多くの州ではハイステイクス・テストが実施されており, またこのようなテストを多く実施することは落ちこぼれゼロ法による必須事項に位置づけられている。このようなハイステイクス・テストを頻繁に実施することの効果は, テストに対する訓練の効果と見なすべきものである。また, 教育内容をテスト対策に絞ったり, テストのための授業を行ったり, 成績が振るわない学習者が除外されたことの効果であるという見解もある。Amrein & Berliner (2002) はハイステイクス・テストが実施されている 18 州の学力を分析した結果, ハイステイクス・テストの導入が学力に与える効果はほとんどないことを明らかにし, 多くの議論を呼んだ。この結果に対しては異議も唱えられている (たとえば, Braun, 2004; Raymond & Hanushek, 2003; Rosenshine, 2003)。Lee (2006) は州の政策の違いによる全米学力調査 (NAEP) の結果の違いを比較するメタ分析を行った。メタ分析に含まれた研究のうち, 6 つはハイステイクス・テスト実施州の方が学力が高いことを支持するもの, 5 つはどちらともいえないもの, 1 つはハイステイクス・テストを実施していない州の方が学力が高いことを支持するものであった。これらの効果は大きくばらついており ($d=-0.67$ から $d=1.24$ まで), 求められる説明責任の違いによる効果の違いは見られず, 学校全体と児童生徒の学力の改善を説明責任として求めること

の効果は $d=0.38$，学校全体の改善を説明責任として求めることの効果は $d=0.39$，児童生徒の学力の改善を説明責任として求めることの効果は $d=0.31$ であった。また，ハイステイクス・テストによる説明責任を求めることが算数・数学の学力に与える効果 ($d=0.38$) は読解力 ($d=0.29$) よりわずかに高い。また校種別に見ると，小学校における効果 ($d=0.44$) とミドルスクールにおける効果 ($d=0.35$) は，高校における効果 ($d=0.03$) よりも高かった。

■テスト方略の指導とコーチング

「コーチング」とは，テストで高い得点を取らせることを目的に行われるテスト準備のための活動全般を指すが，一般的にはテストを受ける準備として行う指導や練習のことを指す。DerSimonian & Laird (1983) はコーチングが大学進学適性試験 (SAT) の得点に与える効果を検討し，正の効果は見られるものの，対照研究（似たような対象者間で比較する研究）や無作為抽出による研究の結果示された効果の大きさは小さく，実質的には重要とはいえないものであった。また，対照群を設けない研究では，対照研究や無作為抽出による研究と比べて，効果量のばらつきが大きく，統合後の効果量は高いことが示された。

Bangert-Drowns, Kulik, & Kulik, (1983) はコーチングが学力検査得点に与える効果は $d=0.25$ であることを明らかにした。この程度の効果量は，短期間でテストを繰り返し行うことよりは小さく，多くの学校要因よりは大きく，広範な認知的スキルの育成を目的とした短期的プログラムの中では最も効果が大きい部類に入る。適性検査に対するコーチングの効果を検討した 14 の研究を調べた結果では，SAT に対しても，知能検査や他の適性検査の得点に対してと同様に正の効果を与えることが明らかとなった (Kulik, Bangert-Drowns, & Kulik, 1984)。SAT の得点に対する効果は $d=0.15$，他の適性検査や知能検査に対する効果は $d=0.43$ であった。また，コーチングにおいてはその期間の長さも重要であると考えられる。Samson (1985) は，5 週間以上連続したプログラムの方が，これより短期間のプログラムよりも効果が高いことを示した。加えて，低学年よりも高学年の学習者に対して，また社会経済的地位が低い学習者に対してより効果が高いと述べている。

Hausknecht, Halpert, Di Paolo, & Gerrard (2007) では，テストを再受験させることについてのメタ分析の結果，統合後の効果量は $d=0.22$ であったことが示されたが，3 度の再受験の効果はこれよりも効果が低かった。さらに，コーチングを受けた時間の合計はテスト得点に正の効果があり ($d=0.26$)，一般的な様式のテスト得点に対する効果 ($d=0.46$) の方が，これ以外の様式のテストに対する効果 ($d=0.24$)

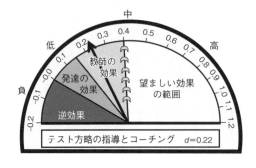

や、解釈的テスト（$d=0.32$）、定量的テスト（$d=0.30$）に対するものよりも大きいことが示された。そして、最も重要なこととして、テストに対するコーチングが全くない場合（$d=0.24$）と比べて、何らかのコーチングが行われた場合（$d=0.70$）の方が得点の伸びが大きいことが示された。

　Becker（1990）は、SATの得点に対するコーチングの効果は中程度であるが、読解や作文と比べて数学の得点に対する効果の方が大きいことを示した。そして、コーチングの効果に関する研究の結果に大きなばらつきが見られるのは、全てのコーチングが効果的とは限らないからであると主張している。また、コーチングの研究全体で見ると、個別の項目を解答する演習を行うことの方が、テスト冊子全体に解答する演習を行うことや、一般的な受験技術を指導することよりも効果が高いことも明らかとなっている。コーチングを行う前にプレテストを行った方が（Witt, 1993）、また複雑かつ普段使われていない形式のテストに対しての方が（Powers, 1993）、コーチングの効果が高いことも明らかとなっている。

　試験の流れや試験官に慣れるために、特に個別式の試験の対策として行われるものもコーチングに含まれる。このようなテストの場面では、テストに対する不安を低めることが効果的である。Fuchs & Fuchs（1985）は、試験官に対する慣れがテストの成績に与える効果は$d=0.35$であることを明らかにした。そして、社会経済的地位の低い受験者の場合、比較的難しいテストの場合、あるいは受験者が試験官のことを長い間知っていた場合に、試験官に対する慣れの効果はより高くなることも示された（Fuchs & Fuchs, 1986）。また、試験官に対する慣れがテスト成績に与える効果についてさらにメタ分析を行った結果でも、見たことのあるような試験官に当たった場合の方がそうでない試験官に当たった場合と比べて得点が高いこと、また試験官に慣れさせるための訓練の期間が長い方が得点が高いことが示された。さらに、社会経済的地位の低い受験者の場合には見たことのあるような試験官に当

たる方が成績がよいが，社会経済的地位が高い受験者の場合には試験官に対する慣れの程度による成績の違いは見られなかった。

■ **カリキュラムや指導方法・内容改善のための形成的評価**

　本書が強調したいことの1つは，教師に与えられるフィードバックの効果は大きいということである。学習者に対して設定した目標に向かいつつある過程で，「進み具合はどうか」を確認できるようにするために，授業中に何が起こっているのかを教師に対してフィードバックすることで，教師は「次に何をすべきか」を決めることができるようになる。このようなカリキュラムや指導方法・内容改善のために用いられる評価も形成的評価に含まれる。Fuchs & Fuchs (1986) はカリキュラムや指導方法・内容改善のために用いる形成的評価を計画的に実施することの効果を検討した結果，軽度の学習障害をもつ学習者の学力を高める効果があることを示した（$d=0.70$）。このような形成的評価は学年段階，指導の期間，テストの頻度，特別支援の状況を問わず効果的であった。また，教師自身の判断による場合と比べて，データやエビデンスに基づくモデルを用いることが義務づけられている場合の方が効果量が高かった。さらに，そのデータがグラフ化された場合の方が，単に記録されたデータを用いる場合と比べて効果量が高かった。

　本書で「典型的な教師効果」の範囲としている $d=0.15$ から $d=0.40$ を上回る効果のあるもののほとんどには，教師に与えられるフィードバックがあるという共通点がある。なぜ指導方法の工夫改善をするのかに注意を向け，否定的なエビデンス（たとえば，どこで学習者がつまづくのかというエビデンス）を見つけようとすることが，指導方法の工夫改善を行うこと，そして各々の学習者に対する効果を確かめようとする熱意と，これまでに見たことのない効果的な方法を受け入れようとする気持ちをもつことにつながるのである。教師に対して強く主張したいのは，自身

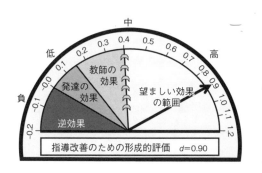

標準誤差	0.079（中）
順位	3位
メタ分析数	2
一次研究数	30
効果指標数	78
対象者数（1）	3,835

の授業に対する形成的評価の効果に目を向けてほしいということである。カリキュラムや指導方法・内容改善のための形成的評価を求めようとする姿勢が（それが意図的であってもなくても）優れた授業づくりにつながるのである。

■教師が学習者に質問すること

　教師が学習者からフィードバックを得ることは，教師が学習者に質問をすることでも可能であるものの，教師は学習者がどのように答えるかをわかっていながら質問をしていることが多いというのもまた事実である。質問をすること，特に高次の思考を促す質問は，効果的な指導方略であることはよく知られており，「質問することは意味の可能性を広げることにつながる」（Gadamer, 1993, p. 375），「質問をすることは知識構築の効果的な方法の1つである」（Mantione & Smead, 2003, p. 55），「よい質問は学習内容の理解，習得，記憶を促進し，それはあらゆる学校段階にあてはまる」（Craig et al., 2006, p. 567）といった主張が見られる。教師の質問の頻度についての研究，また種類についての研究や，質問の仕方についての教員研修の研究が行われるのは，教師が上手く質問をすることで，学習者にじっくり考えさせた上で答えをもたせることにつながり，ひいては高いレベルの学力を身につけることに至ると考えられているためである（Samson, Strykowski, Weinstein, & Walberg, 1987）。

　授業時間のかなりの部分が，教師が学習者に質問することに充てられている。たとえばCotton (1989) が行ったレビューによれば，質問をすることは2番目（1番目は教師が語ること）に多く用いられている指導方略であり，授業時間の35–50%にあたる時間が質問に充てられている（たとえば，Long & Sato, 1983; van Lier, 1998）ことが明らかとなった。これは1時間当たり100の質問を教師が発していることになる（Mohr, 1998）。そして，学習者の答えに対する教師の応答は正誤の判

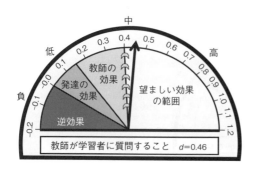

断や修正，主として学習者をほめる性質のもの，確認，言い換え，まとめであった。Brualdi (1998) は教師は1日で300から400の質問を発しているが，その多くは低次の思考を促すにとどまるものであり，60%が事実の再生，20%は授業を進めるためのものに過ぎないもの (Wilen, 1991) であったと述べている。これらの質問の内容は，答えが決まっていたり，照会的なものであり，学習者の側から見れば教師は既に答えを知っているような内容のものであった。これらはいわば「見せかけ」的な質問であり，82%がこれに相当した (Cotton, 1989)。このような質問が多くなされていることの背景には，多くの教師がもつ指導観や学習観があると考えられる。すなわち，教師の役割とは教科に関する知識や情報を与えることであり，学習者が行うべきは与えられた知識を反復し，記憶し，再生することで身につけることであるという考えである。ゆえに，質問の多くは情報を再生できるかを点検するようなものになってしまうのである。

　教師が学習者に質問することの効果は全体的にはばらつきが見られ，その効果の大きさは質問の種類によって異なる。浅い質問は浅い理解を，深い質問は深い理解を促すのである。Samson, Strykowski, Weinstein, & Walberg (1987) は，高次の思考を促す質問と事実を問う質問の効果を14の研究を対象として比較した。その結果，高次の思考を促す質問の学力検査得点に与える効果は正ながらも小さいものであることを示した。また，これから学習する内容や扱う教科書の記述と直接に関連した事実的な質問をすることは学習者の学習を促進することも明らかとなった。ただし，これから扱う教科書の内容と関係のない質問を行うことは負の効果がある (Hamaker, 1986)。深い質問は，関連性の高い学習内容と，関連性の薄い学習内容のいずれにもより効果的で，「深い質問は事実を確認する質問よりも，やや広範かつ一般的に，学習を促進する効果があるといえる (Hamaker, 1986, p. 237)」のである。

　効果的な質問をすることができるようになるには研修が重要である。Gliessman, Pugh, Dowden, & Hutchins (1988) は質問のスキルについての分析を行い，質問のスキルは研修によって大きく左右されることを明らかにした。研修を受けるか受けないか，研修受講者の教育水準，研修内容やレベルと実際に教えている学習者の状況との整合性，研修内容と研修の到達基準との整合性が，質問のスキルの習得に有意な影響を与えていることが示された。また，Redfield & Rousseau (1981) は教師が質問スキルの研修を受けている方が学習者の学力の伸びが大きいことを明らかにした。浅い質問は浅い理解を目指す授業において効果的であるが，浅い質問と深い質問の両方を行うことは深い理解を目指す授業において効果的であることが示された。

教師が質問をすること以上に重要なのは，学習者が発する質問を分析することであると考えられる。著者と同僚が行った，パイディア・プロジェクトと名づけた研究におけるソクラテス的問答を行った結果明らかとなったのは，学習者の興味を引きつけ，指導し，学習者がどのような質問をもったのかを傾聴することを構造化した授業を行うことが効果的であるということだった（Hattie, et al., 1998; Roberts & Billings, 1999）。

■教師と学習者の物理的・心理的な距離の近さ

　学習者に寄り添いながら時間をおかずにやりとりするということは，教師が学習者に常に耳を傾け，対応しているということを意味している。Allen, Witt, & Wheeless（2006）は，「教師と学習者の物理的・心理的距離が近い学習環境を用意し，教師が学習者との距離が近いことを示すことは，教師と学習者との心理的距離を縮め，授業の効果，とりわけ学習成果に影響を与える」（p. 22）と指摘している。学習者が，教師が時間をおかずに対応してくれたと気づき，自身が学習に取り組んでいることを認めてくれたと感じることで，教師と学習者の心理的な距離が縮まり，認められたと感じ，より熱心に集中して学習課題に取り組むようになる（Christophel & Gorham, 1995）。教師と学習者の物理的・心理的距離の近さは，学力に対して与える効果（$d=0.16$）と比べて，学習の情意面，すなわち教師や授業への態度や集中して学習に取り組むことに対する効果が大きい（$d=1.15$）。この結果と，情意要因と学力の相関とを結びつけながら，Allen et al.（2006）は，「教師が学習者の物理的・心理的距離の近さを体現する行動をとることと学習者の情意要因とは関係がある。そして，情意要因の高さは思考の深さと関係がある。［中略］したがって教師が学習者の動機づけ面，情意面に働きかけることは，学習者の学力を高めることにつながる」（p. 26）と結論づけた。この知見が示唆するところは，教

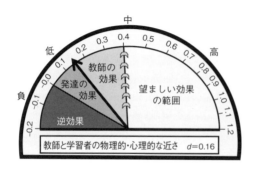

師と学習者の物理的・心理的距離が近いことで，学習者が学習に取り組んでいることに対して教師が関心と気遣い，そして熱意をもっているということを学習者にフィードバックすることにつながりうるということである。

学習者の立場を重視する指導

　ここからは，学習時間，自己質問，自己言語化，ピア・チュータリングといった，学習者の立場を重視する側面について関係するトピックが続く。

■学習時間

　「習うより慣れろ」ということがよくいわれる。そのとおりだと著者は確信し，毎朝ゴルフをしようと心に決めた。しかし，スコアが劇的に下がってしまった。そこではじめて，練習だけでは不十分であり，専門的な指導か身体能力の向上が必要であると気づかされた。学習に取り組めど成果が上がらないような状況にある学習者は，学習時間をこれ以上増やそうとは思わないだろう。学習時間には，授業日数，修業年数，移動や準備などにかかる時間，学習をしていない時間，学習に取り組んでいる時間，などが関係する。学習時間と呼ばれる時間の中でも，「実際に」学習に取り組んでいる時間の割合はどの程度なのか，といったことを扱った研究は多いが，Berliner（1984）は「実際に」学習に取り組んでいる時間の割合は授業中の40%であり，そのうち能力を伸ばすことに費やされる時間はさらに少ないと述べている。では，授業中にはどういうことが起こっているのであろうか。Yair（2000）の研究では，1日に8回ブザーが鳴るようにプログラムされた腕時計を33校の生徒865名に1週間装着させ，ブザーが鳴ったときにどのような活動を行っていたか，どのようなことを考えどのような気分であったか記録をとるよう求め，28,193件の記録を得た。この記録から，生徒が実際に学習に取り組んでいたのは授業中の半分程度で，男女とも同程度であったが，学年が上がるにしたがってその時間が減った。積極的な学習の時間は，国語や社会よりも数学で長く，教師が講義する際や教育放送を視聴する際で最も短く，グループ活動や実験を行っている際が最も長かった。学習者は「難易度が高く，要求度が高いと感じるほど授業に積極的になり，授業と関係のないことに気を取られなくなる」（Yair, 2000, p. 256）。

　せいぜい授業時間の半分しか学習者は実際に学習をしていないというわけであるが，授業では教師の話を聞くこと（または聞いているふりをすること）に多くの時間が割かれるわけで，驚く結果ではないだろう。このことから，単に授業時間や授

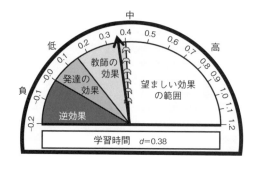

業日数を増やせばよいというものではなく、学校にいる時間のうち「実際に」学習に取り組む時間を増やすことこそが重要であると、多くの研究者が指摘している (Karweit, 1984; 1985)。「いかに時間を増やそうとも、能力を伸ばすことにつながるような時間を増やさない限り、学力の向上はなされない」(Walberg, Niemiec, & Frederick, 1994, pp. 98-99) のだ。

　Fredrick (1980) は実際に学習に取り組んでいる時間の長さと学力との関連について、35 の研究を統合するメタ分析を行った結果、効果量が $d=0.34$ であったと報告している。Lewis & Samuels (2003) は、読解の練習を増やすほど読解能力が高いことを示しているが、効果量は $d=0.10$ と低かったとしている。やや効果が高かったのは、1年生から3年生、英語を母語としない児童、学習障害をもつ児童、自分の学年よりも低い学年向けのものを読む児童の場合であった。学習とは、ただやればよいというものではない。

　さらに重要なのは、特に新しい内容を学習する際には、練習は目的的・計画的でなければならないということである。Van Gog, Ericsson, Rikers, & Paas (2005) は、重要なのは経験や練習の量ではなく、パフォーマンスを向上するために計画的になされる努力の量であると主張している。目的的・計画的な努力とは、パフォーマンスを向上させることに関係する活動であり、「適切な難易度に設定されており、反復練習することや間違いをしてそれを修正する余裕を与え、有益なフィードバックを学習者に提供することで、パフォーマンスが徐々に洗練されていくことを可能にするものである」(p. 75)。Van Gog らがさらにいうには、そのような練習で学習者はパフォーマンスを今よりも高い水準に引き上げることが必要になり、高い集中と多くの努力が何日も長期にわたって求められる。Feltz & Landers (1983) は、心の中でイメージする練習が運動技能の学習とその成果に与える影響を調べ、学習の初期段階と後期段階で効果が見られたとしている。また、短期間かつ試行回数が少な

い場合について見ると，メンタルプラクティスを行うことは高い効果が得られることも示された。

■分散学習と集中学習

単に学習に時間をかけることではなく，繰り返し学習することが学習の効果を高める。したがって，教師は学習者が必ず到達すべき段階に確実に到達できるように，目的的・計画的な練習において，練習内容についてのフィードバックを与える頻度を増やすにはどうしたらよいか考える必要がある（Walker, Greenwood, Hart, & Carta, 1994）。この知見を敷衍すると，直接教授法，ピア・チュータリング，完全習得学習，フィードバックといった本書で紹介される効果的指導法に共通する特徴を理解するのに役立つ。目的的・計画的な練習を行うことは，知識の獲得を促進するだけでなく，詰まらずに処理ができるようになること（プレシジョン・ティーチング—学習内容を細分化し習得を確認しながら学習を進めるとともに，自身の伸びもわかるようにしながら進める指導法—のコアとなる）にもつがなる機会が増えることとなる。これは単なる反復ドリルのような，繰り返しばかりで退屈で，フィードバックはわずかしかなく，多様な経験をさせることはなく，転移を促進することもなく，より深い理解や概念的理解を目指すこともなく浅い知識を身につけることだけが目指されるような，学習全体のバランスを欠いている指導方法を指しているのではない。目的的・計画的な練習とは，特定の技能を身につけ複合的な能力の育成につながり，目標の達成につながることで学習者を動機づけ，浅い知識，深い知識が長期的に保持され，またそれらが活用されるものなのである（Péladeau, Forget, & Gagné, 2003）。

Nuthall（2005）は，学習内容を身につけるには多くの場合数日間にわたって3回から4回学習することが必要と主張している。この主張は，集中学習よりも分散学

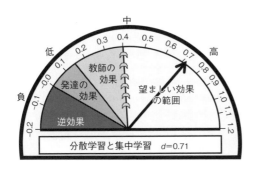

習の方が効果が高いとも言い換えられる。Donovan & Radosevich（1988）は，集中学習条件の学習者よりも分散学習条件の学習者の方が高いパフォーマンスを示したと述べている（$d=0.46$）。知識の獲得（$d=0.45$）と保持（$d=0.51$）の両方が，集中学習ではなく分散学習によって促進された。学習の間隔による効果は，課題の複雑さや難易度と関係しており，単純な課題の場合は短い間隔の方が効果が大きく，より複雑な課題の場合には長い間隔（少なくとも24時間以上）が求められるという結果であった。

■ピア・チュータリング

　学習者を教師役にして自分自身や他者の指導にあたらせることは，全体的にみて効果がとても高い。授業のねらいが学習者に自己調整や自分自身の学習をコントロールすることを教えることにあるのであれば，学習者は学習者であることから自分自身を教える教師へと変わっていかなければならない。ピア・チュータリングは，自己調整能力の発達を促す有効な方法の1つであり，多くの人が思っているような，単なる年上の学習者が年下の学習者を教えるための方法というわけではない。学習者が学習者自身の教師役を演じることができるようにするためには，ピア・チュータリングを取り入れることの効果は著しく高い。ピア・チュータリングに関する知見によれば，多くの学習上の利点，社会的な利点が，指導する側にも指導される側にももたらされるということが示されている（Cook, Scruggs, Mastropieri, & Casto, 1985）。多くのメタ分析の結果を全体的に検討すると，その効果量は$d=0.40$を超えるものがほとんどである。

　Hartley（1977）は，さまざまな指導法が算数の学習成果に与える影響についてメタ分析した結果，ピア・チュータリングが最も効果の高い方法であったと報告している（$d=0.60$）。ピア・チュータリングのなかでも最も効果が高かったのは，教師の代わりをさせることではなく，教師の指導のもとでピア・チュータリングを行う場合であった。また，チューターの年齢が異なる場合（$d=0.79$）の方が，同年齢の場合（$d=0.52$）や大人の場合（$d=0.54$）よりも効果が高かった。そして，これはよくいわれているように，指導する側にも，指導される側と同程度の学習効果があるという結論を得ている。指導する側に対する効果は$d=0.58$，指導される側に対する効果は$d=0.63$と，あまり差はなかった（同様に，Cook et al., 1985では，教師の代替とした場合$d=0.63$，教師の指導の補助とした場合$d=0.96$であった）。

　ピア・チュータリングは特別支援教育における導入例が多い。Elbaum, Vaughn, Hughes, & Moody（2000）は，教える側が障害をもつ学習者の場合とそうでない場

第8章 ■ 指導方法要因の影響 Ⅰ

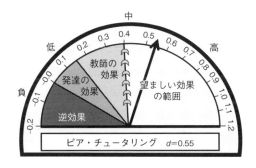

標準誤差	0.103（高）
順位	36位
メタ分析数	14
一次研究数	767
効果指標数	1,200
対象者数（3）	2,676

合とでは，ピア・チュータリングの効果の大きさはさほど変わらなかったと報告している。Cook, Scruggs, Mastropieri, & Casto（1985）は，特別な教育的ニーズをもつ学習者がチューター役になり特別な教育的ニーズをもつ他の学習者を教えた場合の研究を検討し，指導される側（$d=0.53$）も指導する側（$d=0.58$）と同等の学習効果があったとしている。Mathes & Fuchs（1991）は，ピア・チュータリングは特別支援の学習者が通常受けていた授業よりも効果的であったという結果を得ている。Kunsch, Jitendra, & Sood（2007）は，障害をもつ学習者に対するピア・チュータリングの効果は，特別支援学級で行われる（$d=0.32$）よりも通常クラスで行われる（$d=0.56$）方が効果が高いと報告している。Philips（1983）は，ピア・チュータリングは学習の習熟段階よりも獲得段階で，そして明確な到達基準が目標として示されたときにより効果が高いことを報告している。

Rohrbeck, Ginsberg-Block, Fantuzzo, & Miller（2003）では，学習者が目標設定，パフォーマンスのモニタリングや評価，報酬の選択などに関与する形のピア・チュータリングは，主に教師が管理する場合と比べて効果が大きかったという結果が得られた。学習者が（ピア・チュータリング場面において）自分自身または他者の学習の管理者となると，学習者はこのような高い自律性を発揮することになり，それがより高い学習成果へ結びつくのである。

したがって，学習者が他の学習者を教える場合，教えられる側と同等の学習成果が教える側にももたらされる。この教授過程を学習者が自律的に管理するならば，学習効果はさらに高くなる。このような効果は，新しい学習内容の浅い知識を学ぶ際にさらに重要となる。しかし，チューターがよい教師役を務めるには学習内容についてより深く理解していることが求められるだろう。ただし，このような点については十分には明らかにされておらず，推測の域を出ないため，今後の研究の課題ともいえる。多くの教師が「教えることによって学ぶところは多い」といいながら，

教室に入るとこの原則を閑却し，学習者を教育を受ける立場としてしか見ずに，教師のみが指導と学習の一切をつかさどりうる者であるとして振る舞うのはなぜだろうか。

■ メンタリング

メンタリングはピア・チュータリングの一種であり，多くの場合年齢が上の者が下の者に対して学習上または社会的な援助，またはその両方を与える形で実施されるが，成人の職場における人材育成にも用いられる。メンタリングは，年上のメンターとの協力的な関係が，個人の情意的，認知的，心理的な成長に重要であるという考えに基づいている。メンタリングは，指示はほとんどせず，社会的経験やお手本から学ぶことに基づいた徒弟的なモデルである。パフォーマンスに対するメンタリングの効果はほぼゼロであったが（$d=0.08$），態度に対する効果（満足度 $d=0.60$，学校に対する態度 $d=0.19$）と動機づけや関与の度合に対する効果（$d=0.11$）はそれよりも高かった（Eby, Allen, Evans, Ng, & DuBois, 2008）。つまり，パフォーマンスよりも態度の方が変化が大きく，その理由は，「パフォーマンスは態度よりも文脈に依存する度合いが高く，態度の方が変化しやすいためである」と考えられている（p. 16）。学習に関するメンタリングの方が，生徒指導的メンタリング（非行，家庭問題に関すること）や職場でのメンタリングよりも効果が高かった。

DuBois, Holloway, Valentine, & Cooper（2002）は，メンタリングによるさまざまな結果を分析している。575の効果量のうち，一対一ないしはグループで行われたメンタリングが学力に与える効果は $d=0.18$ と低かった。また，メンターが訓練を受けた者の場合の方がそうでない場合よりも高かった。さらに，情意的，心理的アウトカム（$d=0.20$），問題行動または危険行動（$d=0.19$），社会的能力（$d=0.16$），就業や雇用（$d=0.19$）に対しては小さい効果が見られた。

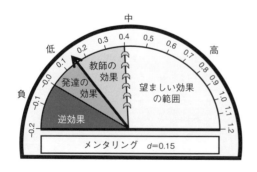

学習者の学習能力を発揮させ,育成する指導

　本節では,スタディスキル,自己言語化,自己質問,学習スタイルに合わせた指導,個別指導といった,さまざまなメタ認知的方略を指導する授業について考察する。

■メタ認知的方略

　Newell (1990) は,問題解決にかかわる思考は,問題に対して方略を適用すること,および方略を選択しモニターすることの2層に分かれるとしている。後者のような自分の思考について考える思考は,最近ではメタ認知と呼ばれており,学習する際に働く思考過程を能動的に制御する高次の思考過程を指す。メタ認知には,学習課題にどのように取り組むか決めるプランニング,進捗状況の評価,理解度のモニタリングといった活動が含まれる。メタ認知的能力育成プログラムのうち,効果的であったものについてメタ分析を行った結果 (Chiu, 1998) では,集団の規模が小さい場合,また学年が高い場合に効果が高いことが示された。また,リメディアル教育として行われる場合,集中的には指導しない場合においても効果が高かった。Haller, Child, & Walberg (1988) が読解能力育成のためにメタ認知的方略を指導することの効果についてのメタ分析を行った結果,効果量は $d=0.71$ であった (Chiu, 1998 も参照)。最も効果の高いメタ認知的方略は,文章の非一貫性への気づきと自己質問であった。

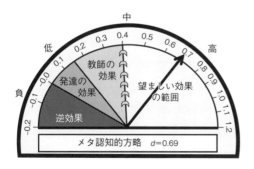

標準誤差	0.18（高）
順位	13位
メタ分析数	2
一次研究数	63
効果指標数	143
対象者数（2）	5,028

■スタディスキル

　スタディスキルの指導は，学習者自身の学習行動の改善を目的として，授業以外で実施されるものである。指導は，認知面，メタ認知面，情意面に対するものに分けられる。認知面に対する指導では，ノートの取り方や要約など，課題に関連したスキルを身につけることに焦点が置かれる。メタ認知面に対する指導では，プランニング，モニタリング，方略をいつ・どこで・どのように用いるかなどといった自己管理に関するスキルが指導される。情意面に対する指導では，動機づけや自己概念といった，学習の認知過程以外の側面に焦点があてられる（Hattie, Biggs, & Purdie, 1996）。ここで主張したいことは，スタディスキルの指導はそれだけでも浅い知識の習得には効果があるが，学習内容と結びつけて指導することで，深い理解をも促すということである。

　Lavery（2008）は，メタ認知面に対するスタディスキルを指導した場合の学力に対する効果量は $d=0.46$ であったとしている。最も効果量の高かった方略は再構成の方略であったが，これは多くの指導においてとても有益な要素であったことがわかった（Hattie et al., 1996）。この部類の方略（たとえば要約や言い換え）を用いることによって，学習者は学習課題により主体的に取り組むようになると思われる。記録，イメージ化，時間管理，環境整備の効果は最も低かったが，これらの方略はどちらかといえば受動的な性質をもち，学習内容に対する積極的な働きかけを伴わないためと考えられる。

　大学生に対する研究のうち，スタディスキルの指導の効果は低い（効果量が負のものもある）ことが示されたものを詳細に分析したところ，指導期間が短い場合（たとえば数日間）においてであることが明らかとなった。調査対象となったスタディスキルの指導を受けた大学生は，大学での学習についていけないと見なされ

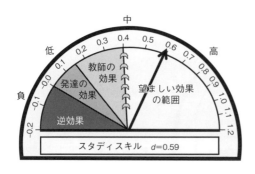

表8.5 メタ認知的方略の種類と効果量（Lavery, 2008）

方略	詳細	内容	効果指標数	効果量 (d)	標準誤差
再構成	学習を向上させるために,教材を明示的,非明示的に再構成する	レポート執筆前にアウトラインを書く	89	0.85	0.04
結果の期待	成功・失敗に対する報酬・罰を準備したり予想する	勉強が終わるまで楽しいことを先延ばしにする	75	0.70	0.05
自己教示	課題を行う手順を自分で言葉に出す	算数の問題の解き方を言葉に出す	124	0.62	0.03
自己評価	基準を設定し,自己判断に用いる	課題を提出する前に見直す	156	0.62	0.03
援助要請	他の生徒,教師,大人に援助を求めようとする	学習パートナーを活用する	62	0.60	0.05
記録	課題に関連した情報を記録する	授業でノートを取る	46	0.59	0.06
反復と記憶	明示的・非明示的な方略で学習内容を記憶する	算数の公式を繰り返し書いて覚える	99	0.57	0.04
目標設定・プランニング	目標や下位目標を設定しそれに基づき活動の順番や時間,完了の計画を立てる	学習において行うべきことをリスト化する	130	0.49	0.03
記録の見直し	予習または次のテストのためにノート,テスト,教科書を見直す	講義に出る前に教科書を見直す	131	0.49	0.03
自己モニタリング	出来ばえや成果を観察し,しばしば記録する	学習の成果を記録する	154	0.45	0.02
課題方略	学習課題を分析し,効果的に学ぶ具体的な方法を見つける	情報を記憶するための記憶術を考え出す	154	0.45	0.03
イメージ化	学習を補助するために鮮明に映像化したり想起する	勉強しなかった場合どういう結果をもたらすか想像する	6	0.44	0.09
時間管理	時間の見積と割り当て	日々の学習と宿題にかける時間を計画する	8	0.44	0.08
環境整備	学習を容易にするために,場を選択したり作り変える	ひとりになれる場で学習する	4	0.22	0.09

ていたことを踏まえると，このような学生に対しては，長期的に指導することが必要であったといえるだろう。年齢が高い学習者ほど，学び方というものは染みついたものとなり，変えようとしてもなかなか変わらないものだからである（Hattie et al., 1996）。この点は Nist & Simpson (1989) の研究でも指摘されている。すなわち，大学生に対するスタディスキルの指導の効果は短期的に見るとむしろ成績が下がるということが示され，効果を出すには長期間の指導の必要が示唆されている。新しいスタディスキルを身につけるには，まずはもっているスキルを捨てる段階が必要なのである。

　スタディスキルの指導の効果には個人差が見られる。たとえば，Shrager & Mayer (1989) は，ノートの取り方の指導は，すでにノートの取り方に長けた学習者には効果はないが，不得手な学習者に対してはテストの成績を向上させる効果があることを明らかにした。Mastropieri & Scruggs (1989) では，特別支援教育におけるスタディスキルの指導のなかで最も効果の高いのは，記憶術の指導であった（同様に Crismore, 1985; Kobayashi, 2005; Rolheiser-Bennett, 1986; Runyan, 1978）。しかし，大学で学習に困難を抱えている者に対するスタディスキルの指導の効果は極めて低かった（Burley, 1994; Kulik, Kulik, & Shwalb, 1983）。記憶術は，新しい言語的刺激に対して音韻的に似た表象に関連づける（たとえば虹の色を覚えるのに Roy G. Biv（虹の色の名前の頭文字を取ったもの）と覚える）ことにより記憶の手掛かりとする。記憶術が効果的であるという研究者らは，まず学習者が教科書を読んで何を覚えるべきか判断でき，適切な記憶方略を選択し，方略を適応させる方法を正確に思い出してそれを実行でき，自分でテストやモニタリングを行い，学習した知識を適切な場面に適用できるようになるほど，より身につけた知識が他の場面へも転移され学習を支えるようになると述べている。

　Kobayashi (2005) は，ノート取りの方略の指導が，教師のノートを生徒に見せた場合，効果量が高くなることを報告しているが（$d=0.82$），これは教師のノートが生徒にとってノートの取り方の手本となったり，ノートから学習する際のルーブリックとなったりしたためである。教師のノートを見せた場合（$d=0.41$）に効果量が高かったが（見せなかった場合は $d=0.19$），ノートを取ることよりもさらに効果量が高かったのは，ノートを用いて復習することであった（$d=0.45$）。これらの効果は，復習の時間の長さ，ノートを取る際の提示時間，提示のしかた（映像，音声，実際の授業）には左右されなかったとしている。

　Hattie, Biggs, & Purdie (1996) は，スタディスキルの指導について，学習課題や成果指標の内容によって近転移を目指すものと遠転移を目指すものとに分類し，さ

らに，学習内容との関連づけの有無によって分け，メタ分析を行った。その結果，スタディスキルの指導は低次の思考課題（たとえば記憶，$d=1.09$）に与える影響が，学習内容の再生（$d=0.69$）に与えるものよりも大きいことが示された。また，これら2つと比べれば低いものの（それでも効果量は高いが）転移課題に対する影響は $d=0.53$ であった。さきに指摘したとおり，記憶術を直接指導するスタディスキルの指導はほとんどの学習者にとって高い効果があり，また従来のスタディスキルの指導は，近転移・低次思考課題に対して効果的である。学習内容とは関連づけられずにスタディスキルを指導した場合（つまり一般的なスタディスキルとして指導した場合），浅い知識の獲得に対してのみ効果的であった。一方，スタディスキルの指導が学習すべき内容と密接に関連づけられていた場合，浅い知識の獲得のみならず，深い知識の獲得や理解に対しても効果的であった。著者らは，スタディスキルの指導で「最も効果の高いのは，動機づけの高い状態で行われ，また教科内容との関連をもたせた形で，メタ認知的方略の指導を行うこと」（Hattie et al, 1996, p. 129）であるとの結論に至った。教科内容とは切り離した形で単に「学習の仕方を学ぶ」プログラムを行うことの効果については疑問視せざるを得ない。このメタ分析の結果から導かれる提言は，(1) 学習領域の文脈の中で行うこと，(2) 目標となる学習内容と同じ領域での課題をスキルの指導に用いること，(3) 生徒の能動性とメタ認知的自覚を高めること，の3点である。「方略指導は，課題に対して適切な方略が使用されるように，学習者個人の能力，洞察力，責任感を発揮させるバランスの取れたシステムであるべきである」（Hattie et al., 1996, p. 131）。学習者は各々の課題に対してどのような方略が適切なのか，つまり，方略をどういった状況で，なぜ，どのように用いるのかということを知ることが求められる。方略指導は授業が行われる文脈に埋め込まれる形で行わなければならない。

　スタディスキルを身につけることで，学習者は学習に対する自信をもてるようになる。Robbins, Lauver, Le, Davis, Langley, & Carlstrom（2004）は，大学の成績（GPA：Grade Point Average）を最も予測する要因は自己効力感（$d=0.38$）であり，これは高校の成績（$d=0.41$）と同程度であった。その他の要因の影響は，達成動機（$d=0.26$），社会的動機づけ（$d=0.12$），学業上の目標（$d=0.16$）であった。同様に，Ley & Young（2001）は，自己効力感が大学の成績（$d=0.50$），達成動機（$d=0.30$）に与える影響が強く，その影響は，社会経済的地位，基礎学力，高校の成績を組み合わせたものよりも強いことを示した。Ley らは，学習者が自ら学習を進めることができるようにするための支援を授業に組み込む際には，以下4つの原則があると述べている。

1. 効果的な学習環境を準備，構成するように学習者を導く
2. 学習における認知的，メタ認知的過程を促すために授業や活動を組み立てる
3. 授業の目標やフィードバックを用いて生徒にモニタリングする機会を与える
4. 普段の授業での評価の内容と生徒が自己評価する機会を継続的に与える

これら4つの原則を踏まえれば，あらゆる教材，学習内容にスタディスキルの指導を組み入れることが可能となるのである。

■自己言語化と自己質問

自己質問とは自己調整の一形態である。前節の内容を踏まえると，スキル獲得の初期から中期段階にかけて，および学力の低位層から中位層に対してより有効であると考えられる（de Bruin, Rikers, & Schmidt, 2007 を参照）。Duzinski（1987）は学習方略や認知的方略の指導の影響を検討している。自己言語化は最も効果的な方略の1つで，課題志向的なスキル（作文や算数）においてより効果的であった。Huang（1991）による自己質問の研究では，低学力層の学習者にとってより効果的であった。同様に Rock（1985）は，自己教示は，特別支援教育の生徒の多くに効果的であったとしている。

Huangはまた，自己質問は必要な情報を探す際の補助になり，それにより教材が伝えようとする内容の理解が進んだと述べている。高学力層の学習者に対しては，さまざまな自己調整方略を用いることができていることが多いため，自己質問を指導することは有効ではないだろう。自己質問の効果は,授業前に行う場合（$d=0.94$）と授業後に行う場合（$d=0.86$）の方が,授業中に行う場合（$d=0.52$）よりも高かった。また,課題解決の直後（$d=0.54$）よりも遅延させた（$d=0.72$）方が効果が高かっ

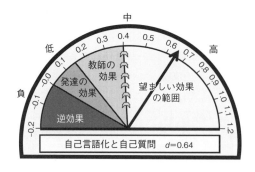

た。さらに，自己質問のモデルを教師が見せた場合（$d=0.69$）の方が，そういったモデルがない場合（$d=0.47$）より効果的であった。

■学習者自身による学習の管理

学習者自身が学習過程において選択，管理することの効果は，動機づけに対する効果はやや高い（$d=0.30$）ものの，それによって学力が高まるわけではない（$d=0.04$）（Niemiec, Sikorski, & Walberg, 1996; Patall, Cooper, & Robinson, 2008）。学習者自身が学習の管理をすることで，学習に無関係な側面，たとえばペンの色や学習しながら聞く音楽を自分で選ぶようにはなる。しかし，こういった学習に無関係な側面での選択は努力を要せず，学習成果を大きく左右するものではない。また，選択肢が多すぎることは，かえって混乱を招きかねない。

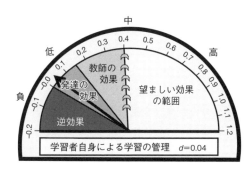

標準誤差	0.176（高）
順位	132位
メタ分析数	2
一次研究数	65
効果指標数	38
対象者数（O）	na

■学習スタイルに合わせた指導

学習スタイルに合わせた指導とは個人差に合わせた指導方法の最適化の一形態であり，学習者は一人一人異なる学習方法の好みをもっているという前提に基づいている。授業が学習者の好みのスタイルまたはとりやすいスタイルに沿って行われると，学習成果が高まるということを主張する向きは多い。たとえば，Dunn, Griggs, Olson, Beasley, & Gorman（1995）は，授業が学習者のスタイルに合わせて行われた場合，複数のスタイルをもつ学習者または好みがそれほど強くない学習者と比べて，特定のスタイルを強く好む学習者（たとえば聴覚，視覚，触覚，運動感覚の優位性）の学習成果が高まる度合が高かったと主張している。Dunnらのモデルには5つの次元がある。すなわち，環境的（例：学習時に暖かい環境を好むか涼しい環境を好むか），感情的（例：持続的に取り組むか，休憩を挟みながら取り組むか），社会的（例：グループで取り組むか1人で取り組むか），生理的（例：食べ物を食

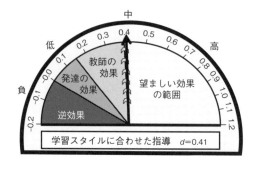

べながら学習するかどうか，動きまわりながら学習するかどうか），心理的（例：包括的または分析的な処理）の5つである。こういった学習方法の好みを授業において考慮すると学習がより効果的に行われるという主張である。しかし，その逆の主張をする研究者もおり，たとえば学習者がもちあわせていないスタイルを教えるべきであるという主張が見られる（Apter, 2001）。

　学習スタイルの効果のメタ分析結果を解釈することは困難である。1つの結論として，効果量の平均が $d=0.41$ であるということを踏まえると，学習スタイルはある程度は大切であるといえるだろう。しかし注意深く見ていくと，Dunnらのモデルでは，学習スタイルと学習方略が混同されているなど，学習スタイル以外の特性が混在していることがわかる。さらに，メタ分析の多くでは，学習スタイル質問紙の得点と学力との相関を分析しているため，個人差との交互作用の分析でもなければ，学習スタイルを指導することの効果の分析であるともいえない。学習スタイルと学習方略及びその他の特性が混同されているということを踏まえると，多くの研究は，学習方略などを身につけた学習者ほど学力が高いといったことを示唆しているに過ぎない。たとえば，Kavale & Forness（1987）は学習障害をもつ学習者を対象とした研究のメタ分析を行ったが，学習者の学習法の好みに基づいた授業は学習者の学習を促進できるという主張を支持する結果は得られなかった（聴覚的 $d=0.18$，視覚的 $d=0.09$，運動感覚的 $d=0.18$）。彼らは，「知覚様式の好みに基づいて学習者を群分けしても，実際には多くが重複していたため，好みの学習方法とされるものが本当に存在するのか疑問」であり，「好みの知覚様式に指導方法を合わせても，達成度はほとんど，あるいは全く伸びなかった」（p. 237）と述べている。また，Iliff（1994）によるメタ分析の結果でも，さまざまな学習スタイルはあるものの，特定のスタイルがとりたてて学力を予測する割合が高いという結果は見られなかった（拡散型 $d=0.28$，同化型 $d=0.29$，収斂型 $d=0.28$，調整型 $d=0.29$）。この

ことから,「LSI（Learning Styles Inventory）は学力や職業指導の予測因子とはなりえず,研究者は学習者を無理に型にはめるようなことはやめるべきである」(p. 76) と結論づけている。

　また,メタ分析の結果でも,特異な結果が出ており過誤が多いものは考察から除外すべきであると考えられる。たとえば,Dunn, Griggs, Olson, Beasley, & Gorman (1995) によるメタ分析は,主に Dunn らが指導した博士論文での研究を対象としており,態度をアウトカムとして扱ったものがほとんどで,多くの研究で対象者は大人であった。また,このメタ分析には一般的には考えられないような高い効果量が得られた研究が含まれている。中でも Rowan (1988) は教師の現職教育の講義で,好みの時間帯に指導を受けるクラスと,好みに合わない時間帯に指導を受けるクラスを設けたところ,効果量は $d=22.29$ と驚くほど大きな数値であった。これは学習スタイルと学習成果の相関が $r=0.996$ であることを意味しているが,想像を超える高さである。その次に高い相関は Lashell (1986) が報告した $r=0.887$ という値である。この研究では 48 名を統制群,42 名を実験群に割り当てた。学習者の読み方のスタイル (phonics-linguistic, whole-word, individualized, language experience) が測定され,それぞれの学習者のスタイルに合わせた読み方の指導が行われ,アウトカムとして読解力が用いられ,学年,実験・統制群,性別,プレテスト得点,教師の経験年数などを説明変数とした回帰分析が行われたものである。その結果,重相関係数は 0.887 であったが,Dunn らはこれを効果量と誤解してメタ分析を行った。当然であるが,この重相関係数は学年,実験・統制群,性別,プレテスト得点,教師の経験年数などを説明変数として投入したモデルについて得られたものであり,介入の効果そのものではない。

　Dunn らのメタ分析に含まれるその他の研究の多くでも同様の問題がある上に,サンプルサイズが極めて小さい研究も含まれていることを指摘しておかねばならない。Zippert (1985) ではスタイルに合わせた群（何のスタイルか記載なし）に 9 名,統制群に 8 名の大人の対象者を割り当て,同じ教員が指導を行ったところ,効果量は $d=2.59$ であった。Hutto (1982) では,4 名の教師に対して 3 クラスにおいて学習者のスタイルに応じた指導を行い,別の 3 クラスではあまりスタイルに応じて指導しないという指示を与えた。統計的分析がいくつもなされてはいるが,そのうち 1 つのみを取り上げて解釈している。3 年生のクラスでスタイルに応じた指導を受けたクラスは,そうでないクラスよりも到達度が高かったという結果が得られた（この結果がメタ分析で報告されている）。Ingham (1989) では,314 名の社員（セールスマン,整備士,経営者）に対し 2 つの授業が行われた。1 つは視覚的な情報を

見せながら聴覚的な方略で指導，もう1つは，視覚的に情報を見せながら触覚・運動感覚的な方略で指導した。学習方法の好みと合致している場合，社内研修に対する態度に差があった。

　Dunnらのメタ分析では，学習スタイルの次元と学力との全体的な相関は，感情的次元で$r=0.26$，社会的次元で$r=0.23$，環境的次元で$r=0.24$，生理的次元で$r=0.46$であった。この研究の結果を踏まえると，学習時間帯，食事やおやつを食べながら学習すること，席を移動しながら学ぶこと，聞いて学ぶか見て学ぶかといった好みに合わせて指導することは多少は効果があるといえなくもない。しかし，このメタ分析の対象となった研究の多くで学力との相関が$r=0.60$を超えているというのは信じがたい。これは，Sullivan（1993）についても同様である。なお，Kavale, Hirshoren, & Forness（1998）もDunnらのメタ分析を再検討しており，「理論的背景の脆弱さ，奇妙な手法，大幅な省略，結果の一部しか解釈していない点には注意すべき」であるとし，このメタ分析は「学習スタイルのモデルが成立しなくなったにもかかわらず捲土重来を期そうと必死になっている証拠である」（p. 79）と結論づけている。

　こういった特定の学習スタイル（たとえば，おやつを食べながら学ぶ，背筋を伸ばして座る）が，本書で議論されている他の多くの要因よりも学力に与える影響が強いとは考え難い。Mangino（2004）は，リメディアル教育のコースを履修している学習者の成績と相関が最も高かったのは運動感覚的学習（行う，触る，交流する，$r=0.64$），複数の方略を用いるのではなく同じ方略を使い続けること（$r=0.44$），摂食への強い志向（食べながら，飲みながら学習する，$r=0.41$），学習する際に権威的存在がいること（$r=0.34$）であったとしている。成績のよい学習者は，複数の方法を用いて学ぶこと（$r=0.31$），権威的存在がいること（$r=0.28$），秩序の欲求（$r=0.38$），静寂さ（$r=0.40$），堅いデザイン（背筋をまっすぐ90度にして座って学ぶことの好み，$r=0.47$）を好んでおり，また動機づけが高い傾向にあった（$r=0.25$）。これらの結果からいえることは，学習者は教師（権威的存在）を必要とし，リメディアル教育のコースの学習者に対しては認知負荷の低い課題，通常の授業では複数の学習方法を使う余地が与えられることがよいということになる。しかし，おやつの必要性や背筋を伸ばして学ぶことについての主張は，著者には到底理解しがたい。

　別の説明として可能性があるのは，学習者が学習を楽しむと学力が上がるということである。よって，彼らが最も楽しんで学習できる環境は学力と相関があることになるが，重要なのは楽しんでいることであって環境の方ではない。この考えに

第 8 章 ■ 指導方法要因の影響 I

基づけば，さまざまな環境要因と学力との相関が説明できる。たとえば Lovelace (2005) は，学力に影響を与える要因を検討するために，教室環境の改善，授業規律の有無，1 人で学ぶか協同で学ぶか，授業が行われる時間帯，個別化か一斉指導かといった要因を並べてメタ分析を行った。それによると，音，温度，デザイン，運動感覚的な好みに指導方法が合致する場合と比較して，移動しながら学ぶことや，照明，聴覚的，触覚，摂食といった面での好みに指導が合致した場合の方が学力が高いと述べられている。

　Slemmer (2002) は，教育機器・メディア・コンピュータを活用した学習環境を用意することで学習者の学習スタイルにどれだけ適合的となり得るかといった点に焦点を当てた研究を行っている。その結果，学習スタイルと学力との間にはわずかばかりの関係は見られたものの，学習スタイルの好みに合わせた指導を行うことよりも，クラスの学習者全員に対して一律の指導を行うことの方が学力に与える影響が大きいことが示された。Tamir (1985) は，認知スタイルの好みと学力の高低との関係を検討し，記憶（情報の適用，応用，限界を考えずに覚えること）$d = -0.28$，原理（根本原理，概念，関係性を明らかにした上で覚える）$d = 0.32$，判断（情報の完全性，一般化可能性，限定性を批判的に検討すること）$d = 0.24$，実用（一般的，社会的，科学的文脈に対する適用可能性を検討すること）$d = -0.06$ であることが示された。低学力層の学習者は記憶を好み，高学力層の学習者は原理，判断を好む傾向にある。

　このような，学習スタイルの好みについての知見に対しては懐疑的になることを禁じ得ない。Holt, Deny, Capps, & de Vore (2005) が，教師が学習者の学習スタイルの好みを正確に判断しようとした場合と，当てずっぽうに推測した場合との正確さの違いについて調べたところ，正確に判断しようとした場合の正確さは 30%，当てずっぽうに推測した場合にも 25% は正確であった。これは，教師が学習者の学習スタイルを見取ろうにも無理があるということを示している。Coffield, Ecclestone, Moseley, & Hall (2004) は，さまざまな学習スタイルのモデルについて詳細な分析を行い，研究としての体をなしているものがわずかであることを指摘し，さまざまな面から批判している。すなわち，誇張の度が過ぎること，調査項目や測定方法が不適切であること，妥当性が低く授業実践に対する影響はほとんど見いだせないこと，主張のほとんどは商業目的であることなどである。したがって次のようにいいうる。すなわち，学習方略は学力を高める。学習を楽しむことも学力を高める。学習スタイルは，学力を高めることとは関係ない。

■個別指導

　個別指導は，一人一人の学習者はそれぞれが異なる興味や学習経験をもっているという考えに基づいている。したがって，個別指導を行うことで，学習者の個人差に適合的な指導方法や意欲づけが実施できるようになると考えられている。個別指導が効果的であるというエビデンスはあるものの，その効果はそれほど高いものではない。学習者が授業を受ける教室には20人以上の学習者がいるのが常であることから，教師に求められる指導技術とは，多人数の学習者がいる教室を束ね，学習者同士の教え合いを最大限に活用し（しかしこれはあまり行われていない），学習者の共通点や個人差をうまく引き出しながら授業を進めることである。

　Hartley（1977）は，異なる指導方法が算数の成績に及ぼす影響についてメタ分析を行った。その結果，通常の授業と比較した個別指導やプログラム学習の効果の高さはわずかばかりのものであった。それに対し，ピア・チュータリングやコンピュータを利用した授業の方が，学力を伸ばす効果が高かった（$d=0.60$）。同様にBangert, Kulik, & Kulik（1983）では，個別指導を行うことが高校の成績に与える影響は極めて小さいことが示された。また，学習者の自尊心，批判的思考能力，学習内容に対する態度に与える影響も小さいことが示された。

　Waxman, Wang, Anderson, & Walberg（1985a, 1985b）は，個別指導が学力に与える影響は大きいと主張しているが，単に個別指導の機会を多くすることが重要なのではなく，学習者のニーズに適合的な指導を行うことこそが重要であると指摘している。すなわち，学習者の長所を把握し，学習者が自身のペースで学習を進めることができるような教材や方法によって指導を行い，断続的に評価を行うことで学習者自身が到達レベルを把握できるようにし，評価に対する学習者の関与の度合いを高めるようにし，学習者自身が学習目標を設定できるようにし，その目標に到達す

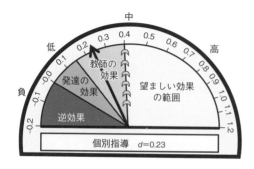

ることを目指して学習者どうしが互いに助け合えるようにすることが重要であるとしている。しかし，このようなことは，個別指導に限らず，小集団や多くの学習者がいる学級でも十分に実現可能である。

個別指導の研究の多くは，算数や理科を対象としたものである。Horak（1981）が小学校と高校の算数・数学の成績に対する個別指導の効果を分析した結果では，大人数集団での指導との有意差は見られなかった。同様に Atash & Dawson（1986）が，Intermediate Science Curriculum Study（ISCS）という，一部にプログラム学習と個別指導を導入したカリキュラムの効果を検討した結果，通常の中学校の理科の授業を受けた場合と比べて，学力にはほとんど差がなかった（$d=0.09$）ことが示された。Aiello & Wolfle（1980）は高校および大学での理科の授業での個別指導の効果のメタ分析を行ったが，その結果，伝統的な講義形式の授業と比べてほとんど差が見られなかった（$d=0.08$）。

まとめ

本章に通底する主張は以下のとおりである。第1は，効果的な学習とは学習目標，学習目標を達成する道筋，そして到達基準が明確かつ，やりがいのあるものであるところに起こるということである。第2は，多様な指導方法を適切に切り替えつつも，学習の段階（知識獲得の段階か，習熟を目指す段階か）に見合ったフィードバックを与えることの重要性である。第3は，学習と指導を学習者の立場に立って検討することの必要性である。第4は，学習方略を指導することも効果的であるということである。一方で，学習スタイル，テスト練習，メンタリング，個別指導は学力に大きな影響を与えないことも指摘した。

重要視すべきは，学習者が現時点で何ができるのかを理解した上で，どのようなことができるようになるべきかを自覚し，取るべき学習方略を多様にもちあわせ，ゆくゆくは何ができるようになるのかが理解できているかどうかである。そして教師の役割とは，学習者が授業の目標に到達できるような学習を促すための指導方法を選択し，学習者が現時点でできることと学習目標との差を埋めることができるようなフィードバックを与えることである。学習者も教師も，挑戦しがいのある目標を設定すべきであり，そのような目標を設定することで到達すべき能力の伸び（少なくとも，基準値である効果量 0.40 あるいはそれ以上の伸び）のレベルが定まるのである。この程度にまで能力を伸ばすには，難しいことに取り組み，明確な到達基準をもち，適切なフィードバックが与えられることが必要となる。挑戦しがいの

ある目標を設定することは，効果のある学習の実現には不可欠である。学習目標を設定することで，目標を達成した際にできるようになることと，現時点でできることとのギャップに自覚的となる（そして，そのギャップを埋めるために何をすべきかがわかるようになる）。一方，Latham & Locke（2006）は目標設定で陥りがちなさまざまな間違いを指摘しており，本章で指摘した内容と通じる部分も多い。すなわち，学習者が目標に到達するために必要な知識やスキルを全くもちあわせていない場合に難易度の高い目標を与えると，「がんばれ」というような曖昧な目標を与えた場合よりもパフォーマンスが悪くなる。また，難易度の高い目標に到達できなかったことを責めることは，挑戦しようとする態度をくじきかねない。失敗すること，つまずくことは，成功の元である。「間違いを前向きにとらえられる（『間違えたおかげで1つ賢くなった』）ようになると，間違いを自分自身に帰属させる（『なんて自分は頭が悪いのだ』）ことなく，課題解決に集中し続けられるようになる」（p. 335）のである。

　学習目標，到達基準，間違いを許容するばかりか歓迎するような学級風土，挑戦的な課題に取り組むこと，ギャップを埋めることにつながるフィードバックと，目標に到達できるまで粘り強く学習に取り組み続けられるように達成感を常に与えることの大切さ，これが本章で最も伝えたいことである。「私はささやかな能力のもち主に過ぎないが，決意を固めることを繰り返しながら，何かを成し遂げたいと思う」というニュージーランドの英雄エドモンド・ヒラリー卿の言葉と通じるように，これは，すべての学習者に対して効果的な指導と学習を実現するための提要である。

第9章

指導方法要因の影響 Ⅱ

　この章では教授方略，学校全体としての取り組み，テクノロジーを用いた指導，学校外での学習などの領域について検討する。すでに述べたように，こうした活動を成功させる上では，事前に計画を立てること，学習目的や到達基準に注意を向けること，学習者にどの程度うまく教えられているかのフィードバックを教師が求められるようにすることなどの共通点が存在する。

教授方略を重視した指導

　本節で，教師に対して教師がこれまで用いてこなかった教授方略を示すことや，使いこなせる教授方略を増やすことを目的とした研究を検討する。その上で，相互教授法，直接教授法，補助的な支援，帰納的な指導，探究型指導，問題解決的な指導，協同的，競争的，個別的な学習などについて考察する。

■教授方略

　教授方略と呼ばれるものにはさまざまな方法があり，各々の効果量は比較的高いものの，メタ分析の対象とされてきたのは，特別支援教育や学習障害をもった学習者を対象としたものがほとんどである。教授方略にはいかに多様な方法があるかを

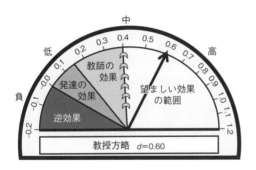

標準誤差	0.058（中）
順位	23位
メタ分析数	14
一次研究数	5,667
効果指標数	13,572
対象者数（7）	1,491,369

示す例として，Swanson & Hoskyn（1998）による教授方略の効果に関するメタ分析が挙げられる。この研究では，教授方略の構成要素として，課題遂行を導く説明，精緻化および計画，言葉によるモデリングや質問，例示などを教師が行うモデリング，特定の方略や手続きの利用を思い出させること，個々の方略を段階的に使用させる指導や複数の方略を同時に使用させる指導，教師と学習者との対話，教師からの質問，必要最小限の支援を教師が与えることなどが取り上げられている。このメタ分析研究では，学習障害の学習者に実験的な介入を行った研究のみが対象とされており，直接教授法や学習方略指導を含んだ指導モデルが高い効果量を示すことが示された。最も効果が高いのは系列化，ドリル反復，用いるべき方略の手がかりを

表9.1 指導方法要因の影響に関するメタ分析結果の概要

指導方法要因	メタ分析数	一次研究数	対象者人数	効果指標数	効果量 (d)	標準誤差	CLE	順位
教授方略を強調した指導								
教授方略	14	5,667	1,491,369	13,572	0.60	0.058	66%	23
相互教授法	2	38	677	53	0.74	—	70%	9
直接教授法	4	304	42,618	597	0.59	0.096	66%	26
挿し絵などの補助資料	4	73	9,409	258	0.37	0.043	60%	71
帰納的な指導	2	97	3,595	103	0.33	0.035	59%	82
探究的な指導	4	205	7,437	420	0.31	0.092	59%	86
問題解決的な指導	6	221	15,235	719	0.61	0.076	66%	20
問題に基づく学習 　（Problem-based learning）	8	285	38,090	546	0.15	0.085	54%	118
協同的な学習	10	306	24,025	829	0.41	0.060	61%	62
協同的な学習と競争的な学習	7	1,024	17,000	933	0.54	0.112	65%	37
協同的な学習と個別的な学習	4	774	—	284	0.59	0.088	66%	24
競争的な学習と個別的な学習	4	831	—	203	0.24	0.232	56%	97
学校全体としての取り組み								
学校全体で取り組む授業改善	3	282	41,929,152	1,818	0.22	—	56%	105
学習障害児に対する理解力向上のための介入	3	343	5,664	2,654	0.77	0.030	71%	7
大学でのリメディアル教育＊	2	108	—	108	0.24	0.040	56%	96
協力指導・ティームティーチング	2	136	1,617	47	0.19	—	56%	111
テクノロジーの利用								
コンピュータを利用した指導	81	4,740	161,834	8,324	0.37	0.059	60%	70
ウェブベースの学習	3	136	22,554	136	0.18	0.124	55%	112
インタラクティブ・ビデオの利用	6	441	4,800	3,930	0.52	0.076	64%	44
視聴覚教材の利用	6	359	2,760	231	0.22	0.070	56%	104
シミュレーション	9	361	6,416	482	0.33	0.092	59%	81
プログラム学習	7	464	—	362	0.24	0.089	57%	95
学校外での学習								
遠隔教育	12	788	4,013,161	1,545	0.09	0.050	52%	126
コンピュータを用いた学校・家庭の連携による家庭学習＊	1	14	—	14	0.16	—	55%	117
宿題	5	161	105,282	295	0.29	0.027	58%	88
合計／平均	209	18,158	47,902,695	38,463	0.37	0.074	60%	—
全ての指導の合計	364	25,726	48,289,048	54,535	0.43	0.071	61%	—

注）＊の項目は本書では訳出していない。

示すことであり,これらは特に文章読解($d=0.82$),語彙獲得($d=0.79$),創造性($d=0.84$)において高い効果が見られた。

Seidel & Shavelson(2007)は,教授方略に関するメタ分析を行った。このメタ分析の対象となった大部分の研究文献はヨーロッパのものであった。彼らは教授法研究における現在の共通見解は,学習の過程−産出モデルに基づいていると論じている。学習の過程−産出モデルは,さまざまな指導過程や学校体制と,先行知識や家庭環境などの学習者の特徴との交互作用が起こり,その交互作用が学力に影響を与えると仮定しているものである。ただし,この20−30年の間では,特定の指導行為を取り上げるよりも,指導のパターンや形態を包括的にとらえ分析する研究が多く行われてきた。その後,研究の関心は,さまざまな教育課程や教科における学習課程を詳細に検討することに遷り,最近ではより洗練された分析手法であるマルチレベルモデルを大規模データに適用して分析を行うことが増えてきている(もっとも,研究の大部分は数名の学習者や1−2人の教師を対象とした質的手法によるものが多いというのが著者の印象である。質的研究の知見に対してもメタ分析に類似した研究の統合が求められよう)。

彼らは収集した112本の研究を,Bolhuis(2003)による指導・学習の構造要素モデルに基づいて分類し,累計ごとにメタ分析を行った。その結果,ほぼ全ての効果量が(本書で取り上げた他の要因と比べても)著しく小さいことが示された。そして,その理由はメタ分析の対象とした研究の特質や分類方法にあると説明している。

表9.2 さまざまな教授方略の効果量(Seidel & Shavelson, 2007)

	研究数	全てのアウトカム 効果指標数	全てのアウトカム 効果量(d)	アウトカム1:学習過程 効果指標数	アウトカム1:学習過程 効果量(d)	アウトカム2:動機づけ的・情意的側面 効果指標数	アウトカム2:動機づけ的・情意的側面 効果量(d)	アウトカム3:学力 効果指標数	アウトカム3:学力 効果量(d)
学習にかける時間	34	178	0.08	8	0.29	13	0.24	157	0.06
学習集団の管理・学級経営	17	121	0.02	9	0.02	26	0.12	86	0.00
学習風土などの社会的文脈づくり	20	113	0.08	6	−0.06	35	0.02	72	0.10
目標設定・志向性	33	133	0.06	38	0.18	19	0.14	98	0.04
学習活動における相互作用や直接経験	33	202	0.02	21	0.22	24	0.26	157	0.00
基本的な思考活動の促進	29	213	0.04	21	0.10	41	0.16	151	0.02
教科固有の思考の促進	18	112	0.43	19	0.32	15	0.42	78	0.45
学習の評価	10	87	0.02	—	—	15	0.00	72	0.04
自己調整・モニタリング	32	171	0.03	17	0.10	40	0.16	114	0.02

これらの構成要素の中でもアウトカムに与える効果が唯一大きかったのは，教科特有の思考をさせることであった。この構成要素は，「教科や領域特有の知識の構築を適応的に進めることに必要なもの」(Seidel & Shavelson, 2007, pp. 460-461) であると説明されている。そして，「学習者に思考させることを仕向けることは学習者を学習に取り組ませる指導を行う際に最も重要なこと」(2007, p. 483) であり，教科や領域を問わず，あらゆる学校段階において，またさまざまな種類の学習成果共通に重要なことである。この知見は著者らが行った研究の結果，すなわち，浅いレベルの学習方略はあらゆる教科や領域で身につけることができるものであるが，深いレベルの学習方略をきちんと身につけさせるには教科・領域内で直接教えることが必要であるという結果とも一致する。

　Marzano (1998) は，著者が1987年に行ったメタ分析の統合の対象とした134本の研究に，さらに研究文献を追加し，さまざまな教授方法に関する4,000の効果指標を得てメタ分析を行った。最終的な効果は $d=0.65$ であり，知識的側面 ($d=0.60$)，認知的側面 ($d=0.75$)，メタ認知的側面 ($d=0.55$)，自己的側面 ($d=0.74$) など，4つの主な従属変数に一貫して効果が見られた。

　Marzano (1998) は「効果的な指導を行う教師とは，明確な指導目標をもっている教師である。こうした目標は学習者や保護者にも伝えられる。教師のもつ指導目

表9.3　Marzano (1998) における教授方略の効果量

	一次研究数	効果量 (d)	標準誤差
記憶と検索の過程			
手がかり	7	1.13	0.43
質問	45	0.93	0.14
既有知識の活性化	83	0.75	0.08
情報処理機能			
知識の照合	51	1.32	0.18
知識の表象化	708	0.69	0.03
情報の一般化	237	0.11	0.01
情報の特定化	242	0.38	0.02
思考の表現			
先行オーガナイザー	358	0.48	0.03
ノート取り	36	0.99	0.17
身体的操作	236	0.89	0.06
知識の活用			
問題解決	343	0.54	0.03
実験的な探究	6	1.14	0.47
メタ認知的側面			
目標の特定化	53	0.97	0.13
手続きの特定化とモニタリング	15	0.30	0.08
感情のモニタリング	15	0.30	0.08
自己的側面			
自己の特性	15	0.74	0.19
効力感	10	0.80	0.20

標は知識の諸側面,すなわち,知識的側面,認知的側面,メタ認知的側面,自己的側面に向けられたものであるべきであり(p.135),教師にとってとりわけ重要なのは,これら諸側面間の相互関連性を理解することである」と結論づけている。

■相互教授法

相互教授法は,(主に文章理解で)高い学習成果をもたらす認知的方略を学習者に教えるために考案されたものである。相互教授法で重要視されているのは,教師が学習者に対して要約,質問,明確化,予測を身につけさせ,実際に使えるようにさせるということであり,「このような認知的方略を身につけるにあたっては,教師と学習者がテキストの意味をとらえようと対話することが下支えとなる(Rosenshine & Meister, 1994, p. 479)」のである。各学習者は交代で「教師」となり,教師と学習者がテキストの内容に関するやりとりを交互に行い,質問生成や要約を行うことで,読んでいる文章に関する理解度を互いにチェックする。手本を何度も見せてから実際に学習者どうしにやらせる際には,熟達者の足場かけが不可欠であり,そうすることで認知発達が促されるのである。このように,学習者が書かれた言葉に対する意味づけを能動的にできるようにするとともに,学習者が自身の学習や思考をモニタリングできるように支援することが相互教授法の目的である。

2つのメタ分析の効果量は $d=0.74$ と非常に高い。また,どちらの研究でも,誰が介入を行ってもこのような高い効果が見られており,学校の教師も研究者と同じレベルの効果をもつ相互教授法を実施できることが示されている。Rosenshine & Meister(1994)は学年,セッションの数,指導グループの数,教えられる認知的方略の数,トレーニングを行うのが研究者か教師かに関わらず,結果に違いが見られないことを報告している。また,短答形式のテストであっても,学習者に文章の要約を求めるテストであっても結果は類似しているが,教師あるいは研究者が作成

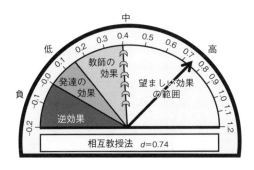

標準誤差	na
順位	9位
メタ分析数	
一次研究数	38
効果指標数	53
対象者数(1)	677

した理解度テスト得点に対する効果（$d=0.88$）の方が，標準化テスト得点に対する効果（$d=0.32$）よりも大きかった。また，相互教授法を始める前に，認知的方略について明示的に指導した場合に効果は著しく高かった。このことは，学習者が方略を使用する前に，モデリングや練習だけでなく，方略使用に関する直接指導を行うことの重要性を示唆しているといえよう。認知的方略について明示的に指導を行うことや，内容に見合った目的的・計画的に用意された練習に取り組むことに伴って認知的方略を用いることが，大きな効果につながると考えられる。

■直接教授法

著者は毎年教職課程の講義を担当しており，その度に，学生が「構成主義は善，直接教授は悪」というお題目を教え込まれているのを目の当たりにする。学生にメタ分析の結果を示すと，衝撃をもって受け止め，直接教授法を悪とするような教えを与えられてきたことに対して怒りをあらわにする。多くの場合，直接教授法を酷評する者がいうところの直接教授法とは，教師が教壇に立ちっぱなしで，一方通行型の講義を行うことを指しており，これを Adams & Engelmann（1996）によって概説された極めて効果的な「直接教授法」とは区別して扱わなければならない。直接教授法という名称は，説教的な指導のような意味に誤解されやすいという点で，よい呼び方ではないといえる。直接教授法の基本原理に則った指導はとりわけ効果的だからである。

直接教授法は大別して7つのステップからなる。

1. 単元の準備に入る前に，教師は学習目標，特に指導の結果として学習者が何をできるようになり，何を理解し，何を気にするようになるのかについて明確な考えをもっておくべきである。
2. 教師は授業や学習活動の結果期待される到達基準と，学習者がいつ，何を身に

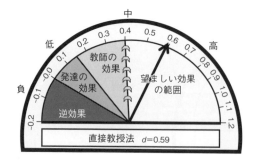

つける必要があるのかについて把握しておく必要がある。また，学習者にも到達基準を示しておく必要がある。
3. 学習者を学習課題に向き合わせ，実際に取り組ませることが必要である。直接教授法の専門用語ではこのことは時に学習者の注意を引くための「フック（引きつけるもの）」と呼ばれる。学習者の注意を引きつけることで，学習者の気持ちを，学習内容を理解しやすい状態にするとともに，単元内容に意識を向けさせ，学習目的を共有できるようにするのである。
4. 教師は，情報を提示し，モデリングを行い，理解度を確認するという手順で単元を進行させる。情報提示とは講義，映画，テープ，ビデオ，写真などを通じて，学習者が知識や技能を身につけるために必要な情報を与えることである。モデリングとは，活動の最終的な成果として何を期待しているのかの例を学習者に示すことであり，ラベリング，分類，望ましい例との比較などによってどういったことが重要なのかを学習者に説明する。理解の確認とは，先に進む前に学習者が「理解」できているかどうかをモニターすることである。正しいやり方で練習することが重要であるため，練習を始める前に，学習者が内容をきちんと理解できているかを把握しておかねばならない。もし大部分の学習者が理解できていないようであれば，練習を始める前に，概念やスキルについてもう一度教え直すべきである。
5. ガイド付きの練習を行う。これは，教師の直接的な監督のもとで，活動や演習を通じて，各学習者が新たに学んだことを表現する機会が与えられることなどである。教師は教室を見て回り，習得のレベルを見極めたり，必要に応じてフィードバックや個別に修正を行ったりする。
6. 単元のまとめを行う。単元のまとめとは，単元を適切な形でまとめられるように工夫された活動や説明を教師が行うことであり，そうすることで学習者は頭の中で単元の学習内容を互いに結びつけたり，教わった内容の意味を理解したりしやすくなるのである。「質問はありますか。ないですか。はい，では次にいきましょう」というのは，まとめとはいわない。まとめは，単元の中の重要なポイントやまとめの部分に到達したことを学習者に気づかせ，学習の構造化，一貫したイメージの形成，強化，混乱やフラストレーションの除去，そして，学ぶべき重要なポイントの強調などの目的のために行われる。したがって，まとめとは，単元の重要事項を振り返り，明確化するとともに，それらを互いに関連性をもつ全体像としてとらえられるようにした上で，学習者の概念ネットワークに組み込むことで，学習者自身が学習内容を確実に活用できるようにす

ることであるといえる。
7. 自力で取り組む練習を行う。学習者が学習内容を身につけ，技能を習得したら，それを確実なものにするための練習を行う必要がある。この練習は，学習したことを忘れないよう何度も計画的に組み込まれる。宿題の場合もあれば，教室の中でグループもしくは個別で行われる場合もある。重要なのは，練習を行うことで学習内容が学習の文脈以外で活用できるようになるということである。すなわち，技能や概念について，それをもともと学習した文脈だけでなく他の状況にも応用できるようにするために，然るべき程度に異なる文脈にあわせた練習を行う必要がある。たとえば，授業で恐竜についての文章を読んで推論の仕方を学習したのであれば，練習では別のトピック，たとえばクジラについてなどの文章を読んで推論の仕方を学習させるようにしなければならない。直接教授法の支持者は，この7番目のステップを実施しないことが多くの学習者が学習内容を活用できるようにならないことにつながると主張している。

要するに，教師が学習目的と到達基準を決め，これらを学習者にとってもわかりやすいものにするとともに，学習者に対してどうなればよいのかを実際にやって見せ，理解できたか学習者自身による表現から評価し，まとめで単元の内容を別の形で説明することで学習内容を統合できるようにすればよいのである（Cooper, 2006を参照）。Carnine（2000, p. 12）は「プロジェクト・フォロー・スルー」で明らかとなったことを以下のように要約している。

> このプロジェクトに参加した学習者が数学と言語において国の基準もしくはこれに近いレベルまで到達し，読解で国の基準に近いレベルまで到達することができた指導方法はただ1つ，直接教授法であった。これ以外の8つの指導方法，たとえば発見学習，言語体験，発達段階に合わせた練習，オープン教育などに参加した学習者は，統制群よりも成績が低かった。各学級に対して毎年何万ドルも費やしたにも関わらず，このような低い成績が得られたのである。

Adams & Englemann（1996）は，直接教授法の主たる目的は，学習者の成績を短期間で伸ばす指導を行うことであると説明している。直接教授法はより短時間で多くのことを教え，単なる暗記や逐次学習に陥ることなく概念を教えることを目的とし，挑戦的な目標を達成する度に学習者がどのようなことができるようになったのかを都度評価するという方法なのである。

よくある批判として，直接教授法が非常に低いレベル，あるいは特定のスキルの育成には効果的であるとか，能力の低い学習者，あるいは年齢の低い学習者には効果的であるとかいったものがある。こうした批判はメタ分析で得られている結果とは異なるものである。直接教授法の効果は，通常の学級に在籍する児童生徒（$d=0.99$）と特別支援教育を受けている児童生徒（$d=0.86$）で類似しており，数学（$d=0.50$）よりも読解（$d=0.89$）の方が高い。また，低次の単語理解（$d=0.64$）と高次の理解（$d=0.54$），小学生対象と高校生対象でも，類似した結果が得られている（Adams & Engelmann, 1996）。同様に，特別支援教育児を対象とした介入プログラムを統合した1997年の研究でも，7つの指導法の中で，直接教授法が唯一高い効果を示したことが見出されている（Forness, Kavale, Blum, & Lloyd, 1997）。この直接教授法の効果が特定の教師による効果ではないことを示す例として，Fischer & Tarver（1997）はビデオを用いた数学の単元でも，その効果が$d=1.00$に近いことを報告している。

直接教授法に関するこうしたメタ分析の結果が示しているのは，学習目的や到達基準を示し，これらの目標や基準の達成を目指して取り組ませることが効果的なのは明らかだということである。教師は学習者を学習へと導き，十分な練習とモデリングを行わせ，適切なフィードバックや多様な学習機会を与える必要がある。また，学習者が教師の支援を離れて練習を行う機会が必要であり，学習目的を達成することを通じて身につけることが期待されている技能や知識について，直接教わった文脈以外の文脈で学ぶ機会が与えられる必要がある。

■挿し絵などの補助資料

テキストの挿し絵など補助資料が学力を高めることを目的として使われるということは，あまり多くないと考えられる。しかし，テキストの中でどのように用いられているのか，どういった部分で用いられているのか，またどの程度精巧であるべきかといったことは議論されている。Hoeffler & Leutner（2007）は，動画の方が静止画よりも優れているが（$d=0.46$），動画が単なる飾りのためか（$d=0.29$），具体的な目的のためか（$d=0.89$）によって，その効果が異なることが見出されている。つまり，学ばれる概念に焦点が当てられていることが重要であるといえる。また，動画は何を学ぶべきかを学習者に伝える重要な手がかりとして機能するが，それがどれだけリアルかどうかに関しては大きな違いがあるわけではない。Levie & Lentz（1982）はテキストの挿し絵の有無を比較し，以下のように結論づけている。

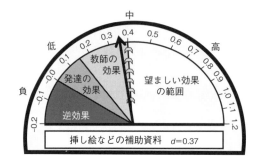

テキスト情報に対するイラストの有無にだけ着目するのではなく，これ以外の要因も考慮して学習に対する効果を検討した結果いえるのは，挿し絵が学習を阻害するとはいえないものの，挿し絵が必ずしも学習を促進するともいえないということである。それでも，多くの場合，挿し絵があった方が学習のためにはよいと考えられる。(Levie & Lentz, 1982, p. 206)

挿し絵がどうして学習を促進するのかというのは非常に興味深い問いである。

全体的な効果量は基準値である $d=0.40$ を上回るものではないが，学習者の注意を引き，重要な情報を際立たせる場合や，文章が，読み手に対して絵や写真の詳細に目を向けるようなものである場合，補助資料は学習に役立つものになり得ると考えられる。

■帰納的な指導

帰納とは通常，個別から一般に移行することである。一方，演繹とは一般的な事象から始まり，個別の事例に帰着する。Lott（1983）のメタ分析では，理科教育における帰納的指導と演繹的指導の比較が行われている。彼によれば，例を提示する，観察をするなどの教育的な活動が，一般化を行う前に行われている場合には帰納的指導であり，一方，具体的な例が示される前に一般化が行われていれば演繹的指導であるとしている。このメタ分析の結果示されたのは，どちらの順序であっても違いはなく，また，記憶，応用，プロセス，転移，理解，問題解決などアウトカムの種類が異なっても，多くの場合同様の結果であった。

Klauer & Phye（2008）は全教科における帰納的推論に強い関心をもち，一般的概念，ルール，規則性の見つけ方を教えることを目的としたプログラムを対象としたメタ分析を行った。Klauer が開発した帰納的推論のトレーニングプログラムに

第 9 章 ■ 指導方法要因の影響 II

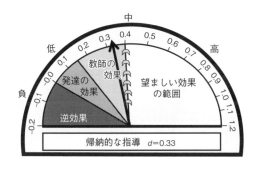

標準誤差	0.035（低）
順位	82位
メタ分析数	2
一次研究数	97
効果指標数	103
対象者数（1）	3,595

関する実験74本を対象にメタ分析を行った結果，全体的な効果量（$d=0.59$）は著しく高く，このような技能を教えることには正の効果があることが示され，比較や対比を教えることは，文脈横断的に指導を行うことで効果的となるという主張は支持されたといえる。ただし，学習者が帰納的推論を身につけた後で，帰納的推論の方法をきちんと活用できるようになるためには，ゆくゆくはより多くの知識と深い理解が必要となると述べている。

■ 探究的指導

　探究的指導とは，事象に注目し，その事象に対する問いをもち，直面した事象に対する説明を与え，その説明を支持する，あるいは支持しない資料や情報をどのように集めればよいかを考え実際に行い，これらの資料や情報を分析し，分析の結果から結論を導き，モデルを検討し構築するといったことを学習者に要求するような挑戦的な場面を作り出す指導法である。こうした学習場面は，ただ1つの決まった正解に至らせることを目的としていないという点においてオープンエンドなものであるといえるが，それ以上に重要な特質は，事象に対して注目する，問いをもつ，実験や調査を自ら行う，分析や推論の方法を学ぶといった過程に学習者をより深く関与させるという点にある。

　探究的指導は理科教育の分野で多く研究が行われている。たとえば，Bredderman（1983）は，探究的（主体的）な方法によって理科の授業を行った場合の平均的な効果量は$d=0.35$であったことを報告している。この探究的（主体的）な方法には直接体験，実験，観察を行うことが解決に必要な情報を獲得するための主たる方法として位置づけられていた。しかし，この効果は学級によるばらつきが大きいことも同時に示された。加えて，理科的な思考の側面に対しての方が（$d=0.52$），理科の内容の側面（$d=0.16$）よりも効果が高いことも明らかとなった。また，

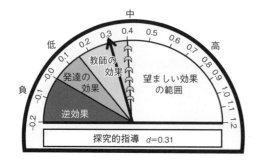

Bredderman（1985）は，実験をともなう学習活動を多く行う学習プログラムを小学生に対して実施することの効果を検討した。このプログラムは教科書を使わずに理科室での実験を重視するという点で，従来の理科教育のプログラムとは異なるものであった。その結果，このプログラムを行うことは多くの単元で児童の学力を高めたことが示された。さらに，探究的なプログラムを実施することが実験をともなう学習活動を増やし，教師主導による討議を減らすことも示された。

Shymansky, Hedges, & Woodworth（1990）もまた，探究的指導は思考面への効果が（$d=0.40$），内容面への効果（$d=0.26$）よりも大きいことを報告している。また，生物（$d=0.30$）や物理（$d=0.27$）での効果の方が，化学（$d=0.10$）での効果よりも大きかった。その効果は小学校で最も大きく，学年が上がるにつれて小さくなることが示された。また，探究的指導についての校内研修を実施している学校では，児童生徒の成績は従来型のプログラムを受けた児童生徒と比べて有意に高いことも示された。Smith（1996）は探究的指導の効果は学力に対して（$d=0.40$）よりも批判的思考スキル（$d=1.02$）に対しての方が高いこと，実験技能（$d=0.24$）や化学的問題解決技能（$d=0.18$）に対しては，効果は見られないことを示した。Sweitzer & Anderson（1983）は，探究的指導が理科教師の教育知識や実践に与える影響について研究を行った。その結果，探究的指導を行う方が，教員養成でも，現職教育であっても，また行われる場所が違っても（例えば大学であっても学校であっても），教師の知識，教室での行動，態度に違いをもたらすことを明らかにした。さらに，思考面に対する効果は内容面に対するものよりも2倍大きいことも示された。

Bangert-Drowns & Bankert（1990）は，探究ベースの指導によって批判的思考力が伸びることを明らかにした。批判的思考力に与える効果の高い要因としては，文化的要因と教師要因の2つが見出された。それまで学習者の批判的思考が尊重されていないと考えられた特異な集団を対象とした研究で，知識的側面，認知的側面，

メタ認知的側面，自己的側面すべてで大きな効果量がみられることは，何らかの文化的要因によって説明可能と考えられる。こうしてみると，探究的指導は，批判的に考えるだけの認知的能力はあるが，そう考えるようにさせられてこなかった学習者に対して特に効果的であると考えられる。総じて，探究的指導は特定の分野において著しく効果的であったり，学力の向上につながったり，教科に対する態度をよくしたりといったことにとどまらず，転移可能な批判的思考スキルの育成につながるといえる。

■問題解決的指導

問題解決とは，問題の原因の明確化，あるいは究明，解決方法の特定，優先順位付け，他の方法との比較・選択，解決しようとしている問題に関して考慮すべきことを見出すための複数の視点からの検討，どの部分に手を入れればよいかの計画，解決の結果の評価という一連の過程である。Mellinger（1991）は，問題解決における認知的柔軟性の発達に関する研究を対象としたメタ分析を行った。対象となった研究のすべてで，トーランス式創造性思考テストの言語式柔軟性と図形式柔軟性の尺度がアウトカムの測定に用いられていた。全体的に効果量は高く，言語式の方が（$d = 0.81$），図形式（$d = 0.40$）よりも高い数値を示した。Hembree（1992）は問題解決的指導と，基礎的な能力に関するさまざまな尺度（特に基礎数学のスキル）との間に有意な直接効果があることを明らかにした。また，図表や絵を含んだ長文問題に正答することと問題解決能力との間に直接の関連が見られた。さらに，学習者の問題解決能力に大きな影響を与える教師の特徴は，発見的指導法のトレーニングを積んでいるということ（$d = 0.71$）であることが示された。この指導法に相当するものとしては，たとえばPólya（1945）による問題解決の4段階説，すなわち（1）問題の理解，（2）計画の立案，（3）計画の実行，（4）振り返りなどがある。

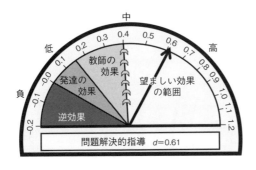

数学における問題解決的な指導についてメタ分析を行った Marcucci（1980）においても，発見的指導法によって問題解決の方法を指導することの有効性が示された。Curbelo（1984）でも数学において同様の結果が示されており，しかも，数学での効果は理科での効果の2倍であることが明らかとなっている。また，問題解決能力を身につけることは，対人関係能力にも正の影響を与えると考えられる。たとえば，Almeida & Denham（1984）は，対人関係での認知的問題解決能力が行動の調整や社会的行動に正の効果を及ぼすことを報告している（Denham & Almeida, 1987 も参照）。

■問題に基づく学習（Problem-based learning）

　Gijbels（2005）は問題に基づく学習（以下，PBL）の中核をなす特質として以下の6点を挙げている。
1. 学習者中心で学習が行われる。
2. 小集団で学習が起こる。
3. 指導者はファシリテーターあるいは案内役としての存在である。
4. 学習過程の冒頭に真正な問題が提示される。
5. 学習者に直面させる問題は，その問題を解決するにあたって必要となる知識の獲得と問題解決能力を身につけるための手段として用いられる。
6. 新情報の獲得は自主学習によってなされる。

　以下に述べるように，論点となるのは，浅い知識・理解と深い知識・理解に及ぼす効果をそれぞれ分けて考えることが重要であるという点である。浅い知識に対しては，PBL は限定的あるいは負の効果を及ぼしうるものの，深い学習に対しては，既に学習者が浅い知識をもっている場合 PBL は正の効果を及ぼしうる。PBL は再

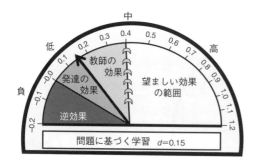

生，習得，浅い理解ではなく，真意を汲み取ったりすることや，深い理解をとりわけ重視するため，こうした結果は当然であるといえる。

　Vernon & Blake（1993）は，伝統的教授法の方がPBL（$d=-0.18$）よりも学力を高めるのに効果的であることを示したが，この研究における成果指標は初歩的な理科の事実的知識であった。Dochy, Segers, Van den Bossche, & Gijbels（2003）は，PBLは伝統的な指導に比べ，知識に対しては負の効果を示したが（$d=-0.78$），技能の習得に対しては正の効果を及ぼす（$d=0.66$）ことを明らかにした。また，PBLによる授業を受けた学習者は，知識の量は少ないものの，その知識を再生することができていた。これは，PBLによって知識の精緻化が頻繁に起こり，結果として，知識を再生しやすくなったためと考えられる。同様に，Gijbels, Dochy, Van den Bossche, & Segers（2005）では，PBLは概念の獲得においては効果が見られないが（$d=-0.04$），知識の応用（$d=0.40$）や原理の理解（$d=0.75$）においては正の効果が見られることを明らかにした。この結果から，「複数の概念を関連づける原理を理解するなど，知識構造の中でも高次にあたるものが測定されている場合に，PBLは高い正の効果をもつ」（p. 45）との結論が導かれている。PBLが最も影響するのは，概念や知識ではなく，知識の応用や，知識の根底にある原理の理解である。知識を増やすことではなく，知識を応用することがPBLの成功の核となる。また，Smith（2003）はPBLの効果は問題解決能力に対して（$d=0.30$）よりも，自主学習（$d=0.54$）や学習態度（$d=0.52$）に対する方が高いことを示した。Newman（2004）は，この指導法を用いた多くの研究で重要な成果指標と位置づけられている「知識の蓄積」に対しては，PBLは負の効果を示すことを明らかにしている。

■協同的，競争的，個別的，個人差の大きい学習環境

　協同的な学習を含んだメタ分析には4つの種類がある。
1. 協同的な学習と個人差の大きい学習環境を比較したもの（$d=0.41$）
2. 協同的な学習と個別的な学習を比較したもの（$d=0.59$）
3. 協同的な学習と競争的な学習を比較したもの（$d=0.54$）
4. 競争的な学習と個別的な学習を比較したもの（$d=0.24$）

　協同的な学習も競争的な学習も，個別的な学習よりも効果が高い。これは，学習に対するクラスメイトの影響の大きさを示していると考えられる。
　協同的な学習の効果は高く，とりわけ競争的な学習や個別的な学習と比べて高い

というのは共通認識であると考えられるが，ニュージーランドの教育システムについて他国と比較して著者が特によいと思う特徴の1つに，学校における協同性も競争性も高いという点がある。協同にも競争にも利点があるという考えはあまりにも忘れられがちで，研究の俎上に載せられるのは，その多くは協同と競争の比較である。さらに，協同的な学習の典型的な効果である，関心や問題解決能力を高めることは，学習者どうしが学習に深く関与してはじめてもたらされるものである。すべての学習者にとって協同的な学習が成果につながるともいえず，またすべての学習者が協同的な学習を好むわけではないということはいうまでもないが，重要なのは学習者が協同的な状況で学習を行うことで高い成績，深い理解，深い知識の習得につながるかということなのである。

　Johnson兄弟とその同僚によって行われた多くのメタ分析では，すべて高い効果量が示されているが，他の研究ではその効果は小もしくは中程度にとどまっている。Johnson, Maruyama, Johnson, Nelson, & Skon（1981）では，すべての科目（言語科目，読解，数学，理科，社会，心理学，体育）や，すべての年齢集団（小学生や高校生の方が大学生よりも効果が大きいようであるが）において，概念獲得，言語的問題解決，分類，空間的問題解決，記憶保持，運動技能，推論・判断・予測の各課題の成績に対して，協同的な学習は，競争的な学習よりも効果が高いことが示されている。しかも，グループ間の競争をともなう協同は，個人間競争や個別的な学習よりも効果が高く，物を報酬として与えた場合，協力してできるだけ多くの答えを出させる課題を与えた場合に特に効果が大きかった。

　Johnson & Johnson（1987）は，協同的な学習は成績，良好な人間関係，社会的支援，自尊心を高める上で，大人において特に効果的であるとも主張している。この結果は何十年も一貫しており，個別に報酬を与えるかグループに報酬を与えるか，実験室研究か実践研究か，1時間の研究か数ケ月に及ぶ研究か，どのような課題を与え

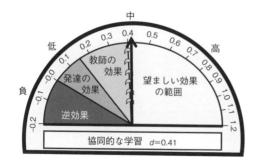

第 9 章 ■ 指導方法要因の影響 II

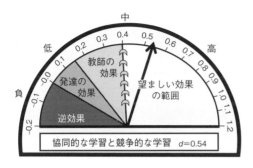

標準誤差	0.112（高）
順位	37位
メタ分析数	7
一次研究数	1,024
効果指標数	933
対象者数 (1)	17,000

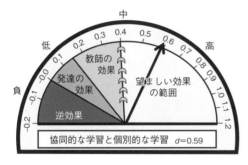

標準誤差	0.088（高）
順位	24位
メタ分析数	4
一次研究数	774
効果指標数	284
対象者数 (0)	na

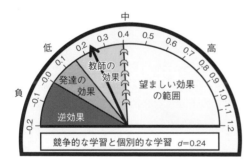

標準誤差	0.232（高）
順位	96位
メタ分析数	4
一次研究数	831
効果指標数	203
対象者数 (0)	na

るかのいずれによる違いも見られず、また、こうした結果は研究の質とは無関係であった。Qin（1992; Qin, Johnson & Johnson, 1995）は、協同的な学習を行った学習者は言語的問題、非言語的問題、良定義問題、不良定義問題の4タイプの問題解決において、競争的な学習に参加した学習者よりも高い成績を示すことを明らかにした（$d=0.55$）。また、Johnson, Johnson, & Maruyama（1983）は、協同的な経験によっ

て，民族的に異なるバックグラウンドをもつ人や，ハンディキャップのある人との人間関係が促進されることも示した。

　Howard（1996）は，協同的な学習と競争的な学習が浅い学習，深い学習に及ぼす効果はそれぞれ異なると述べている。また協同的な学習を行う際の手順を体系的に記した手引きであるスクリプトを用いることは，新たに学ぶ内容の構造化と精緻化（浅い処理ではなく深い処理）に対して効果的であると指摘している。さらに，協同的な学習は，読解に対して（Hall, 1988, $d=0.44$）の方が数学に対して（$d=0.01$）よりも効果的であることや，機械的な読みや修正課題に対して協同的な学習は他の学習と比べて効果的であるとはいえないことが明らかとなっている（Johnson et al., 1981）。さらに，協同的な学習の効果は年齢が上がるにつれて高くなることが示されており，Hall（1988）は，協同の効果は小学校（$d=0.28$），中学校（$d=0.33$），高校（$d=0.43$）と学校段階が上がるにつれて高くなることを報告している。また，Stevens & Slavin（1991）は一人一人が責任を負わされていたり，グループでの報酬があったりする場合に効果が高いことを明らかにした。

　Roseth, Fang, & Johnson（2006）はミドルスクールの学習者における協同的な学習の効果について検討している。その結果，競争的な学習よりも協同的な学習（$d=0.46$），個別的な学習より協同的な学習（$d=0.55$），個別的な学習より競争的な学習（$d=0.20$）が効果的であることを示す結果が得られた。同様に，競争的な学習や個別的な学習と比べて，協同的な学習は，対人魅力に対して及ぼす効果が高いことが示された。協同的な条件のもとでは，対人関係が学力に対して最も強い影響力をもっていたことから，彼らは友人関係が重要な意味をもつと結論づけており，「もし学習者の学力を高めたいのであれば，各々の学習者に友人を与えよ（p. 7）」と述べている。学校における友人関係は，学習者の安寧感だけでなく，学校適応感や自己価値を高め，学校に対する前向きな感情の重要な源となる（Hamm & Fairclough, 2007）。ただし，「勉強なんて格好悪い」といった考えが伝えられてしまうようであれば，思春期における友人関係がむしろ逆効果となることは大いにありうる。

　ピア・ラーニングは，協同的な学習においても競争的な学習においても効果的である。Nuthall（2007）が示しているように，学習者は（多くの場合不正確なものではあるが）他の学習者からのフィードバックを受けており，ピア・チュータリング研究が強く主張するところは，教師役やファシリテーター役としてのクラスメイトの力が大きいということである。学習者は集団の中でこそ間違い，その間違いから学ぶことができるのであり，学習者どうしのやりとりによって，全体に向けられ

た説明としての授業から，学習目標，学習目的，到達基準を自分のものとして得ることができるようになるのである。

協同的な学習や競争的な学習の多くの例のように学習の構造化がなされると，友人の力はより大きくなる。学習者たちは集団として失敗し，その失敗から学ぶことができるし，学習者どうしで相互交渉を行うことで，教師が教室の学習者全体に向けて行った一斉指導の内容から学習目標は何か，到達基準はどういったものなのかが把握しやすくなるのである。

■**競争的な学習**

競争的な状況とは，学習者が目標達成に向けて競争を行うというものであるが，この競争には，2つの場合があり，一方は他の学習者と競争をする場合，他方は学習者自身の過去の能力と競争する場合である。競争では何らかの基準を「破る」ことが目指され，その基準は自己ベストの場合もあれば，カリキュラムの基準（目標への到達を競う）の場合もある。逆に，個別的な学習状況では，他者の結果は，個人の成果を得る上で重要ではないとして無視される（Johnson et al., 1983）。上述したように，協同的な学習は競争的な学習より高い効果をもたらし，また，両方とも個別的な学習よりも優れているといえる。

学校全体としての取り組み

■学校全体で取り組む授業改善

非常に大がかりなメタ分析研究の1つとして挙げられるのが，Borman, Hewes, Overman, & Brown（2003）による，学校全体として取り組む改善プログラムが学力に与える効果に関するレビューである。このレビューによれば，学校全体として取り組む改善プログラムの多くは，これまでにない勢いで広がりを見せ，多くの学校で導入され，数百万の学習者がその対象になった。学校全体として取り組む改善プログラムは，学区の教育長や学校関係者の多くにとって，授業改善に関する問題に対する組織的な解決策として強い訴求力をもつ。多くの学校に対して一律に改善を押しつけるような取り組みに著者が直接関わったのは，ノースカロライナ州のある学区内において91校に強制的に導入されたプログラムの評価を依頼されたからである。著者にとっては，このような方法での授業改善は不運にも失敗に終わるだろうと思われた。それは，教師というのは自分が効果的であると思ったことはやり

続け，やりたくないことには抗うものだとばかり思っていたためである。それでも，資源が投入され，研修日程が組まれ，すべての学校に対してパイディア指導法（訳者注：1980年代初頭に哲学者のMortimer Adlerによって開発されたソクラテスの問答法に基づく指導法）の導入が強力に推進された（Roberts, 1998; Roberts & Billings, 1999）。その結果は著者にとっても驚きであったが，この方法での授業改善はめざましい成果を上げ，著者が「平均以下」だと思っていた教師の授業も改善され，州の学力調査でも期待どおりの得点の上昇がなされたのである。しかし，学区の教育長が替わると，学校は元どおりとなってしまった。

　このような授業改善プログラムに関わることで，著者自身の講義方法は大きく変化した。このパイディア指導法がこれほどにも効果的であるなら自分で行わないわけにはいかない。パイディア指導法は3つの方法から成り立っている。1つ目は講義中心の指導である。著者はMessick（1990）の妥当性概念に関する3時間の講義において，著者の投げかけた問いに対して学生から優れた答えを引き出すことができ，学生に対して著者の講義が高レベルであるという信頼感をもたせることにつながった。2つ目は，「パイディア・セミナーにおけるソクラテス式問答法」である。これは，学生に互いに質問をさせることで，何がわかっていて，何がわかっていないのかの対話をさせることである（著者は教師としての質疑は行わず，学生間の相互交渉を促す役回りを演じる）。著者はこの様子を見て，学生たちの質問の質や，学生の答えの中に自己主張的なものがあることに呆然とした。というのも，著者が申し分のない講義をしたはずのことを明らかに学生たちは理解していないということがわかったからである。このような講義を行うことで，著者は自分が何を言ったかを確認する質問をすることや，講義内容をもう一度行って欲しいと思っている学生（いつも数名いる）や，ちょうどよいタイミングでうなずく学生（話を進めてもよいという合図のために）を見つけ出すことができるようになっていることに気づ

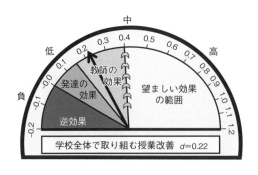

標準誤差	na
順位	105位
メタ分析数	3
一次研究数	282
効果指標数	1,818
対象者数（2）	41,929,152

いた。そして，このような問答をする意図はすべての学生が理解していた。学習が起こるのは学習者が学習したときであって，教師が満足のいくように教えられたときではないということはいうまでもない（3つ目の方法は，指導に沿って課題解決に取り組むことである）。

　Borman et al.（2003）は，学校全体として取り組む授業改善プログラムの開発者たち自身が行った研究によって示された効果量は一貫して高く，その効果は社会経済的背景による違いは見られず，教科による違いもわずかであり，実施して5年目以降に明らかな効果が見られるようになることを指摘している。また，高い効果が一貫して見られるプログラムは，直接教授法（$d=0.21$），Comerによる学校開発プログラム（$d=0.18$），サクセス・フォー・オール（$d=0.18$）であることを示した。その他のプログラム（効果指標数が10以上のもの）については表9.4に示す。

　Borman et al.（2003）はまた，学校全体として取り組む授業改善プログラムの半数は，開発者自身による評価だけが行われるにとどまっており，プログラムの開発のための費用は既に投資されており（特に予算の乏しい学校にとって）費用対効果が高かった可能性があるものの，成果のばらつきが著しいことを指摘した。これらのプログラムの成否を左右するのは，継続的な教師の現職教育，学習者の学習に関する数値化可能な目標や基準，モデルを受け入れ積極的に取り組むための教員間の合意形成，具体的かつ革新的な教育課程編成資料の利用，教師の授業と学習者の学

表9.4　学校全体として取り組む授業改善の効果の概要（Borman et al., 2003）

プログラム名	一次研究数	効果指標数	効果量（d）	標準誤差	学年	改善対象
ルーツ・アンド・ウィングス	6	14	0.38	0.04	就学前–第6学年	児童
ハイスクール・ザット・サーク	45	64	0.30	0.01	第9–12学年	カリキュラム
マイクロソサイエティ	3	32	0.29	0.03	就学前–第8学年	児童生徒
モダン・レッド・スクールハウス	6	23	0.26	0.03	就学前–第12学年	カリキュラム
オンワード・トゥ・エクセレンスⅡ	4	13	0.25	0.03	就学前–第12学年	カリキュラム
アメリカンズ・チョイス	2	27	0.22	0.02	就学前–第12学年	評価
学習ネットワーク	3	38	0.22	0.02	就学前–第8学年	指導
ダイレクト・インストラクション	49	182	0.21	0.02	就学前–第8学年	児童生徒
遠征学習 アウトワード・バウンド・スチューデント	6	40	0.19	0.03	就学前–第12学年	児童生徒
サクセス・フォー・オール	42	173	0.18	0.01	就学前–第8学年	児童生徒
学校開発プログラム	10	25	0.15	0.03	就学前–第12学年	コミュニティ
「効果のある学校」のためのセンター	1	26	0.13	0.01	就学前–第12学年	児童生徒
アクセレレイティッド・スクール	6	50	0.09	0.02	就学前–第7学年	児童生徒
エジソン	5	209	0.06	0.01	就学前–第12学年	学校
コーネクト	5	42	0.04	0.02	就学前–第12学年	カリキュラム
コミュニティ学習センター	5	17	0.03	0.03	就学前–第8学年	カリキュラム
コア・ナレッジ	6	58	0.03	0.02	就学前–第8学年	カリキュラム
ハイ／スコープ	4	23	-0.02	0.04	就学前–第3学年	カリキュラム

習改善につながるように計画された指導の実践の有無である。

　学校全体としての指導改善の取り組みは，主として学力格差の縮小を目的としていることが多い。Borman & D'Agostino（1996）は，タイトル・ワンという地方教育委員会による低所得家庭の児童の学力改善の取り組みを支援するための資金助成を行うアメリカのプログラムの効果についてのエビデンスを示した。タイトル・ワンの対象となった学習者の学力は全体的に高く（$d=0.12$），特に読解よりも数学において効果が高いことが示された。しかし，「秋の学年始めから春の学年終わりの間では大きな学力の伸びは見られたものの」，その効果が，その後の学年でも同様の学力の伸びにまで「持続的に見られるとは考えられない」（p. 323）と指摘している。このように通常の学年での実施では効果が低くなることから，これらのプログラムを実施することだけで学校での学習についていくのが難しい学習者と，恵まれた状況にある学習者の学力格差の解消が実現するとは積極的にはいいがたい。しかし，「このプログラムがなければ，過去30年もの間に，このプログラムの対象となってきた児童の学力はより低くなったと考えられる（p. 324）」というこの論文の締めくくりの言葉に，一縷の望みを見いだすことはできよう。

■学習障害児に対する理解力向上のための介入

　学習障害のある学習者（学習障害児）に対するさまざまな介入の効果については，それだけで1冊の本になる厚みがあり，実際にSwanson, Hoskyn, & Lee（1999）はそのような1冊であり，群間比較法や単一事例法による研究の統合が行われている。群間比較法による研究については，180本の研究の効果量の平均は$d=0.56$であった。特に効果のある介入としては，メタ認知的方略（$d=0.98$）と学習方略の効果に対する評価（$d=0.79$）が含まれていた。さらに，単語認知（$d=0.71$），読解（$d=0.82$），スペリング（$d=0.54$），記憶／再生（$d=0.81$），算数・数学（$d=0.58$），ライティング（$d=0.84$），語彙（$d=0.79$），態度／自己概念（$d=0.68$），読解（$d=0.60$），フォニックス（$d=0.70$），創造性（$d=0.84$），ソーシャルスキル（$d=0.46$），言語（$d=0.54$）等のプログラムで高い効果が見られた。単一事例法については85本の研究のメタ分析を行い（単一事例法による研究のメタ分析は珍しい），統合後の効果量は高く（$d=0.90$），多くの領域で効果量が高いことを示した。そしてさまざまな観点からの比較を行った結果，直接教授法と方略の指導の組み合わせが，「学習障害の改善のための効果的な方法」であると結論づけている（Swanson et al., 1999, p. 218）。直接教授法と方略の指導は，どちらかといえばそれぞれが別物であるため，学力をより高めるにはこれらを両方とも用いることが重要であるといえる。そして，授業の

第 9 章 ■ 指導方法要因の影響 II

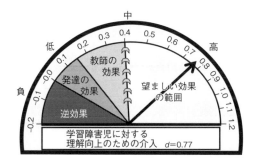

標準誤差	0.058（中）
順位	7位
メタ分析数	3
一次研究数	343
効果指標数	2,654
対象者数（2）	5,664

構成要素として重要なのは，「学習内容の配列，基本練習の反復，後で組み合わせやすいように情報を細分化すること，手がかりを明示的に与えたり非明示的に与えたりすることによって課題の困難度を操作すること，テクノロジーを利用すること，問題解決を段階に分けてモデリングさせること，相互交渉が起きやすい小集団を活用すること」（p. 218）であると指摘している。さらに，読解の指導においては，細かな部分の理解から全体の理解につなげる指導法，すなわち，正確に単語の意味を理解させ，文字や単語を音に変換させ，文字を認識させることを重視する指導の方が，全体を先にとらえさせる指導法，すなわち読解とは読み手の認知能力や言語能力（文章の内容に対するなじみの深さ）に左右されるものであるという考え方に基づく指導よりも効果が高いことも指摘している。さらに，直接教授法と方略指導を組み合わせたモデルに基づく指導は，部分から全体に繋げる指導法と全体を先にとらえさせる指導法のどちらと比べても効果が高いという重要な指摘もしている。

　学習障害児に対してさまざまな学習方略を身につけさせるための指導方法を幅広く検討したものとして挙げられるのが，Swanson（2000）である。このレビューの結果，20以上の学習方略を教えること（$d=0.72$）と，学習方略の指導には重点を置かない直接教授法（$d=0.72$）はいずれも効果が高いものの，学習方略の指導と直接教授法とを組み合わせて行うことはさらに効果が高い（$d=0.84$）ことが明らかになった。また，学力に与える効果の大きい指導方略は，課題の困難度や認知の程度を操作すること（足場がけ），指導的な応答や質問（ソクラテス的教授法または学習者に質問を促すこと），学習内容の配列を考慮すること（課題の細分化や段階的に少しずつ手がかりを与えること），基本練習を繰り返し行った上で応用練習を行い復習を行うこと，課題を内容ごとのまとまりに区分けすること，方略使用の手がかりを与えることであった。また，これらの効果は，算数・数学（$d=0.58$）よりも読解（$d=0.82$）においてより大きかった。また，Swanson（2001）は，学習

障害のある青年を対象とした，高次認知処理の能力を高めるプログラムについての調査を行った。このプログラムでは，より高い効果を実現するためによく考えられた練習が実施され，またその練習を行うにあたっては効果的と考えられる指導方法を組み合わせたものも同時に実施された。この調査の結果明らかとなったのは，メタ認知（たとえば，プランニング，自己質問，どういう方略を用いるべきかをたずねること）及び文章理解（たとえば，推論的理解，テーマの理解，内容理解）の能力に対する効果がとりわけ高いということであった。また，獲得された学習特性（たとえば，自己効力感や努力することなど）は変容させにくいことも示された。同様の能力向上は，O'Neal（1985）による脳性麻痺の学習者を対象とした研究でも示されている。

　Forness & Kavale（1993）は，学習障害の学習者の抱える記憶及び学習の困難さに対処するための方略訓練の効果についてメタ分析を行った。この研究では，方略訓練，とりわけ言語的精緻化方略，媒介方略，イメージ化方略，そして言語的リハーサルの訓練が，軽度知的障害の児童に対して有効であることが明らかになった。また，方略訓練は知的障害の有無にかかわらずすべての児童に対して有効であることも明らかとなった。Xin & Jitendra（1999）は，学習を進める上での問題を抱える学習者が算数・数学の文章題を解くことについての指導の効果を検討した結果，方略訓練が文章題を解くスキルの獲得を促進するのに効果的であることを明らかにした（$d=0.77$）。また，この研究の結果，さらに，直接教授法による指導，認知的方略及び目標指向方略の訓練が学習を促進することが支持された。文章題を解くことの指導は，スキルの維持と般化に対して正の効果を与えると考えられる。

　学習能力が高い学習者も低い学習者も対象としたメタ分析でも，方略訓練は学習能力の低い学習者に対して効果が高いことが示されている。Fan（1993）は，読解の学習における方略訓練の効果について，学習能力が高い学習者も低い学習者も対象として検討した。その結果，小学校（$d=0.55$）よりも高校（$d=0.85$）や大学（$d=0.62$）で効果が高く，学習能力の高い学習者（$d=0.28$）に対してよりも低い学習者（$d=0.85$）や中程度の学習者（$d=0.71$）で効果が高かった。また，相互教授法（$d=0.82$）や直接教授法（$d=0.55$）はいずれも効果が高いこと，これらの指導法の効果は，教科を問わず見られることも示された。そして，「各教科を通して読解能力を高めるには，メタ認知的方略の指導を読解教育で行うことが不可欠である。［中略］（そして）読解教育担当の教師と教科担当の教師がともに協力してメタ認知的方略が身につくような読解教育プログラムを計画し，読解力も教科の能力も育成されるようにしなければならない」（pp. 117-118）と結論づけている。

第9章 ■指導方法要因の影響Ⅱ

■協力指導・ティームティーチング

　協力指導及びティームティーチングとは，2人の教師が同じ空間で協力して授業を行うことを意味しており，1人の教師が授業を主導しもう1人が補助を行う場合，学習集団を2分割し，各集団に教師が1人ずつそれぞれ別の内容を指導するとともに適宜集団を入れ替えてもう一方の内容を指導する場合，1人の教師が学級で授業を行う際に一部の学習者を取り出して別の場所でもう1人の教師が指導を行う場合，2人の教師が協力して授業を計画し2人ともが主導的に指導を行う場合といったさまざまな形態がある。2人の教師の強みを活かせる，教師が協力して授業を計画せざるを得ないため互いの教師の創造性が発揮され競い合う，個々の学習者により配慮できるようになるというのがティームティーチングを支持する典型的な主張である（Armstrong, 1977）。しかし，ティームティーチングに関する研究は十分には行われていない。これは実際にはティームティーチングにはほとんど取り組まれていないためと考えられる。

　Murawski & Swanson（2001）は，通常の学級に在籍する児童生徒に対して，通常の学級を担当している教師と特別支援教育を担当している教師によるティームティーチングの効果について検討した。レビューの対象となった文献は6本にすぎなかったが，そのすべてにおいて $d=0.31$ 前後の効果が示されていた。Willett, Yamashita, & Anderson（1982）は理科教育についてのメタ分析の中でティームティーチングを扱っているが，大きな効果は見られなかった（$d=0.06$）。Armstrong（1977）のまとめでは，「少なくとも一応の結果を出すという点では研究は失敗に終わったのかもしれない。ティームティーチングは，綿密かつ系統的な調査の対象にはなってこなかった教育実践の1つであることは明らかだ。現時点では，研究的な知見は少なく，ティームティーチングを批判する者にとっても熱烈に支持する者にとって

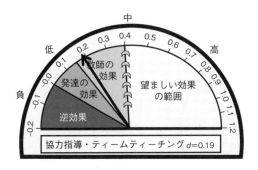

標準誤差	na
順位	111位
メタ分析数	2
一次研究数	136
効果指標数	47
対象者数（1）	1,617

も十分な証拠はない」(p.83) と述べられているが,これに異存はないだろう。

テクノロジーの利用

■コンピュータを利用した指導

　研究数やメタ分析数の多さからもわかるように,コンピュータを利用した指導は耳目を集めている研究領域の1つである。「コンピュータ」という用語は,今では多くの意味をもつものとなり,大型計算機から,パソコン,インターネットに接続可能な携帯端末までの利用を含むようになっている。コンピュータがよく利用されるのは,個別指導,学習管理,シミュレーション,発展学習,プログラミング,そして問題解決においてである (Kulik, 1994)。

　コンピュータを利用した指導 (Computer Assisted Instruction: CAI) に関する研究をメタ分析した76本の研究全体としては,4,498本の研究と8,096の効果指標,そして約400万人の学習者が含まれているが,この分野のメタ分析は他の分野におけるメタ分析以上に,メタ分析間で研究文献の重複(したがって対象となる学習者も重複しているということとなる)が多い。これらの研究の効果量の平均は $d=0.37$ ($SE=0.02$) であり,共通言語効果量 (CLE) の平均は60%である。これはコンピュータを利用した指導を100回行った場合60回で正の効果が見られるということを意味する。図9.16に示されたとおり,メタ分析間で効果量にはかなりの差が見られる。

　研究実施年と効果量との間に相関はなく,これはコンピュータを利用することの効果はテクノロジーの進歩に伴って増大するという典型的な主張に反する結果であ

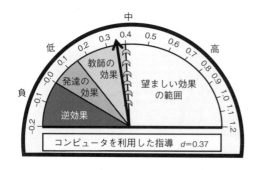

230

第 9 章 ■ 指導方法要因の影響 II

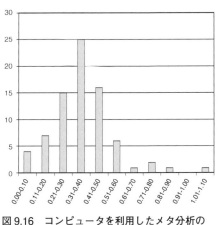

図 9.16 コンピュータを利用したメタ分析の数と全体的な効果量

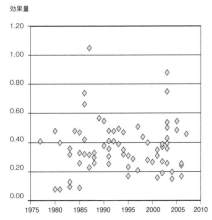

図 9.17 研究の行われた年とコンピュータを利用した指導の効果量との関係

る（図 9.17, $r = 0.05$）。

　さまざまなメタ分析を通して，学校種による差は見られない（表 9.5）。また学習者の能力水準による差もない。教科による差は若干見られるが実質的に意味のあるものではない。コンピュータを利用した指導の期間の長短でも違いは見られない。コンピュータの利用は，学習者が集中して学習に取り組むことや学習及び学校に対する態度を肯定的なものにすることを後押しする程度の効果があるといえよう。

　これまでに多くの人々が，コンピュータの多種多様な使用の可能性を見いだし，未来の教育について熱弁をふるってきた。ある人は CAI は教授法・学習法に革命をもたらすだろうといい，ある人はコンピュータはただ設置されるだけで使われないまま放っておかれるだろうという（Cuban, 2001）。著者自身は次のような見解をもっている。つまり，コンピュータは，他の多くの教育条件の改善と同じく，効果的な学習の実現可能性を高めるだろうけれども，コンピュータを持っていたりコンピュータを使ったりすることと学習成果との間には因果的必然性はないだろうということだ。

　しかしながら，授業においてコンピュータが広く利用されていることには疑いの余地がない。とはいえ，多くの研究は指導にコンピュータを使っている教師に関す

231

表9.5 コンピュータを利用した指導の効果の概要

		メタ分析数	効果指標数	効果量 (d)
校種	幼稚園	5	128	0.46
	小学校	25	2710	0.42
	中学校	26	592	0.33
	高校	9	342	0.46
	中等学校以降	12	745	0.38
性別	男性	7	139	0.33
	女性	7	121	0.25
能力水準	低	12	818	0.35
	中	11	258	0.38
	高	10	223	0.33
教科	語彙	2	33	0.48
	言語技術	3	36	0.38
	リーディング	8	200	0.35
	Comprehension	2	46	0.35
	スペリング	2	24	0.73
	ライティング	4	74	0.35
	数学	11	1250	0.21
	科学（理科）	5	52	0.32
	問題解決	4	68	0.57
期間	4週間未満	12	315	0.45
	4〜8週間	12	715	0.41
	9〜12週間	13	588	0.39
	13〜25週間	11	620	0.35
	26週間以上	4	487	0.36
態度	コンピュータに対して	4	55	0.18
	学習／教科に対して	11	391	0.28

るものであり，学習にコンピュータを使っている学習者に関する研究は少ない。言い換えると，これらの研究では，しばしば，コンピュータを使ったさまざまな学習方法を比較するのではなく，コンピュータ（や，その他の情報機器）を使って教える授業と使わないで教える授業を比較しており，これらの研究の大半で示された効果量の範囲は $d=0.20$ から $d=0.60$ である。

　学校におけるコンピュータ利用についてのメタ分析の結果を検討すると，コンピュータを利用する指導が効果的となるのは以下のような場合であるといえる。すなわち，(a) さまざまな教授方略が用いられた場合，(b) 教授・学習ツールとしてのコンピュータの使用法について事前トレーニングが行われた場合，(c) 学習の機会が多面的に与えられる場合（たとえば，よく考えられた練習を行うことや課題に取り組む場合，間を増やすこと），(d) 教師ではなく学習者が学習を「コントロール」している場合，(e) ピア学習が最適化された場合，そして，(f) フィードバックが最適化された場合である。本書の他の部分で「見通しが立つ指導と見通しが立

つ学習」が重要であると示されていることを踏まえれば，これらのような場合にコンピュータ利用が有効であるというのは当然であるといえよう。

■さまざまな教授方略が用いられている場合にコンピュータ利用の効果が高まる

　コンピュータを利用することの利点の1つは，一般的に教師が学習者に対して行う授業とは異なる指導方法をとれるという点にあり，少なくとも学習者は2つの異なる指導方法を経験することとなり，また知識習得と概念形成のための「よく考えられた練習」を行うこととなる。メタ分析の結果を統合したところ，コンピュータを利用した練習が補助的に用いられた場合（$d=0.45, N=162$）の方が，教師が行う授業の代替として用いられた場合（$d=0.30, N=100$）よりも，効果的であることが示された（表9.6）。しかし，同じ教師がコンピュータを利用する授業と従来型の授業を行う場合（$d=0.36, N=522$）と，コンピュータを利用する授業と従来型の授業をそれぞれ別の教師が行う場合（$d=0.41, N=344$）との間には，あまり大きな効果の差は見られなかった（表9.7）。

■教授・学習ツールとしてのコンピュータの使用法についての事前トレーニングが行われた場合にコンピュータ利用の効果が高まる

　興味深いことに，教師はコンピュータを頻繁に使用しているものの，多くの教師にとってのコンピュータ使用は個人的な目的あるいは事務処理のためであり，教師たち自身がもっている学習指導に関する概念とコンピュータの利用との関係を十分に理解できていないということが明らかになっている（Cuban, 2001）。現在の教師の多くが学校に通っていた頃というのは，コンピュータは普及しておらず，教職課程で受けた講義も，コンピュータを利用した指導や学習とは距離を置いた講師陣によるものであった。多くの教師にとって，コンピュータを利用した授業を行うことは「学校教育の体系」とは無縁のものなのである。Abrami et al.（2006）は，多くの教師が「まだ，テクノロジーの可能性を最大限に活かすため授業をどのようにデザインすればよいか理解しようとしている段階にある」（p. 32）と述べている。このことから，コンピュータの利用をより効果的にするためには，教授・学習ツールとしてのコンピュータ利用について何らかの事前トレーニングが必要であるといえるだろう。

　Jones（1991）は，事前トレーニングが教師のコンピュータ利用の効果に与える影響を検討した。その結果，事前トレーニングの効果は$d=0.31$であり，10時間以上

表9.6 教師の代わりにコンピュータを用いる場合と補助的に用いる場合の効果の概要

著者	出版年	代わりに用いるとき 効果数	効果量 (d)	補助的に用いるとき 効果数	効果量 (d)
Bayraktar	2000	27	0.18	81	0.29
Cohen & Dacanay	1992	28	0.36	9	0.56
Hsu	2003	9	0.35	22	0.44
Kuchler	1998	17	0.28	42	0.51
Lee	2004	na	0.29	na	0.41
Yaakub & Finch	2001	19	0.32	8	0.49

表9.7 コンピュータを同じ教師が用いる場合と異なる教師が用いる場合の効果の概要

著者	出版年	同じ教師 効果数	効果量 (d)	異なる教師 効果数	効果量 (d)
Gordon	1991	43	0.22	79	0.32
Kulik and Kulik	1986b	68	0.23	31	0.32
Kulik, Kulik & Bangert-Drowns	1985	7	0.44	21	0.48
Liao	2005	20	0.59	17	0.71
Kuchler	1998	13	0.62	48	0.40
Fletcher-Flynn & Gravatt	1995	33	0.23	36	0.30
Bangert-Drowns	1993	8	0.16	7	0.28
Bayraktar	2000	33	0.22	37	0.21
Cohen & Dacanay	1994	28	0.35	8	0.60
Chen	1994	269	0.58	60	0.51

の事前トレーニングを行うことが最も効果が高い（$d=0.53$）ことを明らかにした。そして，「10時間未満のトレーニングは効果がないばかりか逆効果を招く。短時間のトレーニングを受けた教師による授業の学習成果は大幅に低いが，10時間以上のトレーニングを受けた教師による授業の学習成果は，コンピュータを平均的に利用した授業と比べて72%分高い」という重要な指摘をしている。しかし，このような事前トレーニングは数週間以内の短い期間で集中して行われた方がよく，トレーニングのコースが長期にわたると効果量は下がる（4週間未満では$d=0.67$，4週間以上8週間未満では$d=0.52$，8週間以上14週間未満では$d=0.57$，14週より長期では$d=0.32$）ことには注意する必要がある。同様に，Ryan（1991）は10時間より長いトレーニングでは$d=0.53$の効果があるが，5-10時間のトレーニングでは$d=0.19$，5時間未満のトレーニングでは$d=0.14$の効果しかないことを報告している（Lou, Abrami, & d'Apollonia, 2001も参照のこと）。

■学習の機会が多面的に与えられる場合にコンピュータ利用の効果が高まる

　学習の機会を多面的にするためのコンピュータの利用法にはさまざまなものがある。表9.8に示したコンピュータ利用の代表例についての効果に見られるように，その幅には広がりがあり，コンピュータをチュートリアル（入門的な内容の，個別あるいは2-3人の小集団指導）に利用している場合には効果が高く，問題解決やシミュレーションに利用する場合には効果は低い。

　コンピュータを利用したチュートリアルによって学習者は構造化された学習機会を与えられることになり，他のコンピュータを利用した学習と比べて著しく効果が高い。入門的な個別指導ソフトウェアの多くは，多くの教師が行っている指導法よりも指導の質が高い可能性がある。これはFletcher-Flynn & Gravatt（1995）が主張しているように，このようなコンピュータソフトウェアにはさまざまな教科や教育条件下でも効果的に利用できるような汎用性をもたせているためと考えられる。

　特に興味深いのはドリル学習の効果である。ドリル学習に対して大人は惻隠の情を催すものであるが，学習者には何度も取り組む必要のあるものである。繰り返しを強いるとはいえ，それは必ずしも退屈で味気ないものではなく，学習者が集中して取り組めてためになるものとなりうるし，むしろそういうものであるはずである。ドリルというのは練習の代名詞であり，学習内容を習得するために繰り返し学習するということは，完全習得学習，本書で概説した効果的な方法の大半，そしてよく考えられた練習において欠くべからざるものである。ドリルとは退屈の極みのようなものではなく，よく考えられた練習に学習者を集中して取り組ませ有意義なものとするというのは，教師の重要なスキルの1つである。Luik（2007）は，コンピュータを利用したドリルの145の特質を，学習者に対する動機づけ，学習者自身によるコントロールの促進，情報の提示，質問の性質，応答の性質，そしてフィードバックの6つに大きく分類した。その中で高い効果につながる特質は，学習者に自身によるコントロールを促進すること，学習目標を見失わせないようにすること，正答

表9.8　教室における主なコンピュータ利用法の効果概要

方法	メタ分析数	効果指標数	効果量（d）
チュートリアル	8	78	0.71
プログラミング	2	43	0.50
ワードプロセッサ	2	47	0.42
ドリル学習	9	506	0.34
シミュレーション	5	94	0.34
問題解決	7	197	0.26

である場合には正答であることを誤答である場合には正答を即時にフィードバックすることであった。

　コンピュータ・ゲームの多くは，見かけによらず高レベルな反復練習が組み込まれており，多くの子どもはコンピュータ・ゲームでより難しい技を獲得するために，わくわくしながら一生懸命に反復練習に取り組み，ゲームのスキルをどんどん高めていく。コンピュータ・ゲームは，徐々に難易度が高まっていく魅力的な反復練習を数多く取り入れており，この反復練習に熱中して取り組むことで難しい技も使えるようになるのである。コンピュータを利用することでよく考えられた練習に取り組ませることには正の効果が見られるということ，とりわけ新しいことの学習に苦戦を強いられている学習者に対しては効果的であるという証拠は，これまで多く示されてきた。メタ分析による研究でも，コンピュータを用いた反復練習は伝統的な指導法と比べて効果的であることが幾度も示されてきた（Burns & Bozeman, 1981）。もしかすると，教師は一度立ち止まって，なぜ彼らが行っている伝統的な指導法は多くのコンピュータによる反復学習プログラムに比べると効果が低いのかを考えるべきなのかもしれない。

■教師ではなく学習者が学習を「コントロール」している場合にコンピュータ利用の効果が高まる

　CAIの効果に関するメタ分析の結果の多くから導かれる重要な知見の1つに，学習者が自分の学習の仕方（学習の進度調整，習熟のための時間配分，教授内容の系列化と進度調整，反復練習する項目の選択，復習）を自分でコントロールしている場合に，教師が学習のこれらの側面をコントロールしている場合よりも，効果が大きいということが挙げられる（Niemiec, Sikorski, & Walberg, 1996）。Abrami et al.(2006) は，教師ではなく学習者がコンピュータを操作することが重要であると結論づけている。同様に，コンピュータ・システムによって学習がコントロールされる場合と比べて，学習者が自分で学習をコントロールする場合に効果は高い。小集団学習においては，コンピュータ・システムが学習をコントロールするソフトウェアを用いる場合（$d=-0.02$）ではなく，学習者が学習をコントロールするソフトウェアを用いる場合（$d=0.21$）に正の効果が見られる（Lou, Abrami, & d'Apollonia, 2001）。Cohen & Dacanay（1994）は，学習者に進度を合わせるソフトウェアの効果量は $d=0.49$ であったのに対し，教師の進度に合わせるソフトウェアの効果は $d=0.34$ であることに加えて，学習者が進度を決められる場合の効果は $d=0.60$，決められない場合の効果は $d=0.20$ であることを示した。

学習者が自身の学習をコントロールするということの好例の1つに，ワードプロセッサの利用が挙げられる。ワードプロセッサを使用した場合には，手書きの場合と比べて学習者はより多くの分量を書く傾向にあり，記述の質の向上も見られた。その傾向はとりわけ作文能力の低い学習者において顕著であった（Bangert-Drowns, 1993）。「より多く」書けるということは，質の低い文章をたくさん書くということではない。なぜなら，作文の質と長さの間には正の高い相関が見られたからである。ワードプロセッサを利用することで，学習者は見直しをより行い，より多くの分量を記述し，間違いが少なくなることも明らかになっている（Goldberg, Russell, & Cook, 2003; Schramm, 1991）。Torgerson & Elbourne（2002）が1992-2002年の間に行われたコンピュータ利用と学習者の作文との関係を検討した研究のメタ分析を行った結果，作文の学習の際にコンピュータを用いた学習者は手書きで学習した学習者と比べて，より集中して作文に取り組み動機づけも高いことに加えて，作文の分量も多く，質も高いことが明らかになった（$d=0.40$）。

■ピア学習が最適化された場合にコンピュータ利用の効果が高まる

　ペアや小集団でコンピュータを利用することは，1人で，あるいは大きな集団でコンピュータを利用することよりも効果的である。学習者どうしで問題解決に取り組むことで，新しい解決方法を提案したり試したり，問題解決の段階を乗り越えるということが伴うからである。グループ学習についての節（協同か競争か）で既に指摘したとおり，学習者が協力して課題に取り組むときに学習は最も効果的になる。なぜなら，協力することで，多面的なものの見方ができたり，自分の考えを見直せたり，ジレンマを解決するために説明の仕方を工夫したり，フィードバックや間違いの訂正をしてもらえる機会が増えたり，知識を構成するための色々な方法に触れたりできるからである。グループが大きすぎるときには，一人一人の学習者が自分の考えや仮説を深める機会は減ってしまい，学習と知識の構成及び再構成のレベルは低下してしまう。また，アイデアを試したり他のアイデアを探ったりする機会も少なくなる。そして，大きなグループでは，支配的なメンバーと従属的なメンバーができやすく，効果的な学習が損なわれてしまう。

　Lou, Abrami, & d'Apollonia（2001）は，コンピュータでの学習は，ペアで行う方が，個人あるいは3人以上のグループで行うよりも効果が高いことを報告している。Liao（2007）も，小グループ（$d=0.96$）の方が，個人（$d=0.56$）や大きなグループ（$d=0.25$）に比べて効果が高いことを明らかにしている。Gordon（1991）も，ペアで学習する（$d=0.54$）方が個人で学習する（$d=0.25$）よりも効果が高い

ことを示している。Kuchler（1998）も，ペア学習では $d=0.69$，個人での学習では $d=0.29$ の効果量を報告している。Lou, Abrami, & d'Apollonia（2001）は，個人でコンピュータを利用した学習に取り組む場合と比べて，ペアや小グループで取り組む場合の方が学習者どうしで肯定的な相互交渉が起こる頻度（$d=0.33$）や，適切な学習方略及び課題解決方略を利用する頻度（$d=0.50$）が高く，より粘り強く課題に取り組み（$d=0.48$），課題を解決した学習者も多い（$d=0.28$）ことを報告している。また，個人でコンピュータを利用した学習に取り組んだ学習者は，小グループで取り組んだ学習者に比べて，教師に支援を求めることが多く（$d=0.67$），課題を終わらせるまでの時間が短い（$d=0.16$）ことが示された。しかし，個人でコンピュータを利用した学習に取り組む場合と小グループで取り組む場合とでは，コンピュータに対する態度や学習に対する態度には差は見られなかった。小グループ学習の効果は，学習者がそれ以前にグループワークを経験していたりグループワークの方法を指導されていたりする場合や，協同学習特有の学習方略が用いられた場合に，有意に高いことも示された。71本の研究から得られた198の効果指標を対象にメタ分析を行ったLou（2004）では，小グループでコンピュータを使って学習をした学習者は，1人で学習した学習者に比べて，より多くの課題を達成しようとすること（$d=0.15$）や，より多くの学習方略を使うこと（$d=0.36$），そして小グループでの学習に対してより肯定的な態度を示す（$d=0.54$）ものの，授業態度の差（$d=0.07$）は小さく，小グループで取り組んだ学習者の方が個人で取り組んだ学習者と比べて課題解決に時間がかかる（$d=-0.21$）ことが明らかになった。これらの結果は，コンピュータを利用した学習を行う場合には，話し合いを重視することや，学習者どうしで課題に取り組む中でさまざまな仮説や解決方法を相手に伝え，説明し，理解しあうことの重要性を示唆している。

　以上のような知見に基づき，Lou, Abrami, & d'Apollonia（2001）は次のようなことを推奨している。
・大部分がコンピュータによってコントロールされ，正解が1つに決まっているようなチュートリアルや練習に取り組む際には，1人で学習させるのではなくペアで学習させた方が，認知面でも情意面でも効果的である。
・シミュレーションやハイパーメディア教材といった説明のために利用されるプログラムを利用した学習や，汎用的なツール（例：ワードプロセッサ）を作文の学習に用いる際には，話し合いの重要性やすべての学習者に対して学習方略を利用し，さまざまな仮説や解決方法を相手に伝え，説明し，理解しあう機会を与えることが重要である。

- 小グループでコンピュータを利用して学習をする場合には，協同学習特有の枠組みを与えるとともに，協力して課題に取り組むことと適切かつ多様な学習方略を利用することを促すことが重要である。
- 学習者に対して，グループワークの技能を伸ばすことができるようなトレーニングを行う必要がある。
- グループを組むときには，同質なメンバーのグループ（$d=0.51$）よりも異質なメンバーのグループ（$d=1.15$）を組む方が効果的である。ただし，どちらのタイプのグループも1人での学習よりは効果的である。

■フィードバックが最適化された場合にコンピュータ利用の効果が高まる

　ここまで示してきたことを上回るコンピュータ利用の利点は，男女を問わず，人種を問わず，学習の速い遅いを問わず，いかなる学習者に対しても等しく応答するということである。教師たちは，自分たちには学習者の反応を予想し，いつ誰にフィードバックを与えるかを柔軟に決定できる専門性があると主張するが，多くの教室でレベルの低いフィードバックしか行われていないことを見れば，この柔軟性によって多くの学習者が取りこぼされていることは明らかである。コンピュータによるフィードバックは，教師によるフィードバックに比べると，学習者に対して脅しとなるような可能性は低く，多くの場合はプログラムで組まれたとおりに与えられる（Blok, Oostdam, Otter, & Overmaat, 2002）。

　さきに述べたとおり，フィードバックには多くのタイプがあり，適度に困難な課題が与えられたときにフィードバックは最適化される。Timmerman & Kruepke（2006）は，考え方に関する説明（$d=0.66$）を与えたり誤っている箇所を修正（$d=0.73$）したりするフィードバックの方が，単に正解を与える（$d=-0.11$）ことよりも著しく効果が高いことを明らかにした（Cohen & Dacanay, 1994 も参照）。Lou, Abrami, & d'Apollonia（2001）は，正の効果が見られるのはやや困難な課題の場合（$d=-0.34$）や困難ではない課題の場合（$d=-0.57$）ではなく，困難な課題の場合（$d=0.13$）であることを明らかにしている。何らかの困難がない限り，学習者をCAIによる活動に取り組ませることには意味がない。

　Gillingham & Guthrie（1987）によるメタ分析の結果示された効果量の平均は，CAIに関する研究のメタ分析の中でもとりわけ高いが，メタ分析の対象となった研究は13本にとどまっている。この結果から3つの重要な原則が立てられた。第1は，教師は学習者の注意と動機づけの維持のためにCAIを用いる必要があること。第2は，教師は学習者に新たな学習内容や学習方略を呈示するためにCAIを用いる必

要があること。第3は，教師は学習者に対して練習の手ほどきを与え学習者自身の学習に対する能動的な関与を導くためにCAIを用いる必要があること。

　Mukawa（2006）は，Chickering & Ehrmann（1996）によるオンライン学習の優れた実践の7原則の善し悪しを判断するためのメタ分析を行った。このメタ分析の結果示された効果量はGillingham & Guthrie（1987）によって示されたものと比べて相当低かったものの，その結果が示唆するところは類似しており，CAIを行うことによって促されるのは，学習者と教師のやりとり（$d=0.14$），学習者どうしの協力（$d=0.10$），能動的な学習（$d=0.10$），別の学習方法を尊重すること（$d=0.09$），学習課題に費やす時間を重視すること（$d=0.07$）であることが示された。

■ウェブベースの学習

　ワールドワイドウェブを教室で利用するようになったのはごく最近のことである。この10年の間で，ウェブは多くの子どもの生活の重要な一部になったが，多くの教師は子どもほどにはこの領域に詳しくない。学習者は自身が作り上げ，またコントロールすることができる世界に身を置けるし，知識はクリックすればすぐに手に入る。学習者に百科事典や参考図書の引き方や，事細かなことまで覚える方法を教えるといった古い考え方は，論理演算子を使った複合条件検索を実行し，検索で得られた知識の信憑性を評価し，入手できる大量の情報を統合する方法を教えることに比べると重要でないように思われる。

　Olson & Wisher（2002）は，ウェブを利用した指導を行う際にインストラクショナルデザインの原則（たとえば教師が学習者に関わることや適時にフィードバックを与えること）が，蚊帳の外に置かれることがままあるという主張がなされていると指摘している。Olson & Wisher（2002）によるメタ分析の結果，平均効果量は小さい（$d=0.24$）が15本の研究間での効果量のばらつきは大きいことが示された。

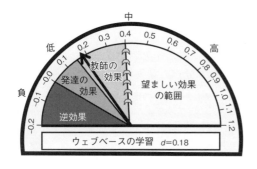

標準誤差	0.124（高）
順位	112位
メタ分析数	3
一次研究数	45
効果指標数	136
対象者数（2）	22,554

第9章 ■指導方法要因の影響Ⅱ

そして，この研究の結果からウェブを利用した学習は，概して，他のコンピュータを利用する指導法よりも効果は低いと述べている。さらに，また，この領域は今までには存在しなかったものであるため，今後研究が増えることで効果量の平均は安定してくるだろうとも指摘している。加えて，ウェブベースの学習を早期に取り入れたのはさまざまな分野の大学教授であり，インストラクショナルデザインに必ずしも長ける必要のない者がほとんどであったということも指摘されている。今後期待されるのは，「教育実践の改善が進み，学習内容の構造化の基準が整い，回線容量が大きくなるにつれて，ウェブを利用した指導の可能性は増すだろう」(p. 13) ということである。

■インタラクティブ・ビデオの利用

CAIとビデオ技術の組み合わせであるインタラクティブ・ビデオは，授業やトレーニングのためのメディア利用の1つである (Herschbach, 1984)。McNeil & Nelson (1990) は，インタラクティブ・ビデオを利用した指導に関する研究で示された効果量は一様ではなく，インタラクティブ・ビデオと学力との関係は指導内容の特徴，環境的要因，指導方法，教材等のさまざまな要因からの影響で左右されると指摘した。プログラムでコントロールされたインタラクティブ・ビデオは，学習者がコントロールするものと比べて効果が高いようである。この研究ではまた，インタラクティブ・ビデオの効果に違いが見られ，小集団指導において有利であるということの背景には，練習量，フィードバックの量と種類，どのように間違いを修正するかを教師が決めることができるということが考えられると述べられている。Blanchard, Stock, & Marshall (1999) は，ビデオゲームを利用したマルチメディア学習の実施に関する10本以上の研究のメタ分析を行った。その結果，数学 ($d=0.13$)，国語 ($d=0.18$)，そしてマルチメディア利用の質が高い場合 ($d=0.23$)，低い場合

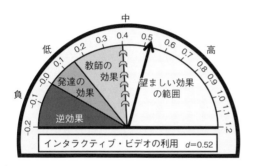

($d=0.16$) のあらゆる側面において，その効果量は低いことを明らかにした。

Baker & Dwyer (2000) はインタラクティブ・ビデオで視覚化を行う場合と行わない場合での効果の違い ($d=0.71$) を調査し，学習すべき内容の要点が視覚的提示によって伝わりやすくなると指摘している (Fletcher, 1989 も参照のこと)。Clark & Angert (1980) は，ビデオをはじめとした教材における絵図の効果に関する研究のメタ分析を行った。メタ分析の対象となった研究は，絵図のタイプ，提示方法，学年，効果の指標として用いられた課題，の4つの基準に基づいて分類された。その結果，絵図を含んだ教材は言語による記述だけのものと比べて効果が高く（特に，高校生において効果が高かった），また絵図のタイプの違いについては白黒よりカラーの方が効果が高いことが示された。

Mayer (1989) は，理科の学力を高めるマルチメディア教育デザインの原則についての研究を行った。その結果，マルチメディアを通じて伝えようとする内容が視覚的・言語的な認知負荷がかかり過ぎるようなものであると，その効果は著しく低くなるため，学習者が視覚的な説明と言語的な情報を結びつけられるように，教師が（あるいは教科書が）配慮することが重要であると指摘した。「言語的に内容が示されただけの場合には，学習者が構築する視覚的なメンタルモデルは，言語的なメンタルモデルと結びつけにくい貧弱なものとなってしまう」ため，学習者が視覚的な内容と言語的な内容の両方を受け取ることが効果的なのである。視覚的な内容と言語的な内容の両方を得ることで，より適切に視覚的メンタルモデルと言語的メンタルモデルを構築し，保持できるようになるのである。

情報を多様な手段で表現することと，ユーザと情報の間の双方向性をもたせることを実現したのはハイパーメディアである。マルチメディアと CAI を組み合わせたものはハイパーメディアの代表例である。Liao (1998) は，ハイパーメディアを利用した指導と伝統的指導法が学力に与える効果の比較を行い，あらゆる伝統的指導方法よりもハイパーメディアを利用した指導の方が効果が高いことを明らかにした。また，その効果量は通常授業をすべてハイパーメディアを利用した授業に置き換えて実施した場合よりも，通常の授業において補完的に利用された場合の方が効果が高かった。この結果から，ハイパーメディアの利用は伝統的な学習の一部に組み込む形で行われた場合に効果的であると考えられる。

■視聴覚教材の利用

視聴覚教材を利用した指導には，テレビ，映画，ビデオ，スライドの利用などさまざまなものがある。Willett, Yamashita, & Anderson (1983) は，テレビが $d=0.05$,

第9章 ■ 指導方法要因の影響 II

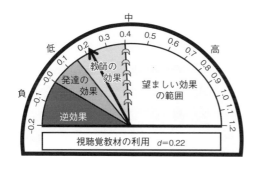

標準誤差	0.070（中）
順位	104位
メタ分析数	6
一次研究数	359
効果指標数	231
対象者数（1）	2,760

フィルムが $d=-0.07$，スライドが $d=-0.47$，テープが $d=-0.27$ といったように，これらを利用することは効果的ではないことを明らかにした。さらに，大学での講義を録音したテープを配布することが講義内容の習得に与える効果は小さく，成績の評語や単位取得に与える効果も見られなかった（Kulik, Kulik, & Cohen, 1980）。Shwalb, Shwalb, & Azuma (1986) が日本で行った調査の結果では，講義録音テープを配布することの効果は小さく，この調査の対象となったすべての指導方法の中でもその効果は最も低いことが示された。

■シミュレーション

　モデルを示したりゲーム（ロールプレイングや意思決定など）を利用したりすることを通じて，学習者が集中して学習に取り組めるようにする（もっともゲームの中には興味をもてないものや楽しくもないものもあるが）というのがシミュレーションやゲームの利用の代表的な例である。Szczurek (1982) は以下のようにシミュレーションを定義している。

　　物理的，または社会的な現実を単純化してモデル化したものや描写したものを用いることで，一連の規則や制約を受けながら学習者が一定の成果を上げるために競合するようにする指導方法の一形態。ここでいう競合とは，(1) 個人間や集団間での競合，(2) 個人または集団で特定の水準に対して競り合うこと，の2つの場合がある。(Szczurek, 1982, p. 27)

　ただし，多くの場合シミュレーションでは競合することが目的とはならず，現実世界における問題に似通わせることが目的となる。VanSickle (1986) はシミュレーションゲームを利用した学習が事実的，概念的，一般的知識の再生（$d=0.12$）お

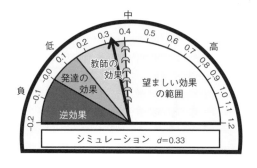

よび長期的保持（$d=0.18$）に与える効果は小さいことを明らかにした。そして，この結果から，シミュレーションやゲームは，他の指導法と比べると小さい正の効果にとどまるが，講義だけの場合（$d=0.32$）と比べるとやや効果は高いことが示されたと述べている。Dekkers & Donatti (1981) は，学力に対してやや高い効果（$d=0.33$）があり，記憶の保持に対しても同様の効果（$d=0.15$）があるが，とりわけ学習態度に対する効果は高い（$d=0.64$）ことを示した。McKenna (1991) でも同様の効果（$d=0.38$）が示され，またこの効果の年齢間の違いは見られないものの，能力の高い学習者に対してよりも低い学習者にとってより効果的であることが明らかになった。しかし，Lee (1990) では，シミュレーションやゲームを利用することは，能力の高い学習者においての方が学力に対する効果量は高いことが示されている。McKenna (1991) は，短期間での利用（1週間以内）の方が，長期な利用と比べて効果が高いことを明らかにした。この結果は，Dekkers & Donatti (1981) でも同様である。Remmer & Jernsted (1982) は，高校及び大学での授業におけるシミュレーションゲームの利用の効果を検討し，学力に与える効果は小さく，シミュレーションゲームの利用が学力や記憶の保持に与える効果は一般的な指導方法と比べて効果が高いとはいえないと指摘している。Armstrong (1991) は，コンピュータを用いたシミュレーションを利用する指導と伝統的な指導法との間の効果の違いは，全体的に見ると $d=0.29$ であり，この効果は，低次の思考，高次の思考，記憶の保持のいずれにおいても同程度であることを示した。

LeJeune (2002) は，インタラクティブ・ビデオを用いたシミュレーションやコンピュータによる実験シミュレーションが理科学習に与える効果について検討した。この研究の対象となったコンピュータプログラムは，現実世界での現象のモデルを提示したり，伝統的な実験を再現したりするものであった。メタ分析の結果，浅い理解（$d=0.34$）や深い理解（$d=0.38$）に効果を与えること，態度（$d=-0.03$）

や 2 週間後の記憶の保持（d=0.19）に対する効果は見られないことが示された。また，就学前教育から高校までにおいて（d=0.14）よりも大学において（d=0.49）効果が高かった。浅い理解に対しては，教えられた内容の確認に用いられた場合（d=0.49）の方が，学習に取り組んでいる間に調べ物をすることが認められた場合（d=0.27）よりも効果が高いが，深い理解に対してはこれら 2 つの場合で違いは見られなかった（d=0.35 と d=0.41）。これらの結果から，シミュレーションは理科の学力の低い学習者に対しては，事実的知識の習得，科学的な手続きの理解，日常現象に対する知識の活用といった側面に働きかけることで学力改善が図られるとともに，理科学力の高い学習者に対しては，問題解決能力や高次の思考力といった側面に働きかけることで学力を引き上げることに繋がると結論づけている。

■プログラム学習

　プログラム学習とは，系統的に配列された段階の順序に従って新しい学習内容を学習者に呈示していく指導方法である。冊子によってプログラム学習が行われる場合を例にとろう。問題が示され，学習者は問題についての質問に対する答えを選択肢から選んだ後，その選択肢に対応したページを開き，正答または誤答である理由の解説を読み，次の段階へと進むといった手順で行われる。さまざまな点で，プログラム学習はコンピュータ制御によってペース配分が管理された分岐型プログラムの先駆けというべきものである。さまざまな指導方法との効果の比較を行うと，プログラム学習の効果は底辺に位置づくことが多い。Hartley（1977）はさまざまな指導方法が数学の学力に与える効果についてのメタ分析を行い，個別指導が最も効果が高く，次が CAI であり，これら 2 つの方法は個別学習パッケージの使用やプログラム学習と比べて著しく効果が高いことが示された。同様に，Aiello & Wolfle（1980）でも，プログラム学習は CAI や Keller の個別学習システム（訳者注：

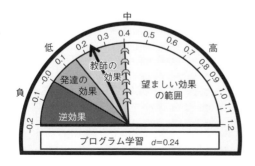

Kellerによって1960年代に提唱された個別化教授法であり，完全学習を指向していること，学習者が自己のペースで進められること，講義は学習者の動議づけのためだけに行うこと，学習ガイドを使うこと，通過テストの成績評価が行われること等の特徴をもつ)，録音テープによる個別指導と比べて効果は低く，最下位に位置することが示された。Willett et al. (1983) による理科教育におけるさまざまな指導方法を検討した結果でも，プログラム学習は最下位であった。

Kulik, Schwalb, & Kulik (1993) は，とりわけ数学・科学教育において，プログラム学習の効果が非常に低いことを明らかにした。Kulik, Cohen, & Ebeling (1980) は，高等教育の学生についても同様に効果は低かったと述べており，学生がこの教授法を受けることで得をしている根拠はないと結論づけた。Boden, Archwamety, & McFarland (2000) は，$d=0.40$ という高い効果を得ているが，これは学習を自己調整することに長けた年長の学習者に適用したためと考えられると指摘している。

学校外での学習

ここでは，遠隔教育と宿題の2つの学校外における学習について検討する。

■遠隔教育

著者は，大学教員としての最初の10年を通信制の大学で過ごした。そこでは，貴重な経験をした。すべての科目に対して十分に準備を行えるようになり（授業開始の何ヶ月か前に教材を印刷し学生に送付する必要があった)，卒業論文を書く学生のスーパーバイズも経験した（これらはすべて手紙で行われ，学生が抱えている課題を解決できるようにするために手紙を書かざるを得なかったが，手紙を書くことでスーパーバイズはかえって楽なものになった。ほとんどの場合，学生はスーパーバイザーに課題を聞いてもらい，何とか解決して欲しいと思っていたからである。またこのことで学生が卒業論文を書けるか否かを把握することもできた)。この節で検討するメタ分析の結果は，学習者が遠隔教育の学習者であっても通学課程の学習者であっても身につく学力に変わりはないということを示している。ただし，「遠隔教育は効果的ではない」ということではない。メディアは伝達手段であって伝達内容ではない。新しいテクノロジーを使ったメディアでも同様である。これは，遠隔教育によって教育を受ける機会の利用可能性を向上させるものだ。テレビでの授業やビデオ会議などさまざまな種類のメディアなどの指導方法上の特徴は，遠隔教育に欠かすことができない (Allen, Bourhis, Burrell, & Mabry, 2002; Machtmes &

Asher, 2000)。Machtmes & Asher（2000）が遠隔教育におけるテレビ講義の効果を検討したメタ分析結果では，スタジオ機材のない伝統的な教室で行う授業とスタジオ機器を使った遠隔講義との間に差は見られなかった。

Cavanaugh（2001）による，ウェブによって配信される就学前から高校までを対象とした遠隔教育プログラムの効果に関するメタ分析の結果では，遠隔教育と伝統的な対面授業との効果は同程度（$d=0.15$）であることが示された。また，学習内容や学年段階，学校種，遠隔学習が行われる回数，学習進度，授業時間，教師の遠隔教育実施経験，学習者の状況といった変数による効果の違いも見られなかった。そして，遠隔通信技術による学習であっても，教室での学習であっても，学習者は同じくらいのレベルに到達できると結論づけている。

高等教育を対象に，学生の満足度を遠隔教育と伝統的な教室での授業とで比較した研究の結果では，学生は対面講義の方を好む傾向がやや見られるものの，満足度にはほとんど差が見られなかった（Allen et al., 2002）。また，双方向性をもつ遠隔教育法とそうでないものとの間にも満足度に差が見られなかった。ビデオに録画された講義の方が印刷教材よりも好まれることがある程度裏づけられた。

Bernard et al.（2004）は，全く異なる2種類の遠隔教育があると論じた。初期の有線放送テレビを活用した一斉放送による遠隔教育と，発信局と別の場所にある2つ以上の教室とを結んで一斉に放送を流すと同時に各教室の様子を把握できるようにしている遠隔教育だ。著者らはノースカロライナ数学・科学大学の遠隔教育の効果を検証した（Hattie, et al., 1998）。この遠隔教育では，さまざまな大学とその州の中でも優れたより抜きの教師のいる大学とを有線で接続して実施するというものである。技術的な問題が生じはしたが，それに対処した後の，実質的な効果の質的な違いをもたらす要因は講義の質であることが示された。

同期型遠隔教育の形態の1つとして，音声とビデオによる双方向通信による会

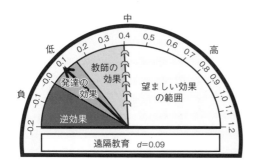

議システムを利用するものがあり、これはアメリカの大学で急速に普及している（Mottet, 1998; Ostendorf, 1997）。音声とビデオによる双方向通信による遠隔教育とは対照的に、非同期型遠隔教育は通信教育からの派生型であり、学習者は個別に課題に取り組み、その取り組みに対して講師やチューターが支援するということが行われる。一般的には郵便や電子メールを使ったやりとりになるため、課題の仕上がりとフィードバックとの間には時間差が生じる。

　Bernard et al. は、同期型（$d=-0.10$）も非同期型（$d=0.05$）も到達度に与える効果はほぼゼロであり、態度に対しても（$d=-0.19, 0.00$）、記憶保持に対しても（$d=0.00, -0.09$）効果は負あるいはゼロであることを見いだした。Lou, Bernard, & Abrami (2006) も、同期型（$d=-0.02$）と非同期型（$d=0.06$）の効果の違いを検討し、遠隔教育の機器が問題なのではなく、学習成果を高めることにつながるような授業の実現と学習の促進のためにどのように機器が用いられるかが問題なのであると結論づけている。

> 通信機器を用いて同じ講師の同じ講義を一斉配信し、同じような学習活動と教材を用いた場合、大学生にとって離れた場所で受講することと実際に講義の行われている教室で受講することとで学習に違いが生じうる理由はほとんどない。[中略] 生の講義の教室と遠隔の教室との間には違いはない。
>
> （Lou et al., 2006, p. 162）

　Zhao, Lei, Yan, Lai, & Tan (2005) は、1998年を前後して著しい違いが見られたのは、学習者と教師の間及び学習者間の双方向性を実現する技術が、機器に取り入れられたためであると論じている。「学習者間、教師と学習者間の相互作用の有無およびその質が遠隔教育の質の違いをもたらすと考えられる」（p. 1861）のである。

■宿題

　宿題は激しい論争の的となっている領域であり、著者の経験にしたがえば、多くの保護者は宿題の有無か量で効果のある学校であるかどうかを判断している。保護者は、深く意味のある学習のために必要と信じているのだが、子どもに静謐で隔離された空間を与える以外には宿題に関わるつもりはないにも関わらず、である。

　Cooper (1989) はその著書の中で多くの研究を取り上げ、宿題の効果に関する一連のメタ分析を行った。Cooperの主張によれば、宿題の効果は高校生では中学生の2倍、中学生では小学生の2倍であるということである。教科別に見ると、最

第 9 章 ■ 指導方法要因の影響 II

も効果が小さいのが数学であり，最も効果が大きいのは理科と社会であり，英語（日本でいう国語）では中程度の効果である。宿題の効果と宿題に費やした時間の間には負の相関がある (Trautwein, Köller, Schmitz, & Baumert, 2002 も参照のこと)。宿題に費やす時間は少ない方がよいわけだが，Cooper, Lindsay, Nye, & Greathouse (1998) の推定結果によれば，小学生の場合には宿題に費やした時間と学習成果の相関はほぼゼロ（$r = -0.04$）である。学習者の宿題に対する態度と宿題をやり遂げること，また学年との関係は見られないばかりか，保護者が宿題をするように促すことと学習者の宿題に対する態度との関係も見られない。「学習者が自律的に行動できるように保護者が促すこととは負の相関が見られる」(Cooper, Jackson, Nye, & Lindsay, 2001, p. 197) のである。このような Cooper による一連の知見は，タスク指向の宿題の方が，深い学習や問題解決をさせる宿題よりも効果が高いということを示唆しているのではないかと著者は考える。このような交互作用が見られるのは，（特に深い学習にとっては）適切な学習活動，フィードバック，モニタリングを行うことが指導のサイクルで重要であるのに対し，基本的スキル（浅い知識）を身につけるための繰り返しには教師が最小限目を光らせれば学習者が取り組むためであると考えられる。

　宿題の性質も効果に違いをもたらす。学習内容が複雑でない場合，あるいは新しい内容である場合の方が宿題の効果は高い。高次の概念的思考を必要とする宿題やプロジェクト・ベースの宿題の効果は低い。Trautwein, Köller, Schmitz, & Baumert (2002) は，宿題と学習者の個人差との交互作用を明らかにすることを重視しながら，宿題の効果を左右する要因を特定することを目的に研究を行った。その結果，彼らは，宿題を大量に与えること，教師が宿題を点検しないことには学力に対する効果はないことを見いだした。また，学習者の動機づけを低めたり，誤った学習行動を定着させるような宿題を与えることを牽制するとともに，短時間でできる宿題を頻

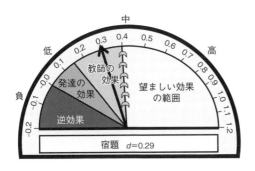

標準誤差	0.027（低）
順位	88 位
メタ分析数	5
一次研究数	161
効果指標数	295
対象者数（4）	105,282

繁に出したり教師が丁寧に点検するような宿題を出すことがよいと主張している。学校で教師によって見守られる機会を設けることで，宿題はより効果的なものとなると思われる。学習者の学習を左右するのは教師に他ならない。保護者の関与は効果がある場合もあればない場合もある。

　宿題の効果は，能力の低い学習者より高い学習者の方が，また，年齢の低い学習者より高い学習者の方が高い。宿題によって，かえって自力で学べなかったり学校の学習についていけなかったりということが助長されてしまう学習者はあまりにも多い。自力で学べなかったり学校の勉強についていけなかったりする学習者にとっては，宿題は動機づけを低減させ，誤った学習行動を定着させ，効果的でない学習習慣を身につけさせることにつながりうる。このことは，特に小学生にとって当てはまる。作家の Richard Russo は，多くの学習者の宿題に対する考えを次のように表現している。

> その女の子は，宿題に取りかかるために机に向かおうとしばらくの間気持ちを鼓舞しようとしたが，できなかった。宿題ではいつも間違ってしまうからである。宿題で間違うことは，その子にとって宿題をまるっきりやらないことよりも嫌なことであった。時間をかけて頑張ったところで，結局宿題をしないのと同じような目に遭うのだ。その子は，さらにこう言う。先生は，誰がよい成績を取り誰が落ちこぼれるかも何もかもお見通しなのだと。
>
> 　　　　　　　　　　　　　　　　　　　　　　　　　　　(Russo, 2007, p. 157)

　宿題の効果量では小学生（$d=0.15$）と高校生（$d=0.64$）との間に顕著な差があるが，これは高校生の方が学習能力が高いことを反映していると考えられる。しかし，とりわけ指摘しておきたいことは，宿題を与えることは学習者の時間管理能力を高めることにはつながらず，学習管理能力を高めるというエビデンスもないことである。高校の教師は，その時々の学習内容についての宿題を出すことが多く，その効果は教科を問わず高く，また暗記，練習，繰り返しの場合に効果が高い。小学生では宿題の効果が低いのには，年長者と比べて年少者の方が身の回りの意味のない情報や不適切な刺激をやりすごすことができなかったり，効果的な学習習慣が身についていなかったりすること，そして（教師や保護者からの）支援が十分ではないことといった一連の理由が考えられる（Muhlenbruck, Cooper, Nye, & Lindsay, 1999）。

まとめ

　学習者の学習に強い影響を及ぼす教授方略は数多くある。このような教授方略には，説明，精緻化，課題遂行を方向づけるための計画，系列化，ドリル学習，用いるべき方略の手がかりの提示，領域固有の処理，そして明確な教授目標が含まれる。これらの教授方略は，相互教授法や直接教授法，問題解決法などを使うことで達成できる。すでに述べたとおり，効果的な教授は，教師が学習目標や到達基準を決定し，それらを学習者に明示し，モデリングによって演示し，学習者が教わったことを理解しているかを評価し，単元末には単元内容をまとめて教え直すといった場合に生じる。これらの効果的な教授方略には，教師が協同して事前計画を立てたり話し合ったりすること，ピア・ラーニングを最適化すること，学習目標と到達基準を明確化することを必然的に伴う。

　相互教授法を含む教授方略，コンピュータを利用したペア学習（個別学習と対照的なものとしての），協同的な学習や競争的な学習などの節で示してきたとおり，ピア・ラーニングは強力な役割を果たす。多くの教授方略は，認知的負荷を軽減することによって，学習者が学習内容の重要な側面に注意を焦点化するのに役立つ。このことは，とりわけよく考えられた練習のために複数の機会が与えられているときに有用である。

　ティームティーチングのような教師の補助やコンピュータといった教授資源を使うことは，学習に付加価値を与える。これらの資源は，教授方略の幅を広げ，練習と学習に対してこれまでとは異なる機会を作り出し，学習者と教師に対するフィードバックの質や量を向上させる。しかし，このような教授資源が役立つようになるには，その活用方法を教師が学ぶことが必要である。

　この章でもまた，教師の違いが学習者の学習の違いを生み出すことが明らかになった。教師が積極的に関わっていない宿題は学習者の学習に役立たないし，（たとえば遠隔学習のような）テクノロジーを使うか使わないかも教師の関与がなければ学習に大きく影響はしない。このような教師の影響と関連するものとして，学校全体での教育改善の一部として行われる指導の多くは効果が低い。これらの改善の多くは「トップダウン」の改革であり，教師がその改善が自分たちに役立つかどうかを評価しないことに繋がるかもしれない。教授方略に責任をもつことと，（教師の職能開発（第7章）を通じて）これらの方法の使い方を再学習することが重要であると考えられる。

第10章

学力を高める指導の特徴の統合

我々が知識の中に見失った知恵はどこにいったのだろうか。
我々が情報の中に見失った知識はどこにいったのだろうか。(Eliot, 1934)

　メタ分析の統合はすべて，基本的には文献レビューであるため，これまでの研究の蓄積の上に成り立っているといえる。本書の主たる目的は，800以上のメタ分析で統合されてきた数千の知見をもとに，学力を高める効果的な指導や学習のモデルを構築することにある。単に知見を平均化したり，データについての話を長々と披露したりすることは著者の意図するところではないが，そういったことはよく起こりがちである。メタ分析は大量の計算練習に過ぎないものだとの批判もあり，800以上のメタ分析の結果に基づく本書もまさにそうなりかねなかったが，それは著者の意図と異なる。そうではなくて，「見通しの立つ指導，見通しの立つ学習」というテーマのもとで，すでに出版された文献の統合にとどまらず，研究文脈に新たな視点をもたらすようなモデルを構築することこそが本書の目指すところであった。

　これまでとは異なる効果的な方法があれば，それでうまくいくというわけでもないし，これまでと違う方法で確実さを探求したり，真実を明らかにしたりすることが必要だというわけでもない。特定の方法によって大きな効果の違いをもたらされることはなく，また新たな方針を立てることにつながることもほとんどない。数百万の学習者を対象にした研究からなる800以上のメタ分析は，確かに「証拠に基づく（エビデンス・ベースト）」意思決定の典型だということができる。しかし，昨今のエビデンスに基づくことにとらわれすぎる風潮のもと，理路の通った説明をするために，エビデンス・ベーストとして何を採用して何を除外し，どのようにそれらを配列するかといった研究者の見方が無視されることが多くなってしまっている。理路の通った説明をすることこそが，研究者による説得力のある貢献なのである。これが著者の立場である。

　研究において特に難しいのは，因果関係を特定することよりも説明することであると Michael Scriven は述べている。著者はうっかり筆を滑らせて，因果関係を作

第 10 章 ■ 学力を高める指導の特徴の統合

りあげたり，ほのめかしたりしたことがあったかもしれない。因果関係に言及する際には慎重でなくてはならないが，扱う要因によっては因果関係に言及することが合理的な場合もあった。確かに，メタ分析の基本的な用語である効果量は，因果関係を含意しているけれども（a が b に与える効果とはどのようなものか），必ずしも因果関係を示す説明を受け入れることができない場合もある。本書の主たる目的は，説明を組み立てることである。つまり，エビデンスに基づいて一連の合理的な主張を作ろうとしているのである。それは帰納的あるいは演繹的というよりも，仮説生成的な試みだといえる（Haig, 2005）。数多くの研究レビューを行ってきた著者の経験を踏まえると，理路の通った説明は合理的な理論と，首尾一貫した説明を展開することに役立つ。また，このような説明は基本的には反証可能性が十分なものであることが望ましい。本書で目指したのは，反証可能性を含みつつ説明的合理性の高い一連の主張を提示することであった。

　本書で展開したのは，見通しの立つ指導および学習とはどのようなものかについての説明である。すなわち，授業で扱った学習内容を活用して思考する学習者の頭の使い方に気を配れるような教師，学習活動を通じて思考力，判断力を高めたり，問題解決能力の育成や学習方略の獲得を重視したりする教師，教師が求める以上のことをできるような学習者を育てる教師，新たな知識や考え方を教えた上で，学習者がその知識をもちあわせつついかにしなやかで活用しやすい構造をもった知識を獲得し，見方・考え方を身につけていくのかに目を向けている教師，こういった教師はどういった特徴をもっているのかの説明を展開した。さらに，問題解決過程において計画を行い，思考をめぐらせ，試行錯誤しながら，概念を形成し，ひいては有意味な学習が成立するようにするにはどうすればよいかといったことに対する説明も試みた。フィードバックは学力に与える影響が特に大きい要因の 1 つである。学習者が課題に取り組んでいる様子を観察し，そして伸びを評価することを行うことが，学力を伸ばすことにつながるのである。フィードバックには，教師が学習者に与えるものと，学習者が教師に与えるものとがある。教師が学習者に与えるフィードバックとは，学習者の知識の有無や概念形成の程度の状況を踏まえて，よりよい課題解決につながるような情報や見解を与えることである。学習者が教師に与えるフィードバックとは，教師がすでに把握している学習者の学習状況と，実際の学習者の知識の有無や概念形成の状況との違いが明らかになるような情報を学習者が教師に伝わるように表現することである。重要なのは，授業の目標に対して学習者がどのような見方・考え方や知識を身につけようと取り組んでいるのかを，教師が学習者の立場に立ってとらえることである。しかし，このような学習者のとらえは一

筋縄ではいかないものである。また学習者が目標を達成するまでに至るには，繰り返しの学習を強いられたり，また不完全なフィードバックを幾度となく与えられたりすることもあれば，何度も練習する必要が生じたり，幾度となく間違えたり，意図せざる方向に向かってしまうこともある。さらに，既有知識や考え方をもとにして物事を解釈したり（同化），その知識や考え方の方を構成し直すこと（調節）が求められることもある。このような困難に直面しようとも，見方・考え方や知識を身につけ，自身の能力を伸ばしていこうとする強い気持ちをもつことも学習者には求められているということを，教師は理解しておかなければならないのである。

本書で得られた結論は，優れた教育を行うための6つの指針としてまとめ直すことができる。

1. 教師は，学習に対して最も強い影響を及ぼすものの1つである。
2. 教師は，ときに指示的で，またあるときには影響力と思いやりをもち，指導や学習に情熱を傾けて積極的に取り組む必要がある。
3. 教師は，個々の学習者の見方や考え方，知識に配慮すると同時に，学習者集団全体の傾向にも配慮しなければならない。そして，これらの状況を踏まえて，学習者が意味そのものや意味のある経験を構築できるようにしなければならない。また，個々の学習者が教育課程全体を通して能力を伸ばせるように，教師は意味のある適切なフィードバックを与えられるような熟練した知識と考え方を有していなければならない。
4. 教師は，学習の目標と授業の到達基準，できるだけ多くの学習者に基準に到達させるための方法，そして到達目標とそれに対する学習者の到達状況との差を埋めるために何をすべきかといったことを理解していなければならない。言い換えると，「どこに向かうべきか」「どのように向かうべきか」「次なる段階はどこか」といった評価基準をもちあわせていなければならない。
5. 教師は，学習者に提示する考え方を一面的なものから次第に多面的なものにするように努め，これらを関連づけた思考を促し，さらに考え方を拡げるように仕向け，学習者が知識や考え方を構築，あるいは再構築できるようにしなければならない。学習者に知識や考え方を与えるのではなく，学習者自身が知識や考え方を構築することが重要なのである。
6. 学校の管理職や教師は，次のような学校や職員室，教室の雰囲気を醸成する必要がある。すなわち，間違いが学習の機会として歓迎されたり，放棄されるべき誤った知識や理解も歓迎されたり，その場にいる人々が安心して学び，学び

第 10 章 ■ 学力を高める指導の特徴の統合

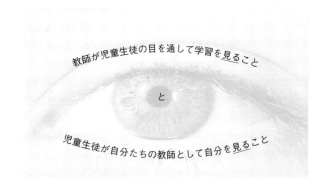

図 10.1　見通しが立つ指導と見通しが立つ学習の要件

直し，知識や理解力を身につけようとすることができる雰囲気である。

　これら 6 つの指針では，「教師」という言葉を意図的に用いている。教師どうしが指導方法を討議，評価，計画する際に話題とすべきは，指導方法の成否についてのエビデンスや，何をもって学習者の能力が伸びたと見なすのかや，課題の難易度の適切さについてであるべきだからである。つまり，単なる批判的なリフレクションではなく，指導に関するエビデンスに基づく批判的なリフレクションを重視しているのである。

　本書では述べられていないことも記しておく。教育条件的な側面については，特に触れなかった。確かに，教育条件面の不備という障害がないことは，上記の 6 つの指針の実現につながりやすい。本書では，学級規模や，学級や学校に在籍する児童生徒の特徴には言及しなかった。また，教科別の効果の違いにも言及しなかった。それは，効果的な指導は，あらゆる学習者や民族，教科において類似した点をもっているためである。さらに，学校間格差についても本書では触れていない。なぜなら，先進国では学校間格差は学力に大きな影響を与えないからである。教師の労働条件や学習者の学習環境についてもあまり述べなかった。ただし，これらの要因は小さいながらも正の影響を学力に及ぼす。影響が正である以上，教師の労働条件や学習者の学習環境を悪化させないようにすることが求められるのである。

　確かに，教育条件の整った学校には，真面目な児童生徒，落ち着きがあり物わかりのよい児童生徒，自己調整能力の高い児童生徒，そして経済的に恵まれた保護者をもつ児童生徒が集まりやすい。そして，こういう児童生徒を集めた学校に自分の子どもを通わせたいという欲求が，多くの場合学校選択制の主張の根底に流れてい

る。保護者に最もよい学校を選ぶことができる権限（教育バウチャーなど）をもたせることこそが，教育の質の向上につながるという主張が一般的になされている。学校選択制の主張が含意しているのは，効果のない学校は閉校するか改善が図られるであろうということ，そして，学区外の学校に自分たちの子どもを通わせないという選択をする保護者は，それを自ら望んでそうするのだ，ということである。ニュージーランドでは，10年以上にわたって教育バウチャー制度が実施されたが，そこで起こったのは，上位の学校と下位の学校との格差の劇的な拡大であった。白人の保護者が子どもを，社会経済的地位の低い地域にある学校ではなく高い地域にある学校に通わせるようになり，結果として社会経済的地位の低い地域の学校に少数民族がいっそう集中することとなったのである。このような移動が起こったのは，学力が高い傾向にある学校を選択するということではなく（そのような情報はニュージーランドでは利用できない），「少数民族の割合の高い学校を避けようとした」(Fiske & Ladd, 2000, p. 201) ためだといえる。確かに，より環境的にめぐまれた家庭の子どもは，教育バウチャー制度から恩恵を受けた（そして，声高にその制度を擁護した）。しかし，それでよしとされてはならない。ほぼ例外なく，我々は目の前にいるすべての学習者に教育を施さなければならないのである。

エビデンスは効果を生みだすか

　本書では，一貫して教師がもっている信念や概念に疑問を向けるべきだということをテーマとしてきた。それは，彼らが間違っているから（あるいは正しいから）ではなく，よい指導の要諦とは，その指導を行う背景として教師がもっている期待や概念が議論や論駁，検討の対象となることこそにあるからである。そうしてはじめて，学習者の学習成果がより高いものとなりうる。教師は指導方法を決定するに当たっては，

・学習者の既有知識を無視して次に指導する内容を決めてはいないか
・以前使ったことがあるというだけでそれが最適であるという証拠もなしに教材を選択していないか（このような教材は教師自作のものであることが多い）
・実質的な学習を保証するのではなく，学習者に何かをさせ続けることだけを考えてはいないか
・何が学習者の努力を促すかということよりも，どのような学習活動が最も興味を引くかを考えてはいないか（学習活動において重要なのは，興味の高さではなく

努力することである）
・学習目標の難易度を最適化し学習者が挑戦をしながら学習を進められるような教材配列ではなく，簡単に学習が進められるような教材配列をしてはいないか

といったことを質すことが必要なのである。本書の内容から，一定の期間や年間での指導によってどれぐらいの効果がもたらされるべきかについては，一応の基準を設定することができる（理想的なことをいえばすべての学習者に $d=0.40$ の効果がみられるのがよいが，少なくとも $d=0.30$，悪くとも $d=0.20$ 以上の効果がもたらされるべきである）。また，学習目的と到達基準が重要であるということも示してきた。そして，本書で示してきたことから，学習者が順序立てて学力を身につけていけるように指導できる熟達した教師の姿を描くこともできる。すなわち，学習者に積極的にかかわろうとする教師，教科内容に対して学習者を夢中にさせる教師，学習者をやる気にさせる教師，学習者に学習に対する情熱をうまく伝えられる教師が熟達した教師の姿である。一方で，学習がときには退屈で反復練習のようなものになりがちだということも認めておく必要があるけれども，そういった学習がもつ退屈で反復的な部分に対して学習者を取り組ませるにはやはり情熱が必要である。著者がパンを焼けるようになったり，クリケットのコーチになろうとするのであれば，無限に続くのかと思えるくらい繰り返し練習に取り組まなければならないし，そうすることでパンの焼け具合やクリケットの試合の運び具合を先読みしたり，感覚的に把握したりできるような考え方をも身につけることができるようになるのだ。クリケットのコーチには選手の動きを把握することのみならず，試合の運び具合を監督することが求められるのである。コーチとは試合を監督する者であって採点者ではないのだ。

教師や管理職は，「最良の指導方法はどのようなものか」「ある指導方法がうまくいっているのはなぜか」「効果のある指導方法から恩恵を受けないのはどういう学習なのか」を問うために，自身の学校でなされた指導についての効果量を集める必要がある（Petty, 2006; Schagen & Elliot, 2004 参照）。これらの問いを投げかけることで，教師たちはお互いに指導について議論をするようになるだろう。また，教師どうしでこのような問いをもち，議論できることの前提として，思いやりの雰囲気があり互いに助け合う職員室，間違いに対する寛容さや他の教師から学ぼうとするしなやかさ，互いに積極的で，信頼関係があり，情熱を共有できるような同僚性が必要となる。学習者にとっても教師にとっても，学習が効果的なものになる条件は同じなのである。Bryk & Schneider（2002）は，教師どうしがお互いに尊敬しあ

い，関心をもち，信頼しあっている度合いが高い学校は，多くの場合，学力を高める学校に分類されることを明らかにしている（読解の学力の伸びは $d=0.61$，数学は $d=0.64$）。この結果が含意するのは，教師どうしの信頼関係は学習者の学習に直接的に影響を及ぼすわけではないけれども，一連の学校組織の状況を醸成する，ということである。教師が指導を改善しようとする際には，今までに経験したことがない，あるいは見通しのもてない課題解決であることがままあり，心が折れそうになることがあるが，教師どうしの信頼関係があるとそのような気持ちが軽減される。より高い効果が得られるように指導方法の改善に取り組む努力や，表面化した学校内での問題の解決を促すのも，教師どうしの信頼関係があってこそである。さらに，教師どうしの信頼関係は善悪の判断を正しく行えるような状況を作り出し，ひいては教師が責任をもって指導の改善を効果的にしようと一層努力することにもつながる（Bryk & Schneider, 2002, p. 117）。さらに，教師どうしの信頼関係が高いほど間違いを明るみに出すことがより歓迎されるため，フィードバックもより効果的なものとなる。指導方法の改善が効果的なものとなるためには，さまざまな指導方法について，何が効果をもたらすのか，誰にとって効果的なのかといったことを，エビデンスを共有しながら，教師自身が学ぼうとしなければならない。最近では「リフレクティブ・ティーチング」というものが流行を見せているが，すべてが後付け的な言い訳にばかり終始しているとはいえないものの，本来重視すべきエビデンスがリフレクションにおいては見向きもされないといったことが往々にして起こっている。著者らは一段と踏み込んだ授業改善の仕組みの構築に，共同研究者との試行を重ねながら取り組んでおり，そのなかには教師向けコンピュータシステムの開発もある。このシステムは，教師に対して学習者の学習の進捗状況に基づいた目標の設定を支援し，管理職と教師に設定された目標の適切さについての討議を促し，学習者が一定以上のレベルで目標達成に至る過程を綿密に追跡するというものである（Hattie et al., 2007）。この仕組みでも重視しているのは，見通しの立つ指導と学習を実現するということである。

学習とは個に帰すべきものである

　Olson（2003）は，学習者が何を学習するかを決めるのは，結局のところ教師ではなく学習者自身であると端的に述べている。そのため，教育にあたる者は，学習者が何を考えているかや，何を目標として学習しているか，学校での学習にどのような意識をもって取り組んでいるのか，などに注意を向けなければならない。学習

第 10 章 ■ 学力を高める指導の特徴の統合

　は，教師にとっても一人一人の学習者にとっても個人的な要素の強いものである。教師は学習者をグループとして編成するけれども（クラスというグループだったり，クラス内の小グループだったりする），教育によってもたらされる成果は，教師にとっても学習者にとっても一人一人に個人的な意味をもっている。ただし，学習指導の個別化の実現の必要を著者が主張したいのではない。一人一人の学習者がどのように知識や考え方を身につけていっているのかに目を向けることの必要性が著者の主張するところである。すなわち，学習者がどのようにして自分自身で学習するのか，どのようにして他者と一緒に学習するのか，どのようにして大人と一緒に学習するのかに目を向けることが必要なのであり，その際に学習者の家庭状況や文化的背景にも配慮しなければならない。教室には少なくとも 3 つの世界が存在している（Nuthall, 2005）。1 つ目の世界は，教師が主導して学習者に議論をさせたり，課題に取り組ませたりしている公的な世界である。2 つ目の世界は，教師の指示とは関係なく行われる子どもどうしの相互交渉，ひそひそ声での会話，メモの渡し合いといった，私的かつ社会的な世界である。3 つ目の世界は，一人一人の学習者が授業中に独り言を漏らしたり，頭のなかであれこれ考えごとをめぐらしたりといった私的かつ個人的な世界である。学習者が示す行動パターンや他者とのかかわり方，習慣，ルール，役割，期待されること，発話の仕方などには，これら 3 つの世界それぞれに異なる特徴が見られる。

　Nuthall（2005）は，教室ですべての児童生徒にマイクを装着させ，彼らの対話を記録し，評価する研究を長年行ってきた。Nuthall 自身が指摘しているように，観察記録や観察者の目からは児童生徒の行動の 40% 近くが抜け落ちてしまうため，この録音による方法は児童生徒の視点で教師の指導や学習を理解するには極めて有効である。当然ながら，教師が自分自身で適切に批判的なリフレクションを行うことはめったにない。「自分が担当するクラスで起こっていることをきちんと把握している教師がいかに少ないか」（p. 902）というのが，Nuthall が出した重要な結論である。この結論を踏まえると，「学習成果は予想できないし，不思議なものに感じられるし，自分にはコントロールできないと教師が感じる」（Kennedy, 1999, p. 528）のも当然といえよう。Nuthall が明らかにしたのは次のことである。児童生徒は教師が教えようとすることの少なくとも 4 割はすでに知っていること，授業内容の 1/3 はクラス内の一部の児童生徒しか学べていないこと，児童生徒は教師がいつ自分たちに注意を向けているかや，どのようにしたら一生懸命に学んでいるように見えるかを知っていること，児童生徒が身につけた概念や原理の 1/4 は，児童生徒どうしで会話すること，自分で計画した学習に取り組むこと，自分で見つけた資

料を活用することによって身についたものであるということである。すなわち，児童生徒は教室の中にいても，自分なりの世界，自分なりの人間関係の中にいる，ということなのである（Nuthall, 2005）。教室での学習や授業というものを児童生徒がどのように見ているかを，教師が知らないことはよくある。このことからも，本書で強調してきたように，教師は児童生徒の立場に立って学習というものを理解することにできる限り多くの時間や労力を費やすことの重要性がわかるだろう。

　Nuthall が明らかにしたのは，教師は児童生徒の立場から学習をとらえるのではなく，彼らが一生懸命に学習活動に取り組んでいるかどうかを読み取って，自分の指導がうまくいっているかどうかを判断していたということである。「教師は児童生徒の目つきや熱心さ，困り感，あるいは質問など，表面に表れてくるものに注意を向けている。ほとんどの教師は，学習指導がうまくいっているかどうかの基準は，学級経営がうまくいっているかどうかの基準と同じだと思っており，外から見たときに，落ち着いて学習に取り組んでいることが大事だと考えている」（Nuthall, 2005, p. 916）。教室での指導計画を立て，指導中の自分の役割を遂行するときに教師が主に考えるのは，児童生徒を活動に取り組ませ続け，何らかの成果物を作らせることであった。さらにいうと，学習活動に取り組むことで，児童生徒は何かを学習しなければいけないはずだが，教師も児童生徒もどういうことを学習するのかについてはほとんど話さなかった。その代わりに教師が口にするのは，活動中にどのような資源を使えるかや，どれぐらい活動を続けないといけないか，あるいは時間内に終わらないとどうなるかということばかりであった。

> 教師は，一人一人の児童生徒がどのようなことを学習しているかについての情報を得られない状況にあることが多い。児童生徒が意欲的に興味をもって学習に取り組んでいるかは，観察可能な行動によって間接的に把握せざるをえない。そして児童生徒に何らかの学習が起こっているかの判断は，適切な形で長時間学習活動に取り組んでいるかどうかといった，一種の教師の思い込みのような指標が用いられ続けている。教師は，一生懸命に取り組んでいる少数の児童生徒の様子を見るだけに留まり，クラスの大部分の児童生徒がどのような知識を獲得し，またどのような見方をもつようになったのかを把握してはいない。
> （Nuthall, 2005, pp. 919-920）

　児童生徒の課題解決に取り組んでいる際の会話にも同じことがいえる。いま何を考えているかを問われたとき，「多くの児童生徒が共通して口にするのは，どうし

たら早く学習を終えることができるか，もしくはどうしたら最小限の努力で正解を得ることができるかを考えていたということであった」(Nuthall, 2005, p. 918)。

　Nuthall（2007）は，能力の高低にかかわらず児童生徒の教室での経験に大差はなく，能力の低い児童生徒が経験によって学習する過程も能力の高い者と同様であったことを明らかにしている。能力が高い学習者にとっても能力が低い学習者にとっても，学習したものとして後に残る経験の大部分は，自分で決めたことや自分で作りだしたものであり，それは伝統的な授業でも同じである。授業で経験することを，自分が興味をもっていることや自分がもっている目的とうまく関連づけている学習者は，もともとの学力によらず，人からいわれたことをしぶしぶながら義務的にやっている学習者や，学習の機会をどのように作ったらよいかを知らない学習者よりも多くのことを学習する。つまり，どのような経験が必要なのかというと，「新たに構成される知識に見合った情報を作動記憶で操作するような経験を3-4回繰り返すことであり，そうすることで構成された知識が長期記憶に転送されるのである」(Nuthall, 2000, p. 93)。これは単なる繰り返しが必要であるという意味ではなく，学習内容にさまざまな形で触れる機会を設けることが必要であるということを意味している。学習者に対しては，学習の期間全体にまんべんなく配置された意図的な練習の機会を与える必要がある。間隔を空けるのではなく，学習の機会をまんべんなく配置する指導の方法は第9章で示されたとおりであり，また，心理学的知見の蓄積も多い。Cepeda, Pashler, Vul, Wixted, & Rohrer（2006）は，分散練習の効果に関してメタ分析を行い，「（1日でまとめて学習を行うのではなく）複数の日に分けて学習するような分散練習をすることで，かなりの長期間にわたってより多くの学習内容が保持される」という結論を導き，「この方法での分散練習を行うことによって明らかに学習者は教材に対する記憶をより多く保持できるということが一連の先行研究から示されている」と述べている（p. 371）。文化や民族の違いから学習活動に参加するのが難しい学習者もいるが，彼らは身につけるべき考え方を身につけ損ねたり，新しい知識を獲得する機会をもてなかったりするだけでなく，自分たちが新しい見方や考え方を身につける能力自体が劣っていることを「学習」してしまう。そのような自分の能力不足に思い至るような思考は，教師が自身が受けもっている学習者の能力が低いと思っていることでより強められてしまう（Bishop, 2003）。

　Nuthallは，教師は学習者が直面している現実と，彼らが知識や技術を身につけていく際にどのような経験をしているかを直接観察し，その観察から得られたことに目を向けるべきであると論じている。つまり，学習者の経験には主観的な現実と客観的な現実の2つの側面があり，教師はそのいずれをも正確かつ的確で再現可能

なかたちで説明できるようになるべきだということである。これこそが個に応じた指導そして個に応じた学習であり、教師がこのような見方をもつことこそが、個々の学習者が自分なりに行う学習の効果が最大限発揮されることにつながるのである。

実証的な説明の試み

　本書の目的は、学習を促すとされている指導方法や探究的とされている方法と照らし合わせながら、情熱を傾けて積極的に指導に取り組む教師がいかに学習者の学習を促すかについて理路の通った説明をすることであった。熱意をもって学習者の力を伸ばそうとしている教師のもとでは、実際に指導の効果として学習者がよく伸びる。「教師による学習者に対する直接的な関わり」と「教師を通じて間接的に学習者に影響を与える要因」とを比較して検討してみよう。表10.1の左側に示したとおり、教師が学習者に対して直接的に関わることが学力に与える影響は大きい。一方、教師を通じて間接的に学習者に影響を与える要因が与える影響は、表10.1の右側のとおりである。両者の効果の違いは大きく、効果量の平均はそれぞれ $d = 0.60$ と $d = 0.17$ である。

　これらの結果からわかるのは、積極的に方向づけをする指導方法は、方向づけをせずに学習を促そうとすることよりも効果的だということである。Kirshner, Sweller, & Clark（2006）は、なぜあまり方向づけを行わない指導がうまくいかないかについて、先行研究を包括的にレビューして結論を出している。Kirshnerらは、直接教授法のようなある程度の方向づけを行う指導方法とあまり方向づけを行わない

表10.1　教師による児童生徒に対する直接的な関わりと教師を通じて間接的に児童生徒に影響を与える要因の効果量

教師による児童生徒に対する直接的な関わり	効果量 (d)	教師を通じて間接的に児童生徒に影響を与える要因	効果量 (d)
相互教授法	0.74	シミュレーションとゲーミング	0.32
フィードバック	0.72	探究学習	0.31
自己言語化の指導	0.67	学級規模の縮小	0.21
メタ認知的方略	0.67	個別指導	0.20
直接的教授法	0.59	問題に基づく学習	0.15
完全習得学習	0.57	男女別の指導	0.12
目標―挑戦の喚起	0.56	ウェブ・ベースド・ラーニング	0.09
テストの実施と頻度	0.46	ホール・ランゲージ―読解	0.06
行動面でのオーガナイザー	0.41	帰納的指導法	0.06
平均	0.60	平均	0.17

第10章 ■ 学力を高める指導の特徴の統合

ような方法、たとえば発見学習や問題に基づく学習（PBL）、探究学習、体験学習、構成主義的学習などを比較した。彼らが論じているように、これらの方向づけを行わない方法は、主に2つの仮定に基づいて考案されている。1つ目の仮定は、学習者は自分なりの問題解決の方法をもっているため、方向づけを行わなくても、学習者は「真正な」問題を解決しようとするという仮定であり、2つ目の仮定は、学問の追体験をすること（数学の技術を学習するよりも、数学の考え方を理解する思考過程を育てる、など）こそが、知識獲得の最良の方法であるという仮定である。Kirshnerらは、方向づけをしない指導方法を支持する最近の人たちは、そういった指導方法の妥当性を支持しないエビデンスがあることに気づいていないか、またはこのようなエビデンスに興味がないかのどちらかだ、と指摘している。たとえあまり方向づけをしない指導方法が学習者の好みだとしても、そういった指導方法によって学習されることは少ない（Clark, 1989）。学習者は、柔軟かつ容易に使用できるさまざまな学習方略をもち、そういった方略を積極的に活用して学習するときに伸びるのであり（Samuelstuen & Bråten, 2007）、さまざまな学習方略をうまく活用できるということは、さまざまな分野における熟達者の主な特徴でもある（Lundeberg, 1987; Pressley & Afflerbach, 1995）。構成主義とは知識の獲得や構成についての理論であって、指導の理論ではない。そして、現在流行を見せている構成主義と、概念的知識の構成とを混同しないようにするということが重要である（Bereiter, 2002; Small, 2003）。学習者の視点に立って、すべての学習者は主体的に学ぼうとしているという前提に立ち、学習者が学ぶものは社会的に構成されたものであるということを認識し、学習者が新たな知識を創り出したり、また作り直したりすることが必要であるということを心得た上で学習を考えるということも、概念的知識を構成することであるといえる（Philips, 1995）。そしてこのように学習者の立場から学習をとらえると、より直接的、積極的な指導こそが最適な方法であると考えられる。構成主義的な考え方が指導に適用できるのは、教師がどのように教えるべきかや学習者がいかに学ぶのかについての考え方や教育観、指導のモデルを教師自身が「構築」するときだけである。メタ分析による研究の統合の結果によって明らかとなったように、最も学習者の学力を高める指導とは、学習者が学習に取り組み、教師が指導を行うなかで、彼らが積極的に正面から向き合い、自分が学習や指導の主体であるという感覚をもてるようなものである。そのような指導を行うことで、学習者が、高次の学習を行い、また自律性や自己調整能力を身につけることにつながるのである。これは児童生徒も教師も同じである。

　もう1つ対照的な結果がでているのは、積極的で質の高い指導方法と教育条件の

効果の違いであり，効果量の平均は，前者が $d=0.68$，後者が $d=0.08$ であった（表10.2）。教育条件と教師の労働条件が児童生徒の学習に与える影響は多くの場合間接的であり，またある程度の影響を与えるものである（Barr & Dreeben, 1983）。すなわち，教育条件（能力別学級編制，学級規模，さまざまな社会階層の子どもを同じ学校に通学させること，財政支援など）は，一連の指導のあり方や仲間どうしのかかわり方を変化させることによって，学習に対して影響を及ぼすのである。そして，こういった教育条件の違いは，十中八九は指導の仕方や仲間どうしのかかわり方に変化をもたらすと考えられるが，必ずそうなるというものでもない（そして，それらが学習者の学習に影響する）。たとえば，学級規模を小さくしたとしても，そのことによって直接的に児童生徒の学力が伸びるわけではない。そうではなくて，学級規模を小さくすることによって，教師の指導や仲間とのかかわりが学力を高め得るような学習環境を整えやすくなるのである（たとえば，クラスのなかで，児童生徒が自己効力感をもったり，学業面で賞賛されることが多くなったり，自分がうまくやれるという期待をもちやすくなる，など）。学級規模の縮小が学力に直接の影響を与えることはまずない。第6章で述べたように，多くの場合学級の教育条件を変えたところで，教師の児童生徒に対するかかわり方や，教育課程，指導方法，児童生徒間相互交渉の様相が自ずと変化するということは起こらない（Hattie, 2007）。はっきりといえることは，学校や学級の教育条件の改善によってもたらされるのは，せいぜい効果的な学習が成立しやすくなるということくらいである。しかしながら，州政府や連邦政府の政策をよく調べてみると，教師の指導を直接改善しようとするような政策はほとんどないことがわかる。ほとんどの政策は，教員数や教育財源を増やすことや学級規模の縮小，学校選択（自分の子どもを誰と一緒の学校で学ばせたいか），教育課程，国や州レベルでのテストやハイステイクスな評価の実施などといった，教育条件的な側面に関するものばかりである。学習指導の

表10.2 指導と教育条件の効果量

指導	効果量 (d)	教育条件	効果量 (d)
指導の質	0.77	学級内での集団編制	0.28
相互教授法	0.74	金銭面での投資	0.23
教師―児童生徒関係	0.72	学級規模の縮小	0.21
フィードバックを与えること	0.72	能力別学級編制	0.11
自己言語化の指導	0.67	異学年／異年齢学級	0.04
メタ認知的方略	0.67	従来型の教育に比したオープン教育	0.01
直接的教授法	0.59	夏期休暇中の補習	-0.09
完全習得学習	0.57	原級留置	-0.16
平均	0.68	平均	0.08

改善に関する政策はほとんど見られないのが実情である。

■指導方法と学習方略

　本書で伝えたいのは，特定の指導方法の裏づけではなく，さきに述べた6つの指針で示したことをよく考えてもらいたいということである。これら6つの指針や指導と学習に効果をもたらす方法について本書で述べてきたことに基づけば，効果量 $d=0.40$ 前後の基準値を超えないような，効果的とはいえない指導方法の多くは改善可能だろう。たとえば，ティームティーチングは，それだけでは極めて低い効果しかない（$d=0.19$）。しかし，ティームティーチングを，教師が学習者の状況に注意深く目を配りながら行ったり，チームを組んでいる教師どうしで意見交換を行ったり，あるいは適度に挑戦しがいのある目標を設定したりして行うのであれば，その効果はもっと大きなものになりうる。つまり，「方法」そのものが問題なのではなく，効果的な指導と学習の原理に基づいて実践していないことが問題なのである。Fullan, Hill, & Crévola（2006）は，「処方箋の罠」という名で指導方法の使用について警鐘を鳴らしている。その処方箋とは，「学力向上を保障するとかいう謳い文句や，場合によっては証拠のようなものを付けたりして，特定の指導方法」を押しつけるようなものである（Fullan et al., 2006, p. 9）。Fullan らによると，教師が授業準備に十分に取り組まない学校や，長い間指導上の困難を抱えてきた学校，校内が混乱していて秩序がとれていないような学校では，直接教授法のような指導方法を強制的に実施することは，多くの場合効果的ではある。しかし，その効果は一過性のものにとどまらざるを得ず，特に，新たな課題に直面した際に自律的に取り組めるような学習者には育たないという点が問題である。これは著者の見解ではないが，特定の指導方法を鵜呑みにして実施することの危険性ついて Fullan らが指摘していることは，十分心にとどめておくべきである。特定の指導方法や指導案が，学力を高めるのではない。学習の個別化を図ること，学習者の到達度を正確に把握すること，そしていつ，どのように指導方法を変えたり，別の学習方略を学習者に示したりすべきか，また効果的な指導方法や学習方略とはどのようなものなのかを教師が専門的に学ぶことこそが効果的なのである。

　これらの指導と学習の原理を，伝達的な指導，あるいは Ben-Ari & Eliassy（2003）が旧来型の，教師が教壇に張り付く指導方法と呼んでいるものと混同してはいけない。伝達型の指導方法とは，教室の学習者全体に対して課題を直接的に提示し，学習者全員が同じ方法で解決に取り組むように仕向けることである。内容的な難易度は中・高学力の学習者に合わせるものの，指導の速度は低学力の学習者の取り組み

状況に合わせて授業が行われる。「その結果，すべての学習者が不利益を被ることになる。理解の早い学習者にとっては取り組みがいを覚えず，その一方で学力が低い学習者は混乱を覚えて動機づけが低下し，ひいては学習課題と関係のないことをしてしまうことになりがちである」(Ben-Ari & Eliassy, 2003, p. 145)。そうして，教師は，挑戦しがいのある課題を与えることよりも学習者が忙しく手を動かし続けるような課題を与えること，教壇で話し続けること，すでに答えがわかっている質問を学習者にすることが自分の役割だと考えるようになり，そのことによって学習者が自己調整の力を身につけることをできなくし，ひいては学習者は，自分が上達できるかどうかは教師が指示する方法と課題によって決まるのだということを学習してしまう。

　そうではなくて，能動的な指導というのは多くの場合逆向きで計画されるものである。教科書ありきで指導を考えたり，好みの指導内容や，伝統的な学習活動から指導計画を構想したりするのではなく，期待する成果（達成目標と到達基準）から構想するという意味で，逆向き設計と呼ぶ (van Gig, Ericsson, Rikers, & Paas, 2005; Wiggins & McTighe, 2005)。このように授業を計画することで，学習者に対しては明確な考え方の枠組みをもつこと，ひいては自分自身で自己調整的に知識や考え方を身につけることができるようになること，なぜ意図的に設定された練習に取り組む必要があるのかを納得することを促す。教師に対しては選択した教科書や，自身の好みの指導内容，方法，学習活動の善し悪しを，目標達成に寄与しうるかという観点で評価することを促す。

　学習方略が効果的であるということはいうまでもない。学習方略を用いることで，学習者は浅い理解，深い理解の段階を経て，ひいては概念や知識を自身で構築できるようになる。学習方略は学習者に対して認知的負荷を軽減し（学習方略や直観的な思考の効果的な使用を可能にする表面的な情報の過剰学習；Shah & Oppenheimer, 2008)，意図的に設定された練習に取り組みやすくする。「できる」という期待をもつこと，努力をすること，練習すること，フィードバックを受け入れることで学習方略は身につき，またその利用が促進される。計画的な練習はさまざまな前提条件のもとに学力を高めるのだが，そのなかで最も重要な条件は，ある段階での練習が一連の学習全体のなかに適切に位置づけられていることである。つまり，挑戦しがいのあるより大きな目標との関連がなければ，練習それ自体は退屈で単なる反復になってしまい，学習者が熱心に取り組むことはないのである。その他にも，学習目的や目標，先行オーガナイザー，達成された事例，練習に取り組む前にもっていた考え方に対して，学習者が自覚的であることなども重要な前提条件である。

第10章 ■ 学力を高める指導の特徴の統合

　さらに，練習そのものの質（フィードバックを含む），多様な学習方略を利用する必要の有無，学習者どうしの相互評価や助けあいが起こるかといったことによっても，計画的な練習が功を奏するかどうかが左右される（Cannon-Bowers, Rhodenizer, Salas, & Bowers, 1998 参照）。

　人がいかにして学習するかに関してまとめられた，Bransford, Brown, & Cocking (2000) による近年の代表的なレビュー論文では，本書のメタ分析の知見に通ずる3つの大原則が明らかにされている。第1の原則は，学習者は授業を受ける前に独自の世界観や素朴概念をもちあわせているため，教師はその概念（プリコンセプション）と関連づけながら新しい概念や知識を獲得できるようにしなければならないということである。第2の原則は，教師が学習者の能力を伸ばそうとするには，学習者に思考の強固な土台となるような事実的知識を獲得させ，考え方を概念的な枠組みの中に位置づけられるようにし，検索や活用をしやすい形で知識が構成されるようにしなければならないということである。第3の原則は，メタ認知を考慮した指導によって，学習者は学習目標を明確に把握し，目標に対する達成状況を把握しながら，自分自身の学習をコントロールできるようになるということである。すなわち，「どこに向かっているのか」「進み具合はどうか」「次に何をすべきか」を学習者が把握することが肝心なのである。

　さらに，Vosniadou (2001) が示した「子どもはいかにして学ぶか」に関する原理にも，本書で得られた知見と共通する部分がある。その原理とは次のようなものである。学習が生じるためには，学習者が主体的に取り組む必要があること。学習とは本質的には社会的な営みであること。新たな知識は学習者の既有知識や概念を基盤に構築するものであること。効果的かつ柔軟な方略使用によって理解，推論，記憶，問題解決がしやすくなることで学習が促進されること。学習者は，自分で学習の計画を立て，その状況を把握し，自分なりの学習目標を設定し，自分で間違いを訂正する術を知っていなければならないこと。既有知識は時として新しい内容の学習の妨げになるため，不完全な構造をもつ知識を必要に応じて再構築する方法を学習者に学ばせる必要があること。ある領域の熟達者になろうとするには一定期間において長時間の練習が必要であること。これらが Vosniadou (2001) が示した原理である。

　以上のことから，教師が「学習の適応的熟達者」（Bransford et al., 2000; Hatano & Inagaki, 1986）でなければならないということがわかるだろう。学習の適応的熟達者とは，本書で概説したさまざまな方略を利用するだけでなく，問題解決がうまくいかない場合には自ら方略を生み出すことができるような高い柔軟性をももちあ

わせている。そして児童生徒の学習が滞った場合にはその様子を適切に把握し，次に何をさせるべきかを思い起こし，学習の目的に価値を見いだせるような課題解決に用いる資源や方略を選択し，また必要に応じて学級風土を変えることができるような者のことを指す。「適応的熟達者とはこれまでに直面したことのない課題にも対処できるように知識や概念を更新しながら専門性をたゆまず広げていくための方法を知っている」者のことである（Darling-Hammond, 2006）。また，熟練した教師は「学習者の立場に立って考えたり，気持ちを寄せたりするといった学習者に対する共感性」（Tettegah & Anderson, 2007, p. 50）をもちあわせていなければならない。それは，「学習者の言葉のうちに隠れている思いや感情に耳を傾けたり，彼らの思いや感情を別の言葉で言い換えて返してやったりすることでもある」（Woolfolk Hoy, 1998, p. 466）。さらに，教師は教室で起こっている出来事や問題解決の場面を子どもがどのようにとらえ，思い描き，受け止めているかに細心の注意を払う必要があるし，学習者と同じ視点に立って彼らの経験を理解する必要がある（Gage & Berliner, 1998）。

　取り組みがいのある学習目的があることは，学習者のさまざまな面に違いをもたらす。取り組みがいを感じられないような状況に置かれた場合と比べて，学習者はより一層努力をしようとしたり，もてる能力をいかんなく発揮しようとしたりする。夢中になって頭を使うのは，学習者を取り巻く環境と関わりあいたい，わかりたいという思いを強くもっていたり，興味が多岐にわたっていたり，一筋縄では解決できないような難しい問題だからといって先延ばしはしたくないという思いをもっていたりする場合である（Goff & Ackerman, 1992）。困難な目標を達成するためには長く時間がかかるが，学習の取り組みの度合いは目標の困難さが上がるにつれて一次関数的に高まる。学習者が目標と向き合うことこそが学習を促進するのであり（もちろん向き合おうとする目標をきちんと把握しておくことが必要である），一方「逆境のなかでも全力を尽くすべきだ」とか「がんばれ」という言葉がけが功を奏すこともないわけではないが，そういった言葉がけでは学習に対する興味を維持することはできない。

　挑戦しがいのある目標を示すことで，フィードバックがより効果的なものになるし，その必要性も高まる。もし目標が簡単であれば，フィードバックは必要がない。しかし，目標が困難なものである場合には，フィードバックは大いに必要になる。LockとLathamは次のように述べている。

　　フィードバックによって学習者は自分の状態を理解することができる。目標に

よって自分がどうなるべきかがわかる。フィードバックとは情報のことであり，目標とは評価であるともいえる。目標によって学習者はどのようなことをどれくらいの基準で行えばよいのかを察知し，その結果として自分の行動や努力を方向づけたり，評価したりする。また，フィードバックによって学習者は合理的な目標を設定してその目標を見据えながら学習を進め，必要に応じてどれくらい努力するかやどこに向けてするか，どのような方略を用いて取り組むかを調節できる。目標とフィードバックのはたらきは，動機づけと認知が複合的に行動をコントロールすることを示す典型例だと考えることができる。

(Locke & Latham, 1990, p. 197)

教室の文脈は多様である

　ここまでの議論の内容は，教室文化が重要ではないということを含意しているわけではない。本書の各章を通して，価値があって適度に挑戦しがいのある課題を，教師が選ぶことが重要であるということに加えて，教師と児童生徒が良好な関係を築き，お互いに信頼をもつこと，児童生徒に対する思いやりをもつこと，安心感をもてることが重要であると主張してきた。そのため，学級風土も確かに重要であるし，価値あるものとは何かについて意思決定をする際の規範も重要である。エビデンスとは，行動の指針を示すものではなく，知的な問題解決における仮説，あるいは教育の最終目標とは何たるかを探究する際の仮説をもたらすものに過ぎない（Dewey, 1938）。「最も効果的なのは何か」「何と比べて効果的なのか」「いつ」「誰のために」「何のために」といったことを問うことこそが重要なのである。「何が効果的か」という問いそれ自体は意味がないこともある（Glass, 1987）。本書で著者が期待したいのは，教師の力量に左右されるところは大きいこと，教師が用いる指導方法には著しく効果的なものがあること，意志決定や判断は教師の才腕に大きく左右されること，児童生徒と思いやりのある関係を結ぶことが絶対的に必要であること，期待される成果とは何かということを「教える行為」を一貫して絶え間なく問いただし続けること，これらはすべて教師にとっての行動規範であるといえる。

　「最も効果的な指導はどのようなものか」を考えようとすると，授業におけるかかわり合いや談話のあり方に影響したり，促したりする文化の問題がもちあがる。たとえば，授業での「発話」の意味合いを考えてみよう。Alexander（2003）はさまざまな国の授業の調査を行った結果，フランス，ロシア，イギリス，アメリカの教師の振る舞いは，以下3つの価値観のいずれかに依拠していることを明らかにし

た。その3つの価値とは，次のようなものである。

・個人主義（知識や表現は，個人的で2つとないものであるという見方）
・共同主義（共有と思いやりという雰囲気のなかでは，学習やさまざまな活動が協働的に行われるという見方）
・集団主義（単に小グループで活動するだけでなく，共通の目標や知識をもって一緒に学習することが大事だという見方）

　ニュージーランドの授業の場合は，Alexanderの研究で示されたところの，イギリスとアメリカの学校の特徴の両者をもちあわせているといえる。すなわち，教師が学習者個別に対して小声で行うやりとりが多く見られるわけであるが，Alexanderの言葉を借りれば，このような授業は個人主義と共同主義が同居したようなものであるといいうる。イギリスの教室では，「間違うこと」は「恥ずかしいこと」であり，教師は人前で「間違うこと」がなるべくないように気をつけ，子どもの「面目がつぶれる」ことを避けようとする。このような教室では，「正しい」答えを発表することが必要であるとされ，教師から認められることが大事にされやすい。それとは反対に，ロシアの教室では，「正しい」答えや好ましい答えを述べるのと同じぐらい，人前で問題や「間違うこと」に向き合うことが大事にされている。集団主義的な談話やみんなの前でなされる談話が教室での活動の中心となっているのである。ロシアの教師は，自分たちの役割を，対話と会話を生み出し続けることだと考えている。その一方で，イギリスやアメリカの教師の授業の進め方は，会話を「交わす」ことがすなわち「民主的」ととらえているかのようであり，教室では，教師主導による「広がりのない二者間のやりとり」が続くことが多い。児童生徒の発言は聞く耳をもたれる程度の扱いで，解釈の広がりをもたらすとはとらえられていないようであった。TIMSS（国際数学・理科教育動向調査）の数学授業ビデオ研究の結果，調査対象となった7カ国（オーストラリア，チェコ共和国，香港，日本，オランダ，スイス，アメリカ）で明らかとなったのは，生徒が問題を解く際には，1人で解くか，もしくはクラス全体で解き（まれに小グループで解くこともある），教科書やワークシートを頻繁に使い，教師が生徒の8倍以上話しているというのが各国で共通して見られる特徴だということである（Hiebert et al., 2003）。

　著者の共同研究者であるAlison Jonesは，小数点第2位までの数字で教室の状況が把握できるという著者の考えに対して，それがいったいどれだけ魅力的なのかと批判した。彼女の批判は著者にとっては目の覚めるような思いを覚えるものであり，

教室の文化的背景の重要性，そして児童生徒も教師も文化的，社会的な背景を抱えながら教室にいるということに，あらためて思いを致すこととなった。教室の状況を1つの指標値（効果量）に縮約することは，失業率や知能指数，為替レートなどに社会を縮約しようとすることと同じ試みである。このような「指標値」に置き換えることの是非については1950年代に盛んに議論されたが，指標値の安易な利用は戒めるべきであるということは銘記しておかなければならない（Guilford, 1954）。効果量は状況に応じて標準値から変動するものであり，その変動こそが示唆的であること（宿題の例が示すように），研究でとらえられる因果関係には限界があり，研究対象としたもの以外の変数（第3の変数）の影響を常に考慮する必要があること（それゆえに測定の質と研究デザインの重要性が特筆される），参照点が重要であること（$d=0.00$ よりも $d=0.40$ の基準値の方が意味のある効果を示す参照点であると主張したとおり），他の変数との交互作用が結論を劇的に変えてしまうこともあること（学習スタイルの例のように），これらのことに十分注意する必要がある。指標について議論する上で最も重要なのは，妥当な仮説どうしを戦わせることである。見通しが立つ指導と学習について本書で述べてきた「理路の通った説明」は，データにモデルをあてはめたり，反対にモデルにデータをあてはめるための妥当な仮説を一通りまとめたりしたものであるといえるが，これ以外にもさまざまな仮説があろうことは疑いの余地がない。これ以外の仮説が提示されることでより議論が深まることを期待したい。

■理解のレベルという考え方

　冒頭で述べたように，本書では主に学力に焦点をあててきたが，学力だけが学校教育で重視すべき成果ではない。学力とは教科ごとに縦割り的なものであるとはいえ，メタ分析による研究の多くで教科による違いはほとんど示されていないのは意外である。多くの高校で見られる教科至上主義は，身につけることが期待される学力の特質に基づけば許容可能ではあるが，よい指導とか，学習者の学力に与える影響が大きい要因というのは，教科間で大きく異なるものではないと考えられる。やや意外ではあるが，教師が教科及び学習指導に関する内容知をもつことの重要性を支持する十分な証拠はないのが現状である。学習指導に関する内容知とは教育内容的，教育方法的なものに加えて，どのような場合に学習者がわからなくなったり間違えたりするのかといったことについての知識のことを指す（この問題に関する重要な議論については Deng, 2007 を参照）。教師の教育内容的，教育方法的知識に着目した研究にはこれまで取り組んできたが，これまでほとんど研究対象とされてこ

なかった側面こそが重要である可能性がある。すなわち，教科の学習で上達するとはどういうことかに対する教師の見方，いつ学習者にはたらきかけるべきなのかについての知識，学習の理論に関する知識，別の指導方法を積極的に受け入れる姿勢などである。これらのことに対してより踏み込む研究は行うに値するといえよう。

第3章で，浅い理解，深い理解，構成的概念的理解という3つのレベルで学力を論じることができることを述べた。また，思考の流暢性，記憶力，応用力，忍耐力，問題解決方略といったことも，重要な学習成果である。さらに，思考や理解にはさまざまなものがある。たとえば情報収集，理解構築，生産的思考，反省的思考，思考方略利用，思考評価など，これらはいずれも概念的理解を促進する上で必要不可欠なものである（Moseley et al., 2004）。本書で考えてきたモデルは，Biggs & Collis（1982）のSOLOモデルに基づいており，世界は物理的世界，主観的精神的世界，知識によって構成されている世界の3つに分けられるとするPopperの考え方を援用したBereiter（2002）の主張とも通じたものである。すなわち学力とは一面的なものではなく，浅い理解，深い理解，構成的概念的理解といった多面的なものであるととらえている。メタ分析の対象となった研究の多くは浅い理解の測定に有効なテストによる測定結果が大部分を占めており，深い理解の測定に見合ったテストが用いられているものも一部見られるが，学習者が教室での経験を通じて構築する構成的概念的理解の測定に見合ったテストが用いられているものは皆無といってよい。知ることとは行為であって，事象ではない。そしてその行為とは個人－環境－教師間相互作用であって，一度きりのテストによって容易く客観的に把握できるものではない（Barab & Roth, 2006）。多くの研究者が構成的概念的理解を測定するための方法の開発という，大胆な取り組みを行っている（Gierl, Zheng, & Cui, 2008; Luecht, 2006; Luecht, Gierl, Tan, & Huff, 2006; Mislevy, 2007）。本書に収められた知見の限界の1つとして挙げられるのが，浅い理解，深い理解に関するものが大半を占め，構成的概念的理解に関するものがほとんどないという点である。

効果の有無と効果量の基準値

研究結果に対して理路の通った説明ができない場合であっても，学校におけるあらゆる工夫改善の成否の分岐点ともいうべき「基準値」（$d=0.40$）を超えたかどうかを検討することは重要な意味をもつ。ゼロ点を基準とすることの意義は皆無であり，学校教育において効果があったと判断可能な最低基準は$d=0.40$前後とすべきである。あらゆる工夫改善，指導計画，その他教師が行う指導が学習者の学力に

与える影響は $d=0.40$ を超えることを目指されなければならない。この基準値は工夫改善の多くが到達可能な値であるが、あらゆる工夫改善の平均的な効果であって、最大値ではない。基本的には優れた指導を受けていればほとんどの学習者は $d=0.40$ に相当する学力の伸びを見せるものだが、全員がそうなるわけではないのはなぜだろうか。

　学習者を伸ばすということについては、どんな活動をするかとか、どういう出来事を経験するかという点を中心に語られることが多く、カリキュラムの背景にある理念に基づいていかに挑戦の度合いを上げていくかといった点から語られることは少ない。また、テストの得点だけが学習者の伸びとみなされ、テストが測定しているはずの上達度や能力という観点で学習者の伸びが判断されることは少ない。学校でよく見かける情景に、教師が「効果的だった」「よかった」「次年度の教師に子どもを全員引き継いだのだから私の指導に文句をいわれる筋合いはない」「あまりできない子どももいるがそれは家庭環境などが原因であって自分の指導のせいではない」といいながら、前年度（または何らかの処遇を与える前）との学力の状況を比較している、というのがある。これは最悪なことである。

　「あなたのクラスの子どものうち、あなたが担任している1年間に後退してしまったのは何割くらいか」という問いは、教師をハッとさせる質問である。ここでいう後退とは、文字どおりに学習者が年度当初の状態（実際の状態）よりできなくなったという意味ではない。そうではなくて、その年度中に期待されるほどに上達をしなかったというのが後退ということの意味であり、教師が学習者に期待を込めて指導をしなかったために、彼らが本当はそこまで伸びるはずだった学力のレベルに比べて低い学力しか身につかなかったということである。アメリカの大都市で我々が調査した学校の中には、80%もの生徒が後退していた学校もあった。9年生の数学で代数の学習が始まるが、学習の要領を得ることに悪戦苦闘し次第に学習に取り組まないようになり、自分は数学で低い成績しかとれないのだという思い込みをもつようになり、数学を学ぶことを諦めてしまうのである（Hattie et al., 2007）。多くの場合、ここでいうところの「後退」が考慮されることは滅多にないため、後退、すなわち本来身につくはずの学力が身につかない学習者に対して教師が目を向けることが起こらず、ひいては目の前の問題にだけとらわれ、学習者の抱える問題の背景に思いを致すことがなくなってしまうのである。

　さらに踏み込んで、年度内に少なくとも $d=0.40$ の改善や伸びが見られない学習者は後退していると主張したい。つまり、$d=0.40$ の改善や伸びが見られるのが平均的な学習者であるということである。しかし、一般的にはゼロ点が基準とされる

ことが多いため、平均以下の能力の教師を見つけることは難しく、すべての教師が効果的な指導を行ったと見なされることとなり、すべての教師が「付加価値」を与えた（効果量 d が 0 を超える）というエビデンスが得られることとなる。さらに、教師の質にはばらつきがあってもその差はわずかであるとよくいわれるが、すべての教師の指導力は同じというのは、学習指導に関する根拠不明な固定概念の最たるものである。指導によってどの程度の効果をもたらすことができるかは、明らかに教師によって異なる（たとえば、学校間でのばらつきがかなり小さいということからもそれはわかる）。すべての教師はうまく指導しているけれども、学習者はみながそう思っているわけではない、ともいいうる。

　もし到達目標がゼロ以上の効果量を得ることだったとしたら、ほとんどすべての教師は効果的な指導を行っているということになるだろう。しかし、比べるものがそもそも間違っているのであって、これでは何もしないこと以上の効果があれば、それで学力が上がったとみなすことになってしまう。学習者は教師の指導の違いをよく見分けているし、第7章で言及したように、Irving（2004）も学習者が教師を見分ける目は正確だということを示している。学習者の学習の取り組みに関する諸問題が増加傾向にあることは明らかだろう。Steinberg, Brown, & Dornbusch (1997) は、多くの学習者は「身体的には教室に身を置いていても精神的には欠席している」(p. 67) と述べている。また、彼らは、学習者の40%は「勉強をしているふりをしているだけ」であり、一生懸命に学習に取り組んでいるわけでも集中しているわけでもない、と述べている。非常に多くの学習者が授業をさぼるし、怠けてしまう。単位をとるために不正を行う学習者も多いし、授業についていけずに興味を失っている学習者や難易度が不適切であるために退屈している学習者も少なくない。能力だけが学習を左右するのではなく、努力することが不可欠だということを知らないままの学習者も多い。学校を中退する児童生徒の約半数は、授業がおもしろくないし、魅力を感じないという。そして、2/3の児童生徒は、自分たちが学校でうまくやれるかどうかに教師が関心をもってくれないと口にする（Bridgeland, Dilulio, & Morison, 2006）。教師、授業、学校、そのすべてがバラ色ではないのである。

　考えさせられるのは、少なくとも多くの学習者の目から見れば、その教師集団は平均的なものと映るということである。子ども一人一人で見ると、出会う教師のうち、長い間好影響を与えるということに思慮が及ぶ教師はごく少数であるということは楽観視できない現実である。そして教師が学習者の記憶に残るのは、社会や数学を教わったことではなく、思いやりをもって情熱的に教科の授業をしてくれたこと、学習者として、人として自信をもたせてくれたこと、一人前の人間として扱っ

てくれたこと，そしてその教科を好きにさせてくれたことであるということも，冷静に認識すべき事実である。

　だがしかし，教師は精いっぱいの仕事をしていると主張する。管理職は可能な限り最善の教育課程の実施に努めている。教育制度は最大限の効果を生み出す政策として存在している。しかしこういった考え方が，いうなれば知りうる限り最善のものだと言い張ることが，往々にして間違いの元となる。それは，不適切な比較のもとでの意志決定であったり，比較に見合わないものと対照させながらの評価であったり，指導方法や構想ではなく教育条件面にばかり着目したり，成功を追い求めんがばかりのモデル（効果がゼロを超えるものはのべつ幕なしに成功したものと見なすこと）による評価を行い失敗には目をつぶったりしているからである。この問題に改めて対処するために，効果の高低を比較するために有効な目安として「基準値」を本書で提案したのであり，この目安を用いることで教育関係者は自身の選択した方法が効果的であったかをより適切に検討することが可能となろう。

工夫改善の特徴とは

　一般的な教師による指導の効果は，おおよそ $d=0.15$ から $d=0.40$ である。この範囲を超えて効果が著しく大きくなるのは，何らかの工夫改善が行われた場合である。このことは，変化のための変化の必要を意味しているわけではなく，「平均以上の効果をもたらす工夫改善にはどのような特徴が見られるのか」という問いをもつことの必要を示唆している。指導方法の工夫改善は，何か新しいことや違うことをすれば起こるというものではない。指導方法の工夫改善が起こるのは，教師が目的的・計画的に今までとは異なる（必ずしも新しいものでなくともよい）指導方法や内容を取り入れた場合においてである。教師が自身の指導方法の効果をさまざまなものと比較しながら検討することが必要なのは，そうすることで合理的に成果に対してよりいっそうの注意を払うことができるようになるためである。指導方法の工夫改善の中でも効果の大きさが上位に位置づくものの多くは，治療的なアプローチともいいうる方法である。たとえば，直接教授法，相互教授法，リーディング・リカバリーなどが相当する。レクリエーション療法（精神療法の一種）の効果に関する 150 本の研究を対象としたメタ分析の結果明らかになった高い効果をもたらす療法士の特徴（Holly, 2005）と，効果的な指導を行う教師の特徴には興味深い共通点が見られる。すなわち，療法士の特徴のうち高い効果をもたらすものを順番に挙げると，知識と技術をもっていること，実行計画を立てること，治療がうまくいか

なくても乗り越えられるような方略をもっていること，強い自信をもっていること，治療過程を追跡的に把握していること，一定の基準に達することにこだわること，社会的・環境的支援を得ていること，そして治療が任されていることであった。

　工夫改善には開始，実行，評価といったいくつかの段階があるが，「工夫改善」と呼べるような変化は実行の段階において生じることが多い。しかし，工夫改善の成否を左右するのは，工夫改善に着手する段階で効果そのものや，効果についての教師どうしの意見交換の内容，達成目標及び到達基準に対して高い関心をもっているかどうかである。工夫改善に取り組むことには失敗のリスクがつきまとうものであるが，その一方で，日々繰り返していた決まり切った仕事の進め方や，染みついた考え方から脱却しやすくもなる。だからこそ，うまくいっていない部分はないか，ついてこられない学習者はいないかということに意識が向いたり，フィードバックを得ようとする気持ちが高まったり，評価の原則（利点と難点の区別）により自覚的になったり，さらなる改善を図るためにうまくいっていない部分に対する証拠を見つけようとしたりするようになるのであって，これが重要なのである。Karl Popper（1963）は，反証を探すことこそが重要と指摘している（我々は往々にして，所かまわず後ろ盾となる証拠を探そうとするものである）。教師は，うまくいっていないということを示す証拠を見つけようとすることで，うまくいっているかを判断する鑑識眼をもつことにつながる。特定の学習指導はすべての学習者に対して一様に効果的であるとも，あらゆる目標の達成に効果的であるとも，到達基準のいかなる段階への到達につながるともいいがたい。このようにとらえると，設定する目標，挑戦の度合い，学習者が努力し学習に取り組むことに対してさえも，常に批判的な態度をもちつづけなければならないといえよう。

彼らはなぜ変われないのか

　ここでいう「彼ら」とは，教師のことであり，政策立案者や教員研修担当者，そして保護者を指すこともある。本書は，より学習を効果的なものにしうる解決策は無数にあるという内容から書き起こされた。教師は変わろうとする意欲はもっているものの，おそらく変化に対してうんざりという気持ちももっている。教師が経験する変化の多くは教育条件面での変化や，労働条件の変化である。しかし変化が，本書に示されたような形で指導や学習に対してもつ教師の考え方に働きかけるものであったらどうだろうか。その場合，新しい考えを積極的に受け入れる姿勢と，間違いを厭わない気持ちが必要となる。すなわち，学習者の学力にどの程度の変化が

生じたかを評価することによって，現在行っている指導よりも，さらに効果的な指導を求めようとする姿勢が必要となるのである。工夫改善に取り組むということは，慣れ親しんだ実践をやめることを意味する。

　どう変えていけばよいのかといったことはさしたる問題ではない。考えなければならないのは，なぜ変わらないのかということである。Shermer（1997）は，ある考えがたとえ効果的でなかったとしても，我々学校教育に携わる者はその考えを（時には一心不乱に）信じてしまいやすいのはどうしてかを研究した。その結果，逸話を過信してしまうこと，科学的な言い方や教育学に特有の言い回しあるいは専門用語などを用いて自分たちの考えを飾りたててしまうこと，大胆なことをいおうとしてしまうこと，他者の経験よりも自分の経験を拠り所にしてしまうこと，自分の経験こそが十分なエビデンスだと主張してしまうこと，循環論法に陥ってしまうこと（私はそれをしている，だから正しいに違いない），などが原因だと指摘した。また，自分のやったことこそが「最良」のものであると思い込むに至るさまざまな心理過程について述べている。その過程とは，自身の行うことには確実性があり，自らが主導権を握ることができ，単純な方法であることを要求すること，現行手法の裏づけとなる事例を求めようとすること，効果的ではないことを示すエビデンスを求めようとはしないこと，学習者が学習しないのは学習者自身に原因があり，学習者が学習に取り組むのは教師のおかげと思うこと，新しい，あるいは異なる考え方や方法（新しい考え方には奇抜なものもあるのだが）に対する拒絶反応を強めていくことなどである。指導についての斬新な考え方は，「両手を広げて受け入れられることよりも，抵抗を受けることの方が多い。なぜなら，うまくやっている教師はみな，現状を維持することで新しいことを学ぶ必要に迫られることはなく，社会的立場が脅かされることもなく，金銭的な負担をすることも回避できるからである。その一方で新しく斬新な方法が出るたびにそれを両手を挙げて受け入れようものなら，それはそれで収拾のつかない事態を招くだろう」（Cohen, 1985, p. 35）。我々の仕事は一筋縄ではいかないものなのである。

　教室での体験を教師がどのように説明するのかを分析したLittle（2007）は，教室で行われる授業の多くは他の教師の観察のない状況で行われるため，教師どうしの共通理解を図る際には物語的な説明に終始する傾向が見られると指摘している。そしてその物語的な説明は，武勇伝的な内容や，個人的な経験に終始しながら，自分の好みの方法を正当化するものが多い。同僚教師間の専門的な会話がこのような武勇伝のやりとりになってしまうものであるとすれば，教師は指導に関するエビデンスを同僚と共有すべきだという本書の主張は実に不毛であるということとなろ

う。それでも，教師の同僚間の意見交換がわずかばかりでも実のあるものとなるようにするにはどうすればよいだろうか。そのためには，教師による授業に関する説明が「児童生徒の行動と学力との間にはどのような関係が見られるのかを理解する上で役立つ情報となるように」したり，「学級やカリキュラムの特徴を踏まえつつ児童生徒にどのような学習に取り組ませるか，また教師がどのような授業を行うかの意思決定に活用できるようなもの」（Little, 2007, p. 237）となるようにする必要がある（なお，著者は「授業が児童生徒や教師に与えた効果」も教師が説明できるようになるべきだと考える）。教師どうしが互いに問いをぶつけ合ったり，頭の中で再現や試行をしたり，エビデンスを活用した討議を行ったり，自身の解釈や説明を他者に披露し，その反応からこれらを修正したりといったことを通じて，教師は「概念的な枠組みと経験の特殊性の両者に立脚しながら，一般化可能性のある実践の原則」を構築することができるようになる（p. 231）。そのためには，学校に教師に対して指導助言を与える立場の者がいることや，批判的に検討することができるような安心感や信頼感のある雰囲気の学校である必要があり，指導の効果を示すエビデンスの共有に対する関心と，これまで経験してこなかったことを積極的に受け入れようとする態度を教師がもつ必要がある。本書で主張した「学習者に対して効果的なもの」とは「教師に対して効果的なもの」ともいいうるのである。

　先行研究において一貫して見られる主張は，教師がどのような考え方をもつかが成否を左右するということ，そして教師のもつ考え方を詳細な研究対象とし，第三者的視点から検討し，すべての学習者が達成目標に対して高いレベルで到達したかをエビデンスに基づいて点検することが必要である，ということである。教師が学習者の立場から学習をとらえるようになること，これが効果的な指導の第一歩である。学習者の立場で学習をとらえることとは，自身の指導の効果の指標となるエビデンスを得ようとすること，自身の考え方や知識に誤りがないかと気にかけること，学習者は既有知識や概念に基づいてどのように知識を構成するのかに気を配ること，学習内容が挑戦的で夢中に取り組めるような内容となっているかを考慮すること，そして学習者が学習に取り組んでいる最中や困難に直面した場合にそのような方略を利用しているかを理解しようとすることなどである。

　「変われないこと」のもう1つの理由は，エビデンスではなく教師自身の判断が過信されているということにある。エビデンスよりも「専門家の判断」に依存してしまうということは多くの分野で長く見られてきたことでもある。専門家の判断とエビデンスのどちらが正確かという議論の広がりのきっかけとなったMeehl（1954）の『臨床的予測と統計的予測』という書籍によれば，20本の研究を行った結果，1

本を除いては統計的予測の正確さは臨床的予測を上回るか，あるいは同程度であったことが示されている。臨床的予測とは一定の手順を踏まずに直観的に判断することを指す。Aegisdottir et al.（2006）が56年間に出版された69本の研究論文から173の効果指標を抽出して検討を行った結果でも，統計的予測は臨床的予測と比べて正確性がやや高いということが示されている。同様に，Martin, Quinn, Ruger, & Kim（2004）では，アメリカの連邦最高裁判所の判決の統計的モデルによる予測は，83人の法律専門家による判断よりも予測の精度が高いことが示された。この分野における研究で特筆すべきは，このような結果が幾度も得られているにも関わらず，臨床的実践に対してはほとんど影響を及ぼしていないということである。実践者の多くは評価とか統計モデルに長けていないばかりか，エビデンスに対して懐疑的であることも多く，人づてに得た情報の方を重要視し，統計的方法は非人間的なものであると信じており，実践の効果は実践者個人によって異なるものであるという考えを曲げず，確証バイアスに縛られて，自分の思いどおりに事が運んだ事例はよく思い出せるのに，客観的なエビデンスの方が正確であった事例のことは失念しがちである。

　「変われないこと」の理由としてさらにつけ加えるべきは，学校に関することとして耳目を集めるのは児童生徒の成果についてよりも，教育条件面に関することが多いという点である。Hanushek（1997）は，「いい仕事をした」という満足感を覚えることや，保護者や管理職に能力を認めてもらうことが，教師の成否の判断基準になっていると批判している。そして，そこに児童生徒の学力を高めようとする強い気持ちはあまり見られないため，「児童生徒の学力を重視しないインセンティブ構造に単純に反応」（p. 305）する教師が多いと主張している。

　かなり前の研究ではあるが，Alessi（1988）は，学校についていけないということを理由にスクールサイコロジストのもとへ送られた子ども5,000人以上に対する再調査を行った。その中には，不適切なカリキュラム，指導，教師，その他学校に関する要因が原因であるとして送られた子どもはいなかった。その子どもに対する教師の説明は家庭環境に関係した問題があるとか，その子自身に原因があるといったものばかりであった。Engelmann（1991）がいうように，「すべての問題は子どもに瑕疵があるために起こったのであって制度の欠陥のためではないと結論づける，思い上がりも甚だしい仕組み」（p. 298）が，そこにあるのだ。Engelmannは教師と学校に対して以下のような疑問を投げかけている。

・この実践が導入されたことで効果的な結果となったのを，どこで見たのか，正確

に述べよ。
- その新しい仕組みの方針に沿ってすべての教師が一様に同じ授業ができるように教師を指導したのはどこか，正確に述べよ。
- 効果的なプログラムによって達成された以上に，あなたが行ったことで高い効果が得られたことを示すデータは，どこにあるのかを述べよ。
- 卓越した指導を行ってきた（担当した児童生徒集団に一般的に到達できるレベルを上回る学力を身につけさせた）教師がその指導を支持しているという具体的根拠を述べよ。

　気が滅入るような話ではあるが，「工夫改善が学校教育の核心により踏み込むほど，その工夫改善は指導や学習に大々的には影響を及ぼさないものとなる」(Elmore, 1996, p. 4) し，工夫改善の中でも指導や学習との関係が薄いものほど国の政策とされやすい。Elmore が指摘しているように，学校が変化に対して全面的に抗ったり，学校とはそもそも変わりにくいものであったりするといったことが問題なのではなく，学校とはそもそも，常に変化し続けているものなのである。著者も同意見だが，Elmore が変化に対する抵抗勢力であるとしたのは，教師が共有している指導や学習についての固定観念である。「自分の教え方に口を挟むな」，これが無意識に口をついて出てくる持説である。我々教育に携わるものは，教師や学校が原因ではなく，子ども自身や家庭，社会の問題が原因で学習に取り組まないとされた児童生徒を数多く目にしてきた。教師のもつ指導や学習に関する固定観念を法制的に変えさせることはほぼ不可能である。だからこそ，専門性を高める現職教育がより重要性を帯びるのである。多くの場合，政策の変化は教師にわずかばかりの影響を与えるか，全く影響を与えないかのどちらかである。大洋の嵐にたとえるなら，「表面は大しけに荒れていても，海の底は静かで穏やかである（少々濁ることはあるが）。政策の激変が表面的には大きな変化をもたらすことはあっても，その奥底での人々の営みは，多くの場合それまでと同じように続くものである」(Cuban, 1984, p. 234)。
　教育関係者は「効果がある」という話を，証拠を示されないままに信じることを繰り返すのはどうしてかを明らかにすることが，教育研究の中心的課題とされるべきである (Yates, 2008)。この例の最たるものは学級規模についてである。多くの人は学級規模を縮小することが児童生徒の学力に大きな影響を与えると信じている。しかし，実際はそうではない。学級規模に関するエビデンスを耳にした人は多くの場合いったん思考停止に陥り，たぶんそうであろうという程度の主張，すなわち小規模学級にはさまざまな利点（フィードバックが多い，個に応じた指導がよく

なされる，児童生徒がよく話を聞く，など）があると主張する。確かに，場合によってはこのようなことが起こる可能性はありうるが，学級規模を縮小してもこのような利点が生じないのはなぜかといった問いの方が興味深い（Hattie, 2006）。膨大な反証的エビデンスがあっても，教師や保護者が主張を曲げることはないという事例は多い。

教師が過去200年にわたって続けられてきた指導方法を今後もほとんど変えないのであれば，授業中の「活動」として最重要視されるのが質問すること，思い出すこと，表面的な知識のかたまりを覚えることであるとすれば，教室が集中して忙しく手を動かすことだけが求められる場であるとすれば，本書で概説した学習の本質に沿って伝達型の授業モデルを変えるという提言は，糠に釘というものである。教育条件や教師の労働条件（小規模学級，教員給与，校舎建築，授業日数増など）の改善や支出増，あるいは保護者に対する懐柔策（コンピュータの導入，学校選択，チャータースクール，さまざまな学力調査を実施することなど）となりうるようなことは，言うは易しである。学校教育には工夫改善に取り組まれてきた長い歴史はあるものの，実施に移されたものはほとんどない。本書の主張が大きな影響力をもつかどうかは，かつて医療の領域がそうであったように，学校がエビデンス・ベーストの議論ができるようになるかにかかっている。著者が教師や学校に求めたいのは，児童生徒の1年間の学力の伸びが少なくとも $d=0.30$ 以上となるようにすること，そして $d=0.40$ 以上の効果が期待できるかといった観点から指導方法の工夫改善の実施の是非を検討することである。学校も行政も，このことに正面から取り組むことで，変わることができるだろう。

エビデンスの特質

「エビデンス」とは，中立的なものではない。たとえば Biesta（2007）は本書で述べてきたようなエビデンスに基づく方法をさまざまな理由を挙げて批判している。その批判の第1は，「効果的」との判断は根本的には教育的価値という観点でなされるべきということである。この批判には著者も首肯するが，学力は重要な教育的価値の1つである。もちろん，学力以外の情意面や，粘り強さ，体力，社会性なども教育の成果として重視すべきものである。

第2の批判は，エビデンスに基づく方法は，あたかも分野を問わず（教育であっても医学であっても）「中立的」な枠組みを示しているかのように見せかけており，その方法の根本には教育とは育てるというより介入するものであるという発想があ

るということである。教育は確かに中立的な営みであるとはいえないが，その基本目的は介入することであり，行動を変化させることであると，著者は主張したい。だからこそ，教師の仕事とは倫理観が必要なものなのであり，「別の内容ではなくこの内容を教えるのはなぜか」「道理にかなった方法で教えているか」を常に問い続けなければならないのである。Snook (2003) は，教えることとは教師と学習者，学習者どうし，教師どうしといったあらゆる面における親密な個人的関係をともなうものであると説いている。教えることとは，何らかの形で人を変えるという使命を帯びたものである。教えることとは，教師と学習者との間の守るべき上下関係のあるところで起こるものである。教師と学習者とのやりとりの中に力関係はつきものである。したがって，Snook が指摘しているように，教えることには，その目的，方法，人間関係の諸側面に対する倫理観が伴わねばならないのである。Snook によると，教師の仕事には，感性的欲求に左右されない理性的な判断が伴わねばならない。さらに Snook は「この教師は腕がいいとか，仕事ができるとか，特別な能力があるとか，そういうことが話題に上ることは枚挙にいとまがないけれども，思い起こすべきは，教育とは本質的には倫理的な判断が求められる大仕事であり，その大仕事の中枢を担うのが倫理観をもつ教師なのだということである」(p. 8) と念押ししている。

　本書ではなかんずくメタ分析の結果を議論の対象としてきた。これは紛れもない事実である。しかし，メタ分析にはよらない方法によるレビューも行うことで，エビデンスについての説明をより詳細なものとすることができるだろう。本書で取り上げたそれぞれの分野に対して，メタ分析にはよらない観点からの説明を組み入れようと試みはしたが，メタ分析によらない方法でのレビューは他の者に任せたい。質的手法による研究の統合の方法論が最近注目されるようになってきたが，このような方法論によって研究全体がより豊かなものになるのは間違いない (Au, 2007; Throne, Jensen, Kearney, Noblit, & Sandelowski, 2004)。

工夫改善のベネフィットとコスト

　ここで指摘しておく必要があるのは，効果量に基づくエビデンスだけを用いて意思決定を行うことは時に不適切なものとなりうる，という点である。どのような選択をするにしても，ベネフィットとコストの両者がつきまとうものである。最善であると考えられるものを選択する意思決定を行う際には，それぞれの工夫改善に対する金銭的コストを考慮する必要がある。コストがかからない工夫改善であっても

望ましい効果を及ぼすものもあるし，コストのかかる工夫改善と比べてより効果的なものもある。問題なのは，コストといってもそれにはさまざまなものがあるということである。すなわち，費用極小化という観点からは最も費用のかからないものがよいとされるし，費用便益といった観点からは費用とそれによって得られるベネフィットとの比較がなされるし（効果量，実施のしやすさ，過去に行われてきた指導方法との一貫性，教育目標との整合性などの比較），また平均費用対効果と増分費用対効果の違いというものもある。たとえば同程度の費用負担が必要な方法を本書でいうところの $d=0.40$ と比較することは平均費用対効果に相当し，別の方法を実施することに伴う追加費用負担を比較することが増分費用対効果に相当する。ただし，このような費用面でのコストよりも重視すべきは，多くの児童生徒に対してはベネフィットのある工夫改善であっても，一部の児童生徒はかえって学習に取り組まなくなってしまうことが起こりうるといったコストである。また，教師が今までやってきたからとか，その方法の方が教師は楽しいからとか，個人の見解に基づく不確かで楽観的（よい面だけに着目する）な証拠にだけ基づいた，効果がほとんどない指導を受けるといった「被害的コスト」もある。Hanushek（2005）を始めとした研究者が繰り返し示してきたように，数兆ドルとまではいかなくても，数百万ドルもの費用が，児童生徒の学力を高めることにつながるというエビデンスが十分にないままに，工夫改善や教育政策に投じられてきた。これらの工夫改善や政策は，教育条件や教師の労働条件にばかり変化をもたらしたが，児童生徒の学力には影響を与えるものではなかったと考えられる。

アメリカの教育公財政支出はこの100年間で毎年3.5％ずつの伸びを見せており，その大部分（60％）は教員に関することに投じられている。Odden（2007）は教師に関する支出を増やすことが児童生徒の学習に影響を与えるとは考えられないと主張している。そして，一般的な学校の倍以上の成果を上げている学校には，高い目標（90−95％の児童生徒を上達させる，など）を設定していること，データを分析し自校の児童生徒の学力の状況を詳細に把握していること，形成的評価を実施していること，効果的な指導に関するエビデンスを教師が共同して検討を行っていること，時間を生産的に使っていること，指導的立場の教師が授業に対する指導助言を行っていること，といった一連の類似した特徴が見られると述べている。

工夫改善を行うことでどのようなベネフィットが得られ，どのようなコストが生じるのかは確かにあまり検討されていない。検討したとしても，生産関数を用いて学校がさまざまな試みを行った際にかかるコストとその結果として得られる成果との間の関係を推し量る程度であった（その場合には，さまざまな背景情報を統

制して推測を行うことが多い)。そのようなモデルでは，購入するようなものではない試みやお金がかからない試み (たとえば，仲間の効果など：Hanushek, 1998; Subotnik & Walberg, 2006) は滅多に考慮されない。Walberg (1980) は，指導方法の工夫改善と学習成果との関係のモデルとして，コブ－ダグラス関数 (Cobb & Douglas, 1928) が当てはまりがよく妥当であることを提案している。資本と労働の投入，すなわち指導を行えば行うほど学力の伸びは高くなる (ある点までは)。しかし，この関係は正比例ではなく，たとえば学習時間を倍にしたからといって学力の伸びも倍になるということは起こらず，また生活習慣や児童生徒の行動の改善に取り組んだり，指導方法を導入したりしても，その分だけ学力が伸びるというわけではない。児童生徒が指導を受けている状態を増やすことが学力を伸ばすことに必要なのではなく，学習成果に直接結びつくような指導方法を最小限に組み合わせることが必要と考えられる。また，コブ－ダグラス関数に基づくモデルは交互作用の重要性を浮き彫りにしている。指導方法の組み合わせによっては，かけ算的な効果が期待できるのである。

　本書で扱ったさまざまな効果の多くは，これらを組み合わせれば効果が単純に加算的に得られるというものではない。加算的な効果が得られる場合も無きにしも非ずであると考えられるし (たとえば，家庭の効果と学校の効果を組み合わせるなど)，第3章で言及した冒険教育プログラムのように加算的な効果が見られるものがあるのも事実ではあるが，すでに指摘したとおり，これは例外的なものである。

　コストの比較によって得られるものは非常に意義深いこともある。たとえば，学級規模を30人から15人に縮小することの効果は $d=0.10$ から0.20 の範囲である。Buckingham (2003) がニュージーランド全土の小学校から高校までの平均学級規模を1人減らした場合 (平均学級規模で小学校で18.4人，高校で14.5人となる) かかる追加費用を試算したところ，1年間で約1億1300万ニュージーランドドルであった。このコストは平均学級規模を1人減じることだけにかかる費用だが，追加して必要な教員を雇用するために必要な費用であるため，一度きりかければ済むコストではなく，継続的にかかるコストである。さらに教室の増設，教具教材の整備，継続的な現職教育，さらには優秀な教師を採用するためにもコストがかかる (Greenwald, Hedges, & Laine, 1996も参照)。Brewer, Krop, Gill, & Reichardt (1999) はアメリカの1～3年生の学級規模を18人に減らすことにかかるコストを試算した結果，10万人の教師を追加雇用するのに毎年50-60億アメリカドルの追加支出と，55％の教室増設が必要としている。さらに学級規模を15人にまで減らす場合には，毎年50-60億アメリカドルの追加支出が必要であると試算した。これだけ

の追加支出は，教師1人当たりの給与を年2万ドル上乗せできる額に相当するという試算もある（Blatchford, Goldstein, Martin, & Browne, 2002 を参照）。問うべきは，「これだけの額は何に投じることが最も効果的なのか」「これだけの額をより児童生徒の学力を高めうる他の工夫改善に投じた場合どのような成果が期待できるのか」ということなのである。

フィリピンにおける教科書配布（10人に1冊当たりだった教科書を2人に1冊にする政策），ラジオによる教育放送の実施，平均学級規模の縮小が学力に与える影響の大きさを比較した Jamison（1982; Heyneman, Jamison, & Montenegro, 1983も参照）によれば，児童生徒が教科書を手に取りやすくすることはコストが一定の割合で増えるものの，児童生徒の学力に与える影響は平均学級規模を40人から10人にすることと同等であったことが示されている。Fuller（1987）は「多くの場合，学級規模の縮小は学力のためには効率的な方法とはいえない」（p. 276）と結論づけている。同様に，Levin（1988）は小学校における読解と算数の学力向上を目的とした教育改革として実施された授業日数の増，コンピュータ利用学習の導入，異年齢チュータリング，学級規模の縮小の費用対効果を比較した。その結果，異年齢チュータリングが最も費用対効果が高く，授業日数の増と学級規模を5人減らすことは費用対効果が低く，コンピュータ利用学習がその中間であった。

費用対効果を分析することは，指導方法の工夫改善にかかるコストは本来安上がりなものであるということを示すのが目的ではない。Pressley et al.（2006：第7章も参照）も指摘しているように，学習者の学習に与える影響が強い工夫改善の実施にかかるコストは大きい。このコストは教師や管理職の労力が大部分を占めるほか，学習者が努力するという部分もある。労力というコストは費用負担が生じないものと見なされることや，教師が社会生活や家庭生活を犠牲にした上で成り立っていたりすることがままある。教師の固定観念を変えることは容易いことでもなければ安上がりに済むことでもない。たとえば Rogers（1962）は，教師が考え方や指導方法を変えることには「S字型の学習曲線」というべき現象が見られるとの仮説を提唱している。Rogers によると，考え方や指導方法の変化の広がりは，ごく一部の教師（変化を受容する態度をもち，教養が高く，知識が豊富で，自信があり，他の教師の規範にあまり左右されない）が改善に取り組むことによって始まる。そしてこのような教師と交流する教師が一定程度に達すると多くの教師が改善に取り組むようになる。しかし，残り20%あまりの教師は頑なに変わろうとしない。教師というのは，何らかの新しいことに取り組んでいない状態から取り組んでいる状態に単純に身を移すようなことはせず，いくつかの決定段階を経て新しいことに取り組

むようになる。Rogers（2003）は教師の意思決定には，気づき，自覚，確信，決定，実行，確証といった段階があると述べている。これらの段階は明確な線引きができるようなものでもなく，また必ずしもすべての段階を踏んで意思決定がなされるというわけでもないが，Rogersが言わんとしているのは，教師の考え方や指導方法の変化は段階を経るものであって，降って湧いたように起こるものではないということである。教師に新しい考え方を意識させるにはさまざまな方法があるが，実際に新しい考え方を受け入れさせ，また新しい考え方を受け入れることを促進させるには，教師どうしのかかわりが有効に機能することが多い。ただし，教師どうしの社会的ネットワークは工夫改善の実現に非常に効果的である反面，往々にして最大の障壁ともなりうる。Rogersの主張は，第1章で言及した，授業の様子は200年前とほとんど変わらず，教師の85%は自分にとって都合のよい方法を変えることに抵抗し，10%はより効率的なものに変えていこうという意志はもっており，実際に工夫改善に取り組もうと意志をもつ教師は5%に過ぎないということを示したTyack & Cuban（1995）による研究と相通じるところが大きい。したがって，説明責任を求めたり，行政的圧力を与えたり，強制したり，檄を飛ばしたりしたところで，教師の見方や考え方が変わることは滅多に起こらないのである。これらのことを考慮すると，本書が勧める，教師の見方や考え方を変えることを実現することにかかるコストは非常に大きいといいうるが，そこにこそ資源を投入することが正しいのだということを著者は主張したい。

政策に対する示唆

　効果量が低いというエビデンスがあるにも関わらず，不適切な指導方法に根拠もない信頼を寄せ，「武勇伝」や個人的見解に依存し，奇妙な，また時には不適切な指導を行うことが黙認されている教室や学校は多い。願わくば教師にはエビデンスに基づく考え方をしてほしいのだが，国の政府機関および地方の行政機関，教員研修担当を始めとした多くの関係者は，エビデンスに基づく考え方はせず，また実施されている政策を支持しないエビデンスを受け入れることには難色を示す。その代わりに，教育条件や教師の労働条件を変えるのには優先的に取り組むものである。大臣から保護者（有権者）までが学校のクライアントであり，保護者が自分が受けたものよりもよい教育を受けさせたいと思うのは普通のことである。新しい指導方法の導入に当たっては，エビデンスによって効果が評価されたものよりも，最近のイデオロギーに合致したものの方が優先される。本書で示したエビデンスが示して

第 10 章 ■ 学力を高める指導の特徴の統合

いるように,学校では児童生徒に悪影響を与えるということも起こりうる。ただし,ここでいう悪影響とは,教師が 1 年間教えた結果,学力の伸びがゼロ,あるいはできないことが増えるといったことではなく,多くの学習者が見せるはずの学力の伸びが基準値（$d=0.40$）に届くことを目指さない,また届かない教師や学校のことを指している。また,これほどの悪影響とはいかないまでも,上を目指さず,学力を伸ばす機会を減らされるよう強いられる学習者もいる。高い効果を得ることはできるし,それは数多ある学校で多くの教師が与えることができるものである。これは夢物語ではなく,多くの学習者にとって現実性のあることである。しかし実情は,多くの学習者の置かれた現実とは標準に照準が当てられたものである。学習者の置かれたこのような現実には,有害で,犯罪的で,無資格な教師がいる,ということではない。このような現実を引き起こす困り者の教師とは,平均に合わせた授業を行い,カリキュラムをこなそうとするだけで,お行儀よく,忙しそうに振る舞い,「皆さん！」とかいいながら授業を進め,そういったことが学習者に悪影響を与えているかもしれないということに考えが及ばない教師のことなのだ。

　おそらく,エビデンスがあるにも関わらず政策担当者がそれを使わず,またエビデンスを納得しようとしなかった最も有名な例として挙げられるのは,1960 年代後半に開始されたプロジェクト・フォロー・スルーであろう。このプロジェクトは 10 年間にわたって,72,000 人の児童を対象に,指導者として学校に入る研究者 22 人以上が 180 以上の地域に介入し,児童生徒が学習によく取り組めるようにすることで貧困の連鎖を断ち切るための最も効果的な指導方法を調べるというプロジェクトであった。導入された指導方法は,直接教授法,ホール・ランゲージ,オープン教育,発達段階に合わせた指導などであった（歴史的展開については,Carnine, 2000; House, Glass, McLean, & Walker, 1978 を参照）。このプロジェクトでは,各々の指導方法について,受けた児童と統制群の児童との比較が行われた（Stebbins, 1976; St. Pierre, Proper, Anderson, & Cerva, 1977）。その結果,導入されたさまざまな指導方法は,ある 1 つの方法を除いて,すべてその効果はないに等しい（中には負の効果が見られるものもあった）ということが明らかとなった。唯一効果が見られたのは直接教授法であり,基礎的な理解,応用的な理解,社会性,情意面のいずれに対しても,直接教授法を受けた児童は統制群と比較して高いことが示された。Meyer（1984）が,このプロジェクトを受けた児童を学校教育の終了段階までの追跡調査を行った結果でも,直接教授法を受けた児童はそうではない児童と比較して,高校卒業率は 2 倍近くの差が見られたほか,9 年生時点での読解（$d=0.43$）,数学（$d=0.28$）の得点も高いことが示された。この結果は,直接教授法は長期にわたっ

て有意な違いをもたらすことを含意している。しかし，このような知見に基づいて直接教授法の実施が広まりを見せることはなく，予算をはじめとした資源の多くは，効果的ではないが教育者がよいと思っている方法に対して投入されてしまうこととなったのである。Carnine（2000）が批判しているように，学習者の学力を確実に高める教師によって考案された方法，すなわち細かいところに気を配り，学習者の行動の変容を意図的に促し，特定の技能を教えるといったことをしっかりと実施することよりも，学習者が発見をしながら学習を進めていくことの方が効果的であるというのは，現実離れした考え方である。直接教授法を否定しロシアの影響を受けた方法を支持することは「確固とした科学的な基盤を欠き，個人的見解やイデオロギーを重視し，エビデンスを軽視するという，教師の専門性の未熟さを示す最たる例である」(p. 12)。

次の引用について考えてみたい。

> 人類の努力の中で，あまり科学的とはいえない試みというのは想像しがたい。事実として，治療方法として考案されうるどんなことも，何かの折に試験が行われ，一度試験が行われると，効果が見られるようになるまで，10年以上，あるいは100年以上にわたって，試験が繰り返された。それは，思い返すと，実に軽率で，場当たり的な人体実験の一種だったといえる。試行錯誤以外の何物を頼るのでもなく，結果としてただの繰り返しに終わってしまっていたのである。(Thomas, 1979, p. 159)

Thomasは医学研究の歴史をひもときながら，定説によっては覆されない定説がエビデンスに基づく医療によって駆逐されていく過程を記述している。その過程とは，エビデンスに基づく医療が必要という，従来のものから転換した考え方は，質の低い医療によって悪影響を受けてきた人々の従来の医療に対する反感や圧力によって出てきたというものである。民族間で身につく学力のレベルが異なるとか，教師による実践の質の低さ，新しい教育方法の治験的導入，学校教育の成果が国際的な基準や期待されるレベルのものとなっているか，といったことが一種の訴訟事例のようになることが，教育の変革や改善の契機となることも考えられる。このような訴えに対して「他とあまり変わらない」とかいった言葉は釈明とはならない。重要な問題なのは，教師が未熟な状態を脱し高い専門性をあわせもつようになれるか，個人的見解ではなくエビデンスに基づいて判断できるようになるか，1人で主観的な判断をするのではなく他者からの批判を得ながら判断できるようになるか，という

ことである。

本書の主張の実現可能性

　本書で主張した内容が実現可能であることは，以下2つの研究によって明らかとなっている。1つ目の研究は，児童の学力が低い状況にあったにも関わらず，高い学力を身につけさせるようになった学校を描写した一連の研究である。Pressley, Raphael, & Fingeret（2007）は，グラウンデッド・セオリー・アプローチによって聞き取り調査の内容，テスト得点の分析，該当校の状況に関する綿密な検討の結果を組み合わせ，効果のある学校の図式を描き，以下のような結論が得られた。

> 児童の学力を高めることができる小学校教師，特に読み書きの学力を促すことに長けている教師は，次のような特徴をもっている傾向がある。授業時間の多くを学習活動に費やし，読んだり，書いたり，話しあったりさせるような活動に一貫して児童を取り組ませる。学力を高める指導を行う教師は，児童の練習に寄り添い，手本を見せたり説明したりしながら，スキルを明示的に教え（必要に応じて繰り返し教え）ている。すなわち，学力を高める教師はスキルを教えることと，読むことと書くこととを組み合わせた学習活動を絶妙なバランスをとりながら実施している。また，学力を高める指導を行う教師の仕事の大部分は，足場がけを行うこと，繰り返し教えることが占めているほか，読み書きの指導を（社会，理科，算数などの）教科内容との関連をもたせながら行っている。さらに学力を高める指導を行う教師は，児童に対して高い期待をもち，要求水準を次第に引き上げながら授業を行っている（たとえば，児童に対して常に，難しめの内容の本を読ませたり，より長めで内容の多い文章を書かせようと仕向けることなど）。さらに学力を高める指導を行う教師は，年度の始めから，児童が自分の力で自己調整能力を高め，自らの行動を変容させ，また学習に取り組むことができるようになるということに対する期待を，共通認識としてもっている。（Pressley, Mohan, Raphael, & Fingeret, 2007, p. 222）

　2つ目の研究は著者らが実施した，全米教職専門職基準委員会による専門職資格（第7章参照）に合格した教師とそうではない教師の授業の詳細な検討を行った，大規模コーホート研究である。著者らの関心は，教職経験年数が長く熟練した教師と，教職経験年数は長いものの熟練したとはいえない教師との間には，どのような

違いが見られるかということであった。著者らは多くの教室での授業を観察し，さまざまなデータを取り，授業の文字起こしを行い，聞き取り調査や質問紙調査を行い，児童生徒の成果物を収集した（Smith, Baker, Hattie, & Bond, 2008）。そして全米教職専門職基準委員会の厳格な審査に合格（基準点を上回った）し専門職資格を得た教師と，審査を申請したものの合格しなかった（基準点（NBPTS, 2003; http://www.nbpts.org/about/index.cfm を参照）を下回った）教師の２つのグループを選び，教職経験年数が長く熟練した教師と熟練したとはいえない教師に関する先行研究に基づいて設定した 14 の次元によって，収集されたさまざまなデータを複数の評定者が独立にコーディングした。その結果，２つのグループ間にははっきりとした差が見られ，ステップワイズ法による判別分析を行ったところ，３つの次元（挑戦，深い表象，モニタリングとフィードバック）によって十分に２つのグループを判別できることが示された（図 10.2）。

また，すべての児童生徒の成果物を SOLO 尺度を用いて分類した結果，専門職資格をもつ教師のクラスの児童生徒の成果物のうち 74% は深い理解のレベル，26% は浅い理解のレベルに到達していると判断された。一方，専門職資格をもた

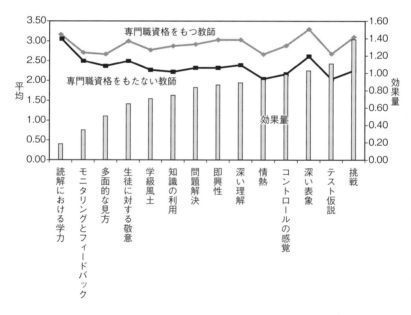

図 10.2 専門職資格をもつ教師の平均と専門職資格をもたない教師の平均および両者の差に関する効果量

第10章 ■ 学力を高める指導の特徴の統合

ない教師のクラスの児童生徒の成果物は29%が深い理解，71%が浅い理解のレベルに到達していると判断された。このように，教師の熟達の度合いは児童生徒の深い理解に大きな影響を与えるといえる（図10.3）。

　以上のことから，以下のように明確に結論づけることができよう。すなわち，教職経験年数が長く熟達した教師とは，教育に関する豊かな知識をもち，より柔軟に，また創造的に授業を行っている際に活用でき，教室の状況に合わせて即興的な指導を行ったり別の指導方法に切り替えたりといったことができる教師のことである。また，個々の児童生徒が与えられた学習課題をうまく解決できたり，できなかったりするのはなぜかといったことを深いレベルで理解しているとともに，児童生徒理解を深めているため，発達段階に見合った学習課題を与え，飽きたりあきらめたりさせずに，学習課題にしっかりと取り組ませ，やりがいを感じさせ，興味を引きつけさせることができる。さらに，彼らは児童生徒が新しい考え方に出会ったとき，どのようなことを困難だと感じるかを事前に予想し，その対策を前もって考えておくこともできる。加えて，指導が順調にいかない場合には即座に工夫することができるとともに，どうすれば児童生徒が学習をうまく進められるか，進められないかについて適切な仮説を立てることができる。そして熟達した教師とは，自身の仕事にまぎれもない情熱をもっている者である。

　全米教職専門職基準委員会による専門職資格をもつ教師との，教員研修担当者として，保護者として，また教え子としての長年の関わりの中で，魅力的で，本書で

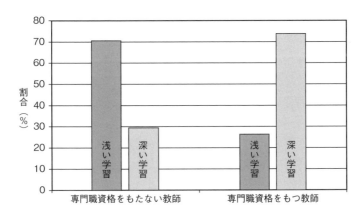

図10.3　専門職資格をもつ教師のクラスと専門職資格をもたない教師のクラスで浅い学習もしくは深い学習を示すものとして分類された児童生徒の成果物の割合

概説した原則を体現し，児童生徒の学力を確実に高める教師の姿を目の当たりにしてきた。このような教師は，ここで述べた原則に従って正々堂々と仕事をしており，自問自答を重ねながら，うまく学習できていない児童生徒がいないかと懸念をもちつつ，目標を達成しているか，またどの程度達成していないのかを把握しようとし，自身が行っている指導について必要とあらば他の教師に支援を求めることもある。こういった教師が多くいるということ，ゆえに将来に希望がもてるのである。このような教師は学校では慎ましやかにしていることも多く，よい教師だと保護者から常に思われるとも限らないが，児童生徒はそれをわかっているものであるし，そういった教師に教わりたいと思っているのである。本書で伝えたかったのは，教師と授業の未来は明るいということである。それは，14万6千以上の効果量に対する著者の説明にだけ基づいていっているのではない。我々の仲間には今，ここにも優れた教師が多くいるという事実から得られる安堵感ゆえにも，そういえるのである。

　友人であり，共同研究者でもある Paul Brock に本書を締めくくる言葉を任せたいと思う。

　　したがって，教育の専門家としてだけでなく，1人の父親としても，私の娘のソフィーとミリーが将来出会うであろうすべての教師には，私がすべての公立学校における学習指導の根幹であると信じて疑わない，3つの原則を遵守してほしいのである。

　　第1に，自己満足的態度や最低限でよしとする見方に染まらない広い視野をもって，私の娘の知的能力や創造力を育み，伸ばして欲しいということである。娘を子ども扱いして，子どもに迎合して口当たりのよいお菓子のように見せかけたものを知識だの学習だのいって与えるようなことはしないでいただきたい。つまらない教育理論を振りかざして，学ぶことが好きだという娘たちの気持ちを打ち砕かないでいただきたい。愚かにも「せわしなく手を動かすだけの課題」を与えたりして娘を脅迫するようなことや，使い回しのワークシートを独裁的にこれでもかというくらいに次々と与えるだけで，知識が生み出される世界を駆け回ることに枠をはめることはしないでいただきたい。昨日よりも今日，先週より今週，先月よりも今月，昨年よりも今年といったように，学習がまっとうに進むことを保証していただきたい。

　　第2に，ソフィーとミリーに対しては，人間的，感性的に思いやりをもって接してもらい，心からの尊敬，賢明な規律，創造力豊かな感覚をもちながら教えることで，人格の完成を目指していただきたい。

第3に，娘たちの能力が上級学校での，そして学校を終えた後に受ける教育や就いた職業での，さらには人生を通じての，可能性を最大限に引き出すことに努めることを切にお願いしたい。娘たちが，公平で，公正で，寛容で，高潔で，聡明で，裕福で，幸福なオーストラリア社会に貢献し，実り多い人生を楽しめるようにして欲しいのである。

　ここまで述べてきたことはすべて，まさに，すべての保護者が，すべての児童生徒が学校教育に期待していることなのである。ニューサウスウェールズ州のすべての公立学校に限らず，オーストラリア全土の，そして世界中の学校にあてはまることなのである。(Brock, P., 2004, pp. 250-251)

巻末附録 A
800 超のメタ分析研究リスト

No.	領域	著者	出版年	一次研究数	対象者数
学習者					
		過去の学力			
1	学習者	Boulanger	1981	34	
2	学習者	Hattie & Hansford	1983	72	
3	学習者	Samson, Graue, Weinstein, & Walberg	1983	35	
4	学習者	Kavale & Nye	1985	1077	
5	学習者	Cohen	1985	108	
6	学習者	McLinden	1988	47	2,220
7	学習者	Bretz	1989	39	26,816
8	学習者	Schuler, Funke, & Baron-Boldt	1990	63	29,422
9	学習者	Lapadat	1991	33	825
10	学習者	Rush	1992	100	236,772
11	学習者	Piburn	1993	44	
12	学習者	La Paro & Pianta	2000	70	7,243
13	学習者	Ernst	2001	23	1,733
14	学習者	Kuncel, Hezlett & Ones	2001	1753	82,659
15	学習者	Murphy & Alexander	2006	20	
16	学習者	Trapmann, Hell, Weigand, & Schuler	2007	83	
17	学習者	Duncan et al.	2007	6	
		ピアジェによる発達段階			
18	学習者	Jordan & Brownlee	1981	51	6,000
		能力レベルの自己評価			
19	学習者	Mabe & West	1982	35	13,565
20	学習者	Falchikov & Boud	1989	57	5,332
21	学習者	Ross	1998	11	
22	学習者	Falchikov & Goldfinch	2000	48	4,271
23	学習者	Kuncel, Crede, & Thomas	2005	29	56,265
24	学習者	Kuncel, Crede, & Thomas	2005	29	
		創造性			
25	学習者	Kim	2005	21	45,880
態度と気質					
		性格			
26	学習者	Hattie & Hansford	1983	115	
27	学習者	Lyubomirsky, King, & Diener	2005	46	
28	学習者	O'Connor & Paunonen	2007	23	
29	学習者	Boyd	2007	50	
		自己概念			
30	学習者	Hansford & Hattie	1980	128	202,823
31	学習者	Muller, Gullung, & Bocci	1988	38	
32	学習者	Holden, Moncher, Schinke, & Barker	1990	25	
33	学習者	Multon, Brown, & Lent	1991	36	4,998
34	学習者	Wickline	2003	41	48,038
35	学習者	Valentine, DuBois, & Cooper	2004	56	50,000

巻末附録 A

効果指標数	効果量 (d)	標準誤差	CLE	研究内容
62	1.09	0.039	78%	科学の学習に関する能力
503	1.19		82%	知能と学力
209	0.31		59%	学問的パフォーマンスと職業的パフォーマンス
268	0.68		69%	学力，言語，行動などの諸側面における学習障害の兆候
108	0.37	0.015	60%	大学生の学力と成人の学力
47	0.61		67%	目が見える人とそうでない人との空間認知の比較
39	0.39		61%	大学生と社会人
63	1.02		77%	大学の成績と高校の成績
275	0.52	0.060	64%	特別支援教育を受けている児童生徒の言語能力
404	0.48		63%	リスクのある児童生徒の特徴
186	0.80		71%	理科の学力に関係する能力
63	1.02	0.370	77%	就学前教育と学校初年度の教育
32	0.41		61%	幼児期の認識力と学力
6,589	0.52	0.005	64%	高校の成績と大学の成績
50	0.80		71%	概念変化における知識，信念，興味
83	0.90		74%	高校の成績と大学の成績
228	0.35		60%	就学前教育と学校初年度の教育
65	1.28		82%	ピアジェの課題，読解，数学
35	0.93		75%	学力の自己評価
96	0.47		63%	高等教育における能力の自己評価
60	1.63		88%	第2外国語の学習における自己評価
56	1.91		91%	高等教育における能力の自己評価
29	3.10	0.026	99%	大学のGPAの自己評価
29	0.60	0.034	66%	大学の成績と自己評価の比較
447	0.35	0.110	60%	創造性と学力の関係
1,197	0.07	0.007	52%	学力と個性の関係
46	0.54		65%	認知能力と幸福感の関係
108	0.10		53%	「ビッグ・ファイブ」と学力
130	0.06		52%	学力と外向性の関係
1,136	0.41		61%	自己概念
838	0.36		60%	自己概念
26	0.37		60%	自己効力感
38	0.76		71%	自己効力感
41	0.35		60%	自己概念
34	0.32	0.010	59%	自己概念

No.	領域	著者	出版年	一次研究数	対象者数
		動機づけ			
36	学習者	Uguroglu & Walberg	1979	40	36,946
37	学習者	Findley & Cooper	1983	98	15,285
38	学習者	Whitley & Frieze	1985	25	
39	学習者	Ross	1988	65	
40	学習者	Schiefele, Krapp, & Schreyer	1993	21	
41	学習者	Kalechstein & Nowicki	1997	78	58,142
		集中力・我慢強さ・積極性			
42	学習者	Feltz & Landers	1983	60	1,766
43	学習者	Datta & Narayanan	1989	23	
44	学習者	Kumar	1991	16	4,518
45	学習者	Cooper & Dorr	1995	19	6,684
46	学習者	Mikolashek	2004	28	
		不安の低減			
47	学習者	Hembree	1988	46	28,276
48	学習者	Seipp	1991	26	36,626
49	学習者	Bourhis & Allen	1992	23	
50	学習者	Ma	1999	26	18,279
		教科に対する態度			
51	学習者	Willson	1983	43	638,333
52	学習者	Bradford	1991	102	
53	学習者	Ma & Kishor	1997	143	94,661
	身体的な影響				
		出生時の体重			
54	学習者	Bhutta, Cleves, Casey, Cradock, & Anand	2002	15	3,276
55	学習者	Corbett & Drewett	2004	31	1,213
		病気			
56	学習者	Sharpe & Rossiter	2002	7	
57	学習者	Schatz	2003	6	
		食事指導			
58	学習者	Kavale & Forness	1983	23	
		睡眠			
		エクササイズ・リラクゼーション			
59	学習者	Moon, Render, & Pendley	1985	20	
60	学習者	Etnier, Salazar, Landers, Petruzzelo, Han, & Nowell	1997	134	
61	学習者	Sibley & Etnier	2002	36	
62	学習者	Etnier, Nowell, Landers, & Sibley	2006	37	1,306
		薬物投与			
63	学習者	Ottenbacher & Cooper	1975	61	1,972
64	学習者	Kavale	1982	135	5,300
65	学習者	Thurber & Walker	1983	20	1,219
66	学習者	DuPaul & Eckert	1997	63	
67	学習者	Kavale & Nye	1984	70	
68	学習者	Crenshaw	1997	36	1,030
69	学習者	Purdie, Carroll, & Hattie	2002	74	2,188
70	学習者	Snead	2005	8	815
	性別（男性―女性）				
		男女差―学力			
71	学習者	Hattie & Hansford	1980	72	
72	学習者	Hyde	1981	16	65,193
73	学習者	Hyde	1981	27	68,899
74	学習者	Kahl, Fleming & Malone	1982	169	
75	学習者	Steinkamp & Maehr	1983	83	
76	学習者	Freeman	1984	35	
77	学習者	Meehan	1984	53	
78	学習者	Johnson, E	1984	9	

巻末附録 A

効果指標数	効果量 (d)	標準誤差	CLE	研究内容
232	0.34	0.070	60%	動機づけ
275	0.36	0.039	60%	統制の所在（ローカス・オブ・コントロール）
25	0.56		65%	成功・失敗の原因帰属
65	0.73	0.093	70%	学習のコントロール方法の習得
121	0.65	0.024	68%	興味と学力
261	0.23	0.010	57%	統制の所在（ローカス・オブ・コントロール）
146	0.48		63%	運動技能学習におけるメンタルプラクティス
45	0.61		67%	学力と集中力の関係
102	1.09	0.035	78%	科学の学習における能動的な関与
26	0.21	0.030	56%	達成への欲求に対する人種間の違い
268	0.03		51%	落ちこぼれる恐れのある児童生徒への回復指導
176	0.22		56%	テスト不安の軽減
156	0.43		62%	成績に対する不安の軽減
728	0.37		60%	コミュニケーション不安と認知的パフォーマンスとの関係
37	0.56		65%	数学学習に対する不安の軽減と数学学力との関係
280	0.32		59%	科学に対する態度
241	0.29		58%	数学に対する態度
143	0.47		63%	数学に対する態度
15	0.73		70%	通常の出生体重と早期出産の出生体重
121	0.34		60%	幼児期における通常の成長と成長不良の比較
7	0.20		56%	学力と慢性病の有無の関係
6	0.25		57%	学力と鎌状赤血球性貧血の有無の関係
125	0.12	0.037	53%	人工着色料の削減
36	0.16	0.088	55%	リラクゼーションと学力
1,260	0.25	0.019	57%	体力と運動
104	0.36		60%	学力と運動の関係
571	0.34	0.013	60%	有酸素運動と認知的パフォーマンス
61	0.47	0.038	63%	学力と興奮剤による薬物治療との関係
984	0.58	0.019	66%	多動症に対する興奮剤による薬物治療
20	0.23	0.038	57%	学力と興奮剤による薬物治療との関係
637	0.58	0.450	66%	ADHD に対する学校プログラム
401	0.30	0.038	58%	薬物治療
36	0.29	0.042	58%	認知アウトカムと ADHD の薬物治療との関係
266	0.28	0.038	58%	認知アウトカムと ADHD の薬物治療との関係
8	0.20		56%	ADHD への行動療法と学力の関係
503	-0.02		49%	性別と学力
16	0.43		62%	性別と認知能力
27	-0.24		43%	性別と読解力
31	0.12		53%	大学入前の科学教育と学力
107	0.19		55%	科学における男女差
35	0.09	0.050	53%	数学における男女差
160	0.14		54%	形式的操作期と性別
9	0.45		63%	問題解決における性差

297

No.	領域	著者	出版年	一次研究数	対象者数
79	学習者	Linn & Peterson	1985	172	
80	学習者	Becker & Chang	1986	42	
81	学習者	Tohidi, Steinkamp & Maehr	1986	70	
82	学習者	Born, Bleichrodt & Van der Flier	1987	17	
83	学習者	Hyde & Linn	1988	165	1,418,899
84	学習者	Friedman	1989	98	227,879
85	学習者	Hines	1989	30	
86	学習者	Becker	1989	29	17,603
87	学習者	Stumpf & Kliene	1989	18	171,824
88	学習者	Hyde, Fennema & Lamon	1990	100	3,217,489
89	学習者	Cohn	1991	65	9,000
90	学習者	Frost, Hyde & Fennema	1994	100	
91	学習者	Daliaz	1994	67	7,026
92	学習者	Schram	1996	13	4,134
93	学習者	Yang	1997	25	
94	学習者	Lietz	2006	139	
		男女差―態度			
95	学習者	Cooper, Burger & Good	1978	10	219
96	学習者	Haladyna & Shaughnessy	1982	49	
97	学習者	Hyde, Fenemma, Ryan, Frost & Hopp	1990	70	63,229
98	学習者	DeBaz	1994	67	89,740
99	学習者	Weinburgh	1995	18	6,753
100	学習者	Whitley	1997	82	40,491
101	学習者	Etsey & Snetzler	1998	96	30,490
		男女差―リーダーシップ			
102	学習者	Wood	1987	52	3,099
103	学習者	Wood	1987	52	3,099
104	学習者	Eagly & Johnson	1990	370	32,560
105	学習者	Pantili, Williams & Fortune	1991	10	
106	学習者	Eagly, Karau & Johnson	1992	50	8,375
		男女差―運動活性			
107	学習者	Eaton & Enns	1986	90	8,636
108	学習者	Thomas & French	1985	64	100,195
		男女差―行動アウトカム			
109	学習者	Gaub & Carlson	1997	18	
110	学習者	Hall	1980	42	
111	学習者	Lytton & Romney	1991	172	
		民族性			
112	学習者	Allen, Bradford, Grimes, Cooper, & Howard	1999	9	2661
	就学前教育				
		早期教育			
113	学習者	Exceptional Child Center	1983	156	
114	学習者	Harrell	1983	71	
115	学習者	Collins	1984	67	
116	学習者	Horn & Packard	1985	58	59,998
117	学習者	Casto & White	1985	126	
118	学習者	Ottenbacher & Petersen	1985	38	1,544
119	学習者	White & Casto	1985	326	
120	学習者	White & Casto	1985	162	
121	学習者	McKey, Condelli, Ganson, Barrett, McConkey, & Plantz	1985	72	
122	学習者	Casto & Mastropieri	1986	74	
123	学習者	Murphy	1991	150	
124	学習者	Innocenti & White	1993	155	
125	学習者	Kim, Innocenti, & Kim	1997	80	
126	学習者	Mentore	1999	77	16,888
127	学習者	Crosby	2004	44	2,267

巻末附録 A

効果指標数	効果量 (d)	標準誤差	CLE	研究内容
263	0.40		61%	空間認知と性別
42	0.16		55%	科学と性別
70	0.32		59%	認知機能と性別
772	0.08		52%	知能と性別
165	-0.11		47%	言語能力における男女差の関係
98	0.02	0.016	51%	数学と性別
260	0.01		50%	数学と性別
67	0.16	0.020	55%	科学における男女差
18	0.48		63%	空間認知と性別
259	0.20		56%	性別と認知能力
113	-0.61		33%	自己向上と性別
254	0.15		54%	数学と性別
9	0.26		57%	性別と学力
18	-0.08		48%	応用統計学と性別
25	-0.34	0.054	40%	数学と性別
139	-0.19		45%	読解と性別
10	-0.10		48%	コントロールビリーフと性別
17	0.36		60%	科学と性別
126	0.15		54%	数学と性別
25	0.30	0.027	58%	科学と性別
18	0.20		56%	科学と性別
104	0.23		57%	コンピュータと性別
304	-0.01		49%	数学と性別
19	0.38		61%	集団行動と性別
45	0.39		61%	集団行動と性別
370	-0.11		47%	リーダーシップと性別
47	0.18		55%	校長のポストと性別
125	-0.01		49%	校長のリーダーシップと性別
127	0.49	0.040	64%	運動技能と性別
445	0.62		67%	運動技能と性別
17	0.13		54%	ADHD と性別
75	-0.32		42%	非言語による感情表現と性別
717	-0.02		49%	社会生活への適応と性別
9	0.32	0.003	59%	自分の民族性の肯定
1,436	0.43	0.023	62%	障害のある児童生徒や恵まれない境遇にある児童生徒
449	0.42		62%	ヘッドスタート・プログラム
271	0.27		57%	ヘッドスタート・プログラム
138	0.90		74%	学習上の問題の早期予測
663	0.43	0.040	62%	落ちこぼれる恐れのある子ども
118	0.97	0.083	75%	身体障害のある児童生徒への早期教育
2,266	0.52		64%	障害のある児童生徒
1,665	0.44	0.026	62%	障害のある児童生徒や恵まれない境遇にある児童生徒
17	0.31		59%	ヘッドスタート・プログラム
215	0.68	0.050	68%	障害のある児童生徒
104	0.46		63%	セサミストリート
797	0.60		66%	早期教育
659	0.25	0.024	57%	早期教育
319	0.48	0.040	63%	早期教育
196	0.14		54%	身体障害があったり勉強に遅れをとったりしている子どもへの早期教育

299

No.	領域	著者	出版年	一次研究数	対象者数
		就学前プログラム			
128	学習者	Snyder & Sheehan	1983	8	
129	学習者	Goldring & Presbrey	1986	11	1,267
130	学習者	Bakermans-Kranenburg, van Ijzendoorn & Bradley	2005	48	7,350
131	学習者	Applegate	1986	13	
132	学習者	Lewis & Vosburgh	1988	65	3,194
133	学習者	Nelson	1994	21	
134	学習者	Fusaro	1997	23	
135	学習者	Gilliam & Zigler	2000	13	
136	学習者	Violato & Russell	2000	40	23,986
137	学習者	Nelson, Westhues, & Macleod	2003	34	
138	学習者	Jones	2002	22	
139	学習者	Timmerman	2006	47	7,800
家庭					
		社会経済的な地位			
140	家庭	White	1982	101	
141	家庭	Fleming & Malone	1983	273	
142	家庭	Daliaz	1994	67	47,001
143	家庭	Sirin	2005	58	129,914
		生活保護			
144	家庭	Gennetian, Duncan, Knox, Clark-Kauffman, & London	2004	8	
		家族構成			
145	家庭	Falbo & Polit	1986	115	
146	家庭	Salzman	1987	137	9,955,118
147	家庭	Amato & Keith	1991	39	
148	家庭	Wierzbicki	1993	66	
149	家庭	Kunz	1995	65	
150	家庭	Amato & Gilbreth	1999	52	14,471
151	家庭	Amato	2001	67	
152	家庭	Reifman, Villa, Amans, Rethinam, & Telesca	2001	35	
153	家庭	Pong, Dronkers, Hampden-Thompsom	2003	22	
154	家庭	van Ijzendoorn, Juffer, Poelhuis	2005	55	
155	家庭	Goldberg, Prause, Lucas-Thompson, & Himsel	2007	68	178,323
156	家庭	Jeynes	2007	61	
		家庭環境			
157	家庭	Iverson & Walberg	1982	18	5,831
158	家庭	Gottfried	1984	17	
		テレビ視聴			
159	家庭	Williams, Haertel, Haertel, & Walberg	1982	23	
160	家庭	Neuman	1986	8	
161	家庭	Razel	2001	6	1,022,000
		学習への親の関与			
162	家庭	Graue, Weinstein, & Walberg	1983	29	
163	家庭	Casto & Lewis	1984	76	
164	家庭	Crimm	1992	57	
165	家庭	White, Taylor, & Moss	1992	205	
166	家庭	Rosenzweig	2000	34	
167	家庭	Fan & Chen	2001	92	
168	家庭	Comfort	2003	94	
169	家庭	Jeynes	2005	41	20,000
170	家庭	Senechal	2006	14	
171	家庭	Earhart, Ramirez, Carlson, & Beretvas	2006	22	
172	家庭	Jeynes	2007	52	300,000
		家庭訪問			
173	家庭	Black	1996	11	
174	家庭	Sweet & Applebaum	2004	60	

巻末附録 A

効果指標数	効果量 (*d*)	標準誤差	CLE	研究内容
182	0.48		63%	就学前教育
11	0.25		57%	就学前教育
56	0.20		56%	家庭での早期介入
114	0.42	0.094	62%	託児所
444	0.43		62%	幼稚園における早期教育プログラム
135	0.42	0.037	62%	保護者教育プログラム
23	0.18		55%	日中保育と半日保育
22	0.17		55%	アメリカ 13 州における就学前教育
40	0.14		54%	家庭での保育と託児所での保育
721	0.53		64%	就学前予防プログラム
22	0.56		65%	日中保育
47	0.10		53%	家族と託児所
620	0.66		68%	社会経済的地位と学力
21	0.50		64%	児童生徒の特性と科学の学力
9	0.50		64%	家庭における学習リソースの利用
307	0.61	0.016	67%	社会経済的地位と学力の関係
8	-0.12	0.030	47%	生活保護受給と学力の関係
115	0.17	0.023	55%	一人っ子ときょうだいのいる子ども
273	0.26		57%	父親との同居・別居
39	0.16		55%	両親がいる家庭とひとり親家庭
31	0.13	0.041	54%	養子の子どもとそうでない子ども
65	0.30		58%	両親がいる家庭とひとり親家庭
52	0.07		52%	家庭での父親の影響
177	0.29		58%	父親との同居・別居
7	0.16		55%	円満な家庭の子どもと両親が離婚した子ども
22	0.13		54%	ひとり親家庭であることと数学・理科の学力との関係
52	0.19		55%	養子の子どもとそうでない子ども
1,483	0.06		52%	学力と母親の就労の関係
78	0.22		56%	円満な家庭の子どもと親が再婚した子ども
92	0.80		71%	家庭環境と学校での学習
17	0.34		60%	家庭環境と幼児期の認知発達
227	-0.12		47%	娯楽としてのテレビ視聴
8	-0.15		46%	読解力とテレビ視聴の関係
305	-0.26		43%	学力とテレビ視聴の関係
29	0.75	0.178	70%	家庭での指導の効果
754	0.41		61%	就学前教育プログラムにおける親の関与
57	0.39		61%	親の関与と学力
205	0.13		54%	親の関与と学力
474	0.31		59%	親の関与と学力
92	0.52		64%	親の関与と学力
43	0.56		65%	親へのトレーニング
41	0.74		70%	都市部での保護者の関与（小学校）
14	0.68		69%	読解における家族の関与
22	0.70		69%	保護者の関与と学力
52	0.38		61%	都市部での保護者の関与（中学校）
11	0.39		61%	学習障害児の家庭訪問
41	0.18		55%	家庭訪問

学校

No.	領域	著者	出版年	一次研究数	対象者数
		学校の効果			
175	学校	Scheerens & Bosker	1997	168	
		学校予算			
176	学校	Childs & Shakeshaft	1986	45	2,205,319
177	学校	Murdock	1987	46	71,698
178	学校	Hedge, Laine, & Greenwald	1994	38	
179	学校	Greenwald, Hedges, & Laine	1996	60	
	学校の種類				
		チャータースクール			
180	学校	Miron & Nelson	2001	18	
		宗教学校			
181	学校	Jeynes	2002	15	54,060
182	学校	Jeynes	2004	56	
		サマースクール			
183	学校	Cooper, Charlton, Valentine, Muhlenbruck, & Borman	2000	41	26,500
184	学校	Cooper, Charlton, Valentine, Muhlenbruck, & Borman	2000	7	2,200
185	学校	Kim	2002	57	
		男子校／女子校			
	学校構成の効果				
		人種別学校の廃止			
186	学校	Krol	1980	71	
187	学校	McEvoy	1982	29	
188	学校	Miller & Carlson	1982	19	
189	学校	Walberg	1982	19	
190	学校	Armor	1983	19	
191	学校	Bryant	1983	31	
192	学校	Crain & Mahard	1983	93	
193	学校	Wortman	1983	31	
194	学校	Stephan	1983	19	
195	学校	Goldring & Addi	1989	4	6,731
		大学寮の有無			
196	学校	Blimling	1999	10	11,581
		学校規模			
197	学校	Stekelenburg	1991	21	
		夏期休暇			
198	学校	Cooper, Nye, Charlton, Lindsay, & Greathouse	1996	39	
		転校			
199	学校	Jones	1989	93	51,057
200	学校	Mehana	1997	26	2,889
201	学校	Diaz	1992	62	131,689
		学校外の学習プログラム			
202	学校	Lauer, Akiba, Wilkerson, Apthorp, Snow, & Martin-Glenn	2006	30	15,277
203	学校	Lauer, Akiba, Wilkerson, Apthorp, Snow, & Martin-Glenn	2006	22	15,277
		校長・管理職			
204	学校	Neuman, Edwards & Raju	1989	126	
205	学校	Pantili, Williams, & Fortune	1991	32	10,773
206	学校	Gasper	1992	22	
207	学校	Bosker & Witziers	1995	21	
208	学校	Brown	2001	38	
209	学校	Wiseman	2002	59	16,326
210	学校	Witziers, Bosker, & Kruger	2003	61	
211	学校	Waters, Marzano, & McNulty	2003	70	1,100,000
212	学校	Waters & Marzano	2006	27	
213	学校	Chin	2007	21	6,558
214	学校	Robinson, Lloyd, & Rowe	2008	14	

巻末附録 A

効果指標数	効果量 (d)	標準誤差	CLE	研究内容
168	0.48	0.019	63%	学校の効果
417	0.00		50%	教育費
46	0.06		52%	大学における持続的な経済支援
38	0.70		69%	1生徒あたり500$の支出と成績との関係
180	0.14		54%	1生徒あたり500$の支出と成績との関係
18	0.20		56%	チャータースクール
15	0.25		57%	キリスト教系私立学校と公立学校の比較
56	0.20		56%	宗教と学力との関係
385	0.28		58%	夏期補習
60	0.23		57%	夏期講習の推進
155	0.17		55%	アカデミックな夏期講習
71	0.16	0.049	55%	アメリカにおける人種別学級とそうでない学級
29	0.20		56%	アメリカにおける人種別学級とそうでない学級
34	0.19	0.028	55%	アメリカにおける人種別学級とそうでない学級
19	0.88		73%	アメリカにおける人種別学級とそうでない学級
51	0.05		51%	アメリカにおける人種別学級とそうでない学級
31	0.45	0.122	63%	アメリカにおける人種別学級とそうでない学級
323	0.08	0.013	52%	アメリカにおける人種別学級とそうでない学級
98	0.45	0.089	63%	アメリカにおける人種別学級とそうでない学級
63	0.15		54%	アメリカにおける人種別学級とそうでない学級
4	0.15		54%	イスラエルにおける人種別学級とそうでない学級
23	0.05		51%	大学寮の有無
120	0.43		62%	高校の規模と学力の関係
62	-0.09		48%	夏期休暇と学力の関係
141	-0.50		36%	転校と学力
45	-0.24	0.005	43%	転校と学力
354	-0.28		42%	コミュニティ・カレッジから4年制大学への転学
24	0.10		53%	読解・数学と放課後の学習プログラムの関係
26	0.07		52%	読解・数学と夏期講習の関係
238	0.16	0.034	55%	組織開発
32	0.41		61%	校長の評価と仕事のパフォーマンス
25	0.81		72%	臨機応変なリーダーシップ
65	0.04		51%	校長と児童生徒の学力の関係
339	0.57	0.028	66%	リーダーシップと児童生徒の学力
59	-0.26		43%	校長の指導力と児童生徒の学力の関係
377	0.02		51%	校長と児童生徒の学力の関係
70	0.25		57%	学区の最高責任者と児童生徒の学力の関係
27	0.49		63%	学区の最高責任者と児童生徒の学力の関係
11	1.12		79%	臨機応変なリーダーシップ
14	0.39		61%	校長と児童生徒の学力の関係

No.	領域	著者	出版年	一次研究数	対象者数
		学級構成の効果			
		学級規模			
215	学校	Glass & Smith	1979	77	520,899
216	学校	McGiverin et al.	1999	10	
217	学校	Goldstein, Yang, Omar, & Thompson	2000	9	29,440
		オープン教育（従来型との比較）			
218	学校	Peterson	1980	45	
219	学校	Madamba	1980	72	
220	学校	Hetzel	1980	45	
221	学校	Giaconia & Hedges	1982	153	
		能力別学習集団編制			
222	学校	Kulik	1982	41	
223	学校	Kulik & Kulik	1982	52	
224	学校	Kulik & Kulik	1984	23	
225	学校	Kulik & Kulik	1985	85	
226	学校	Noland & Taylor	1986	50	
227	学校	Slavin	1987	14	
228	学校	Henderson	1989	6	
229	学校	Slavin	1990	29	
230	学校	Gutierrez & Slavin	1992	14	
231	学校	Kulik & Kulik	1992	56	
232	学校	Kim	1996	96	
233	学校	Mosteller, Light, & Sachs	1996	10	
234	学校	Lou, Abrami, Spence, Poulsen, Chambers, & d'Apollonia	1996	12	
235	学校	Neber, Finsterwald & Urban	2001	12	
		異学年・異年齢学級集団編制			
236	学校	Veenman	1995	11	
237	学校	Veenman	1996	56	
238	学校	Kim	1998	27	
		学級内学習集団編成			
239	学校	Kulik	1985	78	
240	学校	Lou, Abrami, Spence, Poulsen, Chambers, & d'Apollonia	1996	51	16,073
		小集団学習			
241	学校	Springer, Stanne & Donovan	1997	39	3,472
242	学校	Springer, Stanne & Donovan	1999	39	
		インクルージョン			
243	学校	Kavale & Carlberg	1980	50	27,000
244	学校	Wang & Baker	1986	11	
245	学校	Baker	1994	13	2,532
246	学校	Baker, Wang, & Walberg	1994	6	
247	学校	Dixon	1997	70	
		原級留置			
248	学校	Holmes	1983	7	
249	学校	Holmes & Matthews	1984	44	11,132
250	学校	Holmes	1986	17	
251	学校	Holmes	1989	63	
252	学校	Yoshida	1989	34	
253	学校	Drany & Wilson	1992	22	
254	学校	Jimerson	2001	20	2,806
		才能ある児童生徒のためのカリキュラム			
		才能ある児童生徒のための能力別学習集団編制			
255	学校	Kulik & Kulik	1985	25	
256	学校	Goldring	1986	23	
257	学校	Rogers	1991	13	
258	学校	Vaughn, Feldhusen, & Asher	1991	8	
259	学校	Kulik & Kulik	1992	56	

巻末附録 A

効果指標数	効果量 (d)	標準誤差	CLE	研究内容
725	0.09		53%	学級規模
24	0.34		60%	学級規模
36	0.20		56%	学級規模
45	0.12		53%	オープン教育（従来型との比較）
72	-0.03		49%	読解におけるオープン教育（従来型との比較）
45	-0.13		47%	オープン教育（従来型との比較）
171	0.06	0.032	52%	オープン教育（従来型との比較）
41	0.13		54%	高校生と能力別学習集団編制の関係
51	0.10	0.045	53%	高校生と能力別学習集団編制の関係
23	0.19		55%	小学校での能力別学習集団編制
85	0.15		54%	学級間能力別学習集団編制
720	-0.08		48%	能力別学習集団編制
17	0.00		50%	小学校での能力別学習集団編制
6	0.23		57%	小学校での能力別学習集団編制
29	-0.02		49%	高校生と能力別学習集団編制の関係
14	0.34		60%	無学年制の小学校
51	0.03		51%	能力別学習集団編制
96	0.17		55%	ケンタッキー州の無学年制学校
10	0.00		50%	能力別学習集団編制
12	0.12		53%	能力別学習集団編制
214	0.33		59%	才能ある児童生徒の学習環境（同質的な集団で学ぶべきかどうか）
11	-0.03		49%	異年齢学級制
34	-0.01		49%	異学年学級制
27	0.17		55%	無学年学級制と異学年・異年齢学級制の比較
78	0.15		54%	学級間能力別学習集団編制
103	0.17		55%	学級内学習集団編制
116	0.46		63%	大学での小集団学習
39	0.51		64%	科学での小集団学習
50	0.12	0.092	53%	通常学級配置と特別支援学級配置
115	0.33		59%	通常学級配置と特別支援学級配置
129	0.08		52%	通常学級配置と特別支援学級配置
6	0.20		56%	通常学級配置と特別支援学級配置
70	0.65		68%	通常学級配置と特別支援学級配置
527	-0.42		39%	原級留置の有無
575	-0.37		40%	小学校での原級留置
217	-0.06		48%	原級留置の有無
861	-0.15		45%	原級留置の有無
242	-0.38		39%	小学校での原級留置
78	0.66		68%	同じ年度内での原級留置の有無
175	-0.39		39%	原級留置の有無
25	0.25		57%	才能ある児童生徒と学級編制の関係
146	0.35	0.059	60%	才能ある児童生徒のための能力別学級集団編制
13	0.43		62%	才能ある児童生徒のための集団編成
8	0.47	0.070	63%	才能ある児童生徒のための進級プログラム
10	0.02		51%	才能ある児童生徒と学級編制の関係

305

No.	領域	著者	出版年	一次研究数	対象者数
		飛び級			
260	学校	Kulik & Kulik	1984	26	
261	学校	Kulik	2004	11	4,340
		個別教育			
262	学校	Wallace	1989	138	22,908
263	学校	Romney & Samuels	2001	40	13,428
264	学校	Shiell	2002	36	
	学級の影響				
		学級経営			
265	学校	Marzano	2003	100	
		学級のまとまり			
266	学校	Haertel, Walberg & Haertel	1980	12	17,805
267	学校	Evans & Dion	1991	27	
268	学校	Mullen & Copper	1994	49	8,702
		学級での児童生徒の行動			
269	学校	Bender & Smith	1990	25	
270	学校	DuPaul & Eckert	1997	63	
271	学校	Frazier, Youngstron, Glutting, & Watkins	2007	72	
		妨害行為の減少			
272	学校	Skiba & Casey	1985	41	883
273	学校	Stage & Quiroz	1997	99	5,057
274	学校	Reid, Gonzalez, Nordness, Trout, & Epstein	2004	25	2,486
		クラスメイトの影響			
275	学校	Ide, Parkerson, Haertel, & Walberg	1980	12	
教師					
		教師の効果			
276	教師	Nye, Konstantopoulos, & Hedges	2004	18	
		教員養成			
277	教師	Qu, Becker & Kennedy	2004	24	
278	教師	Qu, Becker & Kennedy	2004	24	
279	教師	Sparks	2004	5	
		マイクロティーチング			
280	教師	Butcher	1981	47	
281	教師	Yeany & Padilla	1986	183	
282	教師	Bennett	1987	112	
283	教師	Metcalf	1993	60	
		教科内容の知識			
284	教師	Druva & Anderson	1983	65	
285	教師	Ahn & Choi	2004	27	
		指導の質			
286	教師	Cohen	1980	22	
287	教師	Cohen	1981	19	
288	教師	Cohen	1981	41	
289	教師	Abrami, Leventhal, & Perry	1982	12	
290	教師	Cohen	1986	47	
		教師と学習者の関係			
291	教師	Cornelious-White	2007	229	355,325
		現職教育			
292	教師	Joslin	1980	137	47,000
293	教師	Harrison	1980	47	
294	教師	Wade	1985	91	
295	教師	Tinoca	2004	35	
296	教師	Timperley, Wilson, Barrar, & Fung	2007	227	
		学習者への期待			
297	教師	Rosenthal & Rubin	1978	345	
298	教師	Smith	1980	46	

巻末附録 A

効果指標数	効果量 (d)	標準誤差	CLE	研究内容
13	0.88	0.183	73%	才能ある児童生徒に関する成績アウトカム
11	0.87		73%	飛び級における才能ある児童生徒と同級生の比較
136	0.57	0.010	66%	才能ある児童生徒のための個別教育プログラム
47	0.35	0.025	60%	才能ある児童生徒のための FIE プログラム
360	0.26		57%	才能ある児童生徒のための FIE プログラム
5	0.52		64%	学級経営と学力の関係
403	0.17	0.016	55%	学級風土
372	0.92		74%	集団のまとまり
66	0.51		64%	集団のまとまり
124	1.10	0.130	78%	身体障害児と学習障害児の学級での行動
637	0.58	0.450	66%	ADHD のための学校プログラム
181	0.71		69%	ADHD のためのプログラム
26	0.93		75%	学級での妨害行為
289	0.78	0.034	71%	妨害行為の減少
101	-0.69	0.040	32%	情緒障害と行動障害
122	0.53		64%	クラスメイトの影響と学力の関係
18	0.32	0.020	59%	教師の効果
192	0.08	0.044	52%	4 年制大学の教職課程免許とそれ以外の免許
76	0.14		54%	普通の教員免許と特別な教員免許
18	0.12		53%	普通の教員免許と特別な教員免許
47	0.55		65%	研修と教師の能力の関係
183	1.18		80%	科学における研修と教師の能力の関係
126	1.10		78%	研修と教師の能力の関係
83	0.70		69%	教師教育における研究室経験と教師の能力の関係
360	0.06		52%	理科教育における教師の属性
64	0.12	0.016	53%	数学教育における教師の教科専門性
22	0.33		59%	児童生徒からのフィードバック
19	0.68		68%	児童生徒による教師評価
68	0.48		63%	児童生徒による教師評価
12	0.29		58%	教師の表現力
74	0.44	0.060	62%	児童生徒による教師評価
1,450	0.72	0.011	70%	教師と学習者の関係と学力
902	0.81		72%	現職教師の教育
47	0.80		71%	現職教育
715	0.37		60%	現職教師の教育と学力の関係
37	0.45	0.007	63%	科学教育における博士号取得の有無
183	0.66	0.060	68%	博士号の有無と児童生徒の学力アウトカムの関係
345	0.70	0.200	69%	学習者への期待
149	0.82		72%	学習者への期待

No.	領域	著者	出版年	一次研究数	対象者数
299	教師	Dusek & Joseph	1983	102	
300	教師	Raudenbush	1984	18	
301	教師	Harris & Rosenthal	1985	53	
302	教師	Ritts, Patterson, & Tubbs	1992	12	
303	教師	Ide, Parkerson, Haertel, & Walberg	1995	59	
304	教師	Tenebaum & Ruck	2007	39	
		学習者の分類			
305	教師	Fuchs, Fuchs, Mathes, Lipsey, & Roberts	2002	79	
		教師の明瞭さ			
306	教師	Fendick	1991	39	

カリキュラム

読み書き・芸術

No.	領域	著者	出版年	一次研究数	対象者数
		視覚認知プログラム			
307	カリキュラム	Kavale	1980	31	4,400
308	カリキュラム	Kavale	1981	106	
309	カリキュラム	Kavale	1982	161	325,000
310	カリキュラム	Kavale	1984a	59	
311	カリキュラム	Kavale	1984c	59	
312	カリキュラム	Kavale & Forness	2000	267	50,000
		語彙獲得プログラム			
313	カリキュラム	Kavale	1982	36	
314	カリキュラム	Stahl & Fairbanks	1986	41	
315	カリキュラム	Arnold, Myette, & Casto	1986	30	
316	カリキュラム	Nye, Foster, & Seaman	1987	61	
317	カリキュラム	Poirier	1989	61	
318	カリキュラム	Marmolejo	1990	33	
319	カリキュラム	Klesius & Searls	1990	39	
		音声指導			
320	カリキュラム	Wagner	1988	16	
321	カリキュラム	Fukkink & de Glopper	1998	12	
322	カリキュラム	Metsala, Stanovich, & Brown	1998	17	1,116
323	カリキュラム	Miller	1999	18	882
324	カリキュラム	Bus & van IJzendoorn	1999	70	5,843
325	カリキュラム	Thomas	2000	8	715
326	カリキュラム	National Reading Panel	2000	52	
327	カリキュラム	National Reading Panel	2000	38	
328	カリキュラム	National Reading Panel	2000	14	
329	カリキュラム	Ehri, Nunes, Stahl, & Willows	2001	34	
330	カリキュラム	Ehri, Nunes, Willows, Schuster, Yaghoub-Zadeh, & Shanahan	2001	52	
331	カリキュラム	Swanson, Trainin, Necoechea & Hammill	2003	35	3,568
332	カリキュラム	Camilli, Vargas, & Yirecko	2003	40	
333	カリキュラム	Torgerson, Brooks, & Hall	2006	19	
		文結合訓練プログラム			
334	カリキュラム	Neville & Searls	1991	24	
335	カリキュラム	Fusaro	1993	11	
		繰り返し読み指導			
336	カリキュラム	Therrien	2004	33	
337	カリキュラム	Chard, Vaughn, & Tyler	2002	21	
		読解プログラム			
338	カリキュラム	Pflaum, Walberg, Karegiances, & Rasher	1980	31	
339	カリキュラム	Rowe	1985	137	
340	カリキュラム	Yang	1997	39	
341	カリキュラム	O'Shaughnessy & Swanson	1998	41	1,783
342	カリキュラム	Swanborn & de Glopper	1999	20	2,130
343	カリキュラム	Swanson	1999	112	3,895

巻末附録 A

効果指標数	効果量 (d)	標準誤差	CLE	研究内容
102	0.39		61%	学習者への期待
33	0.08	0.044	52%	学習者への期待
53	0.41		61%	学習者への期待
12	0.36		60%	見た目のよさと成績への期待
51	0.47	0.042	63%	見た目のよさと学力の関係
39	0.23	0.040	57%	学習者への期待
79	0.61		67%	読解における能力は低いが学習障害ではない児童生徒と学習障害児の比較
110	0.75		70%	アウトカムと教師の明瞭さの関係
101	0.70	0.102	69%	視聴覚統合
723	0.77		71%	聴覚認知
1,571	0.81	0.008	72%	読解における視覚認知スキル
173	0.09	0.014	53%	フロスティッグ視覚発達プログラム
173	0.18	0.028	55%	視覚認知スキル
2,294	0.76	0.012	71%	視聴覚情報処理
240	0.38		61%	心理言語学的トレーニング
41	0.97	0.127	75%	語彙指導
87	0.59	0.090	66%	言語訓練
299	1.04	0.107	77%	言語訓練
61	0.50		64%	言語訓練
33	0.69		69%	語彙指導
39	0.50		64%	語彙指導
1,766	0.38		61%	音韻処理能力
21	0.43	0.120	62%	文脈から単語の意味を類推
38	0.58	0.060	66%	音韻規則と綴りの関係
18	1.53	0.231	86%	音素認識指導プログラム
1,484	0.73		70%	音韻認識トレーニング
10	1.02		77%	音素認識指導
96	0.53		64%	音素認識指導
66	0.44		62%	フォニックスの指導
14	0.41		61%	流暢さ
66	0.41		61%	フォニックスの体系的指導
72	0.53		64%	読解における音素認識指導
2,257	0.93	0.473	75%	ラピッドネーミング，音韻認識
40	0.24		57%	フォニックスの指導
20	0.27		57%	フォニックスの指導
29	0.09		53%	読解における文結合訓練
11	0.20	0.087	56%	文結合訓練の効果
28	0.65	0.080	68%	繰り返し読み指導
128	0.68		68%	モデルなしの繰り返し読み指導
341	0.60		66%	読解指導
1,537	0.70	0.044	69%	読解指導
162	0.33		59%	読みの流暢さを高めるプログラム
161	0.61	0.069	67%	学習障害児とそうではない児童生徒の記憶処理能力の比較
20	0.15		54%	付随的語彙学習
334	0.77	0.055	71%	読解指導

309

No.	領域	著者	出版年	一次研究数	対象者数
344	カリキュラム	Berger & Winner	2000	9	378
345	カリキュラム	Sencibaugh	2005	15	538
346	カリキュラム	Guthrie, McRae, & Klauda	2007	11	2,861
		ホールランゲージ			
347	カリキュラム	Stahl & Miller	1989	15	
348	カリキュラム	Gee	1993	21	
349	カリキュラム	Stahl, McKenna, & Pagnucco	1994	14	
350	カリキュラム	Jeynes & Littell	2000	14	630
		読み聞かせ			
351	カリキュラム	Bus, van IJzendoorn, & Pellegrini	1995	29	3,410
352	カリキュラム	Blok	1999	11	
353	カリキュラム	Torgerson, King & Sowden	2002	8	
354	カリキュラム	Yoon	2002	7	3,183
355	カリキュラム	Lewis & Samuels	2005	49	112,000
356	カリキュラム	Burger & Winner	2005	10	378
		リーディングリカバリー・プログラム			
357	カリキュラム	Elbaum, Batya, Vaughn, Hughes & Moody	2000	16	
358	カリキュラム	D'Agostino & Murphy	2004	36	5,685
		作文指導プログラム			
359	カリキュラム	Hillocks	1984	60	11,705
360	カリキュラム	Atkinson	1993	20	
361	カリキュラム	Gersten & Baker	2001	13	
362	カリキュラム	Bangert-Drowns, Hurley & Wilkinson	2004	46	5,416
363	カリキュラム	Graham & Perin	2007	123	14068
		ドラマ・音楽を取り入れたプログラム			
364	カリキュラム	Kardash & Wright	1987	16	
365	カリキュラム	Podlozny	2000	17	
366	カリキュラム	Moga, Burger, Hetland, & Winner	2000	8	2,271
367	カリキュラム	Winner & Cooper	2000	31	3,408,635
368	カリキュラム	Keinanen, Hetland, & Winner	2000	527	69,564
369	カリキュラム	Butzlaff	2000	30	5,734,878
370	カリキュラム	Hetland	2000	15	1,170
371	カリキュラム	Hetland	2000	15	701
372	カリキュラム	Vaughn	2000	20	5,788,132
373	カリキュラム	Hetland	2000b	36	
	算数・数学と理科				
		算数・数学			
374	カリキュラム	Athapilly	1978	134	
375	カリキュラム	Parham	1983	64	
376	カリキュラム	Fuchs & Fuchs	1985	16	
377	カリキュラム	Moin	1987	na	
378	カリキュラム	Friedman	1989	136	
379	カリキュラム	LeNoir	1989	45	
380	カリキュラム	Sowell	1989	60	
381	カリキュラム	Fischer & Tarver	1997	7	277
382	カリキュラム	Lee	2000	61	5,172
383	カリキュラム	Baker, Gersten, & Lee	2002	15	1,271
384	カリキュラム	Haas	2005	35	
385	カリキュラム	Malofeeva	2005	29	1,845
386	カリキュラム	Hembree	2005	75	
		計算機の利用			
387	カリキュラム	Hembree & Dessart	1986	79	
388	カリキュラム	Smith	1996	24	
389	カリキュラム	Ellington	2000	53	
390	カリキュラム	Nikolaou	2001	24	
391	カリキュラム	Ellington	2006	42	

巻末附録 A

効果指標数	効果量 (d)	標準誤差	CLE	研究内容
	0.10		53%	視覚芸術を利用した読解指導
23	1.15		79%	理解能力を高めるための視覚・聴覚能力訓練プログラム
75	0.78		71%	概念理解と読解方略を統合した指導
117	0.09	0.056	53%	ホールランゲージの効果
52	0.65		68%	ホールランゲージの効果
14	0.15		54%	ホールランゲージの効果
14	-0.65		33%	ホールランゲージの効果
33	0.59		66%	親と教師による読み聞かせ
53	0.63	0.140	67%	読み聞かせ
8	0.19		55%	読み聞かせボランティア
7	0.12	0.040	53%	黙読をさせること
182	0.10		53%	読みの練習時間
10	0.52	0.060	64%	読みのレディネスとして絵を与えること
16	0.66		68%	リーディングリカバリープログラム
1,379	0.34		60%	リーディングリカバリープログラム
73	0.28	0.020	58%	作文指導
55	0.40	0.063	61%	作文演習
13	0.81	0.031	72%	学習障害児に対する手掛かりを与えながらの作文指導
46	0.26	0.058	57%	学校として取り組む作文指導プログラム
154	0.43	0.036	62%	作文指導プログラム
36	0.67	0.090	68%	劇を作ることを取り入れた学習
17	0.31		59%	劇を取り入れた読解指導
8	0.35		60%	芸術を取り入れた指導と創造性
24	0.10	0.040	53%	芸術を取り入れた指導と学力
527	0.43	0.210	62%	ダンスと読解能力
30	0.35		60%	音楽を取り入れた指導と読解能力
15	0.80		71%	音楽を取り入れた指導と空間的推論能力
15	0.06		52%	音楽を取り入れた指導と知能
20	0.30		58%	音楽を取り入れた指導と数学学力
36	0.23	0.070	57%	音楽を聴くこと
810	0.24	0.030	57%	実社会における課題解決型の学習と伝統的学習の比較
171	0.53	0.099	64%	具体物を操作する学習
17	0.46	0.009	63%	グラフ用紙の利用
na	0.23		57%	自己ペースによる計算学習
394	0.88		73%	空間認知能力と数学学力
135	0.19		55%	具体物を操作する学習
138	0.19		55%	具体物を操作する学習
22	1.01		76%	ビデオディスクを利用した指導
97	0.60	0.100	66%	学習障害児に対する算数指導プログラム
39	0.51		64%	低学力層に対するフィードバックとピアチュータリング
66	0.38	0.141	61%	代数の指導方法
29	0.47	0.047	63%	就学前から2年生までの算数学習プログラム
452	0.16		55%	数学の知識以外の変数が学力に与える効果
524	0.14		54%	高等教育段階以前の学習者における計算機利用の効果
54	0.25		57%	計算機の利用
305	0.28		58%	高等教育段階以前の学習者における計算機利用の効果
103	0.49	0.092	63%	課題解決における計算機の利用
97	0.19		55%	数式処理機能なしグラフ電卓の利用

No.	領域	著者	出版年	一次研究数	対象者数
		理科			
392	カリキュラム	El-Memr	1979	59	
393	カリキュラム	Bredderman	1980	50	
394	カリキュラム	Weinstein, Boulanger, & Walberg	1982	33	19,149
395	カリキュラム	Bredderman	1983	57	13,000
396	カリキュラム	Shymansky, Kyle, & Alport	1983	105	45,626
397	カリキュラム	Wise & Okey	1983	160	
398	カリキュラム	Shymansky	1984	47	6,035
399	カリキュラム	Horak	1985	40	
400	カリキュラム	Guzzetti, Snyder, Glass, & Gamas	1993	23	
401	カリキュラム	Guzzetti, Snyder, Glass & Gamas	1993	70	
402	カリキュラム	Wise	1996	140	
403	カリキュラム	Rubin	1996	39	
404	カリキュラム	Schroeder, Scott, Tolson, Huang & Lee	2007	61	159,695
		その他のカリキュラム・プログラム			
		道徳教育プログラム			
405	カリキュラム	Schlaefli, Rest, & Thoma	1985	55	
406	カリキュラム	Berg	2003	29	27,064
		知覚運動能力プログラム			
407	カリキュラム	Kavale & Mattson	1983	180	13,000
		教科横断型カリキュラム			
408	カリキュラム	Fbenner	2000	30	
409	カリキュラム	Hurley	2001	31	7,894
		幼児に対して触覚刺激を与えること			
410	カリキュラム	Ottenbacher, Muller, Brandt, Heintzelman, Hojem, & Sharpe	1987	19	505
		ソーシャルスキルプログラム			
411	カリキュラム	Denham & Almeida	1987	70	
412	カリキュラム	Hanson	1988	63	
413	カリキュラム	Swanson & Malone	1992	39	3,944
414	カリキュラム	Schneider	1992	79	
415	カリキュラム	Beelmann, Pfingsten, & Losel	1994	49	
416	カリキュラム	Kavale & Forness	1996	152	
417	カリキュラム	Forness & Kavale	1996	53	2,113
418	カリキュラム	Quinn, Kavale, Mathur, Rutherford, & Forness	1999	35	1,123
		創造性育成プログラム			
419	カリキュラム	Rose & Lin	1984	158	
420	カリキュラム	Cohn	1986	106	
421	カリキュラム	Bangert-Drowns & Bankert	1990	20	
422	カリキュラム	Hollingsworth	1991	39	
423	カリキュラム	Conard	1992	20	
424	カリキュラム	Scope	1998	30	
425	カリキュラム	Scott, Leritz, & Mumford	2004	70	
426	カリキュラム	Bertrand	2005	45	
427	カリキュラム	Higgins, Hall, Baumfield, & Moseley	2005	19	
428	カリキュラム	Huang	2005	51	
429	カリキュラム	Berkowitz	2006	23	5,000
430	カリキュラム	Abrami, Bernard, Zhang, Borokhovski, Surkes & Wade	2006	124	18,299
		野外教育プログラム			
431	カリキュラム	Cason & Gillis	1994	43	11,238
432	カリキュラム	Hattie, Marsh, Neill, & Richards	1997	96	12,057
433	カリキュラム	Laidlaw	2002	48	3,550
		遊び			
434	カリキュラム	Spies	1987	24	2,491
435	カリキュラム	Fisher	1992	46	2,565

巻末附録 A

効果指標数	効果量 (d)	標準誤差	CLE	研究内容
250	0.17		55%	生物の学習における伝統的指導法と探究的学習の比較
17	0.12		53%	教科書を用いた指導と活動中心カリキュラムの比較
33	0.31		59%	理科教育カリキュラムの効果
400	0.35		60%	活動中心の学習
341	0.43		62%	新しい理科教育カリキュラム
400	0.34		60%	理科指導法
43	0.64		67%	生物教育カリキュラム
472	0.57		66%	テキスト形式の教材を用いた理科学習
35	0.29		58%	読解における誤概念の有無
126	0.81		72%	概念変化を促す指導法
375	0.32		59%	理科指導方略
39	0.22	0.018	56%	大学の科学教育における実験器具
61	0.67		68%	理科指導方略
68	0.28		58%	道徳的判断力への効果
29	0.20		56%	品格教育の効果と知識との関係
637	0.08	0.011	52%	学習障害児に対する知覚運動能力教育プログラム
30	0.48	0.086	63%	教科横断型カリキュラム
50	0.31	0.015	59%	理科・数学横断型プログラム
103	0.58	0.145	66%	幼児に対して触覚刺激を与えること
70	0.62		67%	社会的問題解決能力育成プログラム
586	0.65	0.034	68%	ソーシャルスキルトレーニング
366	0.72	0.043	70%	学習障害児及びそうではない児童生徒に対するソーシャルスキルトレーニングの効果の比較
12	0.19		55%	同級生との関係の構築
23	-0.04		49%	社会的コンピテンスのトレーニングと学力との関係
858	0.65	0.015	68%	学習障害児及びそうではない児童生徒に対するソーシャルスキルトレーニングの効果の比較
328	0.21	0.034	56%	学習困難児に対するソーシャルスキルトレーニング
35	0.20	0.031	56%	情緒・行動障害児に対するソーシャルスキルトレーニング
158	0.47	0.054	63%	長期的な創造性育成プログラム
177	0.55		65%	創造性育成トレーニングの効果
20	0.37		60%	創造性育成に対する明示的な指導
39	0.82		72%	創造性育成プログラム
28	0.48		63%	即興劇
40	0.90	0.188	74%	創造性に対する指導の影響
70	0.64		67%	創造性育成プログラム
45	0.64	0.095	67%	創造性育成プログラム
19	0.62		67%	思考プログラムと学力
62	0.89	0.098	74%	創造性育成プログラム
39	0.46	0.050	63%	多様な創造的コミュニケーション方略
168	1.01		76%	批判的思考能力育成のための介入
10	0.61	0.051	67%	野外教育プログラムと高校生の学力
30	0.46		63%	アウトワード・バウンド
389	0.49	0.020	63%	野外教育プログラムと学力
24	0.26		57%	遊びが学力に与える影響
46	0.74		70%	遊びが学力に与える影響

313

No.	領域	著者	出版年	一次研究数	対象者数
		バイリンガル教育プログラム			
436	カリキュラム	Powers & Rossman	1984	16	1,257
437	カリキュラム	Willig	1985	16	
438	カリキュラム	Oh	1987	54	6,207
439	カリキュラム	Greene	1997	11	2,719
440	カリキュラム	McField	2002	10	
441	カリキュラム	Rolstad, Mahoney, & Glass	2005	4	
442	カリキュラム	Slavin & Cheung	2005	17	
		課外活動			
443	カリキュラム	Scott-Little, Hamann, & Jurs	2002	6	
444	カリキュラム	Lewis	2004	10	
445	カリキュラム	Lewis	2004	5	
446	カリキュラム	Lewis	2004	8	
447	カリキュラム	Durlak, Weisberg, & Casel	2007	73	
		キャリア教育			
448	カリキュラム	Baker & Popowicz	1983	18	
449	カリキュラム	Oliver & Spokane	1988	58	
450	カリキュラム	Evans & Burck	1992	67	159,243

指導法
学習目的を重視する指導方法
目標

No.	領域	著者	出版年	一次研究数	対象者数
451	指導法	Chidester & Grigsby	1984	21	1,770
452	指導法	Fuchs & Fuchs	1986	18	
453	指導法	Tubbs	1986	87	
454	指導法	Mento, Steel, & Karren	1987	70	7,407
455	指導法	Wood, Mento & Locke	1987	72	7,548
456	指導法	Wood, Mento & Locke	1987	53	6,635
457	指導法	Wright	1990	70	7,161
458	指導法	Donovan & Radosevich	1998	21	2,360
459	指導法	Klein, Wesson, Hollenbeck & Alge	1999	74	
460	指導法	Burns	2004	55	
461	指導法	Gollwitzer & Sheeran	2007	63	8,461
		行動目標と先行オーガナイザー			
462	指導法	Kozlow & White	1978	77	
463	指導法	Luiten, Ames & Ackerman	1980	135	
464	指導法	Stone	1983	29	
465	指導法	Lott	1983	16	
466	指導法	Asencio	1984	111	
467	指導法	Klauer	1984	23	
468	指導法	Rolhelser-Bennett	1987	12	1,968
469	指導法	Mahar	1992	50	
470	指導法	Catts	1992	14	
471	指導法	Catts	1992	90	
472	指導法	Preiss & Gayle	2006	20	1,937
		概念地図法（コンセプトマッピング）			
473	指導法	Moore & Readence	1984	161	
474	指導法	Vazquez & Carballo	1993	17	
475	指導法	Horton, McConney, Gallo, Woods, Senn, & Hamelin	1993	19	1,805
476	指導法	Kang	2002	14	
477	指導法	Kim, Vaughn, Wanzek, & Wei	2004	21	848
478	指導法	Nesbit & Adesope	2006	55	5,818
		学習の階層化			
479	指導法	Horon & Lynn	1980	24	
		到達基準を重視する指導方法			
		完全習得学習（マスタリー・ラーニング）			
480	指導法	Block & Burns	1976	45	

巻末附録 A

効果指標数	効果量 (d)	標準誤差	CLE	研究内容
16	0.12		53%	バイリンガル教育プログラム
513	0.10		53%	バイリンガル教育プログラム
115	1.21	0.140	80%	ニューヨークのアジア系児童生徒に対するバイリンガル教育プログラム
11	0.18		55%	バイリンガル教育プログラム
12	0.35		60%	バイリンガル教育プログラム
43	0.16		55%	アリゾナ州におけるバイリンガル教育プログラム
17	0.45		63%	バイリンガルの読解力育成プログラムと英語のみの読解力育成プログラムの比較
	0.18		55%	放課後学童保育
10	0.47	0.101	63%	課外活動一般
5	0.10	0.058	53%	運動の課外活動
8	-0.01	0.058	49%	学習の課外活動
45	0.13		54%	放課後プログラム
118	0.50	0.050	64%	キャリア教育
58	0.48		63%	キャリア教育
67	0.17		55%	キャリア教育
21	0.44	0.030	62%	目標の難易度
96	0.64		67%	長期的目標と短期的目標
147	0.58	0.030	66%	目標の難易度, 具体性とフィードバック
118	0.58	0.018	66%	目標の難易度
72	0.58	0.149	66%	目標の難易度
53	0.43	0.063	62%	目標の具体性
70	0.55	0.018	65%	目標の難易度
21	0.36		60%	目標を守らせること
83	0.47		63%	目標を守らせること
45	0.82	0.089	72%	困難の度合い
94	0.72		70%	成績と実行意図の関係
91	0.89	0.017	74%	先行オーガナイザー
160	0.21		56%	先行オーガナイザー
112	0.66	0.074	68%	先行オーガナイザー
147	0.24		57%	理科における先行オーガナイザー
111	0.12		53%	行動目標
52	0.40		61%	意図的な学習
45	0.80		71%	先行オーガナイザー
50	0.44		62%	先行オーガナイザー
80	-0.03	0.056	49%	付随的な学習
1,065	0.35	0.013	60%	意図的な学習
20	0.46		63%	先行オーガナイザー
161	0.22	0.050	56%	数学における図形オーガナイザー
19	0.57	0.032	66%	理科における概念地図法
19	0.45		63%	理科における概念地図法
14	0.79		71%	学習障害児の読解での図形オーガナイザー
52	0.81	0.081	72%	読解における図形オーガナイザー
67	0.55	0.040	65%	概念地図と知識地図
24	0.19		55%	学習の階層化
45	0.83		72%	完全習得学習

315

No.	領域	著者	出版年	一次研究数	対象者数
481	指導法	Willett, Yamashita & Anderson	1983	130	
482	指導法	Guskey & Gates	1985	38	7,794
483	指導法	Hefner	1985	8	1,529
484	指導法	Kulik & Kulik	1986	49	
485	指導法	Slavin	1987	7	
486	指導法	Guskey & Pigott	1988	43	
487	指導法	Hood	1990	23	
488	指導法	Kulik, Kulik, & Bangert-Drowns	1990	34	

ケラーの PSI

489	指導法	Kulik, Kulik, & Cohen	1979	61	
490	指導法	Willett, Yamashita & Anderson	1983	130	
491	指導法	Kulik, Kulik, & Bangert-Drowns	1988	72	

解法つき例題の提示

| 492 | 指導法 | Crissman | 2006 | 62 | 3,324 |

フィードバックを重視する指導

フィードバック

493	指導法	Lysakowski & Walberg	1980	39	4,842
494	指導法	Wilkinson	1981	14	
495	指導法	Walberg	1982	19	
496	指導法	Lysakowski & Walberg	1982	54	15,689
497	指導法	Yeany & Miller	1983	49	
498	指導法	Schmmel	1983	15	
499	指導法	Getsie, Langer, & Glass	1985	89	
500	指導法	Skiba, Casey, & Center	1985	35	
501	指導法	Menges & Brinko	1986	27	
502	指導法	Rummel & Feinberg	1988	45	
503	指導法	Kulik & Kulik	1988	53	
504	指導法	Tenenbaum & Goldring	1989	15	522
505	指導法	L'Hommedieu, Menges, & Brinko	1990	28	1,698
506	指導法	Bangert-Drowns, Kulik, Kulik, & Morgan	1991	40	
507	指導法	Wiersma	1992	20	865
508	指導法	Travlos & Pratt	1995	17	
509	指導法	Azevedo & Bernard	1995	22	
510	指導法	Standley	1996	98	
511	指導法	Kluger & DeNisi	1996	470	12,652
512	指導法	Neubert	1998	16	744
513	指導法	Swanson & Lussier	2001	30	5,104
514	指導法	Baker & Dwyer	2005	11	1,341
515	指導法	Witt, Wheeless, & Aooen	2006	81	24,474

テストの頻度／テストを行うことの効果

516	指導法	Kulik, Kulik, & Bangert	1984	19	
517	指導法	Fuchs & Fuchs	1986	22	1,489
518	指導法	Bangert-Drowns, Kulik, & Kulik	1991	35	
519	指導法	Gocmen	2003	78	
520	指導法	Kim	2005	148	
521	指導法	Kim	2005	148	
522	指導法	Lee	2006	12	
523	指導法	Hausknecht, Halpert, Di Paolo, & Moriarty-Gerrard	2007	107	134,436

テスト方略の指導とコーチング

524	指導法	Messick & Jungeblut	1981	12	
525	指導法	Bangert-Drowns, Kulik & Kulik	1983	30	
526	指導法	DerSimonian & Laird	1983	36	15,772
527	指導法	Samson	1985	24	
528	指導法	Scruggs, White, & Bennion	1986	24	
529	指導法	Kalaian & Becker	1986	34	
530	指導法	Powers	1986	10	

巻末附録 A

効果指標数	効果量 (d)	標準誤差	CLE	研究内容
13	0.64		67%	理科における完全習得学習
35	0.78		71%	グループによる完全習得学習
12	0.66		68%	完全習得学習/コンピテンシー・ベースの方法
49	0.54	0.055	65%	習得テスト
7	0.04		51%	完全習得学習
78	0.61		67%	グループによる完全習得学習
23	0.56		65%	完全習得学習
34	0.52		64%	完全習得学習
75	0.49		64%	PSIと成績
15	0.60		66%	理科におけるPSI
72	0.49		64%	大学生に対するPSI
151	0.57	0.042	66%	解法つき例題と成績
102	1.17		80%	学級における強化
14	0.12		53%	教師が褒めること
19	0.81		72%	手がかりと強化
94	0.97		75%	手がかり,参加,訂正のためのフィードバック
49	0.52		64%	大学生の科学における診断的フィードバック
15	0.47	0.034	63%	コンピュータを用いた指導によるフィードバック
89	0.14		54%	報酬と罰
315	0.68		68%	非嫌悪的な行動修正法
31	0.44	0.115	62%	児童・生徒による評価をフィードバックとして用いること
45	0.60		66%	外的報酬
53	0.49		63%	フィードバックのタイミング
15	0.72		70%	手がかりと強化
28	0.34		60%	大学の授業評価からのフィードバック
58	0.26	0.060	57%	試験からのフィードバック
17	0.50	0.086	64%	内的・外的報酬
17	0.71	0.010	69%	結果を知っていること
22	0.80		71%	コンピュータが示すフィードバック
208	2.87		99%	強化のための音楽
470	0.38		61%	フィードバック
16	0.63	0.028	67%	目標を示してフィードバックを与えること
170	1.12	0.093	79%	ダイナミック・アセスメント(フィードバック)
122	0.93		75%	場依存と場独立の比較
81	1.15		79%	教師のフィードバックの迅速さ
19	0.42	0.080	62%	模擬試験
34	0.28		58%	試験官との親密度の効果
35	0.23		57%	試験の頻度
233	0.40	0.047	61%	試験の頻度
644	0.39	0.016	61%	形成的評価
622	0.39		61%	成績とパフォーマンス評価の関係
55	0.36	0.061	60%	試験に基づく外部への結果説明
107	0.26	0.016	57%	練習と再テストの効果
12	0.15		54%	SAT(大学入学適性試験)のための指導
30	0.25		57%	テスト方略の指導
36	0.07		52%	SAT-M/Vのための指導
24	0.33	0.039	59%	テスト方略の指導
65	0.21		56%	テスト方略の指導
34	0.34	0.010	60%	SAT(大学入学適性試験)のための指導
44	0.21		56%	大学入学のための指導

No.	領域	著者	出版年	一次研究数	対象者数
531	指導法	Becker	1990	48	
532	指導法	Witt	1993	35	
533	指導法	Kulik, Bangert-Drowns, & Kulik	1994	14	
		教育課程や指導方法・内容改善のための形成的評価			
534	指導法	Fuchs & Fuchs	1986	21	3,835
535	指導法	Burns & Symington	2002	9	
		教師が学習者に質問すること			
536	指導法	Redfield & Rousseau	1981	14	
537	指導法	Lyday	1983	65	
538	指導法	Hamaker	1986	61	
539	指導法	Samson, Strykowski, Weinstein, & Walberg	1987	14	
540	指導法	Gliessmann, Pugh, Dowden, & Hutchins	1988	26	
541	指導法	Gayle, Preiss, & Allen	2006	13	
542	指導法	Randolph	2007	18	
		教師と学習者の物理的・心理的な距離の近さ			
543	指導法	Allen, Witt, & Wheeless	2007	16	5,437
学習者の立場を重視する指導					
		学習時間			
544	指導法	Bloom	1976	11	
545	指導法	Fredrick	1980	35	
546	指導法	Catts	1992	18	
547	指導法	Shulruf, Keuskamp & Timperley	2006	36	
		分散学習と集中学習			
548	指導法	Lee & Genovese	1988	52	
549	指導法	Donovan & Radosevich	1999	63	
		ピア・チュータリング			
550	指導法	Hartley	1977	29	
551	指導法	Hartley	1977	29	
552	指導法	Cohen, Kulik, & Kulik	1982	65	
553	指導法	Cohen, Kulik, & Kulik	1982	65	
554	指導法	Phillips	1983	302	
555	指導法	Cook, Scruggs, Mastropieri & Casto	1985	19	
556	指導法	Cook, Scruggs, Mastropieri & Casto	1985	19	
557	指導法	Mathes & Fuchs	1991	11	
558	指導法	Batya, Vaughn, Hughes & Moody	2000	32	1,248
559	指導法	Elbaum, Vaughn, Hughes & Moody	2000	29	325
560	指導法	Rohrbeck, Ginsburg-Block, Fantuzzo, & Miller	2003	90	
561	指導法	Erion	2006	32	
562	指導法	Ginsburg-Block, Rohrbeck & Fantuzzo	2006	28	
563	指導法	Kunsch, Jitendra, & Sood	2007	17	1,103
		メンタリング			
564	指導法	Eby, Allen, Evans, Ng, & DuBois	2007	31	10,250
565	指導法	du Bois, Holloway, Valentine, & Cooper	2008	43	
学習者の学習能力を発揮させ，育成する指導					
		メタ認知的方略			
566	指導法	Haller, Child & Walberg	1988	20	1,553
567	指導法	Chiu	1998	43	3,475
		スタディスキル			
568	指導法	Sanders	1979	28	6,140
569	指導法	Kulik, Kulik, & Shwalb	1983	57	
570	指導法	Crismore	1985	100	
571	指導法	Henk & Stahl	1985	21	
572	指導法	Rolhelser-Bennett	1987	12	1,968
573	指導法	Runyan	1987	32	3,698
574	指導法	Mastropieri & Scruggs	1989	19	
575	指導法	Burley	1994	27	7,285

巻末附録 A

効果指標数	効果量 (d)	標準誤差	CLE	研究内容
70	0.30		58%	SAT（大学入学適性試験）のための指導
35	0.22		56%	テスト方略の指導
14	0.15		54%	SAT（大学入学適性試験）のための指導
21	0.70		69%	形成的評価
57	1.10	0.079	78%	発達障害の専門的診断前の介入
14	0.73		70%	教師の質問
65	0.57		66%	補助的質問
121	0.13	0.009	54%	事実について尋ねる補助的質問
14	0.26	0.086	57%	教師の質問
26	0.82		72%	教師の質問
13	0.31	0.108	59%	教師の質問
18	0.38		61%	質問に対する答えのカード
16	0.16		55%	認知面での学習成果と距離の近さ
28	0.75		70%	学習時間
35	0.34		60%	学習時間
37	0.19	0.101	55%	学習時間
36	0.24		57%	授業数を増やすこと
52	0.96		75%	分散・集中練習
112	0.46		63%	分散・集中練習
50	0.63	0.089	67%	教えられる側に対する数学での効果
18	0.58	0.201	66%	教える側に対する数学での効果
52	0.40	0.069	61%	教えられる側に対する効果
33	0.33	0.090	59%	教える側に対する効果
302	0.98		76%	保存の概念の学習とチュータリング
49	0.53	0.106	64%	教える側が障害をもつ児童生徒の場合
25	0.58	0.120	66%	教わる側が障害をもつ児童生徒の場合
74	0.36		60%	読解におけるピア指導
216	0.41		61%	読解におけるピア指導
216	0.67	0.067	68%	読解における1対1のチュータリング
90	0.59	0.095	66%	小学生のピアによる指導
32	0.82	0.156	72%	保護者によるチュータリング
26	0.35	0.040	60%	ピア指導
17	0.47		63%	学習障害児の数学におけるピアの仲介による指導
31	0.16	0.043	55%	パフォーマンスアウトカムとメンタリングの関係
43	0.13	0.050	54%	学業成績とメンタリングの関係
20	0.71	0.181	69%	読解におけるメタ認知的訓練プログラム
123	0.67		66%	読解におけるメタ認知的介入
28	0.37		60%	読解の学習プログラム
57	0.27	0.042	57%	スタディスキル準備プログラム
100	1.04		77%	要約のための方略
25	0.34	0.129	60%	ノート取り
78	1.28		82%	記憶訓練
51	0.64		67%	記憶を助けるキーワード法
19	1.62	0.181	87%	記憶を助けるキーワード法
40	0.13		54%	準備不足の学生のための大学のプログラム

No.	領域	著者	出版年	一次研究数	対象者数
576	指導法	Hattie, Biggs, & Purdie	1996	51	5,443
577	指導法	Purdie & Hattie	1999	52	
578	指導法	Robbins, Lauver, Le, Davis, Langley & Carlstrom	2004	109	476
579	指導法	Lavery	2005	30	1,937
580	指導法	Kobayashi	2005	57	
581	指導法	Dignath, Buettner, & Langfeldt	2008	30	2,364
		自己言語化と自己質問			
582	指導法	Rock	1985	47	1,398
583	指導法	Duzinski	1987	45	
584	指導法	Huang	1991	21	1,700
		学習者自身による学習の管理			
585	指導法	Niemiec, Sikorski, & Walberg	1996	24	
586	指導法	Patall, Cooper, & Robinson	2008	41	
		適性処遇交互作用			
587	指導法	Kavale & Forness	1987	39	
588	指導法	Whitener	1989	22	1,434
		学習スタイルに合わせた指導			
589	指導法	Tamir	1985	54	
590	指導法	Garlinger & Frank	1986	7	1,531
591	指導法	Sullivan	1993	42	3,434
592	指導法	Iliff	1994	101	
593	指導法	Dunn, Griggs, Olson, Beasley & Gorman	1995	36	3,181
594	指導法	Slemmer	2002	48	5,908
595	指導法	Mangino	2004	47	8,661
596	指導法	Lovelace	2005	76	7,196
		個別指導			
597	指導法	Hartley	1977	51	
598	指導法	Kulik & Kulik	1980	213	
599	指導法	Horak	1981	60	
600	指導法	Willett, Yamashita & Anderson	1983	130	
601	指導法	Bangert, Kulik, & Kulik	1983	49	
602	指導法	Waxman, Wang, Anderson & Walberg	1985	38	7,200
603	指導法	Atash & Dawson	1986	10	2,180
604	指導法	Decanay & Cohen	1992	30	
605	指導法	Elbaum, Vaughn, Hughes & Moody	1999	19	
	教授方略を重視する指導				
		教授方略			
606	指導法	Rosenbaum	1983	235	
607	指導法	O'Neal	1985	31	
608	指導法	Baenninger & Newcombe	1989	26	
609	指導法	Fan	1993	41	3,219
610	指導法	Forness & Kavale	1993	268	8,000
611	指導法	White	1997	72	8,527
612	指導法	White	1997	222	15,080
613	指導法	Scheerens & Bosker	1997	228	
614	指導法	Swanson & Hoskyn	1998	180	38,716
615	指導法	Marzano	1998	4000	1,237,000
616	指導法	Xin & Jitendra	1999	14	
617	指導法	Swanson	2000	180	180,827
618	指導法	Swanson	2001	58	
619	指導法	Seidel & Shavelson	2007	112	
		相互教授法			
620	指導法	Rosenshine & Meister	1994	16	
621	指導法	Galloway	2003	22	677
		直接教授法			
622	指導法	White	1988	25	

巻末附録 A

効果指標数	効果量 (d)	標準誤差	CLE	研究内容
270	0.45	0.030	63%	スタディスキル
653	0.28	0.007	58%	スタディスキル
279	0.41	0.240	61%	大学でのスタディスキル
223	0.46	0.060	63%	自己調整学習
131	0.22		56%	ノート取り
263	0.69	0.030	69%	自己調整方略
684	0.51	0.060	64%	特別支援教育における自己教示訓練
377	0.84		72%	自己言語化の指導
89	0.58		66%	児童生徒の自己質問
24	-0.03	0.149	49%	コンピュータ支援教育における学習者自身による学習の管理
14	0.10	0.027	53%	学習の管理が後の学習の管理に対して与える影響
318	0.28		58%	モダリティに合わせた試験と指導
22	0.11	0.070	53%	適性と学習方法の交互作用
13	0.02		50%	認知スタイル
7	-0.03		49%	場依存・場独立と成績
42	0.75		70%	成績に合わせた Dunn and Dunn 学習スタイル
486	0.33	0.026	59%	成績に合わせた Kolb 学習スタイル
65	0.76		71%	成績と学習スタイルに合った介入の関係
51	0.27		57%	テクノロジーを援用した環境での学習スタイル
386	0.54	0.006	65%	大人のための Dunn and Dunn 学習スタイル
168	0.67		68%	成績に合わせた Dunn and Dunn 学習スタイル
139	0.16	0.091	55%	数学における個別指導
213	0.33	0.034	59%	大学における個別指導と成績
129	-0.07		48%	数学における個別指導
131	0.17		55%	理科の個別指導カリキュラム
49	0.10	0.053	53%	高校における個別指導
309	0.45		63%	個人に合わせる指導法（個別指導、継続的評価、定期的評価）
30	0.09	0.046	53%	理科の個別指導カリキュラム
30	0.37		60%	医学教育における個別指導
116	0.43		62%	特別支援教育における読解指導
99	1.02		77%	情緒障害の児童生徒のための治療プログラム
96	0.81	0.155	72%	脳性麻痺の児童生徒
26	0.51		64%	空間的アウトカムと空間的方略の関係
223	0.56		65%	読みの理解とメタ認知的訓練の関係
819	0.71	0.122	69%	成績の低い児童生徒への指導
831	0.20	0.039	56%	学習障害と読みにおける認知的学習方略
1,796	0.39	0.046	61%	学習障害と数学における認知的指導方略
545	0.20	0.030	56%	成績と様々な方略
1,537	0.79	0.013	71%	学習障害の学習者に対する教授方略の効果
4,000	0.65	0.014	68%	様々な教授方略の効果
653	0.89		74%	読解における単語問題解決
1,537	0.79	0.013	71%	特別支援教育の児童生徒のための学習方略
58	0.82	0.087	72%	問題解決力を高めるプログラム
1,352	0.07		52%	ヨーロッパにおける教授方略の効果
31	0.74		70%	相互教授法の効果
22	0.74		70%	読解と相互教授法の関係
24	0.83	0.133	72%	特別支援教育における直接教授法

No.	領域	著者	出版年	一次研究数	対象者数
623	指導法	Adams & Engelmann	1996	37	
624	指導法	Borman, Hewes, Overman, & Brown	2003	232	42,618
625	指導法	Haas	2005	10	
		挿し絵などの補助資料			
626	指導法	Readence & Moore	1981	16	2,227
627	指導法	Levine & Lentz	1982	23	7,182
628	指導法	Catts	1992	8	
629	指導法	Hoffler, Sumfleth, & Leutner	2006	26	
		帰納的な指導			
630	指導法	Lott	1983	24	
631	指導法	Klauer & Phye	2008	73	3,595
		探究的指導			
632	指導法	Sweitzer & Anderson	1983	68	
633	指導法	Shymansky, Hedges & Woodworth	1990	81	
634	指導法	Bangert-Drowns	1992	21	
635	指導法	Smith	1996	35	7,437
		問題解決的指導			
636	指導法	Marcucci	1980	33	
637	指導法	Curbello	1984	68	10,629
638	指導法	Almeida & Denham	1984	18	2,398
639	指導法	Mellinger	1991	25	
640	指導法	Hembree	1992	55	
641	指導法	Taconis, Ferguson-Hessler, & Broekkamp	2001	22	2,208
		問題に基づく学習			
642	指導法	Albanese & Mitchell	1993	11	2,208
643	指導法	Vernon & Blake	1993	8	
644	指導法	Dochy, Segers, Van den Bossche & Gijbels	2003	43	21,365
645	指導法	Smith	2003	82	12,979
646	指導法	Newman	2004	12	
647	指導法	Haas	2005	7	1,538
648	指導法	Gijbels, Dochy, Van den Bossche & Segers	2005	40	
649	指導法	Walker	2008	82	
		協同的な学習			
650	指導法	Johnson, Maruyama, Johnson, Nelson, & Skon	1981	122	
651	指導法	Rolhelser-Bennett	1987	23	4,002
652	指導法	Hall	1988	22	10,022
653	指導法	Stevens & Slavin	1991	4	
654	指導法	Spuler	1993	19	6,137
655	指導法	Othman	1996	39	
656	指導法	Howard	1996	13	
657	指導法	Bowen	2000	37	3,000
658	指導法	Neber, Finsterwald & Urban	2001	12	
659	指導法	McMaster & Fuchs	2002	15	864
		協同的な学習と競争的な学習			
660	指導法	Johnson, Maruyama, Johnson, Nelson & Skon	1981	122	
661	指導法	Johnson, Johnson, & Murayama	1983	98	
662	指導法	Johnson & Johnson	1987	453	
663	指導法	Hall	1988	18	
664	指導法	Qin, Johnson, & Johnson	1995	46	
665	指導法	Johnson, Johnson, & Stanne	2000	158	
666	指導法	Roseth, Johnson & Johnson	2008	129	17,000
		協同的な学習と個別学習			
667	指導法	Johnson & Johnson	1987	453	
668	指導法	Hall	1988	15	
669	指導法	Johnson, Johnson, & Stanne	2000	158	
670	指導法	Roseth, Fang, Johnson, & Johnson	2006	148	

巻末附録 A

効果指標数	効果量 (d)	標準誤差	CLE	研究内容
372	0.75		70%	読解や数学における直接授業法の効果
182	0.21	0.020	56%	包括的学校改革からの直接教授法
19	0.55	0.135	65%	代数学における指導方略
122	0.45	0.020	63%	読解における挿し絵などの補助資料
41	0.55		65%	テキストにおける挿絵の効果
19	0.01	0.067	50%	補助教材
76	0.46		63%	動画と静止画の効果の比較
24	0.06		52%	理科教育における帰納的な指導の効果
79	0.59	0.035	66%	全教科における帰納的な指導の効果
19	0.44	0.154	62%	探究的指導が理科教師に与える影響
320	0.27	0.030	57%	理科教育における探究的指導の効果
21	0.37		60%	探究的指導が批判的思考力に与える影響
60	0.17		55%	探究的指導の効果の比較
237	0.35		60%	数学における問題解決の指導の効果
343	0.54	0.037	65%	理科や数学における問題解決
18	0.72	0.136	70%	対人関係における認知的問題解決
35	1.13	0.060	79%	認知柔軟性の増加
55	0.33		59%	問題解決的指導方法
31	0.59	0.070	66%	科学における問題解決
66	0.27	0.043	57%	医学での問題解決学習
28	-0.18		45%	伝統的教授法と問題に基づく学習の比較
35	0.12		53%	伝統的教授法と問題に基づく学習の比較
121	0.31		59%	問題に基づく学習が自主学習や学習態度に与える影響
12	-0.30		42%	問題に基づく学習が知識の獲得に与える影響
34	0.52	0.187	64%	代数学での指導方法
49	0.32		59%	問題に基づく学習が知識獲得，知識応用に与える影響
201	0.13	0.025	54%	規則を通しての問題解決学習
183	0.73		70%	協同的な学習
78	0.48		63%	ミドルスクールでの協同的な学習の効果
52	0.31		59%	協同的な学習の効果の学年比較
4	0.48		63%	協同的な学習
19	0.54		65%	数学での協同的な学習
39	0.27		57%	数学での協同的な学習
42	0.37		60%	筋書きのある協同的な学習
49	0.51	0.050	64%	高校化学での協同的な学習
314	0.13		54%	才能ある児童生徒との協同的な学習
49	0.30	0.070	58%	協同的な学習
9	0.56		65%	集団間競争での協同的な学習
83	0.82	0.093	72%	協同的な学習と競争的な学習
36	0.59	0.165	66%	協同的な学習と競争的な学習
83	0.28		58%	協同的な学習と競争的な学習
63	0.55		65%	協同的な学習と競争的な学習
66	0.55	0.059	65%	協同的な学習と競争的な学習
593	0.46	0.130	63%	協同的な学習と競争的な学習
70	0.68	0.139	68%	協同的な学習と個別的な学習
77	0.26		57%	協同的な学習と個別的な学習
82	0.88	0.066	73%	協同的な学習と個別的な学習
55	0.55	0.060	65%	ミドルスクールでの協同的な学習と個別的な学習

No.	領域	著者	出版年	一次研究数	対象者数
		競争的な学習と個別学習			
671	指導法	Johnson, Maruyama, Johnson, Nelson, & Skon	1981	122	
672	指導法	Johnson, Johnson, & Murayama	1983	98	
673	指導法	Johnson & Johnson	1987	453	
674	指導法	Johnson, Johnson, & Stanne	2000	158	
		学校全体としての取り組み			
		学校全体で取り組む授業改善			
675	指導法	Borman & D'Agostino	1996	17	41,706,196
676	指導法	Friedrich	1998	33	
677	指導法	Borman, Hewes, Overman, & Brown	2003	232	222,956
		学習障害児に対する理解向上のための介入			
678	指導法	Swanson, Carson, & Sachse-Lee	1996	78	
679	指導法	Swanson, Hoskyn, & Lee	1999	180	4,871
680	指導法	Swanson, Hoskyn, & Lee	1999	85	793
		大学の特別プログラム			
681	指導法	Kulik, Kulik, & Shwalb	1983	60	
682	指導法	Cohn	1985	48	
		協力指導・ティームティーチング			
683	指導法	Murawski & Swanson	2001	6	1617
684	指導法	Willet, yamashita & Anderson	1983	130	
		テクノロジーの利用			
		コンピュータを利用した指導(CAI)			
685	指導法	Hartley	1977	33	
686	指導法	Aiello & Wolfe	1980	115	
687	指導法	Kulik, Kulik & Cohen	1980	312	
688	指導法	Burns & Bozeman	1981	40	
689	指導法	Leong	1981	22	
690	指導法	Athappilly, Smidchens, & Kofel	1983	134	
691	指導法	Kulik, Kulik, & Bangert-Drowns	1985	32	
692	指導法	Kulik Bangert-Drowns & Kulik	1983	97	
693	指導法	Clark	1985	42	
694	指導法	Shwalb, Shwalb, & Azuma	1986	104	
695	指導法	Gillingham & Guthrie	1987	13	
696	指導法	Kulik & Kulik	1987	199	
697	指導法	Roblyer, Castine & King	1988	85	
698	指導法	Cunningham	1988	37	
699	指導法	Wen-Cheng	1990	72	
700	指導法	Kulik & Kulik	1991	248	240
701	指導法	Ryan	1991	40	
702	指導法	Palmeter	1991	37	
703	指導法	Liao & Bright	1991	65	
704	指導法	Liao	1992	31	
705	指導法	Kulik	1994	97	
706	指導法	Christmann	1995	35	3,476
707	指導法	Fletcher-Flynn & Gravatt	1995	120	
708	指導法	Hamilton	1995	41	
709	指導法	Wolf & Regian	2000	233	
710	指導法	Akiba	2002	21	
711	指導法	Roberts	2002	31	6,388
712	指導法	Waxman, Connell, & Gray	2002	20	4,400
713	指導法	Chambers	2003	57	64,766
714	指導法	Chambers & Schreiber	2003	25	
715	指導法	Waxman, Lin, Michko	2003	29	7,728
716	指導法	Liao	2005	52	4,981
717	指導法	Sandy-Hanson	2006	23	9,897

巻末附録 A

効果指標数	効果量 (d)	標準誤差	CLE	研究内容
163	0.09		53%	競争的な学習
16	0.45	0.288	63%	競争的な学習と個別的な学習
12	0.36	0.271	60%	競争的な学習と個別的な学習
12	0.04	0.138	51%	競争的な学習と個別的な学習
657	0.12		53%	連邦政府によるタイトル・ワン・プログラムの評価
50	0.38		61%	危険にさらされている青少年のための代替プログラム
1,111	0.15		54%	学校全体として取り組む改善プログラムが学力に与える効果
324	0.85	0.065	73%	学習障害児のためのプログラム
1,537	0.56	0.017	65%	群間比較法
793	0.90	0.008	74%	単一事例法
60	0.27	0.040	57%	高リスクの学生のための大学プログラム
48	0.20		56%	経済学における革新的指導法と伝統的指導法との比較
6	0.31		59%	協力指導
41	0.06		52%	理科教育における協力指導
89	0.41	0.062	61%	学力と CAI の関係
182	0.08		52%	高校科学における CAI
278	0.48	0.030	63%	大学における CAI
40	0.40		61%	数学における CAI
106	0.08		52%	高校数学における CAI
810	0.10		53%	数学における CAI を利用した新しい指導法と伝統的指導法との比較
32	0.47	0.055	63%	小学生に対する CAI
97	0.36	0.035	60%	高校生に対する CAI
42	0.09		53%	学校教育における CAI
33	0.49	0.055	63%	日本におけるテクノロジーを利用した指導
13	1.05		77%	コンピュータを用いた指導
199	0.31		59%	学力と CAI の関係
85	0.26		57%	学力と CAI の関係
37	0.33		59%	コンピュータ・グラフィックを用いた指導の効果
243	0.38	0.037	61%	小学校と高校における CAI
248	0.30	0.029	58%	学力と CAI の関係
58	0.31		59%	小学校におけるマイコン用アプリケーションを用いた指導の効果
144	0.48	0.055	63%	プログラミング学習（Logo）が子どもの高次な情報処理に及ぼす効果
432	0.41	0.020	61%	学力とプログラミング学習
207	0.48	0.163	63%	学力と CAI の関係
32	0.35	0.040	60%	学力と CAI の関係
35	0.23		57%	小学校における CAI（都市部と地方との比較）
120	0.17		55%	学力と CAI の関係
253	0.66	0.033	68%	学校教育における CAI
233	0.39		61%	学力と CAI の関係
21	0.37		60%	学力と CAI の関係
165	0.69		69%	学力と CAI の関係
138	0.39		61%	テクノロジーを用いた指導と伝統的指導の効果の比較
125	0.51		64%	小学校と高校における CAI
25	0.40		61%	小学校と高校における CAI
167	0.54	0.061	65%	学力と CAI の関係
134	0.55		65%	台湾における CAI
23	0.28		58%	学力と CAI の関係

No.	領域	著者	出版年	一次研究数	対象者数
718	指導法	Abrami, Bernard, Wade, Schmid, Borokhovski, Tamin, Surkes, Lowerison, Zhang, Nicolaidou, Newman, Wozney, & Peretiatkowics	2006	17	
719	指導法	Rosen & Salomon	2007	32	
720	指導法	Kulik et al.	1984	25	
721	指導法	Niemiec, Samson, Weinstein & Walberg	1987	48	
722	指導法	Bishop	1990	40	
723	指導法	Ouyang	1993	79	
724	指導法	Jones	1991	40	
725	指導法	Kulik, Kulik, & Bangert-Drowns	1983	51	
726	指導法	Kulik, Kulik, & Williams	1983	97	
727	指導法	Bangert-Drowns	1985	74	
728	指導法	Bangert-Drowns, Kulik & Kulik	1985	42	
729	指導法	Kulik & Kulik	1994	97	
730	指導法	Christmann, Badgett & Lucking	1997	27	3,694
731	指導法	Christmann & Badgett	1999	11	5,020
732	指導法	Kulik & Kulik	1986	48	
733	指導法	Kulik, Kulik, & Shwalb	1986	23	
734	指導法	Kulik	2003	12	
735	指導法	Timmerman & Kruepke	2006	118	12,398
736	指導法	Kuchler	1989	65	
737	指導法	Gordon	1991	84	
738	指導法	Chen	1994	76	
739	指導法	King	1997	30	
740	指導法	Chadwick	1997	41	8,170
741	指導法	Hsu	2003	25	
742	指導法	Willett, Yashashita, & Anderson	1983	130	
743	指導法	Wise	1988	26	
744	指導法	Bayraktar	2002	42	
745	指導法	Onuoha	2007	38	3,824
746	指導法	Soe, Koki, & Chang	2000	17	
747	指導法	Blok, Oostdam, Otter, & Overmaat	2002	42	
748	指導法	Torgerson & Elbourne	2002	7	
749	指導法	Torgerson & Zhu	2003	17	
750	指導法	English Review group	2003	212	
751	指導法	Pearson, Ferdig, Blomeyer, & Moran	2005	20	
752	指導法	Schramm	1991	12	836
753	指導法	Bangert-Drowns	1993	32	
754	指導法	Goldberg	2003	26	1,507
755	指導法	Cohen & Dacanay	1992	37	
756	指導法	Yaakub & Finch	2001	21	2,969
757	指導法	Schmidt, Weinstein, Niemic, & Walberg	1986	18	
758	指導法	McDermid	1989	15	
759	指導法	Ianno	1995		
760	指導法	Kroesbergen & Van Luit	2003	58	10,223
761	指導法	Lou, Abrami & d'Apollonia	2001	100	11,317
762	指導法	Lou, Abrami & d'Apollonia	2001	22	
763	指導法	Cassill	2005	21	
764	指導法	Lou	2004	71	
765	指導法	Shapiro, Kerssen-Griep, Gayle & Allen	2006	12	
		ゲーム・シミュレーション			
766	指導法	Dekkers & Donatti	1981	93	
767	指導法	Remmer & Jernsted	1982	21	
768	指導法	Szczurek	1982	58	
769	指導法	VanSickle	1986	42	
770	指導法	Lee	1990	19	

巻末附録 A

効果指標数	効果量 (d)	標準誤差	CLE	研究内容
29	0.17		55%	カナダにおける e ラーニング
32	0.46		63%	技術集約的な学習環境と伝統的な学習環境の比較
25	0.48	0.063	63%	小学生と CAI
224	0.32		59%	小学生と CAI
58	0.55		65%	小学校におけるコンピュータ
267	0.50	0.038	64%	小学校での CAI
58	0.31		59%	小学校と CAI の関係
51	0.32		59%	小学生と CAI の関係
97	0.36	0.035	60%	高校生と CAI
74	0.33		59%	大学入学前の生徒と CAI
42	0.26	0.063	57%	高校での CAI
97	0.32		59%	高校での CAI
27	0.21		56%	高校での CAI
11	0.28		58%	高校での CAI
48	0.32	0.061	59%	大学と CAI の関係
23	0.42	0.110	62%	大人と CAI
12	0.88		73%	大学と CAI の関係
118	0.24	0.020	57%	大学生と CAI
65	0.44	0.068	62%	高校数学を教えるための CAI
83	0.26	0.030	57%	コンピュータグラフィック，数学，問題解決
98	0.47	0.071	63%	数学おけるコンピュータ利用
68	0.20		56%	大学数学における CAI
41	0.51		64%	高校数学における CAI
31	0.43		62%	統計学習における CAI
130	0.13		54%	科学における CAI
26	0.30		58%	科学における CAI
108	0.27		57%	科学教育における CAI
67	0.26		57%	大学での科学教育における先進的実験環境と伝統的な実験環境の比較
33	0.27	0.022	57%	読解における CAI
42	0.19		55%	読解の導入期指導における CAI
7	0.37		60%	綴り学習と CAI の関係
17	0.36		60%	CAI と読み書き能力
43	0.26	0.094	57%	読み書き能力と CAI の関係
89	0.49	0.078	64%	読解とテクノロジーの関係
12	0.36	0.110	60%	作文とワードプロセッサの関係
32	0.39		61%	作文とワードプロセッサの関係
26	0.50		64%	作文と CAI の効果の関係
37	0.41		61%	健康教育におけるコンピュータ利用
28	0.35		60%	技術教育における CAI
48	0.67	0.048	68%	特別支援教育をうける児童生徒と CAI
15	0.57		66%	学習障害と知的障害の児童生徒に対する CAI
	0.31		59%	学習障害児への読解指導と CAI
58	0.75		70%	特別支援教育における CAI と数学
178	0.16	0.041	55%	小集団指導と CAI
39	0.31	0.117	59%	小集団指導と CAI
349	0.29		58%	モバイル・コンピュータ
399	0.15		54%	CAI における小集団学習と個別学習の比較
16	0.26		57%	授業でのパワーポイントの活用
93	0.33		59%	シミュレーションと学力
21	0.20		56%	コンピュータシミュレーション
58	0.33		59%	シミュレーションゲーム
42	0.43		62%	シミュレーションゲームを利用した指導
34	0.28	0.114	58%	学力とシミュレーションの関係

327

No.	領域	著者	出版年	一次研究数	対象者数
771	指導法	Armstrong	1991	43	
772	指導法	McKenna	1991	26	
773	指導法	Lee	1999	19	
774	指導法	LeJeune	2002	40	6,416
		ウェブベースの学習			
775	指導法	Olson & Wisher	2002	15	
776	指導法	Sitzman, Kraiger, Stewart, & Wisher	2006	96	19,331
777	指導法	Mukawa	2007	25	3,223
		インタラクティブ・ビデオの利用			
778	指導法	Clark & Angert	1980	23	4,800
779	指導法	Angert & Clark	1982	181	
780	指導法	Fletcher	1989	24	
781	指導法	Shwalb, Shwalb, & Azuma	1986	104	
782	指導法	McNeil & Nelson	1991	63	
783	指導法	Liao	1999	46	
		視聴覚教材の利用			
784	指導法	Kulik, Kulik & Cohen	1979	42	
785	指導法	Cohen, Ebeling, & Kulik	1981	65	
786	指導法	Willett, Yamashita & Anderson	1983	130	
787	指導法	Blanchard, Stock & Marshall	1999	10	2,760
788	指導法	Shwalb, Shwalb, & Azuma	1986	104	
789	指導法	Baker & Dwyer	2000	8	
		プログラム学習			
790	指導法	Hartley	1977	40	
791	指導法	Kulik, Cohen, & Ebeling	1980	57	
792	指導法	Kulik, Kulik & Cohen	1980	56	
793	指導法	Kulik, Schwalb, & Kulik	1982	47	
794	指導法	Willett, Yamashita & Anderson	1983	130	
795	指導法	Shwalb, Shwalb, & Azuma	1986	104	
796	指導法	Boden, Archwamety, & MacFarland	2000	30	
	学校外での学習				
		遠隔教育			
797	指導法	Machtmes & Asher	1987	19	
798	指導法	Cavanaugh	1999	19	
799	指導法	Cavanaugh	2001	19	929
800	指導法	Shachar & Neumann	2003	72	15,300
801	指導法	Allen, Mabry, Mattrey, Bourhis, Titsworth, & Burrell	2004	25	71,731
802	指導法	Cavanaugh, Gillan, Kromrey, Hess, & Blomeyer	2004	14	7,561
803	指導法	Williams	2004	25	
804	指導法	Bernard, Abrami, Lou, Wozney, Borokhovski, Wallet, Wade, Fiset	2004	232	3,831,888
805	指導法	Bernard, Lou, Abrami, Wozney, Borokhovski, Wallet, Wade, Fiset	2004	155	
806	指導法	Allen, Bourhis, Mabry, Burrell, & Timmerman	2006	54	74,275
807	指導法	Lou, Bernard, & Abrami	2006	103	
808	指導法	Zhao, Lei, Yan, Lai, & Tan	2008	51	11,477
		家庭―学校間プログラム			
809	指導法	Penuel, Kim, Michalchik, Lewis, Means, Murphy, Korbak, Whaley, & Allen	2002	14	
		宿題			
810	指導法	Paschal, Weinstein, & Walberg	1984	15	
811	指導法	Cooper	1989	20	2,154
812	指導法	DeBaz	1994	77	41,828
813	指導法	Cooper	1994	17	3,300
814	指導法	Cooper, Robinson, & Patall	2006	32	58,000

巻末附録 A

効果指標数	効果量 (d)	標準誤差	CLE	研究内容
43	0.29		58%	コンピュータ，シミュレーション，ゲーム
118	0.38	0.070	61%	経済学教育におけるシミュレーション
19	0.40		61%	コンピュータシミュレーション
54	0.34		60%	理科におけるコンピュータ・シミュレーション指導
15	0.24	0.150	57%	ウェブベースの学習
96	0.15		54%	ウェブベースの指導と伝統的な指導の比較
25	0.14	0.099	54%	ウェブベースの学習の原則
1,000	0.65		68%	
2,607	0.51		64%	学力とメディア利用の関係
47	0.50	0.080	64%	インタラクティブビデオの利用
33	0.49	0.055	64%	インタラクティブビデオの利用
100	0.53	0.097	65%	マルチメディア技術
143	0.41	0.073	61%	ハイパーメディアを用いた指導と伝統的な指導の比較
42	0.20		56%	聴覚ベースの指導
65	0.15		54%	視覚ベースの指導
100	0.02		51%	科学における視覚補助教材
10	0.16	0.030	55%	小学校におけるビデオゲームを用いたカリキュラム
6	0.09	0.110	53%	日本における聴覚ベースの指導
8	0.71		69%	視覚補助教材の活用
81	0.11	0.111	53%	数学におけるプログラム学習
57	0.24		57%	大学生へのプログラム学習
56	0.24		57%	大学でのプログラム学習
47	0.08	0.070	52%	高校でのプログラム学習
52	0.17		55%	科学におけるプログラム学習
39	0.43	0.028	62%	日本におけるプログラム学習
30	0.40	0.146	61%	高校でのプログラム学習
19	-0.01		49%	遠隔教育におけるテレビ講義の効果
19	0.13		54%	学力と遠隔学習の関係
19	0.15	0.106	54%	遠隔教育
86	0.37	0.035	60%	遠隔教育と伝統的な指導の比較
39	0.10		53%	遠隔教育と伝統的な指導の比較
116	-0.03	0.045	49%	小学校における遠隔教育
34	0.15		54%	健康科学関連プログラムにおける遠隔教育
688	0.01	0.010	50%	遠隔教育
155	-0.02	0.015	49%	同期型と非同期型の比較
54	0.09		53%	遠隔教育と伝統的な指導の比較
218	0.02		51%	大学生への遠隔教育
98	0.10	0.090	53%	遠隔教育と伝統的な指導の比較
14	0.16		55%	学校と家庭をつなぐ学習プログラム
81	0.36	0.027	60%	学習と宿題の関係
20	0.21		56%	学力と宿題の関係
77	0.39		61%	科学における宿題
48	0.21		56%	学習と宿題の関係
69	0.28		58%	学力と宿題の関係（1987-2003 年の研究から）

巻末附録 B
効果量順のメタ分析

順位	領域	要因	d
1	学習者	能力レベルの自己評価*	1.42
2	学習者	ピアジェによる発達段階*	1.28
3	指導方法	指導改善のための形成的評価	0.90
4	教師	マイクロティーチング*	0.88
5	学校	飛び級*	0.88
6	学校	学級での児童生徒の行動	0.80
7	指導方法	学習障害児に対する理解力向上のための介入	0.77
8	教師	教師の明瞭さ	0.75
9	指導方法	相互教授法	0.74
10	指導方法	フィードバック	0.73
11	教師	教師と学習者の関係	0.72
12	指導方法	分散学習と集中学習	0.71
13	指導方法	メタ認知的方略	0.69
14	学習者	過去の学力	0.67
15	カリキュラム	語彙獲得プログラム*	0.67
16	カリキュラム	繰り返し読み指導*	0.67
17	カリキュラム	創造性育成プログラム*	0.65
18	指導方法	自己言語化と自己質問	0.64
19	教師	現職教育	0.62
20	指導方法	問題解決的指導	0.61
21	教師	学習者を分類すること	0.61
22	カリキュラム	音声指導*	0.60
23	指導方法	教授方略	0.60
24	指導方法	協同的な学習と個別的な学習	0.59
25	指導方法	スタディスキル	0.59
26	指導方法	直接教授法	0.59
27	カリキュラム	幼児に対して触覚刺激を与えること*	0.58
28	カリキュラム	読解プログラム*	0.58
29	指導方法	完全習得学習	0.58

巻末附録 B

順位	領域	要因	d
30	指導方法	解法つき例題の提示	0.57
31	家庭	家庭環境	0.57
32	家庭	社会経済的な地位	0.57
33	指導方法	概念地図法（コンセプトマッピング）	0.57
34	指導方法	目標	0.56
35	カリキュラム	視覚認知プログラム*	0.55
36	指導方法	ピア・チュータリング	0.55
37	指導方法	協同的な学習と競争的な学習	0.54
38	学習者	出生時の体重*	0.54
39	学校	学級のまとまり	0.53
40	指導方法	Keller の PSI *	0.53
41	学校	クラスメイトの影響	0.53
42	学校	学級経営	0.52
43	カリキュラム	野外教育プログラム*	0.52
44	指導方法	インタラクティブ・ビデオの利用	0.52
45	家庭	学習への親の関与	0.51
46	カリキュラム	遊び*	0.50
47	カリキュラム	リーディングリカバリー・プログラム*	0.50
48	学校	小集団学習	0.49
49	学習者	早期教育	0.49
50	学習者	集中力，我慢強さ，積極性	0.48
51	学校	学校の効果*	0.48
52	学習者	動機づけ	0.47
53	指導方法	教師が学習者に質問すること	0.46
54	カリキュラム	算数・数学*	0.45
55	教師	指導の質*	0.44
56	カリキュラム	作文指導プログラム*	0.44
57	教師	学習者への期待	0.43
58	学校	学校規模	0.43
59	学習者	自己概念	0.43
60	指導方法	行動目標と先行オーガナイザー	0.41
61	指導方法	学習スタイルに合わせた指導	0.41
62	指導方法	協同的な学習	0.41
63	カリキュラム	理科*	0.40
64	カリキュラム	ソーシャルスキルプログラム*	0.40
65	学習者	不安の低減*	0.40
66	カリキュラム	教科横断型カリキュラム*	0.39

順位	領域	要因	d
67	学校	個別教育*	0.39
68	カリキュラム	キャリア教育*	0.38
69	指導方法	学習時間	0.38
70	指導方法	コンピュータを利用した指導	0.37
71	指導方法	挿し絵などの補助資料	0.37
72	カリキュラム	バイリンガル教育プログラム*	0.37
73	学習者	薬物投与（ADHDなど）*	0.37
74	学校	校長・管理職*	0.36
75	学習者	教科に対する態度	0.36
76	カリキュラム	ドラマ・音楽を取り入れたプログラム*	0.36
77	カリキュラム	読み聞かせ*	0.36
78	学習者	創造性*	0.35
79	指導方法	テストの頻度／テストを行うことの効果	0.34
80	学校	妨害行為の減少	0.34
81	指導方法	シミュレーション	0.33
82	指導方法	帰納的な指導	0.33
83	学習者	自身の属する民族に対する肯定的態度	0.32
84	学習者	就学前プログラム	0.32
85	教師	教師の効果*	0.32
86	指導方法	探究的指導	0.31
87	学校	才能ある児童生徒のための能力別学習集団編制*	0.30
88	指導方法	宿題	0.29
89	家庭	家庭訪問	0.29
90	学習者	エクササイズ・リラクゼーション*	0.28
91	学校	人種別学校の廃止*	0.28
92	学校	インクルージョン*	0.28
93	カリキュラム	計算機の利用*	0.27
94	カリキュラム	道徳教育プログラム*	0.24
95	指導方法	プログラム教育	0.24
96	指導方法	大学でのリメディアル教育*	0.24
97	指導方法	競争的な学習と個別的な学習	0.24
98	学校	サマースクール*	0.23
99	学校	学校予算*	0.23
100	指導方法	個別指導	0.23
101	学校	宗教学校*	0.23
102	学習者	病気*	0.23
103	指導方法	テスト方略の教授とコーチング	0.22

順位	領域	要因	d
104	指導方法	視聴覚教材の利用	0.22
105	指導方法	学校全体で取り組む授業改善	0.22
106	学校	学級規模	0.21
107	学校	チャータースクール*	0.20
108	指導方法	適性処遇交互作用*	0.19
109	学習者	性格	0.19
110	指導方法	学習の階層化	0.19
111	指導方法	協力指導・ティームティーチング	0.19
112	指導方法	ウェブベースの学習	0.18
113	家庭	家族構成	0.17
114	カリキュラム	課外活動*	0.17
115	指導方法	教師と学習者の物理的・心理的な近さ	0.16
116	学校	学級内学習集団編成	0.16
117	指導方法	コンピュータを用いた学校・家庭の連携による家庭学習*	0.16
118	指導方法	問題に基づく学習	0.15
119	カリキュラム	文結合訓練プログラム*	0.15
120	指導方法	メンタリング	0.15
121	学校	能力別学習集団編制	0.12
122	学習者	ジェンダー*	0.12
123	学習者	食事指導*	0.12
124	教師	教員養成*	0.11
125	教師	教科内容の知識*	0.09
126	指導方法	遠隔教育	0.09
127	学校	学校外の学習プログラム	0.09
128	カリキュラム	知覚運動能力プログラム*	0.08
129	カリキュラム	ホールランゲージ*	0.06
130	学校	大学寮の有無*	0.05
131	学校	異学年・異年齢学級集団編制	0.04
132	指導方法	学習者自身による学習の管理	0.04
133	学校	オープン教育（従来型との比較）*	0.01
134	学校	夏期休暇*	−0.09
135	家庭	生活保護	−0.12
136	学校	原級留置*	−0.16
137	家庭	テレビ視聴	−0.18
138	学校	転校*	−0.34

注）*の項目は本書では訳出していない。

文献一覧

＊本書で訳出対象外としたものも含めて，原書で挙げられている文献を全て掲載した。

Abrami, P. C., Bernard, R. M., Borokhovski, E.,Wade, A. C., Surkes, M. A.,Tamim, R., et al. (2008, May). *Instructional interventions affecting critical thinking skills and dispositions: A stage one meta-analysis*. Paper presented at the eighth annual international Campbell Collaboration Colloquium, Vancouver, BC, Canada.

Abrami, P. C., Bernard, R. M.,Wade, A. C., Schmid, R. F., Borokhovski, E.,Tamim, R., et al. (2006). *A review of e-learning in Canada: A rough sketch of the evidence, gaps and promising directions*. Montreal, Quebec, Canada: Centre for the Study of Learning and Performance, Concordia University.

Abrami, P. C., Leventhal, L., & Perry, R. P. (1982). Educational seduction. *Review of Educational Research, 52*(3), 446-464.

Abt Associates. (1977). *Education as experimentation: A planned variation model: Vol. IV-B. Effects of Follow Through Models*. Cambridge, MA: Abt Associates.

Ackerman, P. L., & Goff, M. (1994). Typical intellectual engagement and personality: Reply to Rocklin (1994). *Journal of Educational Psychology, 86*(1), 150-153.

Adair, J. G., Sharpe, D., & Huynh, C.L. (1989). Hawthorne control procedures in educational experiments: A reconsideration of their use and effectiveness. *Review of Educational Research, 59*(2), 215.

Adams, G. L., & Engelmann, S. (1996). *Research on direct instruction: 20 years beyond DISTAR*. Seattle, WA: Educational Achievement Systems.

Aegisdottir, S.,White, M. J., Spengler, P. M., Maugherman, A. S., Anderson, L. A., Cook, R. S., et al. (2006).The meta-analysis of clinical judgment project: Fifty-six years of accumulated research on clinical versus statistical prediction. *Counseling Psychologist, 34*(3), 341-382.

Ahn, S., & Choi, J. (2004, April). *Teachers' subject matter knowledge as a teacher qualification: A synthesis of the quantitative literature on students' mathematics achievement*. Paper presented at the American Educational Research Association, San Diego, CA.

Aiello, N. C., & Wolfle, L. M. (1980, April). *A meta-analysis of individualized instruction in science*. Paper presented at the Annual Meeting of the American Educational Research Association, Boston, MA.

Airasian, P. W. (1991). Perspectives on measurement instruction. *Educational Measurement: Issues and Practice, 10*(1), 13-16, 26.

Aitken, J. R. (1969). *A study of attitudes and attitudinal change of institutionalized delinquents through group guidance techniques*. Unpublished Ed.D.,The University of Southern Mississippi, MS.

AJHR. (1939). *Appendices to the Journals of the House of Representatives, E1*. Wellington: New Zealand Government Printer.

Ajzen, I., & Madden, T. J. (1986). Prediction of goal-directed behavior: Attitudes, intentions, and perceived behavioral control. *Journal of Experimental Social Psychology, 22*(5), 453-474.

Akerhielm, K. (1995). Does class size matter? *Economics of Education Review, 14*(3), 229-241.

Akiba, M. (2002). Computer-assisted instruction. In Z. Barley, P. A. Lauer, S. A. Arens, H. A. Apthorp, K. S. Englert, D. Snow & M. Akiba (Eds.), *Helping At-Risk Students Meet Standards: A Synthesis of Evidence-Based Classroom Practices* (pp. 97-109).Aurora, CO: Mid-Continent Research for Education and Learning.

Albanese, M.A., & Mitchell, S. (1993). Problem-based learning:A review of literature on its outcomes and implementation issues. *Academic Medicine, 68*(1), 52-81.

Alessi, G. (1988). Diagnosis diagnosed: A systemic reaction. *Professional School Psychology, 3*, 145-151.

Alexander, K. L., Cook, M., & McDill, E. L. (1978). Curriculum tracking and educational stratification: Some further evidence. *American Sociological Review, 43*(1), 47-66.

Alexander, P. A. (2003).The development of expertise:The journey from acclimation to proficiency. *Educational Researcher, 32*(8), 10-14.

Allen, M. (1995, February). *Research productivity and positive teaching evaluations: Examining the relationship using meta-analysis.* Paper presented at the Annual Meeting of the Western States Communication Association.

Allen, M. (1996). Research productivity and positive teaching evaluations: Examining the relationship using meta-analysis. *Journal of the Association for Communication Administration, May*(2), 77-96.

Allen, M. (2006). Relationship of teaching evaluations to research productivity for college faculty. In B. M. Gayle, R. W. Preiss, N. Burrell & M. Allen (Eds.), *Classroom communication and instructional processes: Advances through meta-analysis.* Mahwah, NJ: Lawrence Erlbaum Associates.

Allen, M., Bourhis, J., Burrell, N., & Mabry, E. (2002). Comparing student satisfaction with distance education to traditional classrooms in higher education: A meta-analysis. *American Journal of Distance Education, 16*(2), 83-97.

Allen, M., Bourhis, J., Mabry, E., Burrell, N. A., & Timmerman, C. E. (2006). Comparing distance education to face-to-face methods of education. In B. M. Gayle, R. W. Preiss, N. Burrell & M. Allen (Eds.), *Classroom communication and instructional processes: Advances through meta-analysis* (pp. 229-244). Mahwah, NJ: Lawrence Erlbaum Associates.

Allen, M., Bradford, L., Grimes, D., Cooper, E., Howard, L., & Howard, U. (1999, November). *Racial group orientation and social outcomes: Summarizing relationships using meta-analysis.* Paper presented at the Annual meeting of the National Communication Association, Chicago.

Allen, M., Mabry, E., Mattrey, M., Bourhis, J., Titsworth, S., & Burrell, N. (2004). Evaluating the effectiveness of distance learning: A comparison using meta-analysis. *Journal of Communication, 54*(3), 402-420.

Allen, M., Witt, P. L., & Wheeless, L. R. (2006). The role of teacher immediacy as a motivational factor in student learning: Using meta-analysis to test a causal model. *Communication Education, 55*(1), 21-31.

Almeida, M. C., & Denham, S. A. (1984, April). *Interpersonal cognitive problem-solving: A meta-analysis.* Paper presented at the Annual Meeting of the Eastern Psychological Association, Baltimore.

Alton-Lee, A. (2003). *Quality teaching for diverse students in schooling: Best evidence synthesis iteration.* Wellington, New Zealand: Ministry of Education.

Amato, P. R. (2001). Children of divorce in the 1990s: An update of the Amato and Keith (1991) meta-analysis. *Journal of Family Psychology, 15*(3), 355-370.

Amato, P. R., & Gilbreth, J. G. (1999). Nonresident fathers and children's well-being: A meta-analysis. *Journal of Marriage and Family, 61*(3), 557-573.

Amato, P. R., & Keith, B. (1991). Parental divorce and the well-being of children: A meta-analysis.

Psychological Bulletin 110(1), 26–46.
Ames, C. (1992). Classrooms: Goals, structures, and student motivation. *Journal of Educational Psychology, 84*(3), 261–271.
Amrein,A. L., & Berliner, D. C. (2002). High-stakes testing and student learning [ElectronicVersion]. *Education Policy Analysis Archives, 10*. Retrieved 28 April 2008 from http://epaa.asu.edu/epaa/v10n18/.
Anderman, L. H., & Anderman, E. M. (1999). Social predictors of changes in students' achievement goal orientations. *Contemporary Educational Psychology, 24*(1), 21–37.
Anderson, L. W., Krathwohl, D. R., & Bloom, B. S. (2001). *A taxonomy for learning, teaching, and assessing: A revision of Bloom's taxonomy of educational objectives* (Abridged ed.). New York: Longman.
Anderson, R. C., Hiebert, E. H., Scott, J. A., & Wilkinson, I. A. G. (1985). *Becoming a nation of readers: The report of the Commission on Reading*. Washington, DC: National Academy of Education, National Institute of Education, and Center for the Study of Reading.
Anderson, R. D., Kahl, S. R., Glass, G.V., & Smith, M. L. (1983). Science education: A meta-analysis of major questions. *Journal of Research in Science Teaching, 20*(5), 379–385.
Anderson, S. A. (1994). *Synthesis of research on mastery learning*. ERIC document 382–567.
Angert, J. F., & Clark, F. E. (1982, May). *Finding the rose among the thorns: Some thoughts on integrating media research*. Paper presented at the Annual Meeting of the Association for Educational Communications and Technology, Research and Theory Division, Dallas,TX.
Angrist, J. D., & Lavy, V. (1999). Using Maimonides' Rule to estimate the effect of class size on scholastic achievement. *Quarterly Journal of Economics, 114*(2), 533–575.
Applegate, B. (1986, November). *A meta-analysis of the effects of day care on development: preliminary findings*. Paper presented at the Annual Meeting of the Mid-South Educational Research Association, Memphis,TN.
Apter, M. J. (2001). *Motivational styles in everyday life: A guide to reversal theory* (1st ed.). Washington, DC: American Psychological Association.
Aristotle. (350BC/1908). *The Nicomachean ethics of Aristotle* (W. D. Ross, Trans.). Oxford, UK: Clarendon Press.
Armitage, C. J., & Conner, M. (2001). Efficacy of the theory of planned behaviour: A meta-analytic review. *British Journal of Social Psychology, 40*, 471–499.
Armor, D. J. (1983). *The evidence on desegregation and Black achievement*. Washington, DC: National Institute on Education.
Armstrong, D. G. (1977). Team teaching and academic achievement. *Review of Educational Research, 47*(1), 65–86.
Armstrong, P. S. (1991). *Computer-based simulations in learning environments:A meta-analysis of outcomes*. Unpublished Ph.D., Purdue University, IN.
Arnold, K. S., Myette, B. M., & Casto, G. (1986). Relationships of language intervention efficacy to certain subject characteristics in mentally retarded preschool children: A meta-analysis. *Education and Training of the Mentally Retarded, 21*, 108–116.
Asencio, C. E. (1984). *Effects of behavioral objectives on student achievement: A meta-analysis of findings*. Unpublished Ph.D.,The Florida State University, FL.
Atash, M. N., & Dawson, G. O. (1986). Some effects of the ISCS program: A meta-analysis. *Journal of Research in Science Teaching, 23*(5), 377–385.
Athappilly, K., Smidchens, U., & Kofel, J. W. (1983). A computer-based meta-analysis of the effects of modern mathematics in comparison with traditional mathematics. *Educational Evaluation*

and Policy Analysis, 5(4), 485-493.

Athappilly, K. (1978). *A meta-analysis of the effects of modern mathematics in comparison with traditional mathematics in the American educational system.* Unpublished Ed.D.,Western Michigan University, MI.

Atkinson, D. L. (1993). *A meta-analysis of recent research in the teaching of writing: Workshops, computer applications, and inquiry.* Unpublished Ph.D., Purdue University, IN.

Au, W. (2007). High-stakes testing and curricular control: A qualitative metasynthesis. *Educational Researcher, 36*(5), 258-267.

Ausubel, D. P. (1968). *Educational psychology: A cognitive view.* New York: Holt, Rinehart, and Winston.

Azevedo, R., & Bernard, R. (1995). Assessing the effects of feedback in computer-assisted learning. *British Journal of Educational Technology, 26*(1), 57-58.

Baenninger, M., & Newcombe, N. (1989). The role of experience in spatial test performance: A meta-analysis. *Sex Roles, 20*(5-6), 327-344.

Baker, D. P., & Stevenson, D. L. (1986). Mothers' strategies for children's school achievement: Managing the transition to high school. *Sociology of Education, 59*(3), 156-166.

Baker, E. T. (1994). *Meta-analytic evidence for noninclusive educational practices: Does educational research support current practice for special needs students?* Unpublished Ph.D.,Temple University, PA.

Baker, E. T., Wang, M. C., & Walberg, H. J. (1994). The effects of inclusion on learning. *Educational Leadership, 52*(4), 33-35.

Baker, R. M., & Dwyer, F. (2000). A meta-analytic assessment of the effect of visualized instruction. *International Journal of Instructional Media, 27*(4), 417-426.

Baker, R. M., & Dwyer, F. (2005). Effect of instructional strategies and individual differences: Ameta-analytic assessment. *International Journal of Instructional Media, 32*(1), 69.

Baker, S., Gersten, R., & Lee, D. S. (2002).A synthesis of empirical research on teaching mathematicsto low-achieving students. *Elementary School Journal, 103*(1), 51-73.

Baker, S. B., & Popowicz, C. L. (1983). Meta-analysis as a strategy for evaluating effects of career education interventions. *Vocational Guidance Quarterly, 31*(3), 178-186.

Bakermans-Kranenburg, M. J., van Ijzendoorn, M. H., & Bradley, R. H. (2005). Those who have, receive: The Matthew Effect in early childhood intervention in the home environment. *Review of Educational Research, 75*(1), 1-26.

Bandura, A., & Cervone, D. (1986). Differential engagement of self-reactive influences in cognitive motivation. *Organizational Behavior and Human Decision Processes, 38*(1), 92-113.

Bangert, R. L., Kulik, J. A., & Kulik, C. L. C. (1983). Individualized systems of instruction in secondary schools. *Review of Educational Research, 53*(2), 143-158.

Bangert-Drowns, R. L. (1985). Effectiveness of computer-based education in secondary schools. *Journal of Computer-Based Instruction, 12*(3), 59-68.

Bangert-Drowns, R. L. (1985, March-April). *Meta-analysis of findings on computer-based education with precollege students.* Paper presented at the Annual Meeting of the American Educational Research Association, Chicago.

Bangert-Drowns, R. L. (1991). Effects of frequent classroom testing. *Journal of Educational Research, 85*(2), 89-99.

Bangert-Drowns, R. L. (1992). *Meta-analysis of the effects of inquiry-based instruction on critical thinking.* Paper presented at the Annual meeting of the American Educational Research Association, San Francisco, CA.

Bangert-Drowns, R. L. (1993).The word processor as an instructional tool: A meta-analysis of word processing in writing instruction. *Review of Educational Research, 63*(1), 69–93.

Bangert-Drowns, R. L., & Bankert, E. (1990, April). *Meta-analysis of effects of explicit instruction for critical thinking*. Paper presented at the Annual Meeting of the American Educational Research Association Boston, MA.

Bangert-Drowns, R. L., Hurley, M. M., & Wilkinson, B. (2004).The effects of school-based writing-to-learn interventions on academic achievement: A meta-analysis. *Review of Educational Research, 74*(1), 29.

Bangert-Drowns, R. L., Kulik, C. L. C., Kulik, J. A., & Morgan, M.T. (1991).The instructional effect of feedback in test-like events. *Review of Educational Research, 61*(2), 213–238.

Bangert-Drowns, R. L., Kulik, J. A., & Kulik, C. L. (1985). Effectiveness of computer-based education in secondary-schools. *Journal of Computer-Based Instruction, 12*(3), 59–68.

Bangert-Drowns, R. L., Kulik, J. A., & Kulik, C. L. C. (1983). Effects of coaching programs on achievement test performance. *Review of Educational Research, 53*(4), 571–585.

Bangert-Drowns, R. L., Kulik, J. A., & Kulik, C. L. C. (1991). Effects of frequent classroom testing. *Journal of Educational Research, 85*(2), 89.

Barab, S. A., & Roth, W.-M. (2006). Curriculum-based ecosystems: Supporting knowing from an ecological perspective. *Educational Researcher, 35*(5), 3–13.

Barley, Z., Lauer, P. A., Arens, S. A., Apthorp, H. A., Englert, K. S., Snow, D., et al. (2002). *Helping at-risk students meet standards: A synthesis of evidence-based classroom practices*. Aurora, CO: Mid-Continent Research for Education and Learning.

Barnette, J. J., Walsh, J. A., Orletsky, S. R., & Sattes, B. D. (1995). Staff development for improved classroom questioning and learning. *Research in the Schools, 2*(1), 1–10.

Barr, R., & Dreeben, R. (1983). *How schools work*. Chicago: University of Chicago Press.

Batten, M., & Girling-Butcher, S. (1981). *Perceptions of the quality of school life:A case study of schools and students* (No. ACER-RM-13). Hawthorn,Victoria, Australia: Australian Council for Educational Research.

Batts, J. W. (1988). *The effects of teacher consultation: A meta-analysis of controlled studies*. Unpublished Ph.D., University of Kentucky, KY.

Bayraktar, S. (2000). *A meta-analysis on the effectiveness of computer-assisted instruction in science education*. Unpublished Ph.D., Ohio University, OH.

Bayraktar, S. (2001–2002). A meta-analysis of the effectiveness of computer-assisted instruction in science education. *Journal of Research on Technology in Education, 34*(2), 173–188.

Bear, G. G., Minke, K. M., & Manning, M. A. (2002). Self-concept of students with learning disabilities: A meta-analysis. *School Psychology Review, 31*(3), 405–427.

Becker, B. J. (1989). Gender and science achievement: A reanalysis of studies from two meta-analyses. *Journal of Research in Science Teaching, 26*(2), 141–169.

Becker, B. J. (1990). Coaching for the scholastic aptitude test: Further synthesis and appraisal. *Review of Educational Research, 60*(3), 373–417.

Becker, B. J., & Chang, L. (1986,April). *Measurement of science achievement & its role in gender differences*. Paper presented at the Annual Meeting of the American Educational Research Association, San Francisco, CA.

Beckhard, R. (1967).The confrontation meeting. *Harvard Business Review, 45*(2), 149–155.

Beckhard, R. (1969). *Organization development: Strategies and models*. Reading, MA: Addison-Wesley.

Beelmann, A., Pfingsten, U., & Losel, F. (1994). Effects of training social competence in children: A

meta-analysis of recent evaluation studies. *Journal of Clinical Child Psychology 23*(3), 260–271.
Bellini, S., & Akullian, J. (2007). A meta-analysis of video modeling and video self-modeling interventions for children and adolescents with autism spectrum disorders.(Brief article). *Exceptional Children, 73*(3), 264–287.
Bellini, S., Peters, J. K., Benner, L., & Hopf, A. (2007). A meta-analysis of school based social skills interventions for children with autism spectrum disorders. *Remedial and Special Education, 28*(3),153–162.
Ben-Ari, R., & Eliassy, L. (2003). The differential effects of the learning environment on student achievement motivation:A comparison between frontal and complex instruction strategies. *Social Behavior and Personality: An International Journal, 31*(2), 143.
Bender, W. N., & Smith, J. K. (1990). Classroom behavior of children and adolescents with learning disabilities: A meta-analysis. *Journal of Learning Disabilities 23*(5), 298–305.
Bendig, A. W. (1952).The use of student-rating scales in the evaluation of instructors in introductory psychology. *Journal of Educational Psychology, 43*(3), 167–175.
Bennett, B. B. (1987). *The effectiveness of staff development training practices:A meta-analysis.* Unpublished Ph.D., University of Oregon, Oregon, United States.
Benseman, J., Sutton, A., & Lander, J. (2005). *Working in the light of evidence, as well as aspiration: A literature review of the best available evidence about effective adult literacy, numeracy and language teaching.* Wellington: Ministry of Education and Auckland UniServices, Ltd.
Bereiter, C. (2002). *Education and mind in the knowledge age.* Mahwah, NJ: Lawrence Erlbaum Associates.
Berg, H. K. M. (2003). *Values-based character education:A meta-analysis of program effects on student knowledge, attitudes, and behaviors.* Unpublished M.A., California State University, Fresno, California, United States.
Bergstrom, B. A. (1992, April). *Ability measure equivalence of computer adaptive and pencil and paper tests: A research synthesis.* Paper presented at the Annual Meeting of the American Educational Research Association, San Francisco, CA.
Berkowitz, S. (2006). Developing critical thinking through forensics and communication education: Assessing the impact through meta-analysis. In B. M. Gayle (Ed.), *Classroom communication and instructional processes: Advances through meta-analysis* (pp. 43–59). Mahwah, NJ: Lawrence Erlbaum Associates.
Berliner, D. C. (1984). The half-full glass: A review of research on teaching. In P. L. Hosford (Ed.), *Using what we know about teaching* (pp. 51–84). Alexandria, VA: Association for Supervision and Curriculum Development.
Berliner, D. C. (1987). Ways of thinking about students and classrooms by more and less experienced teachers. In J. Calderhead (Ed.), *Exploring teachers' thinking* (pp. 60–83). London: Cassell Educational Limited.
Berliner, D. C. (1988). *The development of expertise in pedagogy.* Washington, DC: AACTE Publications.
Bernard, R. M., Abrami, P. C., Lou,Y., Borokhovski, E., Wade, A. C., Wozney, L., et al. (2004). How does distance education compare with classroom instruction? A meta-analysis of the empirical literature. *Review of Educational Research, 74*(3), 379–439.
Bernard, R. M., Abrami, P. C.,Wade, A. C., Borokhovski, E., & Lou,Y. (2004, October). *The effects of synchronous and asynchronous distance education: A meta-analytical assessment of Simonson's "equivalency theory".* Paper presented at the Association for Educational Communications and Technology, Chicago, IL.

Berndt, T. J. (2004). Children's friendships: Shifts over a half-century in perspectives on their development and their effects. *Merrill-Palmer Quarterly, 50*(3), 206–223.

Bertrand, J. R. (2005). *Can individual creativity be enhanced by training? A meta analysis.* Unpublished Ph.D., University of Southern California, CA.

Bhutta, A. T., Cleves, M. A., Casey, P. H., Cradock, M. M., & Anand, K. J. S. (2002). Cognitive and behavioral outcomes of school-aged children who were born preterm: A meta-analysis. *Journal of the American Medical Association, 288*(6), 728–737.

Biddle, B. J., & Berliner, D. C. (2002). *What research says about small classes and their effects.*Tempe, AZ: Education Policy Studies Lab, Arizona State University.

Biesta, G. (2007). Why "what works" won't work: Evidence-based practice and the democratic deficit in educational research. *Educational Theory, 57*(1), 1–22.

Biggs, J. B., & Collis, K. F. (1982). *Evaluating the quality of learning:The SOLO taxonomy (structure of the observed learning outcome).* New York: Academic Press.

Bishop, L. K. (1990). *Meta-analysis of achievement effects of microcomputer applications in elementary schools.* Unpublished Ph.D.

Bishop, R. (2003). Changing power relations in education: Kaupapa Māori messages for "mainstream" education in Aotearoa/New Zealand. *Comparative Education, 39*(2), 221–238.

Bishop, R., Berryman, M., & Richardson, C. (2002).Te Toi Huarewa: Effective teaching and learning in total immersion Māori language educational settings. *Canadian Journal of Native Education, 26*(1), 44–61.

Black, M. M. (1991). Early intervention services for infants and toddlers: A focus on families. *Journal of Clinical Child Psychology, 20*(1), 51–57.

Black, P., & Wiliam, D. (1998). Assessment and classroom learning. *Assessment in Education: Principles, Policy and Practice, 5*(1), 7–74.

Black,T. L. (1996). *Home visiting for children with developmental delays: An empirical evaluation.* Unpublished M.S., Utah State University, UT.

Blanchard, J., Stock,W., & Marshall, J. (1999). Meta-analysis of research on a multimedia elementary school curriculum using personal and video-game computers. *Perceptual and Motor Skills, 88*(1), 329–336.

Blank, R. K. (1989, May). *Educational effects of magnet high schools.* Paper presented at the Conference on Choice and Control in American Education, Madison,WI.

Blank, R. K. (1990). Analyzing educational effects of magnet schools using local district data. *Sociological Practice Review, 1*(1), 40–51.

Blatchford, P. (2005). A multi-method approach to the study of school class size differences. *International Journal of Social Research Methodology, 8,* 195–205.

Blatchford, P., Goldstein, H., Martin, C., & Browne,W. (2002). A study of class size effects in English school reception year classes. *British Educational Research Journal, 28*(2), 169–185.

Blimling, G. S. (1999). A meta-analysis of the influence of college residence halls on academic performance. *Journal of College Student Development, 40*(5), 551–561.

Block, J. H., & Burns, R. B. (1976). Mastery learning. *Review of Research in Education, 4,* 3–49.

Blok, H. (1999). Reading to young children in educational settings: A meta-analysis of recent research. *Language Learning, 49*(2), 343–371.

Blok,H.,Oostdam,R.,Otter,M.E.,& Overmaat,M.(2002).Computer-assisted instruction in support of beginning reading instruction: A review. *Review of Educational Research, 72*(1), 101–130.

Bloom, B. S. (1968). Mastery learning. *Evaluation Comment, 1*(2), 1–12.

Bloom, B. S. (1976). *Human characteristics and school learning.* New York: McGraw-Hill.

Bloom, B. S. (1984). The search for methods of group instruction as effective as one-to-one tutoring. *Educational Leadership, 41*(8), 4-17.

Blosser, P. E. (1985). *Meta-analysis research on science instruction.* Columbus, OH: ERIC Clearinghouse for Science, Mathematics, and Environmental Education.

Blosser, P. E. (1985). *Research related to instructional materials for science.* Columbus, OH: SMEAC Information Reference Center,The Ohio State University.

Blosser, P. E. (1986). What research says: Meta-analysis research on science instruction. *School Science and Mathematics, 86*(2), 166-170.

Boden,A.,Archwamety,T., & McFarland, M. (2000, March-April). *Programmed instruction in secondary education: A meta-analysis of the impact of class size on its effectiveness.* Paper presented at the Annual Meeting of the National Association of School Psychologists, New Orleans, LA.

Bolhuis, S. (2003). Towards process-oriented teaching for self-directed lifelong learning: a multidimensional perspective. *Learning and Instruction, 13*(3), 327-347.

Borko, H., & Livingston, C. (1989). Cognition and improvisation: Differences in mathematics instruction by expert and novice teachers. *American Educational Research Journal, 26*(4), 473-498.

Borman, G. D., & D'Agostino, J.V. (1995). *Title I and student achievement: A meta-analysis of 30 years of test results.*

Borman, G. D., & D'Agostino, J.V. (1996).Title I and student achievement:A meta-analysis of federal evaluation results. *Educational Evaluation and Policy Analysis, 18*(4), 309-326.

Borman, G. D., Hewes, G. M., Overman, L. T., & Brown, S. (2003). Comprehensive school reform and achievement: A meta-analysis. *Review of Educational Research, 73*(2), 125-230.

Born, M. P., Bleichrodt, N., &Van Der Flier, H. (1987). Cross-cultural comparison of sex-related differences on intelligence tests: A meta-analysis. *Journal of Cross-Cultural Psychology, 18*(3), 283-314.

Bosker, R. J., & Witziers, B. (1995). *A meta-analytical approach regarding school effectiveness:The true size of school effects and the effect size of educational leadership.* Enschede,The Netherlands: Department of Education,The University of Twente.

Bosker, R. J., & Witziers, B. (1996). *The magnitude of school effects, or: Does it really matter which school a student attends?* Paper presented at the Annual Meeting of the American Educational Research Association, New York.

Boulanger, F. D. (1981). Instruction and science learning: A quantitative synthesis. *Journal of Research in Science Teaching, 18*(4), 311-327.

Bourhis, J., & Allen, M. (1992). Meta-analysis of the relationship between communication apprehension and cognitive performance. *Communication Education, 41*(1), 68-76.

Bowen, C. W. (2000). A quantitative literature review of cooperativie learning effects on high school and college chemistry achievement. *Journal of Chemical Education, 77*(1), 116-119.

Boyd, R. L. (2007). *A meta-analysis of the relationship between extraversion and academic achievement.* Unpublished Ph.D., Hofstra University, New York.

Boyd, W. L. (1987). Balancing public and private schools: The Australian experience and American implications. *Educational Evaluation and Policy Analysis, 9*(3), 183-198.

Bracey, G. W. (1982). Computers in education: What the research shows. *ELECTRONIC Learning, 2*(3), 51-54.

Braddock, J. H., II. (1990). *Tracking: Implications for student race-ethnic subgroups* (No. 1). Baltimore, MD: Centre for Research on Effective Schooling for Disadvantaged Students, Johns Hopkins University.

Bradford, J. W. (1990). *A meta-analysis of selected research on student attitudes towards mathematics.* Unpublished Ph.D.,The University of Iowa, Iowa City, IA.

Bradford, L., Cooper, E., Allen, M., Stanley, J., & Grimes, D. (2006). Race and the classroom: Interaction and image. In B. M. Gayle, R. W. Preiss, N. Burrell & M. Allen (Eds.), *Classroom communication and instructional processes:Advances through meta-analysis* (pp. 169–184). Mahwah, NJ: Lawrence Erlbaum Associates.

Bransford, J., Brown, A. L., Cocking, R. R., National Research Council (U.S.). Committee on Developments in the Science of Learning., and National Research Council (U.S.). Committee on Learning Research and Educational Practice. (2000). *How people learn: Brain, mind, experience, and school* (Expanded ed.). Washington, DC: National Academy Press.

Braun, H. (2004). Reconsidering the impact of high-stakes testing [ElectronicVersion]. *Education Policy Analysis Archives, 12,* 1–45. Retrieved 29 April 2008 from http://epaa.asu.edu/epaa/v12n1/.

Bray, M. (1999). *The shadow education system: Private tutoring and its implications for planners.* Paris: Unesco, International Institute for Educational Planning.

Bredderman,T. (1980). Process curricula in elementary school service. *Evaluation in Education, 4,* 43–44.

Bredderman, T. (1982). *The effects of activity-based elementary science programs on student outcomes and classroom practices: A meta analysis of controlled studies* (Research/Technical No. NSF-SED-82-001 SED-79-18717): New York State Univ. System, Albany.[BBB01014].

Bredderman, T. (1983). Effects of activity-based elementary science on student outcomes: A quantitative synthesis. *Review of Educational Research, 53*(4), 499–518.

Bredderman, T. (1985). Laboratory programs for elementary school science: A meta-analysis of effects on learning. *Science Education, 69*(4), 577–591.

Bretz, R. D. (1989). College grade point average as a predictor of adult success: A meta-analytic review and some additional evidence. *Public Personnel Management, 18*(1), 11.

Brewer, D. J., Krop, C., Gill, B. P., & Reichardt, R. (1999). Estimating the cost of national class size reductions under different policy alternatives. *Educational Evaluation and Policy Analysis, 21*(2), 179–192.

Bridgeland, J. M., DiIulio, J. J. J., & Morison, K. B. (2006). *The silent epidemic.* Washington, DC: Civic Enterprises.

Brock, P. (2004). *A passion for life.* Sydney, Australia: Australian Broadcasting Corporation.

Brookhart, S. M., & Freeman, D. J. (1992). Characteristics of entering teacher candidates. *Review of Educational Research, 62*(1), 37–60.

Brophy, J. E. (1983). Conceptualizing student motivation. *Educational Psychologist, 18*(3), 200–215.

Brown, G.T. L. (2002). *Teachers' conceptions of assessment.* Unpublished Ph.D., University of Auckland, Auckland, New Zealand.

Brown, G.T. L. (2004).Teachers' conceptions of assessment: implications for policy and professional development. *Assessment in Education: Principles, Policy and Practice, 11*(3), 301–318.

Brown, L. I. (2001). *A meta-analysis of research on the influence of leadership on student outcomes.* Unpublished Ph.D.,Virginia Polytechnic Institute and State University,VA.

Brown, S. D.,Tramayne, S., Hoxha, D.,Telander, K., Fan, X., & Lent, R. W. (in press). Social cognitive predictors of college students' academic performance and persistence:A meta-analytic path analysis. *Journal of Vocational Behavior, 72*(3), 298–308.

Brualdi, A. C. (1998). Classroom questions. *ERIC/AE Digest* (ERIC Publications ERIC Digests in Full Text No. EDO-TM-98-02 RR93002002). Washington, DC: ERIC Clearinghouse on Assess-

ment and Evaluation.
Brunsma, D. L. (2004). *The school uniform movement and what it tells us about American education: A symbolic crusade*. Lanham, MD: Scarecrow Education.
Bryant, F. B. (1983, October). *Issues in omitting studies from research syntheses*. Paper presented at the 1983 Joint Meeting of the Evaluation Research Society and Evaluation Network, Chicago.
Bryk,A. S., Easton, J. Q., Kerbow, D., Rollow, S. G., & Sebring, P.A. (1993). *A view from the elementary schools:The state of reform in Chicago. A report of the Steering Committee, Consortium on Chicago School Research* (Reports – Evaluative). Chicago, IL: Consortium on Chicago School Research.
Bryk,A. S., & Schneider, B. L. (2002). *Trust in schools:A core resource for improvement*. NewYork: Russell Sage Foundation.
Buckingham, J. (2003). Class size and teacher quality. *Educational Research for Policy and Practice, 2*(1), 71–86.
Buckingham, J. (2003). Reforming school education: Class size and teacher quality. *Policy, 19*, 15–20.
Buckworth, J., & Dishman, R. K. (2002). *Exercise psychology*. Champaign, IL: Human Kinetics.
Buhs, E. S., & Ladd, G. W. (2001). Peer rejection as antecedent of young children's school adjustment: An examination of mediating processes. *Developmental Psychology, 37*(4), 550–560.
Buhs, E. S., Ladd, G. W., & Herald, S. L. (2006). Peer exclusion and victimization: Processes that mediate the relation between peer group rejection and children's classroom engagement and achievement? *Journal of Educational Psychology, 98*(1), 1–13.
Burger, K., & Winner, E. (2000). Instruction in visual art: Can it help children learn to read? *Journal of Aesthetic Education, 34*(3–4), 277–293.
Burkam, D. T., Ready, D. D., Lee,V. E., & LoGerfo, L. F. (2004). Social-class differences in summer learning between kindergarten and first grade: Model specification and estimation. *Sociology of Education, 77*(1), 1–31.
Burley, H. E. (1994, April). *A meta-analysis of the effects of developmental studies programs on college student achievement, attitude, and persistence*. Paper presented at the Annual Meeting of the American Educational Research Association, New Orleans, LA.
Burns, M. K. (2002). Comprehensive system of assessment to intervention using curriculum-based assessments. *Intervention in School and Clinic, 38*(1), 8–13.
Burns, M. K. (2004). Empirical analysis of drill ratio research: Refining the instructional level for drill tasks. *Remedial and Special Education, 25*(3), 167–173.
Burns, M. K., & Symington,T. (2002).A meta-analysis of prereferral intervention teams: Student and systemic outcomes. *Journal of School Psychology, 40*(5), 437–447.
Burns, P. K., & Bozeman,W. C. (1981). Computer-assisted instruction and mathematics achievement: Is there a relationship? *Educational Technology, October, 32*–38.
Burns, R. B., & Mason, D. A. (1995). Organizational constraints on the formation of elementary school classes. *American Journal of Education, 103*(2), 185–212.
Bus, A. G., & van Ijzendoorn, M. H. (1999). Phonological awareness and early reading: A meta-analysis of experimental training studies. *Journal of Educational Psychology, 91*(3), 403–414.
Bus, A. G., van Ijzendoorn, M. H., & Pellegrini, A. D. (1995). Joint book reading makes for success in learning to read: A meta-analysis on intergenerational transmission of literacy. *Review of Educational Research, 65*(1), 1–21.
Busato, V. V., Prins, F. J., Elshout, J. J., & Hamaker, C. (1998). The relation between learning styles, the Big Five personality traits and achievement motivation in higher education. *Personality and*

Individual Differences, 26(1), 129–140.

Butcher, P. M. (1981). *An experimental investigation of the effectiveness ofa value claim strategy unit for use in teacher education.* Unpublished M.A., Macquarie University, Sydney.

Butzlaff, R. (2000). Can music be used to teach reading? *Journal of Aesthetic Education, 34*(3–4), 167–178.

Byrnes, D. A. (1989). Attitudes of students, parents, and educators toward repeating a grade. In L. A. Shepard & M. L. Smith (Eds.), *Flunking grades: Research and policies on retention* (pp. 108–131). London: Falmer Press.

Cahan, S., & Davis, D. (1987). A between-grade-levels approach to the investigation of the absolute effects of schooling on achievement. *American Educational Research Journal, 24*(1), 1–12.

Cahen, L. S., & Filby, N. N. (1979). The class size/achievement issue: New evidence and a research plan. *Phi Delta Kappan, 60*(7), 492–495, 538.

Camarena, M. (1990). Following the right track: A comparison of tracking practices in public and Catholic schools. In R. N. Page & L.Villi (Eds.), *Curriculum differentiation: Interpretive studies in US secondary schools* (pp. 159–182). Albany, NY: SUNY Press.

Cambourne, B. (2003).Taking a naturalistic viewpoint in early childhood literacy research. In N. Hall, J. Larson & J. Marsh (Eds.), *Handbook of Early Childhood Literacy* (pp. 411–423). London: Sage.

Cameron, J., & Pierce,W. D. (1994). Reinforcement, reward, and intrinsic motivation:A meta-analysis. *Review of Educational Research, 64*(3), 363–423.

Camilli, G.,Vargas, S., & Yurecko, M. (2003). "Teaching children to read": The fragile link between science and federal education policy. *Education Policy Analysis Archives, 11*(15).

Cannon-Bowers,J.A.,Rhodenizer,L.,Salas,E.,& Bowers,C.A.(1998).A framework for understanding pre-practice conditions and their impact on learning. *Personnel Psychology, 51*(2), 291–320.

Carlberg, C., & Kavale, K. A. (1980). The efficacy of special versus regular class placement for exceptional children: A meta-analysis. *Journal of Special Education, 14*(3), 295–309.

Carless, D. (2006). Differing perceptions in the feedback process. *Studies in Higher Education, 31*(2), 219–233.

Carlson, C. L., & Bunner, M. R. (1993). Effects of methylphenidate on the academic performance of children with attention-deficit. *School Psychology Review, 22*(2), 184–198.

Carnine, D. (2000). *Why education experts resist effective practices (and what it would take to make education more like medicine).* Washington, DC:Thomas B. Fordham Foundation.

Carpenter, W. A. (2000). Ten years of silver bullets: Dissenting thoughts on education reform. *Phi Delta Kappan, 81*(5), 383–389.

Carroll, A., Hattie, J. A. C., Durkin, K., & Houghton, S. (2001). Goal-setting and reputation enhancement: Behavioral choices among delinquent, at-risk and not at-risk adolescents. *Legal and Criminological Psychology, 6,* 165–184.

Cason, D., & Gillis, H. L. L. (1994).A meta-analysis of outdoor adventure programming with adolescents. *Journal of Experiential Education, 17*(1), 40–47.

Caspe, M., Lopez, M. E., & Wolos, C. (2007). *Family involvement in early childhood education.* Cambridge, MA: Harvard Family Research Project, Harvard Graduate School of Education.

Caspe, M., Lopez, M. E., & Wolos, C. (2007). *Family involvement in elementary school children's education.* Cambridge, MA: Harvard Family Research Project, Harvard Graduate School of Education.

Caspe, M., Lopez, M. E., & Wolos, C. (2007). *Family involvement in middle and high school children's education.* Cambridge, MA: Harvard Family Research Project, Harvard Graduate School of Education.

Cassill, B. C. (1996). *Content analysis of student's perceptions of instructors.* Unpublished M.S., University of Tennessee at Chattanooga, Chattanooga,TN.

Casto, G., & Lewis, A. C. (1984). Parent involvement in infant and preschool programs. *Journal of the Division for Early Childhood, 9*(1), 49–56.

Casto, G., & Mastropieri, M. A. (1986).The efficacy of early intervention programs: A meta-analysis. *Exceptional Children, 52*(5), 417–424.

Casto, G., & White, K. R. (1985).The efficacy of early intervention programs with environmentally at-risk infants. *Journal of Children in Contemporary Society, 17*(1), 37–50.

Catts, R. (1992). *The integration of research findings: A review of meta-analysis methodology and an application to research on the effects of knowledge of objectives.* University of Sydney, Sydney, Australia.

Cavalluzzo, L. C. (2004). *Is National Board Certification an effective signal of teacher quality?* Alexandria, VA: CNA Corporation.

Cavanaugh, C., Gillan, K. J., Kromrey, J., Hess, M., & Blomeyer, R. (2004). *The effects of distance education on K-12 student outcomes: A meta-analysis.* Napler, IL: Learning Point Associates / North Central Regional Educational Laboratory.

Cavanaugh, C. S. (1999). *The effectiveness of interactive distance learning technologies on K-12 academic achievement.*Tampa, FL: University of South Florida.

Cavanaugh, C. S. (2001). The effectiveness of interactive distance education technologies in K-12 learning: A meta-analysis. *International Journal of Educational Telecommunications, 7*(1), 73–88.

Cepeda, N. J., Pashler, H.,Vul, E., Wixted, J. T., & Rohrer, D. (2006). Distributed practice in verbal recall tasks: A review and quantitative synthesis. *Psychological Bulletin, 132*(3), 354–380.

Chadwick, D. K. H. (1997). *Computer-assisted instruction in secondary mathematics classrooms: A meta-analysis.* Unpublished Ed.D., Drake University, IA.

Chall, J. S. (1983). *Stages of reading development.* New York: McGraw-Hill.

Chall, J. S. (1996). *Stages of reading development* (2nd ed.). Fort Worth,TX: Harcourt Brace.

Chall, J. S. (2000). *The academic achievement challenge: What really works in the classroom?* New York: Guilford Press.

Chambers, E. A. (2002). *Efficacy of educational technology in elementary and secondary classrooms: A meta-analysis of the research literature from 1992–2002.* Unpublished Ph.D., Southern Illinois University at Carbondale, IL.

Chambers, E. A. (2004). An introduction to meta-analysis with articles from the Journal of Educational Research (1992–2002). *Journal of Educational Research, 98*(1), 35–44.

Chambers, E. A., & Schreiber, J. B. (2004). Girls' academic achievement: Varying associations of extracurricular activities. *Gender and Education, 16*(3), 327–346.

Chan, C. (2005, May). *Are small classes better? Or what makes a small class better?* Paper presented at the Conference on Learning Effectiveness and Class Size, University of Hong Kong, Hong Kong.

Chang, L., & Becker, B. J. (1987, April). *A comparison of three integrative review methods: Different methods, different findings?* Paper presented at the Annual Meeting of the American Educational Research Association,Washington, DC.

Chapman, J. W. (1988). Special education in the least restrictive environment: Mainstreaming or maindumping? *Journal of Intellectual and Developmental Disability, 14*(2), 123–134.

Chard, D. J.,Vaughn, S., & Tyler, B.-J. (2002). A synthesis of research on effective interventions for building reading fluency with elementary students with learning disabilities. *Journal of Learn-*

ing Disabilities, 35(5), 386–406.

Charness, N.,Tuffiash, M., Krampe, R., Reingold, E., & Vasyukova, E. (2005).The role of deliberate practice in chess expertise. *Applied Cognitive Psychology, 19*(2), 151–165.

Chen,T.-Y. (1994). *A meta-analysis of effectiveness of computer-based instruction in mathematics.* Unpublished Ph.D.,The University of Oklahoma, OK.

Chi, M.T. H., Glaser, R., & Farr, M. J. (1988). *The nature of expertise.* Hillsdale, NJ: Lawrence Erlbaum Associates.

Chickering,A. W., & Ehrmann, S. C. (1996). Implementing the seven principles:Technology as lever. *AAHE Bulletin, October,* 3–6.

Chidester,T. R., & Grigsby,W. C. (1984). A meta-analysis of the goal setting-performance literature. *Academy of Management Proceedings,* 202–206.

Childs, T. S., & Shakeshaft, C. (1986). A meta-analysis of research on the relationship between educational expenditures and student achievement. *Journal of Education Finance, 12,* 249–263.

Childs, T. S., & Shakeshaft, C. (1987, April). *A meta-analysis of research on the relationship between educational expenditures and student achievement.* Paper presented at the Annual Meeting of the American Educational Research Association,Washington, DC.

Chin, J. M.-C. (2007). Meta-analysis of transformational school leadership effects on school outcomes in Taiwan and the USA. *Asia Pacific Education Review, 8*(2), 166–177.

Chiu, C. W. T. (1998, April). *Synthesizing metacognitive interventions: What training characteristics can improve reading performance?* Paper presented at the Annual Meeting of the American Educational Research Association San Diego, CA.

Christine, M. R.-D. (2006).Teacher expectations and student self-perceptions: Exploring relationships. *Psychology in the Schools, 43*(5), 537–552.

Christmann, E., & Badgett, J. (1997). Progressive comparison of the effects of computer-assisted instruction on the academic achievement of secondary students. *Journal of Research on Computing in Education, 29*(4), 325–237.

Christmann, E., Badgett, J., & Lucking, R. (1997). Microcomputer-based computer-assisted instruction within differing subject areas: A statistical deduction. *Journal of Educational Computing Research, 16*(3), 281–296.

Christmann, E., & Badgett, J. L. (1999). A meta-analytic comparison between the assigned academic achievement levels of students assessed with either traditional or alternative assessment techniques. *Louisiana Education Research Journal, 25*(1), 55–65.

Christmann, E., Lucking, R. A., & Badgett, J. L. (1997). The effectiveness of computer-assisted instruction on the academic achievement of secondary students: A meta-analytical comparison between urban, suburban, and rural educational settings. *Computers in the Schools, 13*(3–4), 31–40.

Christmann, E. P. (1995). *A meta-analysis of the effect of computer-assisted instruction on the academic achievement of students in grades 6 through 12: A comparison of urban, suburban, and rural educational settings.* Unpublished Ph.D., Old Dominion University,VA.

Christophel, D. M., & Gorham, J. (1995). A test-retest analysis of student motivation, teacher immediacy, and perceived sources of motivation and demotivation in college classes. *Communication Education, 44*(4), 292–306.

Clariana, R. B., & Koul, R. (2005). Multiple-try feedback and higher-order learning outcomes. *International Journal of Instructional Media, 32*(3), 239–245.

Clariana, R. B., & Koul, R. (2006).The effects of different forms of feedback on fuzzy and verbatim memory of science principles. *British Journal of Educational Psychology, 76,* 259–270.

Clark, F. E., & Angert, J. F. (1980, April). *A meta-analytic study of pictorial stimulus complexity.* Paper presented at the Annual Convention of the Association for Educational Communications and Technology, Denver, CO.

Clark, R. E. (1983). Reconsidering research on learning from media. *Review of Educational Research, 53*(4), 445–459.

Clark, R. E. (1985). Evidence for confounding in computer-based instruction studies:Analyzing the meta-analysis. *Educational Communication and Technology, 33*(4), 249–262.

Clark, R. E. (1989). When teaching kills learning: Research on mathemathantics. In H. N. Mandl, N. Bennett, E. de Corte & H. F. Freidrich (Eds.), *Learning and instruction: European research in an international* (Vol. 2, pp. 1–22). London: Pergamon.

Clarke, A. T. (2006). Coping with interpersonal stress and psychosocial health among children and adolescents: A meta-analysis. *Journal of Youth and Adolescence, 35*(1), 10–23.

Clarke, S. (2001). *Unlocking formative assessment: Practical strategies for enhancing pupils' learning in the primary classroom.* London: Hodder and Stoughton Educational.

Clarke, S.,Timperley, H., & Hattie, J. A. C. (2003). *Unlocking formative assessment: Practical strategies for enhancing students' learning in the primary and intermediate classroom* (1st N.Z. ed.). Auckland, New Zealand: Hodder Moa Beckett.

Clinton, J. (1987). *A meta-analysis of the effectiveness of programs to enhance self-concept.* Unpublished M.Ed., University of Western Australia, Perth,Western Australia.

Clinton, J., Hattie, J. A. C., & Dixon, R. (2007). *Evaluation of the Flaxmere Project:When families learn the language of school.* Wellington, New Zealand: Ministry of Education, New Zealand.

Clotfelter, C. T., Ladd, H. F., & Vigdor, J. (2005). Who teaches whom? Race and the distribution of novice teachers. *Economics of Education Review, 24*(4), 377–392.

Clotfelter, C.T., Ladd, H. F., & Vigdor, J. L. (2007). *How and why do teacher credentials matter for student achievement?* Durham, NC: Duke University.

Cobb, C. W., & Douglas, P. H. (1928). A theory of production. *The American Economic Review, 18*(1), 139–165.

Cochran-Smith, M., & Zeichner, K. M. (2005). *Studying teacher education: The report of the AERA Panel on Research and Teacher Education.* Mahwah, NJ: Lawrence Erlbaum Associates.

Coffield, F., Moseley, D.V. M., Ecclestone, K., & Hall, E. (2004). *Learning styles and pedagogy:A systematic and critical review.* London: Learning and Skills Research Council.

Cohen, I. B. (1985). *Revolution in science.* Boston, MA: Harvard University Press.

Cohen, J. (1988). *Statistical power analysis for the behavioral sciences* (2nd ed.). Hillsdale, NJ: L. Erlbaum Associates.

Cohen, J. (1990).Things I have learned (so far). *American Psychologist, 45*(12), 1304–1312.

Cohen, J. (1992). Statistical power analysis. *Current Directions in Psychological Science, 1*(3), 98–101.

Cohen, P. A. (1980). Effectiveness of student-rating feedback for improving college instruction: A meta-analysis of findings. *Research in Higher Education, 13*(4), 321–341.

Cohen, P. A. (1981). Student ratings of instruction and student achievement: A meta-analysis of multisection validity studies. *Review of Educational Research, 51*(3), 281–309.

Cohen, P. A. (1984). College grades and adult achievement: A research synthesis. *Research in Higher Education, 20*(3), 281–293.

Cohen, P. A. (1984). An updated and expanded meta-analysis of multisection student rating validity studies. *Research in Higher Education, 20*(3), 281–293.

Cohen, P. A. (1986, April). *An updated and expanded meta-analysis of multisection student rating validity studies.* Paper presented at the Annual Meeting of the American Educational Research

Association, San Francisco, CA.

Cohen, P.A., & Dacanay, L. S. (1992). Computer-based instruction and health professions education: A meta-analysis of outcomes. *Evaluation and the Health Professions, 15*(3), 259–281.

Cohen, P. A., & Dacanay, L. S. (1994). A meta-analysis of computer-based instruction in nursing education. *Computers in Nursing, 12*(2), 89–97.

Cohen, P. A., Ebeling, B. J., & Kulik, J. A. (1981). A meta-analysis of outcome studies of visual-based instruction. *Educational Communication and Technology: A Journal of Theory, Research, and Development, 29*(1), 26–36.

Cohen, P.A., Kulik, J.A., & Kulik, C.L. C. (1982). Educational outcomes of tutoring:A meta-analysis of findings. *Amferican Educational Research Journal, 19*(2), 237–248.

Cohn, C. L. (1985). *A meta-analysis of the effects of teaching innovations on achievement in college economics*. Unpublished D.A., Illinois State University, Illinois, United States.

Cohn, C. M. G. (1984). *Creativity training effectiveness:A research synthesis*. Unpublished Ph.D.,Arizona State University, Arizona, United States.

Cohn, C. M. G. (1986, April). *A research synthesis of creativity training effectiveness: Methodological issues*. Paper presented at the Annual meeting of the American Educational Research Association, San Francisco, CA.

Cohn, L. D. (1991). Sex differences in the course of personality development: A meta-analysis. *Psychological Bulletin, 109*(2), 252–266.

Cole, N. S. (1982).The implications of coaching for ability testing. In A. K. Wigdor & W. R. Garner (Eds.), *Ability testing: Uses, consequences, and controversies part II: Documentation sections* (pp. 389–414). Washington, DC: National Academy Press.

Coleman, J. S. (1992). Some points on choice in education. *Sociology of Education, 65*(4), 260–262.

Coleman, J. S., National Center for Educational Statistics., and United States Office of Education. (1966). *Equality of educational opportunity*. Washington, DC: National Center for Educational Statistics.

Collins, R. C. (1984, April). *Head Start: A review of research with implications for practice in early childhood education*. Paper presented at the Annual Meeting of the American Educational Research Association, New Orleans, LA.

Collis, K. F., & Biggs, J. B. (1979). *Classroom examples of cognitive development phenomena:The SOLO taxonomy. Final report*. Woden, ACT: Educational Research and Development Committee.

Colliver, J. A. (2000). Effectiveness of problem-based learning curricula: Research and theory. *Academic Medicine, 75*(3), 259–266.

Colosimo, M. L. S. (1981). *The effect of practice or beginning teaching on the self concepts and attitudes of teachers: A quantitative synthesis*. Unpublished Ph.D.,The University of Chicago, IL.

Colosimo, M. L. S. (1984). Attitude changes with initial teaching experience. *College Student Journal, 18*(2), 119–125.

Comfort, C. B. (2004). *Evaluating the effectiveness of parent training to improve outcomes for young children: A meta-analytic review of the published research*. Unpublished Ph.D., University of Calgary, Canada.

Conard, F. (1992). *The arts in education and a meta-analysis*. Unpublished Ph.D., Purdue University, IN.

Connell, N. (1996). *Getting off the list: School improvement in New York City*. New York: Education Priorities Panel.

Conrad, P. (2007). *The medicalization of society: On the transformation of human conditions into*

treatable disorders. Baltimore, MA: Johns Hopkins University Press.
Cook, S. B., Scruggs,T. E., Mastropieri, M.A., & Casto, G. C. (1985). Handicapped students as tutors. *Journal of Special Education, 19*(4).
Cook,T. D. (1983). *What have Black children gained academically from school desegregation: Examination of the meta-analytic evidence.* Washington, DC: National Institute on Education.
Cook,T. D. (1984). *School desegregation and black achievement*: National Inst. of Education (ED),Wash- ington, DC.[ED241 671].
Cook,T. D. (2000). *A critical appraisal of the case against using experiments to assess school (or community) effects.* Retrieved 6 May 2008, from http://media.hoover.org/documents/ednext20013unabridged_cook.pdf.
Cook,T. D. (2002). Randomized experiments in educational policy research: A critical examination of the reasons the educational evaluation community has offered for not doing them. *Educational Evaluation and Policy Analysis, 24*(3), 175-199.
Cook, T. D. (2003). Why have educational evaluators chosen not to do randomized experiments? *The ANNALS of the American Academy of Political and Social Science, 589*(1), 114-149.
Cook, T. D. (2004). *Beyond advocacy: Putting history and research into debates about the merits of social experiments (Social Policy Report, No. 12).* Ann Arbor, MI: Society for Research in Child Development.
Cook,T. D. (2004). Causal generalization: How Campbell and Cronbach influenced my theoretical thinking on this topic, including in Shadish, Cook, & Campbell. In M. Alkin (Ed.), *Evaluation roots:Tracing theorists' views and influences.* Thousand Oaks, CA: Sage.
Cooper, E., & Allen, M. (1997, November). *A meta-analytic examination of student race on classroom interaction.* Paper presented at the Annual Meeting of the National Communication Association, Chicago, IL.
Cooper, H. M. (1989). *Homework.* New York: Longman.
Cooper, H. M. (1989). Synthesis of research on homework. *Educational Leadership, 47*(3), 85-91.
Cooper, H. M. (1994). *The battle over homework.* Thousand Oaks, CA: Corwin Press.
Cooper, H. M. (2001). *Summer school: Research-based recommendations for policymakers.* SERVE Policy Brief. Greensboro, NC: SERVE: South Eastern Regional Vision for Education.
Cooper, H. M., Burger, J. M., & Good,T. L. (1980). Gender differences in learning control beliefs of young children. *Evaluation in Education, 4,* 73-75.
Cooper, H. M., Charlton, K.,Valentine, J. C., Muhlenbruck, L., & Borman, G. D. (2000). Making the most of summer school:A meta-analytic and narrative review. *Monographs of the Society for Research in Child Development, 65*(1), 1-118.
Cooper, H. M., & Dorr, N. (1995). Race comparisons on need for achievement: A meta-analytic alternative to Graham's narrative review. *Review of Educational Research, 65*(4), 483-508.
Cooper, H. M., & Hedges, L. V. (1994). *The handbook of research synthesis.* New York: Russell Sage Foundation.
Cooper, H. M., Jackson, K., Nye, B., & Lindsay, J. J. (2001). A model of homework's influence on the performance evaluations of elementary school students. *The Journal of Experimental Education, 69*(2), 181-199.
Cooper, H. M., Lindsay, J. J., Nye, B., & Greathouse, S. (1998). Relationships among attitudes about homework, amount of homework assigned and completed, and student achievement. *Journal of Educational Psychology, 90*(1), 70-83.
Cooper, H. M., Nye, B., Charlton, K., Lindsay, J., & Greathouse, S. (1996). The effects of summer vacation on achievement test scores: A narrative and meta-analytic review. *Review of Educational*

Research, 66(3), 227–268.

Cooper, H. M., Robinson, G. C., & Patall, E. A. (2006). Does homework improve academic achievement? A synthesis of research, 1987–2003. *Review of Educational Research, 76*(1), 1–62.

Cooper, H. M., & Valentine, J. C. (2001). Using research to answer practical questions about homework. *Educational Psychologist, 36*(3), 143–153.

Cooper, H. M.,Valentine, J. C., Charlton, K., & Melson, A. (2003). The effects of modified school calendars on student achievement and on school and community attitudes. *Review of Educational Research, 73*(1), 1–52.

Cooper, J. M. (2006). *Classroom teaching skills* (8th ed.). Boston, MA: Houghton Mifflin Co.

Corbett, S. S., & Drewett, R. F. (2004). To what extent is failure to thrive in infancy associated with poorer cognitive development? A review and meta-analysis. *Journal of Child Psychology and Psychiatry, 45*(3), 641–654.

Cornelius-White, J. (in preparation). Who cares? Why teacher-student relationships matter.

Cornelius-White, J. (2007). Learner-centered teacher-student relationships are effective: A meta-analysis. *Review of Educational Research, 77*(1), 113–143.

Cortazzi, M., & Jin, L. (2001). Large classes in China: 'Good' teachers and interaction. In D. A. Watkins & J. B. Biggs (Eds.), *Teaching the Chinese learner: Psychological and pedagogical perspectives* (pp. 115–184). Hong Kong: CERC and ACER.

Cosden, M., Zimmer, J., & Tuss, P. (1993). The impact of age, sex, and ethnicity on kindergarten entry and retention decisions. *Educational Evaluation and Policy Analysis, 15*(2), 209–222.

Cotton, K. (1989). Classroom questioning [Electronic Version]. *School Improvement Research Series, Close Up 5*. Retrieved 4 February, 2007 from http://www.nwrel.org/scpd/sirs/3/cu5.html.

Cotton, S. E. (2000). *The training needs of vocational teachers for working with learners with special needs*. Unpublished Ph.D., Purdue University, Indiana, United States.

Cox, S. M., Davidson, W. S., & Bynum, T. S. (1995). A meta-analytic assessment of delinquency-related outcomes of alternative education programs. *Crime Delinquency, 41*(2), 219–234.

Craig, S. D., Sullins, J., Witherspoon, A., & Gholson, B. (2006). The deep-level-reasoning-question effect:The role of dialogue and deep-level-reasoning questions during vicarious learning. *Cognition and Instruction, 24*(4), 565–591.

Crain, R. L. (1983). *Dilemmas in meta-analysis: A reply to reanalyses of the desegregation-achievement synthesis*. Washington, DC: National Institute of Education.

Crain, R. L., & Mahard, R. E. (1982). *Desegregation plans that raise Black achievement: A review of the research*. Santa Monica, CA: Rand Corporation.

Crain, R. L., & Mahard, R. E. (1983).The effect of research methodology on desegregation-achievement studies: A meta-analysis. *American Journal of Sociology, 88*(5), 839–854.

Crawford, M. G. (2000). *High school teaching: The authoritative teacher relationship style*. Unpublished Ph.D.,Vanderbilt University,Tennessee, United States.

Crenshaw, T. M. (1997). *Attention deficit hyperactivity disorder and the efficacy of stimulant medication: A meta-analysis*. Unpublished Ed.D., University of Virginia,VA.

Crimm, J. A. (1992). *Parent involvement and academic achievement: A meta-analysis*. Unpublished Ed.D., University of Georgia, GA.

Crismore, A. (Ed.). (1985). *Landscapes: A state-of-the-art assessment of reading comprehension research 1974–1984. Final Report* (Vol. 1). Bloomington, IN: Indiana University, Language Education Department.

Crissman, J. K. (2006). *The design and utilization of effective worked examples:A meta-analysis*. Unpublished Ph.D.,The University of Nebraska, Lincoln, NE.

Cronbach, L. J. (1982). Prudent aspirations for social inquiry. In W. H. Kruskal (Ed.), *The social sciences:Their nature and uses* (pp. 61–81). Chicago, IL:The University of Chicago Press.

Cronbach, L. J., & Snow, R. E. (1977). *Aptitudes and instructional methods: a handbook for research on interactions.* New York: Irvington Publishers.

Crosby, E. G. (2004). *Meta-analysis of second generation early intervention efficacy research involving children with disabilities or delays.* Unpublished Ph.D., Pennsylvania State University, PA.

Csikszentmihalyi, M. (1997). *Creativity: Flow and the psychology of discovery and invention* (1st ed.). New York: HarperPerennial.

Csikszentmihalyi, M. (2000). *Beyond boredom and anxiety.* San Francisco: Jossey-Bass Publishers.

Csikszentmihalyi, M. (2002). *Flow:The classic work on how to achieve happiness.* London: Rider.

Cuban, L. (1984). *How teachers taught: Constancy and change in American classrooms, 1890–1980.* New York: Longman.

Cuban, L. (1984). Policy and research dilemmas in the teaching of reasoning: Unplanned designs. *Review of Educational Research, 54*(4), 655–681.

Cuban, L. (2001). *Oversold and underused: Computers in the classroom.* Cambridge, MA: Harvard University Press.

Cunningham, A. J. (1988). *The contribution of computer-generated instructional graphics on measured achievement gains: A meta-analysis.* Unpublished Ed.D., East Texas State University,TX.

Curbelo, J. (1984). *Effects of problem-solving instruction on science and mathematics student achievement: A meta-analysis of findings.* Unpublished Ph.D.,The Florida State University, FL.

Dacanay, L. S., & Cohen, P. A. (1992). A meta-analysis of individualized instruction in dental education. *Journal of Dental Education, 56*(3), 183–189.

D'Agostino, J. V., & Murphy, J. A. (2004). A meta-analysis of Reading Recovery in United States schools. *Educational Evaluation and Policy Analysis, 26*(1), 23–28.

Daneman, M., & Merikle, P. M. (1996). Working memory and language comprehension: A meta-analysis. *Psychonomic Bulletin and Review, 3*(4), 422–433.

Daniels, H. (2001). *Vygotsky and pedagogy.* London: Routledge Falmer.

Darling-Hammond, L. (2006). Constructing 21st-century teacher education. *Journal of Teacher Education, 57*(3), 300–314.

Darling-Hammond, L. (2006). *Powerful teacher education: Lessons from exemplary programs.* San Francisco, CA: Jossey-Bass.

Darling-Hammond, L. (2006). Securing the right to learn: Policy and practice for powerful teaching and learning. *Educational Researcher, 35*(7), 13–24.

Datta, D. K., & Narayanan,V. K. (1989).A meta-analytic review of the concentration-performance relationship: Aggregating findings in strategic management. *Journal of Management, 15*(3), 469–483.

Dauber, S. L., Alexander, K. L., & Entwisle, D. R. (1993). Characteristics of retainees and early precursors of retention in grade:Who is held back? *Merrill-Palmer Quarterly, 39*(3), 326–343.

Dauber, S. L., Alexander, K. L., & Entwisle, D. R. (1996). Tracking and transitions through the middle grades: Channeling educational trajectories. *Sociology of Education, 69*(4), 290–307.

Davis-Kean, P. E., & Sandler, H. M. (2001). A meta-analysis of measures of self-esteem for young children: A framework for future measures. *Child Development, 72*(3), 887–906.

de Bruin, A. B. H., Rikers, R. M. J. P., & Schmidt, H. G. (2007). The effect of self-explanation and prediction on the development of principled understanding of chess in novices. *Contemporary Educational Psychology, 32*(2), 188–205.

DeBaz, T. P. (1994). *A meta-analysis of the relationship between students' characteristics and achieve-*

ment and attitudes toward science. Unpublished Ph.D., Ohio State University, OH.

Deci, E. L., Koestner, R., & Ryan, R. M. (1999). A meta-analytic review of experiments examining the effects of extrinsic rewards on intrinsic motivation. *Psychological Bulletin, 125*(6), 627–668.

Deci, E. L., & Ryan, R. M. (1985). *Intrinsic motivation and self-determination in human behavior.* New York: Plenum.

Dekkers, J., & Donatti, S. (1981). The integration of research studies on the use of simulation as an instructional strategy. *Journal of Educational Research, 74*(6), 424–427.

Deng, Z. (2007). Transforming the subject matter: Examining the intellectual roots of pedagogical content knowledge. *Curriculum Inquiry, 37*(3), 279–295.

Denham, S. A., & Almeida, M. C. (1987). Children's social problem-solving skills, behavioral adjustment, and interventions: A meta-analysis evaluating theory and practice. *Journal of Applied Developmental Psychology, 8*(4), 391–409.

DerSimonian, R., & Laird, N. M. (1983). Evaluating the effect of coaching on SAT scores: A meta-analysis. *Harvard Educational Review, 53*(1), 1–15

Dewey, J. (1938). *Logic:The theory of inquiry.* New York: Holt, Rinehart and Winston.

DeWitt-Brinks, D., & Rhodes, S. C. (1992, May). *Listening instruction: A qualitative meta-analysis of twenty-four selected studies.* Paper presented at the Annual Meeting of the International Communication Association, Miami, FL.

Diaz, P. E. (1992). Effects of transfer on academic performance of Community College students at the four-year institution. *Community/Junior College Quarterly of Research and Practice, 16*(3), 279–291.

Dickson,W. P. (1980). Referential communication performance. *Evaluation in Education, 4,* 84–85.

Dignath, C., Buettner, G., & Langfeldt, H. P. (2008). How can primary school students learn self-regulated learning strategies most effectively?: A meta-analysis on self-regulation training programmes. *Educational Research Review, In Press, Corrected Proof.*

Dignath, C., Büttner, G., & Langfeldt, H. P. (2007, August). *The efficacy of self-regulated learning interventions at primary and secondary school level: A meta-analysis.* Paper presented at the European Association on Learning and Instruction, Budapest, Hungary.

Dishman, R. K., & Buckworth, J. (1996). Increasing physical activity:A quantitative synthesis. *Medicine and Science in Sports and Exercise, 28*(6), 706–719.

Dixon, R. M., & Marsh, H. W. (1997, November). *The effect of different educational placements on the multidimensional self-concepts of students with mild disabilities: Preliminary results of a meta-analysis.* Paper presented at the Researching Education in New Times, Annual AARE Conference, Brisbane, Australia.

Dochy, F., Segers, M.,Van den Bossche, P., & Gijbels, D. (2003). Effects of problem-based learning: A meta-analysis. *Learning and Instruction, 13*(5), 533–568.

Dolan, L. J. (1980). Home, school and pupil attitudes. *Evaluation in Education, 4,* 265–358.

Donovan, J. J., & Radosevich, D. J. (1998). The moderating role of goal commitment on the goal difficulty-performance relationship: A meta-analytic review and critical reanalysis. *Journal of Applied Psychology, 83*(2), 308–315.

Donovan, J. J., & Radosevich, D. J. (1999). A meta-analytic review of the distribution of practice effect: Now you see it, now you don't. *Journal of Applied Psychology, 84*(5), 795–805.

Dornbusch, S. M. (1994, February). *Off the track.* Paper presented at the Presidential Address to the Annual Meeting of the Society for Research on Adolescence, San Diego, CA.

Dörnyei, Z. (2001). *Teaching and researching motivation.* New York: Longman.

Doughty, S. S., Chase, P. N., & O'Shields, E. M. (2004). Effects of rate building on fluent performance: a review and commentary. *The Behavior Analyst, 27,* 7-23.

Draney, K., & Wilson, M. (1992, April). *The impact of design characteristics on study outcomes in retention research: A meta-analytic perspective.* Paper presented at the Annual Meeting of the American Educational Research Association, San Francisco, CA.

Dressman, M. (1999). On the use and misuse of research evidence: Decoding two states' reading initiatives. *Reading Research Quarterly, 34*(3), 258-285.

Druva, C. A., & Anderson, R. D. (1983). Science teacher characteristics by teacher behavior and by student outcome: A meta-analysis of research. *Journal of Research in Science Teaching, 20*(5), 467-479.

Druva-Roush, C. A., & Wu, Z. J. (1989, August). *Gender differences in visual spatial skills: A meta-analysis of doctoral theses.* Paper presented at the Annual Meeting of the American Psychological Association, New Orleans, LA.

DuBois, D. L., Holloway, B. E.,Valentine, J. C., & Cooper, H. M. (2002). Effectiveness of mentoring programs for youth: A meta-analytic review. *American Journal of Community Psychology, 30*(2),157-197.

Duncan, G. J., Dowsett, C. J., Claessens, A., Magnuson, K., Huston, A. C., Klebanov, P., et al. (2007). School readiness and later achievement. *Developmental Psychology, 43*(6), 1428-1446.

Dunn, R., Griggs, S. A., Olson, J., Beasley, M., & Gorman, B. S. (1995). A meta-analytic validation of the Dunn and Dunn model of learning-style preferences. *Journal of Educational Research, 88*(6),353-362.

DuPaul, G. J., & Eckert, T. L. (1997). The effects of school-based interventions for attention deficit hyperactivity disorder: A meta-analysis. *School Psychology Review, 26*(1), 5-27.

Durlak, J.A., & Weissberg, R. P. (2007). *The impact of after-school programs that promote personal and social skills.* Chicago, IL: Collaborative for Academic, Social, and Emotional Learning.

Dusek, J. B., & Joseph, G. (1983). The bases of teacher expectancies: A meta-analysis. *Journal of Educational Psychology, 75*(3), 327-346.

Dusek, J. B., & Joseph, G. (1985). The bases of teacher expectancies. In J. B. Dusek (Ed.), *Teacher expectancies* (pp. 229-249). Hillsdale, NJ: Lawrence Erlbaum Associates.

Dustmann, C., Rajah, N., and van Soest, A. (2003). Class size, education, and wages. *The Economic Journal, 113*(485), F99-F120.

Duzinski, G. A. (1987). *The educational utility of cognitive behavior modification strategies with children: A quantitative synthesis.* Unpublished Ph.D., University of Illinois at Chicago, IL.

Dweck, C. (2006). *Mindset.* New York: Random House.

Eagly, A. H., & Johnson, B. T. (1990). Gender and leadership style: A meta-analysis. *Psychological Bulletin, 108*(2), 233-256.

Eagly,A. H., Karau, S. J., & Johnson, B.T. (1992). Gender and leadership style among school principals: A meta-analysis. *Educational Administration Quarterly, 28*(1), 76-102.

Earhart, J. A., Ramirez, L., Carlson, C., & Beretvas, S. N. (2006, August). *Meta-analysis of parent-component interventions targeting academic achievement.* Paper presented at the American Psychological Association 114th Annual Convention, New Orleans, LA.

Early Intervention Research Institute. (1983). *Final Report, 1982-83 Work Scope* (Reports - Evaluative). Logan, UT: Utah State University Exceptional Child Center.

Eaton, W. O., & Enns, L. R. (1986). Sex differences in human motor activity level. *Psychological Bulletin, 100*(1), 19-28.

Eby, L. T., Allen, T. D., Evans, S. C., Ng, T., & DuBois, D. L. (2008). Does mentoring matter? A multidisciplinary meta-analysis comparing mentored and non-mentored individuals. *Journal of Voca-*

tional Behavior, 72(2), 254-267.

Ehrenberg, R. G., & Brewer, D. J. (1995). Did teachers' verbal ability and race matter in the 1960s? Coleman revisited. *Economics of Education Review, 14*(1), 1-21.

Ehri, L. C., Nunes, S. R., Stahl, S. A., & Willows, D. M. (2001). Systematic phonics instruction helps students learn to read: Evidence from the National Reading Panel's meta-analysis. *Review of Educational Research, 71*(3), 393-447.

Ehri, L. C., Nunes, S. R.,Willows, D. M., Schuster, B.V.,Yaghoub-Zadeh, Z., & Shanahan,T. (2001). Phonemic awareness instruction helps children learn to read: Evidence from the National Reading Panel's meta-analysis. *Reading Research Quarterly, 36*(3), 250-287.

Elbaum, B. (2002). The self-concept of students with learning disabilities: A meta-analysis of comparisons across different placements. *Learning Disabilities Research and Practice, 17*(4), 216-226.

Elbaum, B., &Vaughn, S. (2001). School-based interventions to enhance the self-concept of students with learning disabilities: A meta-analysis. *The Elementary School Journal, 101*(3), 303-329.

Elbaum, B., Vaughn, S., Hughes, M. T., & Moody, S. W. (1999). Grouping practices and reading outcomes for students with disabilities. *Exceptional Children, 65*(3), 399.

Elbaum, B.,Vaughn, S., Hughes, M.T., & Moody, S. W. (2000). How effective are one-to-one tutoring programs in reading for elementary students at risk for reading failure? A meta-analysis of the intervention research. *Journal of Educational Psychology, 92*(4), 605-619.

Eliot,T. S. (1934). Choruses from "The Rock". London: Farber and Farber.

Ellington, A. J. (2000). *Effects of hand-held calculators on precollege students in mathematics classes: A meta- analysis.* Unpublished Ph.D.,The University of Tennessee,TN.

Ellington, A. J. (2003). A meta-analysis of the effects of calculators on students' achievement and attitude levels in precollege mathematics classes. *Journal for Research in Mathematics Education, 34*(5), 433-463.

Ellington, A. J. (2006). The effects of non-CAS graphing calculators on student achievement and attitude levels in mathematics: A meta-analysis. *School Science and Mathematics, 106*(1), 16-26.

Elliott, E. S., & Dweck, C. S. (1988). Goals: An approach to motivation and achievement. *Journal of Personality and Social Psychology, 54*(1), 5-12.

Ellis, A. K., & Fouts, J. T. (1997). *Research on educational interventions.* Larchmont, NY: Eye on Education.

Ellis, T. I. (1984). *Class size*: ERIC Clearinghouse on Educational Management, Eugene, OR.[SJJ69850].

Ellis,T. I. (1985). Class size. *Research Roundup, 1*(2).

Elmore, R. F. (1996). Getting to scale with good educational practice. *Harvard Educational Review, 66*(1), 1-26.

El-Nemr, M. A. (1979). *Meta-analysis of the outcomes of teaching biology as inquiry.* Unpublished Ph.D., University of Colorado at Boulder, CO.

Else-Quest, N. M., Hyde, J. S., Goldsmith, H. H., & Hulle, C. A. V. (2006). Gender differences in temperament: A meta-analysis. *Psychological Bulletin, 132*(1), 33-72.

Elshout, J. J. (1987). Problem solving and education. In E. De Corte, H. Lodewijks, R. Parmentier & P. Span (Eds.), *Learning and instruction* (pp. 259-273). Pergamon Books: Oxford, UK.

Engelmann, S. (1991). Change schools through revolution, not evolution. *Journal of Behavioral Educa- tion, 1*(3), 295-304.

Ennemoser, M., & Schneider,W. (2007). Relations of television viewing and reading: Findings from a 4-year longitudinal study. *Journal of Educational Psychology, 99*(2), 349-368.

Epstein, J. L., & Mac Iver, D. J. (1990). *Education in the middle grades: Overview of national practic-*

es and trends. (No. 45). Baltimore, MD: Center for Research on Elementary and Middle Schools, The Johns Hopkins University.

Ergene,T. (2003). Effective interventions on test anxiety reduction:A meta-analysis. *School Psychology International, 24*(3), 313–328.

Erion, J. (2006). Parent tutoring: A meta-analysis. *Education and Treatment of Children, 29*(1), 79–106.

Ernst, M. L. M. (2001). *Infant cognition and later intelligence.* Unpublished Ph.D., Loyola University of Chicago, IL.

Etnier, J. L., Nowell, P. M., Landers, D. M., & Sibley, B. A. (2006). A meta-regression to examine the relationship between aerobic fitness and cognitive performance. *Brain Research Reviews, 52*(1),119–130.

Etnier, J. L., Salazar,W., Landers, D. M., Petruzzello, S. J., Han, M., & Nowell, P. (1997).The influence of physical fitness and exercise upon cognitive functioning: A meta-analysis. *Journal of Sport and Exercise Psychology, 19*(3), 249–277.

Etsey,Y. K., & Snetzler, S. (1998, April). *A meta-analysis of gender differences in student attitudes toward mathematics.* Paper presented at the Annual Meeting of the American Educational Research Association, San Diego, CA.

Evans, C. R., & Dion, K. L. (1991). Group cohesion and performance: A meta-analysis. *Small Group Research, 22*(2), 175–186.

Evans, J. H., Jr. (1986). *Effects of career education interventions on academic achievement: A meta-analysis.* Unpublished Ph.D.,The Florida State University, FL.

Evans, J. H., Jr., & Burck, H. D. (1992). The effects of career education interventions on academic achievement: A meta-analysis. *Journal of Counseling and Development, 71*(1), 63–68.

Eysenck, H. J. (1984). Meta-Analysis: An abuse of research integration. *Journal of Special Education, 18*(1), 41–59.

Eysenck, H. J. (1995). Meta-analysis of best-evidence synthesis? *Journal of Evaluation in Clinical Practice, 1*(1), 29–36.

Fait, L. (1982). *Attitudes of parents and teachers concerning retention of elementary students in the State of Utah.* Unpublished Ed.D., Brigham Young University, UT.

Falbo, T., & Polit, D. F. (1986). Quantitative review of the only child literature: Research evidence and theory development. *Psychological Bulletin, 100*(2), 176–189.

Falchikov, N., & Boud, D. (1989). Student self-assessment in higher education: A meta-analysis. *Review of Educational Research, 59*(4), 395–430.

Falchikov, N., & Goldfinch, J. (2000). Student peer assessment in higher education: A meta-analysis comparing peer and teacher marks. *Review of Educational Research, 70*(3), 287–322.

Fan,W. (1993). *Metacognition and comprehension:A quantitative synthesis of metacognitive strategy instruction.* Unpublished Ed.D., University of Cincinnati, OH.

Fan, X., & Chen, M. (1999, April). *Parental involvement and students' academic achievement: A meta-analysis.* Paper presented at the Annual Meeting of the American Educational Research Association, Montreal, Quebec, Canada.

Fan, X., & Chen, M. (2001). Parental involvement and students' academic achievement: A meta-analysis. *Educational Psychology Review, 13*(1), 1–22.

Fanjiang, G., & Kleinman, R. E. (2007). Nutrition and performance in children. *Current Opinion in Clinical Nutrition and Metabolic Care, 10*(3), 342–347.

Feingold,A. (1994). Gender differences in variability in intellectual abilities:A cross-cultural perspective. *Sex Roles, 30*(1), 81–92.

Feingold, B. F., & Feingold, H. S. (1979). *The Feingold cookbook for hyperactive children, and others*

with problems associated with food additives and salicylates. New York: Random House.
Feinstein, L. (2003). Inequality in the early cognitive development of British children in the 1970 cohort. *Economica, 70*(277), 73–97.
Feist, G. J. (1998). A meta-analysis of personality in scientific and artistic creativity. *Personality and Social Psychology Review, 2*(4), 290–309.
Feltz, D. L., & Landers, D. M. (1983). The effects of mental practice on motor skill learning and performance: A meta-analysis. *Journal of Sport Psychology, 5,* 25–57.
Fendick, F. (1990). *The correlation between teacher clarity of communication and student achievement gain: A meta-analysis.* Unpublished Ph.D., University of Florida, FL.
Fenstermacher, G. D., & Soltis, J. F. (2004). *Approaches to teaching* (4th ed.). New York: Teachers College Press.
Ferguson, R. F., & Ladd, H. F. (1996). How and why money matters: An analysis of Alabama schools. In H. F. Ladd (Ed.), *Holding schools accountable: Performance-based reform in education* (pp. 265–299). Washington, DC: Brookings Institution Press.
Fernanda, F., Karl, G. D. B., & Vittoria, F. (2002). Good-enough representations in language comprehension. *Current Directions in Psychological Science, 11,* 11–15.
Feuerstein, R. (1980). *Instrumental enrichment:An intervention program for cognitive modifiability.* Baltimore, MD: University Park Press.
Findley, M. J., & Cooper, H. M. (1983). Locus of control and academic achievement: A literature review. *Journal of Personality and Social Psychology, 44*(2), 419–427.
Finn, J. D. (1998). *Class size and students at risk. What is known? What is next? A Commissioned Paper.* Washington, DC: U.S. Department of Education, Office of Educational Research and Improvement, National Institute on the Education of At-Risk Students.
Finn, J. D. (2002). Class-size reduction in grades k-3. In A. Molnar (Ed.), *School reform proposals:The research evidence* (pp. 27–48). Greenwich, Conn.: Information Age Publishing.
Fischer, T. A., & Tarver, S. G. (1997). Meta-analysis of studies of mathematics curricula designed around big ideas. *Effective School Practices, 16,* 71–79.
Fisher, E. P. (1992). The impact of play on development: A meta-analysis. *Play and Culture, 5*(2), 159–181.
Fiske, E. B., & Ladd, H. F. (2000). *When schools compete: A cautionary tale.* Washington, DC: Brookings Institution Press.
Fitzgerald, D., Hattie, J. A. C., & Hughes, P. (1985). *Computer applications in Australian classrooms.* Canberra: Australian Department of Education.
Fitz-Gibbon, C., & Kochan, S. (2000). School effectiveness and education indicators. In C.Teddlie & D. Reynolds (Eds.), *The international handbook of school effectiveness research* (pp. 257–282). London: Falmer Press.
Fleming, M. L., & Malone, M. R. (1983). The relationship of student characteristics and student performance in science as viewed by meta-analysis research. *Journal of Research in Science Teaching, 20*(5), 481–495.
Fletcher, J. D. (1989).The effectiveness and cost of interactive videodisc instruction. *Machine-Mediated Learning, 3*(4), 361–385.
Fletcher-Flynn, C. M., & Gravatt, B. (1995). The efficacy of computer assisted instruction (CAI): A meta-analysis. *Journal of Educational Computing Research, 12*(3), 219–241.
Forestal, P. (1990). Talking: Toward classroom action. In M. Brubacher, R. Payne & K. Rickett (Eds.), *Perspectives on small group learning:Theory and practice* (pp. 159–173). Oakville, ON, Canada: Rubicon.

Forness, S. R., & Kavale, K. A. (1993). Strategies to improve basic learning and memory deficits in mental retardation: A meta-analysis of experimental studies. *Education and Training in Mental Retardation, 28*(2), 99–110.

Forness, S. R., & Kavale, K.A. (1996).Treating social skill deficits in children with learning disabilities: A meta-analysis of the research. *Learning Disability Quarterly, 19*(1), 2–13.

Forness, S. R., Kavale, K. A., Blum, I. M., & Lloyd, J. W. (1997). Mega-analysis of meta-analyses. *Teaching Exceptional Children, 29*(6), 4–9.

Forness, S. R., Kavale, K. A., & Crenshaw, T. M. (1999). Stimulant medication revisited: Effective treatment of children with ADHD. *Reclaiming Children and Youth: Journal of Emotional and Behavioral Problems, 7*(4), 230–233.

Foster, J. E. (1993). Retaining children in grade. *Childhood Education, 70*(1), 38–43.

Fowler, C. H., Konrad, M., Walker, A. R., Test, D. W., & Wood, W. M. (2007). Self-determination interventions' effects on the academic performance of students with developmental disabilities. *Education and Training in Developmental Disabilities, 42*(3), 270–285.

Fraser, B. J. (1989). Research syntheses on school and instructional effectiveness. *International Journal of Educational Research, 13*(7), 707–719.

Frazier, T. W., Demaree, H.A., &Youngstrom, E.A. (2004). Meta-analysis of intellectual and neuropsychological test performance in Attention-Deficit/Hyperactivity Disorder. *Neuropsychology, 18*(3), 543–555.

Frazier, T. W.,Youngstrom, E. A., Glutting, J. J., & Watkins, M. W. (2007). ADHD and achievement: Meta-analysis of the child, adolescent, and adult literatures and a concomitant study with college students. *Journal of Learning Disabilities, 40*(1), 49–65.

Fredrick,W. C. (1980). Instructional time. *Evaluation in Education, 4*, 117–118.

Freeman, H. E. (1984). *A meta-analysis of gender differences in mathematics achievement.* Unpublished Ph.D.,The University of Alabama, AL.

Friedman, L. (1989). Mathematics and the gender gap: A meta-analysis of recent studies on sex differences in mathematical tasks. *Review of Educational Research, 59*(2), 185–213.

Friedman, L. (1996). Meta-analysis and quantitative gender differences: Reconciliation. *Focus on Learning Problems in Mathematics, 18*(1–3), 123–128.

Friedrich, K. R. (1997). *Alternative education for at-risk youth: An analytical review of evaluation findings.* Unpublished Ph.D.,Texas A&M University, College Station,TX.

Frieze, I., Whitley, B., Hanusa, B., & McHugh, M. (1982). Assessing the theoretical models for sex differences in causal attributions for success and failure. *Sex Roles, 8*(4), 333–343.

Froman, R. D. (1981, April). *Ability grouping:Why do we persist and should we?* Paper presented at the Annual Meeting of the American Educational Research Association, Los Angeles, CA.

Frost, L. A., Hyde, J. S., & Fennema, E. (1994). Gender, mathematics performance, and mathematics-related attitudes and affect: A meta-analytic synthesis. *International Journal of Educational Research, 21*, 373–385.

Fuchs, D., & Fuchs, L. S. (1985, March). *The importance of context in testing: A meta-analysis.* Paper presented at the Annual Meeting of the American Educational Research Association, Chicago, IL.

Fuchs, D., & Fuchs, L. S. (1986).Test procedure bias: A meta-analysis of examiner familiarity effects. *Review of Educational Research, 56*(2), 243–262.

Fuchs, D., & Fuchs, L. S. (1989). Effects of examiner familiarity on black, Caucasian, & Hispanic children: A meta-analysis. *Exceptional Children, 55*(4), 303–308.

Fuchs, D., Fuchs, L. S., Mathes, P. G., Lipsey, M. W., & Roberts, P. (2002). Is "learning disabilities" just a fancy term for low achievement? A meta-analysis of reading differences between low achievers with and without the label. In R. Bradley, L. Danielson & D. P. Hallahan (Eds.), *Identification of learning disabilities: Research to practice. The LEA series on special education and disability* (pp. 737–762). Mahwah, NJ: Lawrence Erlbaum Associates.

Fuchs, L. S., & Fuchs, D. (1985). *The effect of measuring student progress toward long vs. short-term goals: A meta-analysis.*

Fuchs, L. S., & Fuchs, D. (1985, March-April). *A quantitative synthesis of effects of formative evaluation on achievement.* Paper presented at the Annual Meeting of the American Educational Research Association, Chicago, IL.

Fuchs, L. S., & Fuchs, D. (1986). Curriculum-based assessment of progress toward long-term and short-term goals. *Journal of Special Education, 20*(1), 69–82.

Fuchs, L. S., & Fuchs, D. (1986, April). *Effects of alternative student performance graphing procedures on achievement.* Paper presented at the Annual Meeting of the American Educational Research Association, San Francisco, CA.

Fuchs, L. S., & Fuchs, D. (1986). Effects of long- and short-term goal assessment on student achievement (p. 32).

Fuchs, L. S., & Fuchs, D. (1986). Effects of systematic formative evaluation: A meta-analysis. *Exceptional Children, 53*(3), 199–208.

Fuchs, L. S., & Fuchs, D. (1987). The relation between methods of graphing student performance data and achievement: A meta-analysis. *Journal of Special Education Technology, 8*(3), 5–13.

Fukkink, R. G., & de Glopper, K. (1998). Effects of instruction in deriving word meaning from context: A meta-analysis. *Review of Educational Research, 68*(4), 450–469.

Fullan, M., Hill, P., & Crévola, C. (2006). *Breakthrough*.Thousand Oaks, CA: Corwin Press.

Fullan, M., & Stiegelbauer, S. (1991). *The new meaning of educational change* (2nd ed.). London: Cassell.

Fuller, B. (1987). What school factors raise achievement in the Third World? *Review of EducationalResearch, 57*(3), 255–292.

Fusaro, J. A. (1993). A meta-analysis of the effect of sentence-combining on reading comprehension. *Reading Improvement, 30*(4), 228–231.

Fusaro, J. A. (1997). The effect of full-day kindergarten on student achievement: A meta-analysis. *Child Study Journal, 27*(4), 269–277.

Gadamer, H. G. (1993). *Truth and method* (2nd ed.). New York: Continuum.

Gage, N. L., & Berliner, D. C. (1998). *Educational psychology* (6th ed.). Boston: Houghton Mifflin.

Gale, P. S. (2004). A summative metaevaluation synthesis: State education agency evaluations of the comprehensive school reform program. *Dissertation Abstracts International Section A: Humanities and Social Sciences, 65*(6-A), pp.

Gall, M. D. (1970).The use of questions in teaching. *Review of Educational Research, 40*(5), 707–721.

Gall, M. D. (1984). Synthesis of research on teachers' questioning. *Educational Leadership, 42*(3), 40–47.

Galloway, A. M. (2003). *Improving reading comprehension through metacognitive strategy instruction: Evaluating the evidence for the effectiveness of the reciprocal teaching procedure.* Unpublished Ph.D., The University of Nebraska, Lincoln, NE.

Galton, M. J. (1995). *Crisis in the primary classroom.* London: D. Fulton Publishers.

Galton, M. J., & Willcocks, J. (1983). *Moving from the primary classroom.* London: Routledge and Kegan Paul.

Gamoran, A. (1993). Alternative uses of ability grouping in secondary schools: Can we bring high-quality instruction to low-ability classes? *American Journal of Education, 102*(1), 1–22.

Garland, H. (1985). A cognitive mediation theory of task goals and human performance. *Motivation and Emotion, 9*(4), 345–367.

Garlinger, D. K., & Frank, B. M. (1986).Teacher-student cognitive style and academic achievement: A review and mini-meta-analysis. *Journal of Classroom Interaction, 21*(2), 2–8.

Gasper, J. M. (1992). *Transformational leadership: An integrative review of the literature.* Unpublished Ed.D.,Western Michigan University, MI.

Gaub, M., & Carlson, C. L. (1997). Gender differences in ADHD: A meta-analysis and critical review. *Journal of the American Academy of Child and Adolescent Psychiatry, 36*(8), 1036–1045.

Gayle, B. M., Preiss, R. W., & Allen, M. (2006). How effective are teacher-initiated classroom questions in enhancing student learning? In B. M. Gayle, R. W. Preiss, N. Burrell & M.Allen (Eds.), *Classroom communication and instructional processes: Advances through meta-analysis* (pp. 279–293). Mahwah, NJ: Lawrence Erlbaum Associates.

Gayle, B. M., Preiss, R. W., Burrell, N., & Allen, M. (Eds.). (2006). *Classroom communication and instructional processes: Advances through meta-analysis.* Mahwah, NJ: Lawrence Erlbaum Associates.

Gee, E. J. (1995, April). *The effects of a whole language approach to reading instruction on reading comprehension: A meta-analysis.* Paper presented at the Annual Meeting of the American Educational Research Association San Francisco, CA.

Gennetian, L.A., Duncan, G., Knox,V.,Vargas,W., Clark-Kauffman, E., & London,A. S. (2004). How welfare policies affect adolescents' school outcomes: A synthesis of evidence from experimental studies. *Journal of Research on Adolescence, 14*(4), 399–423.

George, W. C., Cohn, S. J., & Stanley, J. C. (1979). *Educating the gifted: Acceleration and enrichment. Revised and expanded proceedings of the Ninth Annual Hyman Blumberg Symposium on Research in Early Childhood Education*, Baltimore, MD.

Gersten, R., & Baker, S. (1999, April). *Effective instruction for English-language learners: A multi-vocal approach toward research synthesis.* Paper presented at the Annual Meeting of the American Educational Research Association, Montreal, Quebec, Canada.

Gersten, R., & Baker, S. (2001).Teaching expressive writing to students with learning disabilities: A meta-analysis. *The Elementary School Journal, 101*(3), 251–272.

Gersten, R., & Carnine, D. (1984). Direct instruction mathematics: A longitudinal evaluation of low-income elementary school students. *The Elementary School Journal, 84*(4), 395–407.

Gersten, R., & Keating,T. (1987). Long-term benefits from direct instruction. *Educational Leadership, 44*(6), 28.

Getsie, R. L., Langer, P., & Glass, G.V. (1985). Meta-analysis of the effects of type and combination of feedback on children's discrimination learning. *Review of Educational Research, 55*(1), 9–22.

Ghafoori, B. (2000). *Effectiveness of cognitive-behavioral therapy in reducing classroom disruptive behaviors: A meta-analysis.* Unpublished Ph.D., California School of Professional Psychology, Fresno, CA.

Giaconia, R. M., and Hedges, L.V. (1982). Identifying features of effective open education. *Review of Educational Research, 52*(4), 579–602.

Gickling, E. E. (1984, October). *Operationalizing academic learning time for low achieving and handicapped mainstreamed students.* Paper presented at the Annual Meeting of the Northern Rocky Mountain Educational Research Association, Jackson Hole,WY.

Gierl, M. J., Zheng,Y., & Cui,Y. (2008). Using the attribute hierarchy method to identify and interpret cognitive skills that produce group differences. *Journal of Educational Measurement, 45*(1),

65-89.
Gijbels, D. (2003). Effects of problem-based learning: A meta-analysis. *Learning and Instruction, 13*, 533-568.
Gijbels, D., Dochy, F.,Van den Bossche, P., & Segers, M. (2005). Effects of problem-based learning: A meta-analysis from the angle of assessment. *Review of Educational Research, 75*(1), 27-61.
Gilliam, W. S., & Zigler. (2000). A critical meta-analysis of all evaluations of state-funded preschool from 1977 to 1998: Implications for policy, service delivery and program evaluation. *Early Childhood Research Quarterly, 15*(4), 441-473.
Gillibrand, E., Robinson, P., Brawn, R., & Osborne, A. (1999). Girls' participation in physics in single sex classes in mixed schools in relation to confidence and achievement. *International Journal of Science Education, 21*(4), 349-362.
Gilligan, C. (1982). *In a different voice: Psychological theory and women's development.* Cambridge, MA: Harvard University Press.
Gillingham, M. G., & Guthrie, J. T. (1987). Relationships between CBI and research on teaching. *Contemporary Educational Psychology, 12*(3), 189-199.
Gilner, M. W. (1988). *Research on family structure and school performance: A meta-analysis.* Unpublished Ph.D., St Louis University, MO.
Gilpin, A. R. (2008). Meta-analysis, and robustness: An empirical examination of Rosenthal and Rubin's effect size indicator. *Educational and Psychological Measurement, 68*(1), 42-57.
Ginns, P., Hollender, N., & Reimann, P. (2006, April 6). *Meta-analysis of the minimalist training model.* Paper presented at the Annual Meeting of the American Educational Research Association, San Francisco, CA.
Ginsburg-Block, M. D., Rohrbeck, C. A., & Fantuzzo, J. W. (2006). A meta-analytic review of social, self-concept, and behavioral outcomes of peer-assisted learning. *Journal of Educational Psychology, 98*(4), 732-749.
Gipps, C.V. (1994). *Beyond testing:Towards a theory of educational assessment.* London: Falmer Press.
Glass, G.V. (1970). Discussion. In M. C. Wittrock & D. E. Wiley (Eds.), *The evaluation of instruction: Issues and problems* (pp. 210-211). New York: Holt, Rinehart and Winston.
Glass, G.V. (1976). Primary, secondary, and meta-analysis of research. *Educational Researcher, 5*(10), 3-8.
Glass, G.V. (1977). Integrating findings:The meta-analysis of research. *Review of Research in Education, 5*, 351-379.
Glass, G.V. (1980). On criticism of our class size/student achievement research: No points conceded. *Phi Delta Kappan, 62*(4), 242-244.
Glass, G.V. (1982). Meta-analysis: An approach to the synthesis of research results. *Journal of Research in Science Teaching, 19*(2), 93-112.
Glass, G.V. (1982). *School class size: Research and policy.* Beverly Hills, CA: Sage.
Glass, G.V. (1987). What works: Politics and research. *Educational Researcher, 16*(3), 5-10.
Glass, G. V. (2000). Meta-analysis at 25 [Electronic Version]. Retrieved 13 November 2007 from http://glass.ed.asu.edu/gene/papers/meta25.html.
Glass, G. V., McGaw, B., & Smith, M. L. (1981). *Meta-analysis in social research.* Beverly Hills: Sage Publications.
Glass, G.V., & Smith, M. L. (1978). *Meta-analysis of research on the relationship of class-size and achievement. The class size and instruction project* (Research/Technical No. C8088). San Francisco, CA: Far West Lab. for Educational Research and Development.

Glass, G.V., & Smith, M. L. (1979). Meta-analysis of research on class size and achievement. *Educational Evaluation and Policy Analysis, 1*(1), 2-16.

Glazerman, S., Mayer, D., & Decker, P. (2006). Alternative routes to teaching: The impacts of Teach for America on student achievement and other outcomes. *Journal of Policy Analysis and Management, 25*(1), 75-96.

Gliessman, D. H., Pugh, R. C., Dowden, D. E., & Hutchins, T. F. (1988). Variables influencing the acquisition of a generic teaching skill. *Review of Educational Research, 58*(1), 25-46.

Gocmen, G. B. (2003). *Effectiveness of frequent testing over academic achievement: A meta-analysis study.* Unpublished Ph.D., Ohio University, Ohio, United States.

Goff, M., & Ackerman, P. L. (1992). Personality-intelligence relations:Assessment of typical intelligence engagement. *Journal of Educational Psychology, 84*(4), 537-552.

Goldberg, A., Russell, M., & Cook, A. (2003). The effect of computers on student writing: A meta-analysis of studies from 1992 to 2002 [Electronic Version]. *The Journal of Technology, Learning, and Assessment, 2.* Retrieved 16 April 2007 from http://www.jtla.org.

Goldberg, W. A., Prause, J., Lucas-Thompson, R., & Himsel, A. (2008). Maternal employment and children's achievement in context: A meta-analysis of four decades of research. *Psychological Bulletin, 134*(1), 77-108.

Goldhaber, D., & Anthony, E. (2004). *Can teacher quality be effectively assessed?* Seattle,WA: Center on Reinventing Public Education and the Urban Institute.

Goldin, G.A. (1992). Meta-analysis of problem-solving studies:A critical response. *Journal for Research in Mathematics Education, 23*(3), 274-283.

Goldring, E. B. (1990). Assessing the status of information on classroom organizational frameworks for gifted students. *Journal of Educational Research, 83*(6), 313-326.

Goldring, E. B., & Addi,A. (1989). Using meta-analysis to study policy issues:The ethnic composition of the classroom and achievement in Israel. *Studies In Educational Evaluation, 15*(2), 231-246.

Goldring, E. B., & Presbrey, L. S. (1986). Evaluating preschool programs: A meta-analytic approach. *Educational Evaluation and Policy Analysis, 8*(2), 179-188.

Goldstein, H.,Yang, M., Omar, R.,Turner, R., & Thompson, S. (2000). Meta-analysis using multilevel models with an application to the study of class size effects. *Journal of the Royal Statistical Society: Series C (Applied Statistics), 49*(3), 399-412.

Gollwitzer, P. M., & Sheeran, P. (2006). Implementation intentions and goal achievement: A meta-analysis of effects and processes. *Advances in Experimental Social Psychology, 38*, 69-119.

Gooding, R. Z., & Wagner, J. A., III. (1985). A meta-analytic review of the relationship between size and performance:The productivity and efficiency of organizations and their subunits. *Administrative Science Quarterly, 30*(4), 462-481.

Gordon, M. B. (1991). *A quantitative analysis of the relationship between computer graphics and mathematics achievement and problem-solving.* Unpublished Ed.D., University of Cincinnati, OH.

Gottfried,A. W. (1984). *Home environment and early cognitive development: Longitudinal research.* Orlando, FL: Academic Press.

Graham, S., & Perin, D. (2007).A meta-analysis of writing instruction for adolescent students. *Journal of Educational Psychology, 99*(3), 445-476.

Graham, S., & Perin, D. (2007). *Writing next: Effective strategies to improve writing of adolescents in middle and high schools - A report to Carnegie Corporation of NewYork.* Washington, DC: Alliance for Excel- lent Education.

Graue, M. E.,Weinstein,T., & Walberg, H. J. (1983). School-based home instruction and learning: A

quantitative synthesis. *Journal of Educational Research, 76*(6).
Gray, J. (1993). *Men are from Mars, women are from Venus: A practical guide for improving communication and getting what you want in your relationships*. London: Thorsons.
Greene, J. P. (1997). A meta-analysis of the Rossell and Baker review of bilingual education research. *Bilingual Research Journal, 21*(2–3), 103–122.
Greenwald, R., Hedges, L. V., & Laine, R. (1996). Interpreting research on school resources and student achievement: A rejoinder to Hanushek. *Review of Educational Research, 66*(3), 411–416.
Greenwald, R., Hedges, L. V., & Laine, R. D. (1996). The effect of school resources on student achievement. *Review of Educational Research, 66*(3), 361–396.
Greiff, A. H. (1997). *Utilization of computer-assistive technology for children with learning disabilities*. Unpublished M.S., Touro College, NY.
Greiner, J. M., & Karoly, P. (1976). Effects of self-control training on study activity and academic performance: An analysis of self-monitoring, self-reward, and systematic-planning components. *Journal of Counseling Psychology, 23*(6), 495–502.
Grigorenko, E. L. (2005). A conservative meta-analysis of linkage and linkage-association studies of developmental dyslexia. *Scientific Studies of Reading, 9*(3), 285–316.
Grissom, J. B., & Shepard, L. A. (1989). Repeating and dropping out of school. In L. A. Shepard & M. L. Smith (Eds.), *Flunking grades: Research and policies on retention* (pp. 34–63). London: Falmer Press.
Grodsky, E., & Gamoran, A. (2003). The relationship between professional development and professional community in American schools. *School Effectiveness and School Improvement, 14*(1), 1–29.
Groot, W., & Maassen van den Brink, H. (2000). Overeducation in the labor market: A meta-analysis. *Economics of Education Review, 19*(2), 149–158.
Guilford, J. P. (1954). *Psychometric methods* (2d ed.). New York: McGraw-Hill.
Guskey, T. R. (2007). Multiple sources of evidence: An analysis of stakeholders' perceptions of various indicators of student learning. *Educational Measurement: Issues and Practice, 26*(1), 19–27.
Guskey, T. R., & Gates, S. L. (1985, March-April). *A synthesis of research on group-based mastery learning programs*. Paper presented at the Annual Meeting of the American Educational Research Association, Chicago, IL.
Guskey, T. R., & Gates, S. L. (1986). Synthesis of research on the effects of mastery learning in elementary and secondary classrooms. *Educational Leadership, 43*(8), 73–80.
Guskey, T. R., & Pigott, T. D. (1988). Research on group-based mastery learning programs: A meta-analysis. *Journal of Educational Research, 81*(4), 197–216.
Guskin, S. L. (1984). Problems and promises of meta-analysis in special education. *Journal of Special Education, 18*(1), 73–80.
Guthrie, J. T., McRae, A., & Klauda, S. L. (2007). Contributions of concept-oriented reading instruction to knowledge about interventions for motivations in reading. *Educational Psychologist, 42*(4), 237–250.
Gutierrez, R., & Slavin, R. (1992). Achievement effects of the nongraded elementary school: A best evidence synthesis. *Review of Educational Research, 62*(4), 333–376.
Guzzetti, B. J., Snyder, T. E., Glass, G. V., & Gamas, W. S. (1993). Promoting conceptual change in science: A comparative meta-analysis of instructional interventions from reading education and science education. *Reading Research Quarterly, 28*(2), 116–159.
Guzzo, R. A., Jette, R. D., & Katzell, R. A. (1985). The effects of psychologically based intervention programs on worker productivity: A meta-analysis. *Personnel Psychology, 38*(2), 275–291.

Haas, M. (2005). Teaching methods for secondary algebra: A meta-analysis of findings. *NASSP Bulletin, 89*(642), 24–46.

Haertel, G. D., & Walberg, H. J. (1980). Investigating an educational productivity model. *Evaluation in Education, 4*, 103–104.

Haertel, G. D., Walberg, H. J., & Haertel, E. H. (1979, April). *Social-psychological environments and learning: A quantitative synthesis.* Paper presented at the Annual Meeting of the American Educational Research Association, San Francisco, CA.

Haertel, G. D.,Walberg, H. J., & Haertel, E. H. (1980). Classroom socio-psychological environment. *Evaluation in Education, 4*, 113–114.

Haertel, G. D., Walberg, H. J., & Haertel, E. H. (1981). Socio-psychological environments and learning: A quantitative synthesis. *British Educational Research Journal, 7*(1), 27–36.

Hager, W., & Hasselhorn, M. (1998). The effectiveness of the cognitive training for children from a differential perspective: A meta-evaluation. *Learning and Instruction, 8*(5), 411–438.

Haig, B. D. (2005). An abductive theory of scientific method. *Psychological Methods, 10*(4), 371–388.

Haladyna, T., & Shaughnessy, J. (1982). Attitudes toward science: A quantitative synthesis. *Science Education, 66*(4), 547–563.

Hall, J.A. (1980). Gender difference in skill and sending and interpreting non-verbal emotional cues. *Evaluation in Education, 4*, 71–72.

Hall, L. E. (1988). *The effects of cooperative learning on achievement: A meta-analysis.* Unpublished Ed.D., University of Georgia, GA.

Haller, E. J., & Davis, S. A. (1980). Does socioeconomic status bias the assignment of elementary school students to reading groups? *American Educational Research Journal, 17*(4), 409–418.

Haller, E. P., Child, D. A., & Walberg, H. J. (1988). Can comprehension be taught? A quantitative synthesis of "metacognitive" studies. *Educational Researcher, 17*(9), 5–8.

Hallinger, P., & Murphy, J. F. (1986). The social context of effective schools. *American Journal of Education, 94*(3), 328–355.

Hamaker, C. (1986).The effects of adjunct questions on prose learning. *Review of Educational Research, 56*(2), 212–242.

Hamilton, W. A. (1995). *A meta-analysis of the comparative research on computer-assisted instruction and its effects on elementary and secondary mathematics achievement.* Unpublished Ed.D., Wayne State University, Michigan, United States.

Hamm, J. V., & Faircloth, B. S. (2005). The role of friendship in adolescents' sense of school belonging. *New Directions for Child and Adolescent Development, 2005*(107), 61–78.

Hampton, S. E., & Reiser, R. A. (2004). Effects of a theory-based feedback and consultation process on instruction and learning in college classrooms. *Research in Higher Education, 45*, 497–527.

Hansford, B. C., & Hattie, J. A. C. (1982).The relationship between self and achievement/performance measures. *Review of Educational Research, 52*(1), 123–142.

Hanson, R. E. (1988). *Social skill training: A critical meta-analytic review.* Unpublished Ph.D., Texas Woman's University,TX.

Hanushek, E. A. (1989).The impact of differential expenditures on school performance. *Educational Researcher, 18*(4), 45–62.

Hanushek, E. A. (1997). Outcomes, incentives, and beliefs: Reflections on analysis of the economics of schools. *Educational Evaluation and Policy Analysis, 19*(2), 301–308.

Hanushek, E. A. (1998). Conclusions and controversies about the effectiveness of school resources. *Federal Reserve Bank of New York Economic Policy Review, 4*(1), 11–27.

Hanushek, E.A. (2002).Teacher quality. In L.T. Izumi & W. M. Evers (Eds.), *Teacher quality* (pp.

1–12). Stanford, CA: Hoover Institution Press.

Hanushek, E. A. (2003).The failure of input-based schooling policies. *The Economic Journal, 113*(485), F64-F98.

Hanushek, E. A. (2005). *Economic outcomes and school quality.* Brussels, Belgium: International Academy of Education.

Harker, R. K., & Nash, R. (1996). Academic outcomes and school effectiveness: Type 'A' and type 'B' effects. *New Zealand Journal of Educational Studies, 32,* 143–170.

Harrell, A. (1983). *The effects of the Head Start Program on children's cognitive development. Preliminary report. Head Start evaluation, synthesis and utilization project.* Washington, DC: Superintendent of Documents, U.S. Government Printing Office.

Harris, M. J., & Rosenthal, R. (1985). Mediation of interpersonal expectancy effects: 31 meta-analyses. *Psychological Bulletin, 97*(3), 363–386.

Harris, M. J., & Rosenthal, R. (1986). Four factors in the mediation of teacher expectancy effects. In R. S. Feldman (Ed.), *The social psychology of education: Current research and theory* (pp. 91–114). Cambridge: Cambridge University Press.

Harris, T. L., & Hodges, R. E. (Eds.). (1995). *The literacy dictionary.* Newark, DE: International Reading Association.

Harrison, B. (1980). Training English teachers: "The dignity of thinking beings." *Use of English, 31*(3), 51-61.

Harrison, D. (1980). *Meta-analysis of selected studies of staff development.* Unpublished Ph.D., University of Florida, FL.

Hart, B., & Risley,T. R. (1995). *Meaningful differences in the everyday experience of young American children.* Baltimore: P.H. Brookes.

Hartley, S. S. (1977). *Meta-analysis of the effects of individually paced instruction in mathematics.* Unpublished Ph.D., University of Colorado at Boulder, CO.

Hartley, S. S. (1980). Instruction in mathematics. *Evaluation in Education, 4,* 56–57.

Hartzler, D. S. (2000). *A meta-analysis of studies conducted on integrated curriculum programs and their effects on student achievement.* Unpublished Ed.D., Indiana University, IN.

Hasselbring, T. S. (1986). Research on the effectiveness of computer-based instruction: A review. *International Review of Education, 32*(3), 313–324.

Hatano, G., & Inagaki, K. (1986).Two courses of expertise. In H. Stevenson, H. Azuma & K. Hakuta (Eds.), *Child development and education in Japan* (pp. 262–272). New York:W. H. Freeman.

Hattie, J. A. C. (1987). Identifying the salient facets of a model of student learning: A synthesis of meta-analyses. *International Journal of Educational Research, 11*(2), 187–212.

Hattie, J. A. C. (1992). Measuring the effects of schooling. *Australian Journal of Education, 36*(1), 5–13.

Hattie, J. A. C. (2002). Classroom composition and peer effects. *International Journal of Educational Research, 37*(5), 449–481.

Hattie, J. A. C. (2004, July). *The thread model of self-concept.* Paper presented at the Keynote Address to the International Self Conference, Max Plank Institute, Germany.

Hattie, J. A. C. (2005, August). *What is the nature of evidence that makes a difference to learning.* Paper presented at the ACER Annual Conference: Using data to support learning, Melbourne, Australia.

Hattie, J. A. C. (2006).The paradox of reducing class size and improved learning outcomes. *International Journal of Educational Research, 42,* 387–425.

Hattie, J. A. C. (2007). The status of reading in New Zealand schools: The upper primary plateau problem (PPP3). *Reading Forum, 22*(2), 25–39.

Hattie, J. A. C. (2008). Narrow the gap, fix the tail, or close the curves: The power of words. In C. Rubie & C. Rawlinson (Eds.), *Challenging thinking aobut teaching and learning*. Nova Science.

Hattie, J. A. C. (2008). Processes of integrating, developing, and processing self information. In H. W. Marsh, R. Craven & D. M. McInerney (Eds.), *Self-processes, learning, and enabling human potential: Dynamic new approaches* (Vol. 3). Greenwich, CN: Information Age Publishing.

Hattie, J. A. C., Biggs, J., & Purdie, N. (1996). Effects of learning skills interventions on student learning: A meta-analysis. *Review of Educational Research, 66*(2), 99–136.

Hattie, J. A. C., & Brown, G. T. L. (2004). *Cognitive processes in asTTle: The SOLO taxonomy. asTTle Technical Report* (No. 43). Auckland: University of Auckland and the Ministry of Education.

Hattie, J.A. C., Brown, G.T. L., & Keegan, P. J. (2003).A national teacher-managed, curriculum-based assessment system: Assessment Tools for Teaching and Learning (asTTle). *International Journal of Learning, 10*, 771–778.

Hattie, J. A. C., & Clinton, J. (2008). Identifying accomplished teachers: A validation study. In L. Ingvarson & J. A. C. Hattie (Eds.), *Assessing teachers for professional certification:The first decade of the National Board for Professional Teaching Standards* (pp. 313–344). Oxford, UK: Elsevier.

Hattie, J. A. C., Clinton, J. C., Baker,W. K., Jaeger, R. M., & Spence, K. (1998). *The cyber campus:The first year evaluation*. Raleigh, NC: National Institute for Statistical Sciences.

Hattie, J. A. C., Clinton, J. C., Nagle, B., Kelkor,V., Reid, W. K., Spence, K., et al. (1998). *Evaluating the Paideia Program in Guilford County Schools: FirstYear Report: 1997–98*. Greensboro, NC: Center for Educational Research and Evaluation, University of North Carolina, Greensboro.

Hattie, J. A. C., Clinton, J. C., Thompson, M., & Schmitt-Davis, H. (1996). *Identifying "highly accomplished" teachers. Report for the Technical Advisory Group*. Detroit, MI: National Board for Professional Teaching Standards.

Hattie, J.A. C., & Fitzgerald, D. (1987). Sex differences in attitudes, achievement and use of computers. *Australian Journal of Education, 31*(1), 3–26.

Hattie, J. A. C., & Hansford, B. C. (1980). *Evaluating the relationship between self and performance/achievement*. Paper presented at the Australian Association for Research in Education Annual Conference:Youth, schooling and unemployment, Sydney.

Hattie, J. A. C., & Hansford, B. C. (1982). Self measures and achievement: Comparing a traditional review of literature with meta-analysis. *Australian Journal of Education, 26*(1), 71–75.

Hattie, J. A. C., & Hansford, B. C. (1983). Reading performance and self-assessment: What is the relationship? *Reading Education, 8*, 17–23.

Hattie, J. A. C., & Jaeger, R. (1998). Assessment and classroom learning: A deductive approach. *Assessment in Education: Principles, Policy and Practice, 5*(1), 111–122.

Hattie, J. A. C., Mackay, A., Holt, A., Hurrell, P., Irving, E., & team. (2007). *Generation II: e-asTTle V6. An internet computer application*. Wellington, New Zealand: Ministry of Education.

Hattie, J.A. C., Mackay,A.,Weston, B., Northover,A., & Simpson, R. (2007). *NewYork project evaluation report*. Auckland, New Zealand:Visible Learning Labs.

Hattie, J. A. C., Marsh, H. W., Neill, J.T., & Richards, G. E. (1997). Adventure education and outward bound: Out-of-class experiences that make a lasting difference. *Review of Educational Research, 67*(1), 43–87.

Hattie, J.A. C., & Purdie, N. (1998).The SOLO model:Addressing fundamental measurement issues. In B. C. Dart and G. M. Boulton-Lewis (Eds.), *Teaching and Learning in Higher Education* (pp. 145–176). Camberwell,Victoria, Australia: Australian Council of Educational Research.

Hattie, J. A. C., & Rogers, H. J. (1986). Factor models for assessing the relationship between crea-

tivity and intelligence. *Journal of Educational Psychology, 78*(6), 482–485.
Hattie, J. A. C., & Timperley, H. (2007).The power of feedback. *Review of Educational Research, 77*(1), 81–112.
Hausenblas, H.A., Carron,A.V., & Mack, D. E. (1997).Application to the theories of reasoned action and planned behavior to exercise behavior:A meta-analysis. *Journal of Sport and Exercise Psychology, 19*(1), 36–51.
Hausknecht, J. P., Halpert, J. A., Di Paolo, N.T., & Gerrard, M. O. M. (2007). Retesting in selection: A meta-analysis of coaching and practice effects for tests of cognitive ability. *Journal of Applied Psychology, 92*(2), 373–385.
Haynie, W. J. (2007). Effects of test taking on retention learning in technology education: A meta-analysis. *Journal of Technology Education, 18*(2), 24–36.
Hearold, S. L. (1979, April). *Meta-analysis of the effects of television on social behavior*. Paper presented at the Annual Meeting of the American Educational Research Association, San Francisco, CA.
Hearold, S. L. (1980). *Meta-analysis of the effects of television on social behavior*. University of Colorado, Boulder, CO, United States.
Hearold, S. L. (1980).Television and social behavior. *Evaluation in Education, 4*, 94–95.
Hedges, L.V., Laine, R. D., & Greenwald, R. (1994). An exchange: Part I: Does money matter? A meta-analysis of studies of the effects of differential school inputs on student outcomes. *Educational Researcher, 23*(3), 5–14.
Hedges, L. V., Laine, R. D., & Greenwald, R. (1994). Money does matter somewhere: A reply to Hanushek. *Educational Researcher, 23*(4), 9–10.
Hedges, L.V., & Olkin, I. (1985). *Statistical methods for meta-analysis*. Orlando: Academic Press.
Hedges, L. V., & Stock, W. (1983). The effects of class size: An examination of rival hypotheses. *American Educational Research Journal, 20*(1), 63–65.
Hefner, S. W. (1985). *The effects of a mastery learning/competency-based education instructional approach on facilitating students' retention of achievement in language arts and mathematics*. Unpublished Ed.D., University of South Carolina, SC.
Hembree, R. (1986). Research gives calculators a green light. *Arithmetic Teacher, 34*(1), 18–21.
Hembree, R. (1987). Effects of noncontent variables on mathematics test performance. *Journal for Research in Mathematics Education, 18*(3), 197–214.
Hembree, R. (1988). Correlates, causes, effects, and treatment of test anxiety. *Review of Educational Research, 58*(1), 47–77.
Hembree, R. (1990). Bibliography of research on problem solving in mathematics: Experiments and relational studies (p. 46).
Hembree, R. (1990). The nature, effects, and relief of mathematics anxiety. *Journal for Research in Mathematics Education, 21*(1), 33–46.
Hembree, R. (1992). Experiments and relational studies in problem solving: A meta-analysis. *Journal for Research in Mathematics Education, 23*(3), 242–273.
Hembree, R., & Dessart, D. J. (1986). Effects of hand-held calculators in precollege mathematics education: A meta-analysis. *Journal for Research in Mathematics Education, 17*(2), 83–99.
Henchey, N. (2001). *Schools that make a difference: Final Report. Twelve Canadian secondary schools in low-income settings*. Kelowna, BC, Canada: Society for the Advancement of Excellence in Education.
Henderson, L. (2007). Multi-level selective classes for gifted students. *International Education Journal, 8*(2), 60–67.

Henk,W. A., & Stahl, N. A. (1985, November). *A meta-analysis of the effect of notetaking on learning from lecture. College reading and learning assistance* Paper presented at the Annual Meeting of the National Reading Conference, St. Petersburg Beach, FL.

Herschbach, D. R. (1984). The questionable search for the content base of industrial arts. *Journal of Epsilon Pi Tau, 10*(1), 27–34.

Hess, F. (1979). *Class size revisited: Glass and Smith in perspective* (VIEWPOINTS (Opinion Papers, Position Papers, Essays, etc)): East Syracuse – Minoa Central Schools, East Syracuse, NY.[BBB11291].

Hetland, L. (2000). Learning to make music enhances spatial reasoning. *Journal of Aesthetic Education, 34*(3/4), 179–238.

Hetland, L. (2000). Listening to music enhances spatial-temporal reasoning: Evidence for the "Mozart Effect". *Journal of Aesthetic Education, 34*(3/4), 105–148.

Hetland, L. (2000). *The relationship between music and spatial processes: A meta-analysis.* Unpublished Ed.D., Harvard University, MA.

Hetzel, D. C., Rasher, S. P., Butcher, L., & Walberg, H. J. (1980, April). *A quantitative synthesis of the effects of open education.* Paper presented at the Annual Meeting of the American Educational Research Association, Boston, MA.

Heubusch, J. D., & Lloyd, J. W. (1998). Corrective feedback in oral reading. *Journal of Behavioral Education, 8*(1), 63–79.

Heyneman, S., Jamison, D., & Montenegro, X. (1983). Textbooks in the Philippines: Evaluation of the pedagogical impact of a nationwide investment. *Educational Evaluation and Policy Analysis, 6*, 139–150.

Heyneman, S. P., & Loxley,W. A. (1983).The effect of primary-school quality on academic achievement across twenty-nine high- and low-income countries. *The American Journal of Sociology, 88*(6), 1162–1194.

Hiebert, J., Gallimore, R., Garnier, H., Givvin, K. B., Hollingsworth, H., Jacobs, J., et al. (2003). Teaching Mathematics in Seven Countries: Results From the TIMSS 1999 Video Study (NCES 2003-013). *US Department of Education. Washington, DC: National Center for Education Statistics.*

Higgins, S., Hall, E., Baumfield, V., & Moseley, D. (2005). *A meta-analysis of the impact of the implementation of thinking skills approaches on pupils.* London: Social Science Research Unit, Institute of Education, University of London.

Hillocks, G., Jr. (1984). What works in teaching composition: A meta-analysis of experimental treatment studies. *American Journal of Education, 93*(1), 133–170.

Hines, H. E. (1989). *Gender-related differences in mathematics participation and achievement: A meta-analysis.* Unpublished Ed.D., University of Houston,Texas, United States.

Hoeffler, T. N., Sumfleth, E., & Leutner, D. (2006, April 5–6, 2006,). *The role of spatial ability when learning from an instructional animation or a series of static pictures.* Paper presented at the NYU Steinhardt Symposium on Technology and Learning, New York University, New York.

Höffler, T. N., & Leutner, D. (2007). Instructional animation versus static pictures: A meta-analysis. *Learning and Instruction, 17*(6), 722–738.

Holden, G. W., Moncher, M. S., Schinke, S. P., & Barker, K. M. (1990). Self-efficacy of children and adolescents: A meta-analysis. *Psychological Reports, 66*(3, Pt 1), 1044–1046.

Hollenbeck, J. R., & Brief, A. P. (1987). The effects of individual differences and goal origin on goal setting and performance. *Organizational Behavior and Human Decision Processes, 40*(3), 392–414.

Hollifield, J. (1987). Ability grouping in elementary schools. Urbana, IL: ERIC Clearinghouse on Elementary and Early Childhood Education.

Hollingsworth, M. A. (1991). *A meta-analysis of existing creativity training research: An evaluation of program effectiveness and possible confounding variables.* Unpublished M.A., Wake Forest University, Winston-Salem, NC.

Holly, J. G. (2002). *Facilitating optimal change:A meta-analysis of change theories and models.* Unpublished Ph.D., San Jose University, San Jose, CA.

Holmes, C. T. (1983). The fourth R: Retention. *Journal of Research and Development in Education, 17*(1), 1–6.

Holmes, C.T. (1986, April). *A synthesis of recent research on nonpromotion: A five year follow-up.* Paper presented at the Annual Meeting of the American Educational Research Association, San Francisco, CA.

Holmes, C. T. (1989). Grade level retention effects: A meta-analysis of research studies. In L. A. Shepard & M. L. Smith (Eds.), *Flunking grades: Research and policies on retention* (pp. 16–33). London: Falmer Press.

Holmes, C. T., & Matthews, K. M. (1984). The effects of nonpromotion on elementary and junior high school pupils: A meta-analysis. *Review of Educational Research, 54*(2), 225–236.

Holt, C., Denny, G., Capps, M., & De Vore, J. (2005). Teachers' ability to perceive student learning preferences: "I'm sorry, but I don't teach like that." *The Teachers College Record.* Date published: February 25, 2005 http://www.tcrecord.org ID Number: 11767, Date Accessed: 9/14/2008.

Hong, S., & Ho, H.-Z. (2005). Direct and indirect longitudinal effects of parental involvement on student achievement: Second-order latent growth modeling across ethnic groups. *Journal of Educational Psychology, 97*(1), 32–42.

Honig, A. S. (2007).Television and kids: Everything you need to know. 52(12).

Hood, D. F. (1990). *Using meta-analysis for input evaluation.* Unpublished Ph.D., The Florida State University, FL.

Horak, V. M. (1981). A meta-analysis of research findings on individualized instruction in mathematics. *Journal of Educational Research, 74*(4).

Horak, W. J. (1985, April). *A meta-analysis of learning science concepts from textual materials.* Paper presented at the Annual Meeting of the National Association for Research in Science Teaching, French Lick Springs, IN.

Horn,W. F., & Packard,T. (1985). Early identification of learning problems: A meta-analysis. *Journal of Educational Psychology, 77*(5), 597–607.

Horon, P. F., & Lynn, D. D. (1980). Learning hierarchies research. *Evaluation in Education, 4,* 82–83.

Horton, P. B., McConney, A. A., Gallo, M., Woods, A. L., Senn, G. J., & Hamelin, D. (1993). An investigation of the effectiveness of concept mapping as an instructional tool. *Science Education, 77*(1), 95–111.

Hoskyn, M., & Swanson, H. L. (2000). Cognitive processing of low achievers and children with reading disabilities: A selective meta-analytic review of the published literature. *School Psychology Review, 29*(1), 102–119.

House, E. R. (1989). Policy implications of retention research. In L.A. Shepard & M. L. Smith (Eds.), *Flunking grades: Research and policies on retention* (pp. 202–213). London: Falmer Press.

House, E. R., Glass, G.V., McLean, L. D., & Walker, D. F. (1978). No simple answer: Critique of the Follow Through evaluation. *Harvard Educational Review, 28,* 128–160.

Housner, L. D., & Griffey, D. C. (1985). Teacher cognition: Differences in panning and interactive decision making between experienced and inexperienced teachers. *Research Quarterly for Exercise and Sport, 56*(1), 45-53.

Howard, B. C. (1996, February). *A meta-analysis of scripted cooperative learning.* Paper presented at the Annual Meeting of the Eastern Educational Research Association, Boston, MA.

Howe, K. R. (1994). Standards, assessment, and equality of educational opportunity. *Educational Researcher, 23*(8), 27-33.

Howley, C. B., & Bickel, R. (1999). *The Matthew Project: National report.* Columbus, OH: Ohio State University.

Hoxby, C. M. (2000).The effects of class size on student achievement: New evidence from population variation. *Quarterly Journal of Economics, 115*(4), 1239-1285.

Hsu,Y.-C. (2003). *The effectiveness of computer-assisted instruction in statistics education: A meta-analysis.* Unpublished Ph.D.,The University of Arizona, AZ.

Huang,T.-Y. (2005). *Fostering creativity:A meta-analytic inquiry into the variability of effects.* Unpublished Ph.D.,Texas A&M University,TX.

Huang, Z. (1991). *A meta-analysis of student self-questioning strategies.* Unpublished Ph.D., Hofstra University, NY.

Hunt, M. M. (1997). *How science takes stock: The story of meta-analysis.* New York: Russell Sage Foundation.

Hunter, J. E., & Schmidt, F. L. (1983). Quantifying the effects of psychological interventions on employee job performance and work-force productivity. *American Psychologist, 38*(4), 473-478.

Hunter, J. E., & Schmidt, F. L. (1990). *Methods of meta-analysis: Correcting error and bias in research findings.* Newbury Park, CA: Sage Publications.

Hurley, M. M. (2001). Reviewing integrated science and mathematics:The search for evidence and definitions from new perspectives. *School Science and Mathematics, 101*(5), 259.

Hutto, J. R. (1982). *The association of teacher manipulation of scientifically acquired learning styles information to the achievement and attitude of second and third grade remedial students.* Unpublished Ed.D., The University of Southern Mississippi, MS.

Hyde, J. S. (1981). How large are cognitive gender differences? *American Psychologist, 36*(8), 892-901.

Hyde, J. S. (1984). How large are gender differences in aggression? A developmental meta-analysis. *Developmental Psychology, 20*(4), 722-736.

Hyde, J. S. (1990). Meta-analysis and the psychology of gender differences. *Signs: Journal of Women in Culture and Society, 16*(1), 55.

Hyde, J. S. (2005).The gender similarities hypothesis. *American Psychologist, 60*(6), 581-592.

Hyde, J. S., Fennema, E., & Lamon, S. J. (1990). Gender differences in mathematics performance: A meta-analysis. *Psychological Bulletin, 107*(2), 139-155.

Hyde, J. S., Fennema, E., Ryan, M., Frost, L. A., & Hopp, C. (1990). Gender comparisons of mathematics attitudes and affect: A meta-analysis. *Psychology of Women Quarterly, 14*(3), 299-324.

Hyde, J. S., & Linn, M. C. (1988). Gender differences in verbal ability: A meta-analysis. *Psychological Bulletin, 104*(1), 53-69.

Hymel, G. M. (1990, April). *Harnessing the mastery learning literature: Past efforts, current status, and future directions.* Paper presented at the Annual Meeting of the American Educational Research Association, Boston, MA.

Ianno, A., Jr. (1995). *A meta-analysis of research on the effects of computer-assisted instruction on reading achievement of learning-disabled students.* Unpublished Ph.D., Southern Illinois University at Carbondale, IL.

Ide, J. C., Parkerson, J., Haertel, G. D., & Walberg, H. J. (1980). Peer influences. *Evaluation in Education, 4,* 111–112.

Ide, J. K., Parkerson, J., Haertel, G. D., & Walberg, H. J. (1981). Peer group influence on educational outcomes: A quantitative synthesis. *Journal of Educational Psychology, 73*(4), 472–484.

Iliff, C. H. (1994). *Kolb Learning Style Inventory: A meta-analysis.* Unpublished Ed.D., Boston University, MA.

Ingersoll, R. (2003). Is there a shortage among mathematics and science teachers? *Science Educator, 12*(1), 1–9.

Ingham, J. (1989). *An experimental investigation of the relationships among learning style, perceptual strength, instructional strategies, training achievement, and attitudes of corporate employees.* Unpublished Ed.D., St. John's University (New York), NY.

Ingham, J. M. (1991). Matching instruction with employee perceptual preference significantly increases training effectiveness. *Human Resource Development Quarterly, 2*(1), 53–64.

Inglis, J., & Lawson, J. S. (1987). Reanalysis of a meta-analysis of the validity of the Wechsler Scales in the diagnosis of learning disability. *Learning Disability Quarterly, 10*(3), 198–202.

Ingvarson, L., & Hattie, J. A. C. (Eds.). (2008). *Assessing teachers for professional certification: The first decade of the National Board for Professional Teaching Standards.* Oxford, UK: Elsevier.

Inhelder, B., & Piaget, J. (1964). *The early growth of logic in the child: Classification and seriation.* London: Routledge and Kegan Paul.

Innocenti, M. S., Huh, K., & Boyce, G. C. (1992). Families of children with disabilities: Normative data and other considerations on parenting stress. *Topics in Early Childhood Special Education, 12*(3), 403–427.

Innocenti, M. S., & White, K. R. (1993). Are more intensive early intervention programs more effective? A review of the literature. *Exceptionality, 4*(1), 31–50.

Irving, S. E. (2004). *The development and validation of a student evaluation instrument to identify highly accomplished mathematics teachers.* Unpublished Ph.D.,The University of Auckland, Auckland, New Zealand.

Iverson, B. K., & Walberg, H. J. (1980). Home environment. *Evaluation in Education, 4,* 107–108.

Iverson, B. K., & Walberg, H. J. (1982). Home environment and school learning: A quantitative synthesis. *Journal of Experimental Education, 50*(3), 144–151.

Jackson, L. A., Hunter, J. E., & Hodge, C. N. (1995). Physical attractiveness and intellectual competence: A meta-analytic review. *Social Psychology Quarterly, 58*(2), 108–122.

Jaeger, R. M., & Hattie, J. A. C. (1995). Detracking America's schools: Should we really care? *Phi Delta Kappan, 77*(3), 218–219.

Jaeger, R. M., & Hattie, J. A. C. (1996). Artifact and artifice in education policy analysis: It's not all in the data. *School Administrator, 53*(5), 24–25, 28–29.

Jamison, D.T. (1982). Reduced class size and other alternatives for improving schools:An economist's view. In G.V. Glass, L. S. Cahen, M. L. Smith & N. N. Filby (Eds.), *School class size, research and policy* (pp. 116–129). Beverly Hills, CA: Sage.

Jeynes, W. H. (2002). A meta-analysis of the effects of attending religious schools and religiosity on Black and Hispanic academic achievement. *Education and Urban Society, 35*(1), 27–49.

Jeynes, W. H. (2003). A meta-analysis: The effects of parental involvement on minority children's academic achievement. *Education and Urban Society, 35*(2), 202–218.

Jeynes,W. H. (2004).A meta-analysis: Has the academic impact of religious schools changed over the last twenty years? *Journal of Empirical Theology, 17*(2), 197–216.

Jeynes, W. H. (2005). A meta-analysis of the relation of parental involvement to urban elementary school student academic achievement. *Urban Education, 40*(3), 237-269.

Jeynes, W. H. (2006). The impact of parental remarriage on children: A meta-analysis. *Marriage and Family Review, 40*(4), 75-102.

Jeynes, W. H. (2007). The relationship between parental involvement and urban secondary school student academic achievement: A meta-analysis. *Urban Education, 42*(1), 82-110.

Jeynes,W. H. (2008). A meta-analysis of the relationship between phonics instruction and minority elementary school student academic achievement. *Education and Urban Society, 40*(2), 151-166.

Jeynes, W. H., & Littell, S. W. (2000). A meta-analysis of studies examining the effect of whole language instruction on the literacy of low-SES students. *The Elementary School Journal, 101*(1), 21-33.

Jimerson, S. R. (2001). Meta-analysis of grade retention research: Implications for practice in the 21st century. *School Psychology Review, 30*(3), 420-437.

Johannessen, L. R. (1990, August). *Approaches to teaching writing that work*. Paper presented at the School District U-46 In-Service Program, Elgin, IL.

Johnson, B.T., & Eagly,A. H. (1989). Effects of involvement on persuasion:A meta-analysis. *Psychological Bulletin, 106*(2), 290-314.

Johnson, D. W., Jensen, B., Feeny, S., & Methakullawat, B. (2004, August). *Multivariate analysis of performance of Victorian schools*. Paper presented at the Making Schools Better Submit Conference, Melbourne, Australia.

Johnson, D. W., & Johnson, R.T. (1982, August). *Having your cake and eating it too: Maximizing achievement and cognitive-social development and socialization through cooperative learning*. Paper presented at the Annual Convention of the American Psychological Association,Washington, DC.

Johnson, D. W., & Johnson, R.T. (1987). Research shows the benefits of adult cooperation. *Educational Leadership, 45*(3), 27-30.

Johnson, D. W., & Johnson, R. T. (2001, April). *Teaching students to be peacemakers: A meta-analysis*. Paper presented at the Annual Meeting of the American Educational Research Association, Seattle,WA.

Johnson, D. W., & Johnson, R.T. (2002). Learning together and alone: Overview and meta-analysis. *Asia Pacific Journal of Education, 22*(1), 95-105.

Johnson, D. W., Johnson, R.T., & Maruyama, G. (1983). Interdependence and interpersonal attraction among heterogeneous and homogeneous individuals:A theoretical formulation and a meta-analysis of the research. *Review of Educational Research, 53*(1), 5-54.

Johnson, D. W., Johnson, R. T., & Stanne, M. B. (2000). Cooperative learning methods: A meta-analysis [Electronic Version]. Retrieved 6 May 2008 from http://www.co-operation.org/pages/cl-methods.html.

Johnson, D. W., Maruyama, G., Johnson, R. T., Nelson, D., & Skon, L. (1981). Effects of cooperative, competitive, and individualistic goal structures on achievement: A meta-analysis. *Psychological Bulletin, 89*(1), 47-62.

Johnson, E. G., & Zwick, R. (1990). *Focusing the new design: The NAEP 1988 Technical Report* (No. ISBN-0-88685-106-8). Princeton, NJ: National Assessment of Educational Progress (NAEP) and Educational Testing Service.

Johnson, E. S. (1984). Sex differences in problem solving. *Journal of Educational Psychology, 76*(6), 1359-1371.

Johnson, N. L. (1993). *Thinking is the key: Questioning makes the difference*. Cheltenham,Vic.: Hawker Brownlow Education.

Johnson, O. D., Jr. (2003). *Research syntheses in neighborhood studies: The influence of socioeconomic factors in the education of African-American and urban populations.* Unpublished Ph.D., University of Michigan, MI.

Johnson, R.T., Johnson, D. W., & Stanne, M. B. (1986). Comparison of computer-assisted cooperative, competitive, and individualistic learning. *American Educational Research Journal, 23*(3), 382–392.

Jones, A., & Jacka, S. (1995). Discourse of disadvantage: Girls' school achievement. *New Zealand Journal of Educational Studies, 30*(2), 165–175.

Jones, H. J. (1991). *The effects of the Writing to Read computer program on reading achievement and attitudes of second-grade children.* Unpublished Ph.D.,Texas Woman's University,TX.

Jones, R.A. (1989). *The relationship of student achievement to mobility in the elementary school.* Unpublished Ph.D., Georgia State University, GA.

Jones, S. S. (2002). *The effect of all-day kindergarten on student cognitive growth:A meta-analysis.* Unpublished Ed.D., University of Kansas, KS.

Jordan,V. B., & Brownlee, L. (1981, April). *Meta-analysis of the relationship between Piagetian and school achievement tests.* Paper presented at the Annual Meeting of the American Educational Research Association, Los Angeles, CA.

Joslin, P. A. (1980). *Inservice teacher education: A meta-analysis of the research.* Unpublished Ed.D., University of Minnesota, MN.

Joyce, B., Showers, B., & Rolheiser-Bennett, C. (1987). Staff development and student learning: A synthesis of research on models of teaching. *Educational Leadership, 45*(2), 11–23.

Kaczala, C. (1991). *Grade retention: A longitudinal study of school correlates of rates of retention.* Cleveland, OH: Cleveland Public Schools.

Kahl, S. R., Fleming, M. L., & Malone, M. R. (1982, March). *Sex-related differences in pre-college science: Findings of the science meta-analysis project.* Paper presented at the Annual Meeting of the American Educational Research Association, New York.

Kalaian, S., & Becker, B. J. (1986, April). *Effects of coaching on Scholastic Aptitude Test (SAT) performance: A multivariate meta-analysis approach.* Paper presented at the Annual Meeting of the American Educational Research Association, San Francisco, CA.

Kalechstein, A. D., & Nowicki, S., Jr. (1997). A meta-analytic examination of the relationship between control expectancies and academic achievement: an 11-year follow-up to Findley and Cooper. *Genetic, Social, and General Psychology Monographs, 123*(1), 27–56.

Kang, O.-R. (2002). *A meta-analysis of graphic organizer interventions for students with learning disabilities.* Unpublished Ph.D., University of Oregon, OR.

Kardash, C. A. M., & Wright, L. (1987). Does creative drama benefit elementary school students: A meta-analysis. *Youth Theatre Journal, 1*(3), 11–18.

Karweit, N. (1984). Time-on-task reconsidered: Synthesis of research on time and learning. *Educational Leadership, 41*(8), 32–35.

Karweit, N. (1985). Should we lengthen the school term? *Educational Researcher, 14*(6), 9–15.

Kavale, K. A. (1980). Auditory-visual integration and its relationship to reading achievement: A meta-analysis. *Perceptual and Motor Skills, 51*(3), 947–955.

Kavale, K. A. (1980). Psycholinguistic training. *Evaluation in Education, 4*, 88–90.

Kavale, K.A. (1981).The relationship between auditory perceptual skills and reading ability:A meta-analysis. *Journal of Learning Disabilities, 14*(9), 539–546.

Kavale, K. A. (1982). The efficacy of stimulant drug treatment for hyperactivity: A meta-analysis. *Journal of Learning Disabilities, 15*(5).

Kavale, K. A. (1982). Meta-analysis of the relationship between visual perceptual skills and reading achievement. *Journal of Learning Disabilities, 15*(1), 42–51.

Kavale, K. A. (1982). Psycholinguistic training programs: Are there differential treatment effects? *International Journal of Disability, Development and Education, 29*(1), 21–30.

Kavale, K. A. (1984). A meta-analytic evaluation of the Frostig Test and training program. *International Journal of Disability, Development and Education, 31*(2), 134–141.

Kavale, K. A. (1995). Meta-analysis at 20: Retrospect and prospect. *Evaluation and the Health Professions, 18*(4), 349–369.

Kavale, K. A., & Carlberg, C. (1980). Regular versus special class placement for exceptional children. *Evaluation in Education, 4*, 91–93.

Kavale, K.A., & Dobbins, D.A. (1993).The equivocal nature of special education interventions. *Early Child Development and Care*, 23–37.

Kavale, K. A., Fuchs, D., & Scruggs, E.E. (1994). Setting the record straight on learning disability and low achievement: Implications for policymaking. *Learning Disabilities Research and Practice, 9*(2), 70–77.

Kavale, K.A., & Forness, S. R. (1983). Hyperactivity and diet treatment:A meta-analysis of the Feingold hypothesis. *Journal of Learning Disabilities, 16*(6), 324–330.

Kavale, K. A., & Forness, S. R. (1987). Substance over style: Assessing the efficacy of modality testing and teaching. *Exceptional Children, 54*(3), 228–239.

Kavale, K. A., & Forness, S. R. (1996). Social skill deficits and learning disabilities: A meta-analysis. *Journal of Learning Disabilities, 29*(3), 226.

Kavale, K. A., & Forness, S. R. (2000). Auditory and visual perception processes and reading ability: A quantitative reanalysis and historical reinterpretation. *Learning Disability Quarterly, 23*(4), 253–270.

Kavale, K. A., Hirshoren, A., & Forness, S. R. (1998). Meta-analytic validation of the Dunn and Dunn Model of learning-style preferences: A critique of what was Dunn. *Learning Disabilities Research and Practice, 13*(2), 75–80.

Kavale, K. A., & Mattson, P. D. (1983). "One jumped off the balance beam": Meta-analysis of perceptual motor training. *Journal of Learning Disabilities, 16*(3).

Kavale, K. A., & Mostert, M. P. (2004). Social skills interventions for individuals with learning disabilities. *Learning Disability Quarterly, 27*(1), 31–43.

Kavale, K. A., & Nye, C. (1984).The effectiveness of drug treatment for severe behavior disorders: A meta-analysis. *Behavioral Disorders, 9*(2), 117–130.

Kavale, K. A., & Nye, C. (1985). Parameters of learning disabilities in achievement, linguistic, neuropsychological, and social/behavioral domains. *Journal of Special Education, 19*(4), 443–458.

Kazdin, A. E., Bass, D., Ayers, W. A., & Rodgers, A. (1990). Empirical and clinical focus of child arnd adolescent psychotherapy research. *Journal of Consulting and Clinical Psychology, 58*(6), 729–740.

Keinanen, M., Hetland, L., & Winner, E. (2000). Teaching cognitive skill through dance: Evidence for near but not far transfer. *Journal of Aesthetic Education, 34*(3/4), 295–306.

Keller, F. S. (1968). "Good-bye, teacher ···" *Journal of Applied Behavior Analysis 1*(1), 79–89.

Keller, F. S., & Sherman, J. G. (1974). *PSI, the Keller Plan Handbook: Essays on a personalized system of instruction*. Menlo Park, CA: Benjamin.

Kelley, P., & Camilli, G. (2007). *The impact of teacher education on outcomes in center-based early childhood education programs: A meta-analysis*. New Brunswick, NJ: National Institutue for Early Education Research, Rutgers,The State University of New Jersey.

Kember, D., & Wong, A. (2000). Implications for evaluation from a study of students' perceptions of good and poor teaching. *Higher Education, 40*(1), 69–97.

Kennedy, M. M. (1997). *Defining an ideal teacher education program*. Paper for the National Council for Accreditation of Teacher Education. Michigan State University.

Kennedy, M. M. (1999). Approximations to indicators of student outcomes. *Educational Evaluation and Policy Analysis, 21*(4), 345–363.

Kennedy, M. M. (1999). A test of some common contentions about educational research. *American Educational Research Journal, 36*(3), 511.

Kent, S. D. (1992). *The effects of acceleration on the social and emotional development of gifted elementary students: A meta-analysis*. Unpublished Ed.D., University of Georgia, GA.

Kim, A. H., Vaughn, S., Wanzek, J., & Wei, S. (2004). Graphic organizers and their effects on the reading comprehension of students with LD:A synthesis of research. *Journal of Learning Disabilities, 37*(2), 105–118.

Kim, J.-P. (1999, October). *Meta-analysis of equivalence of computerized and P&P tests on ability measures*. Paper presented at the Annual Meeting of the Mid-Western Educational Research Association, Chicago, IL.

Kim, J. P. (1996). *The impact of the nongraded program on students' affective domains and cognitive domains*. Unpublished Ed.D., University of Georgia, GA.

Kim, J. S. (2002). *A meta-analysis of academic summer programs*. Unpublished Ed.D., Harvard University, MA.

Kim, K. H. (2005). Can only intelligent people be creative? A meta-analysis. *Journal of Secondary Gifted Education, 16*(2–3), 57–66.

Kim, S.-E. (2005). *Effects of implementing performance assessments on student learning: Meta-analysis using HLM*. Unpublished Ph.D.,The Pennsylvania State University, PA.

Kim,Y.-W., Innocenti, M., & Kim, J.-K. (1996, July). *When should we begin? A comprehensive review of age at start in early intervention*. Paper presented at the Annual World Congress of the International Association for the Scientific Study of Intellectual Disabilities, Helsinki, Finland.

King, H. J. (1997). *Effects of computer-enhanced instruction in college-level mathematics as determined by a meta-analysis*. Unpublished Ph.D.,The University of Tennessee,TN.

Kintsch,W. (1988).The use of knowledge in discourse processing:A construction-integration model. *Psychological Review, 95*(2), 163–182.

Kirschner, P. A., Sweller, J., & Clark, R. E. (2006). Why minimal guidance during instruction does not work: An analysis of the failure of constructivist, discovery, problem-based, experiential, and inquiry-based teaching. *Educational Psychologist, 41*(2), 75–86.

Kisamore, J. L., & Brannick, M.T. (2008).An illustration of the consequences of meta-analysis model choice. *Organizational Research Methods, 11*(1), 35–53.

Klahr, D. (2000). *Exploring science:The cognition and development of discovery processes*. Cambridge, MA: MIT Press.

Klauer, K. J. (1981). Zielorientiertes lehren und lernen bei lehrtexten. Eine metaanalyse [Goal oriented teaching and learning in scholarly texts. A Meta-analysis]. *Unterrichtswissenschaft, 9*, 300–318.

Klauer, K. J. (1984). Intentional and incidental learning with instructional texts: A meta-analysis for 1970–1980. *American Educational Research Journal, 21*(2), 323–339.

Klauer, K. J., & Phye, G. D. (2008). Inductive reasoning: A training approach. *Review of Educational Research, 78*(1), 85–123.

Klein, H. J., Wesson, M. J., Hollenbeck, J. R., & Alge, B. J. (1999). Goal commitment and the goal-setting process: Conceptual clarification and empirical synthesis. *Journal of Applied Psychology, 84*(6), 885–896.

Klesius, J. P., & Searls, E. F. (1990).A meta-analysis of recent research in meaning vocabulary instruc- tion. *Journal of Research and Development in Education, 23*(4), 226–235.

Kloss, R. J. (1988). Toward asking the right questions: The beautiful, the pretty, and the big messy ones. *Clearing House, 61*(6), 245–248.

Kluger, A. N., & DeNisi, A. (1996).The effects of feedback interventions on performance: A historical review, a meta-analysis, and a preliminary feedback intervention theory. *Psychological Bulletin, 119*(2), 254.

Kobayashi, K. (2005). What limits the encoding effect of note-taking? A meta-analytic examination. *Contemporary Educational Psychology, 30*(2), 242–262.

Kobayashi, K. (2006). Combined effects of note-taking: Reviewing on learning and the enhancement through Interventions: A meta-analytic review. *Educational Psychology, 26*(3), 459–477.

Kohn, A. (1997). How not to teach values: A critical look at character education. *Phi Delta Kappan, 78*(6), 428–439.

Koller, O., Baumert, J., & Schnabel, K. (2001). Does interest matter? The relationship between academic interest and achievement in mathematics. *Journal for Research in Mathematics Education, 32*(5), 448–470.

Konstantopoulos, S. (2005). *Trends of school effects on student achievement: Evidence from NLS:72, HSB:82, and NELS:92* (No. 1749). Bonn, Germany: Institute for the Study of Labor.

Koufogiannakis, D., & Wiebe, N. (2006). Effective methods for teaching information literacy skills to undergraduate students: A systematic review and meta-analysis. *Evidence Based Library and Information Practice, 1*(3), 3–43.

Kozlow, M. J. (1978). *A meta-analysis of selected advance organizer research reports from 1960-1977*. Unpublished Ph.D.,The Ohio State University, OH.

Kozlow, M. J., & White, A. L. (1980). Advance organiser research. *Evaluation in Education, 4*, 47–48.

Kozol, J. (2005). *The shame of the nation:The restoration of apartheid schooling in America* (1st ed.). New York: Crown Publishers.

Krabbe, M. A. (1989, March). *A comparison of experienced and novice teachers routines and procedures during set and discussion instructional activity segments*. Paper presented at the Annual meeting of the American Educational Research Association, San Francisco, CA.

Kremer, B. K., Boulanger, F. D., Haertel, G. D., & Walberg, H. J. (1980). Science education research. *Evaluation in Education, 4*, 125–129.

Kroesbergen, E. H., & Van Luit, J. E. H. (2003). Mathematics interventions for children with special educational needs: A meta-analysis. *Remedial and Special Education, 24*(2), 97–114.

Krol, R.A. (1978). *A meta analysis of comparative research on the effects of desegregation on academic achievement*. Unpublished EdD,Western Michigan University, Kalamazoo, MI.

Krol, R. A. (1980). A meta analysis of the effects of desegregation on academic achievement. *The Urban Review, 12*(4), 211–224.

Kruse, A. M. (1987). *Sagde du konssegregering—med vilje? Paedagogik med rode stromper*. Kobenhavn: Danmarks Laererhojskole.

Kruse,A. M. (1989). Hvorfor pigeklasser? In A. Hilden & A.-M. Kruse (Eds.), *Pigernes skole* (pp. 249–263). Skive: Klim.

Kruse, A. M. (1990). Konsadskilt undervisning somkonsbevid st paedagogik. In H. Jacobsen & L. Hojgaard (Eds.), *Skolen er kon* (pp. 36–81).Viborg: Ligestillingsridet.

Kruse, A. M. (1992). "···We have learnt not just to sit back, twiddle our thumbs and let them take over." Single-sex settings and the development of a pedagogy for girls and a pedagogy for boys in Danish schools. *Gender and Education, 4*(1), 81–103.

Kruse, A. M. (1994). Hvordan er det med der forskelle pa piger og drenge? Interview med Harriet Bjerrum Nielsen. *Tidsskrift for borne and ungdomskultur, 34,* 51–65.

Kruse, A. M. (1996). Approaches to teaching girls and boys: Current debates, practices, and perspectives in Denmark. *Women's Studies International Forum, 19*(4), 429–445.

Kruse, A. M. (1996). Single-sex settings: Pedagogies for girls and boys in Danish schools. In P. F. Murphy & C. V. Gipps (Eds.), *Equity in the Classroom: Towards effective pedagogy for girls and boys* (pp. 173–191). London: Falmer.

Kuchler, J. M. (1998). *The effectiveness of using computers to teach secondary school (grades 6–12) mathematics: A meta-analysis.* Unpublished Ed.D., University of Massachusetts Lowell, MA.

Kulhavy, R. W. (1977). Feedback in written instruction. *Review of Educational Research, 47*(2), 211–232.

Kulik, C. L. C. (1985). Effectiveness of computer-based adult education. *Computers in Human Behavior, 1*(1), 59–74

Kulik, C. L. C. (1985, August). *Effects of inter-class ability grouping on achievement and self-esteem.* Paper presented at the Annual Convention of the American Psychological Association, Los Angeles, CA.

Kulik, C. L. C. (1986, April). *Effects of testing for mastery on student learning.* Paper presented at the Annual Meeting of the American Educational Research Association, San Francisco, CA.

Kulik, C. L. C., & Kulik, J. A. (1982). Effects of ability grouping on secondary school students: A meta-analysis of evaluation findings. *American Educational Research Journal, 19*(3), 415–428.

Kulik, C. L. C., & Kulik, J. A. (1982). Research synthesis on ability grouping. *Educational Leadership, 39*(8), 619–621.

Kulik, C. L. C., & Kulik, J. A. (1984, August). *Effects of ability grouping on elementary school pupils: A meta-analysis.* Paper presented at the Annual Meeting of the American Psychological Association, Toronto, ON, Canada.

Kulik, C. L. C., & Kulik, J. A. (1986). Effectiveness of computer-based education in colleges. *AEDS Journal, 19*(2–3), 81–108.

Kulik, C. L. C., & Kulik, J. A. (1986). Mastery testing and student learning: A meta-analysis. *Journal of Educational Technology Systems, 15*(3), 325–345.

Kulik, C. L. C., & Kulik, J. A. (1991). Effectiveness of computer-based instruction: An updated analysis. *Computers in Human Behavior, 7*(1–2), 75–94.

Kulik, C. L. C., Kulik, J. A., & Bangert-Drowns, R. L. (1984, April). *Effects of computer-based education on elementary school pupils.* Paper presented at the Annual Meeting of the American Educational Research Association, New Orleans, LA.

Kulik, C. L. C., Kulik, J. A., & Bangert-Drowns, R. L. (1990). Effectiveness of mastery learning programs: A meta-analysis. *Review of Educational Research, 60*(2), 265–299.

Kulik, C. L. C., Kulik, J. A., & Cohen, P. A. (1980). Instructional technology and college teaching. *Teaching of Psychology, 7*(4), 199–205.

Kulik, C. L. C., Kulik, J.A., & Shwalb, B. J. (1983). College programs for high-risk and disadvantaged students: A meta-analysis of findings. *Review of Educational Research, 53*(3), 397–414.

Kulik, C. L. C., Kulik, J. A., & Shwalb, B. J. (1986).The effectiveness of computer-based adult education: A meta-analysis. *Journal of Educational Computing Research, 2*(2), 235–252.

Kulik, C. L. C., Shwalb, B. J., & Kulik, J. A. (1982). Programmed instruction in secondary education:

A meta-analysis of evaluation findings. *Journal of Educational Research, 75*(3), 133–138.

Kulik, J. A. (1983). Synthesis of research on computer-based instruction. *Educational Leadership, 41*(1), 19–21.

Kulik, J. A. (1983). What can science educators teach chemists about teaching chemistry? A symposium: How can chemists use educational technology effectively? *Journal of Chemical Education, 60*(11), 957–959.

Kulik, J. A. (1984, April). *The fourth revolution in teaching: Meta-analyses*. Paper presented at the Annual Meeting of the American Educational Research Association, New Orleans, LA.

Kulik, J. A. (1994). Meta-analytical studies of findings on computer-based instruction. In E. L. Baker & H. F. O'Neil (Eds.), *Technology assessment in education and training* (pp. 9–33). Mahwah, NJ: Lawrence Erlbaum Associates.

Kulik, J. A. (2003). *Effects of using instructional technology in colleges and universities: What controlled evaluation studies say.* Arlington, VA: SRI International.

Kulik, J.A. (2004). Meta-analytic studies of acceleration. In N. Colangelo, S. G. Assouline & M. U. M. Gross (Eds.), *A nation deceived. How schools hold back America's brightest students* (Vol. 2, pp. 13–22). Iowa City, IA: The Connie Belin and Jacqueline N. Blank International Center for Gifted Education and Talent Development, College of Education, The University of Iowa.

Kulik, J. A., Bangert, R. L., & Williams, G. W. (1983). Effects of computer-based teaching on secondary school students. *Journal of Educational Psychology, 75*(1), 19–26.

Kulik, J. A., Bangert-Drowns, R. L., & Kulik, C.-L. C. (1984). Effectiveness of coaching for aptitude tests. *Psychological Bulletin, 95*(2), 179–188.

Kulik, J. A., Cohen, P. A., & Ebeling, B. J. (1980). Effectiveness of programmed instruction in higher education: A meta-analysis of findings. *Educational Evaluation and Policy Analysis, 2*(6), 51–64.

Kulik, J. A., & Kulik, C. L. C. (1980). Individualised college teaching. *Evaluation in Education, 4*, 64–67.

Kulik, J. A., & Kulik, C. L. C. (1984). Effects of accelerated instruction on students. *Review of Educational Research, 54*(3), 409–425

Kulik, J. A., & Kulik, C. L. C. (1984). Synthesis of research on effects of accelerated instruction. *Educational Leadership, 42*(2), 84–89.

Kulik, J. A., & Kulik, C. L. C. (1987, March). *Computer-based instruction: What 200 evaluations say.* Paper presented at the Annual Convention of the Association for Educational Communications and Technology, Atlanta, GA.

Kulik, J. A., & Kulik, C. L. C. (1987). Effects of ability grouping on student achievement. *Equity and Excellence in Education, 23*(1), 22–30.

Kulik, J. A., & Kulik, C. L. C. (1987). Review of recent research literature on computer-based instruction. *Contemporary Educational Psychology, 12*(3), 222–230.

Kulik, J. A., & Kulik, C. L. C. (1988). Timing of feedback and verbal learning. *Review of Educational Research, 58*(1), 79–97.

Kulik, J. A., & Kulik, C. L. C. (1989). The concept of meta-analysis. *International Journal of Educational Research, 13*(3), 227–340.

Kulik, J. A., & Kulik, C. L. C. (1992). Meta-analytic findings on grouping programs. *Gifted Child Quarterly, 36*(2), 73–77.

Kulik, J. A., Kulik, C. L. C., & Bangert, R. L. (1984). Effects of practice on aptitude and achievement test scores. *American Educational Research Journal, 21*(2), 435–447.

Kulik, J. A., Kulik, C. L. C., & Bangert-Drowns, R. L. (1985). Effectiveness of computer-based education in elementary schools. *Computers in Human Behavior, 1*(1), 59–74.

Kulik, J. A., Kulik, C. L. C., & Cohen, P. A. (1979). A meta-analysis of outcome studies of Keller's Personalized System of Instruction. *American Psychologist, 34*(4), 307–318.

Kulik, J. A., Kulik, C. L. C., & Cohen, P. A. (1979). Research on audio-tutorial instruction: A meta-analysis of comparative studies. *Research in Higher Education, 11*(4), 321–341.

Kulik, J.A., Kulik, C. L. C., & Cohen, P.A. (1980). Effectiveness of computer-based college teaching: A meta-analysis of findings. *Review of Educational Research, 50*(4), 525–544.

Kumar, D. D. (1991). A meta-analysis of the relationship between science instruction and student engagement. *Educational Review, 43*(1), 49–61.

Kuncel, N. R. (2003). *The prediction and structure of graduate student performance.* Unpublished Ph.D., University of Minnesota, MN.

Kuncel, N. R., Crede, M., & Thomas, L. L. (2005). The validity of self-reported grade point averages, class ranks, and test scores: A meta-analysis and review of the literature. *Review of Educational Research, 75*(1), 63–82.

Kuncel, N. R., Hezlett, S. A., & Ones, D. S. (2001). A comprehensive meta-analysis of the predictive validity of the graduate record examinations: Implications for graduate student selection and performance. *Psychological Bulletin, 127*(1), 162–181.

Kunsch, C. A., Jitendra, A. K., & Sood, S. (2007). The effects of peer-mediated instruction in mathematics for students with learning problems: A research synthesis. *Learning Disabilities Research and Practice, 22*(1), 1–12.

Kunz, J. (1995).The impact of divorce on children's intellectual functioning: A meta-analysis. *Family Perspective, 29*(1), 75–101.

Kunz, J. (2001). Parental divorce and children's interpersonal relationships:A meta-analysis. *Journal of Divorce and Remarriage, 34*(3/4), 19–47.

Kyle,W. C. J. (1982). *A meta-analysis of the effects on student performance of new curricular programs developed in science education since 1955.* Unpublished Ph.D.,The University of Iowa, IA.

La Paro, K. M., & Pianta, R. C. (2000). Predicting children's competence in the early school years: A meta-analytic review. *Review of Educational Research, 70*(4), 443–484.

Ladd, G. W. (1990). Having friends, keeping friends, making friends, and being liked by peers in the classroom: Predictors of children's early school adjustment? *Child Development, 61*(4), 1081–1100.

Ladd, G. W., Kochenderfer, B. J., & Coleman, C. C. (1996). Friendship quality as a predictor of young children's early school adjustment. *Child Development, 67*(3), 1103–1118.

Ladd, G. W., Kochenderfer, B. J., & Coleman, C. C. (1997). Classroom peer acceptance, friendship, and victimization: Distinct relational systems that contribute uniquely to children's school adjustment? *Child Development, 68*(6), 1181–1197.

Laidlaw, J. S. (2000). *A meta-analysis of outdoor education programs.* Unpublished Ed.D., University of Northern Colorado, CO.

Lang, J., & Kersting, M. (2007). Regular feedback from student ratings of instruction: Do college teachers improve their ratings in the long run? *Instructional Science, 35*(3), 187–205.

Langenberg, N. L., Correro, G., Ferguson, G., Kamil, M. L., & Shaywitz, S. E. (2000). *Teaching children to read: An evidence-based assessment of the scientific research literature on reading and its implications for reading instruction.* Washington, DC: National Institute of Child Health and Development.

Langer, E. J. (1989). *Mindfulness.* New York: Da Capo Press.

Lapadat, J. C. (1991). Pragmatic language skills of students with language and/or learning disabilities: A quantitative synthesis. *Journal of Learning Disabilities, 24*(3), 147–158.

Lareau, A. (1987). Social class differences in family-school relationships:The importance of cultural capital. *Sociology of Education, 60*(2), 73–85.

Lashell, L. M. (1986). *An analysis of the effects of reading methods upon reading achievement and locus-of-control when individual reading style is matched for learning-disabled students.* Unpublished Ph.D., The Fielding Institute, CA.

Latham, G. P., & Locke, E. A. (2006). Enhancing the benefits and overcoming the pitfalls of goal setting. *Organizational Dynamics, 35*(4), 332–340.

Lauer, P. A., Akiba, M., Wilkerson, S. B., Apthorp, H. S., Snow, D., & Martin-Glenn, M. L. (2006). Out-of-school-time programs:A meta-analysis of effects for at-risk students. *Review of Educational Research, 76*(2), 275–313.

Lavery, L. (2008). *Self-regulated learning for academic success: An evaluation of instructional techniques.* Unpublished Ph.D.,The University of Auckland, Auckland.

Law, J., Garrett, Z., & Nye, C. (2004). The efficacy of treatment for children with developmental speech and language delay/disorder: A meta-analysis. *Journal of Speech, Language, and Hearing Research, 47*, 924–943.

Lee, D.-S. (2000). *A meta-analysis of mathematics interventions reported for 1971–1998 on the mathematics achievement of students identified with learning disabilities and students identified as low achieving.* Unpublished Ph.D., University of Oregon, OR.

Lee Hearold, S. (1980).Television and social behaviour. *Evaluation in Education, 4*, 94–95.

Lee, J. (1999). Effectiveness of computer-based instructional simulation:A meta-analysis. *International Journal of Instructional Media, 26*(1), 71–85.

Lee, J. (2006, April). *Is test-driven external accountability effective? A meta-analysis of the evidence from cross-state causal-comparative and correlational studies.* Paper presented at the Annual meeting of American Educational Research Association, San Francisco, CA.

Lee,T. D., & Genovese, E. D. (1988). Distribution of practice in motor skill acquisition: Learning and performance effects reconsidered. *Research Quarterly for Exercise and Sport, 59*(4), 277–287.

Lee,V. E., & Smith, J. B. (1993). Effects of school restructuring on the achievement and engagement of middle-grade students. *Sociology of Education, 66*(3), 164–187.

Lee, V. E., & Smith, J. B. (1997). High school size: Which works best and for whom? *Educational Evaluation and Policy Analysis, 19*(3), 205–227.

Lee, W.-C. (1990). *The effectiveness of computer-assisted instruction and computer programming in elementary and secondary mathematics: A meta-analysis.* Unpublished Ed.D., University of Massachusetts Amherst, MA.

Leinhardt, G. (1983, March). *Routines in expert math teachers' thoughts and actions.* Paper presented at the Annual meeting of the Amer ican Educational Research Association, Montreal, Canada.

LeJeune, J.V. (2002). *A meta-analysis of outcomes from the use of computer-simulated experiments in science education.* Unpublished Ed.D.,Texas A&M University,TX.

LeNoir, P. (1989). *The effects of manipulatives in mathematics instruction in grades K-college:A meta-analysis of thirty years of research.* Unpublished Ph.D., North Carolina State University, NC.

Leong, C.-L. (1981). *Meta-analysis of research on the adjunctive use of computers in secondary mathematics.* Unpublished Master's thesis, University of Toronto,Toronto, Canada.

Levie, W. H., & Lentz, R. (1982). Effects of text illustrations: A review of research. *Educational Communication and Technology: A Journal of Theory, Research, and Development, 30*(4), 195–232.

Levin, H. M. (1984). *Cost-effectiveness of four educational interventions:* Stanford Univ., CA. Inst. for Research on Educational Finance and Governance.[BBB16943].

Levin, H. M. (1988). *Accelerated schools for at-risk students. CPRE Research Report Series RR-010*. New Brunswick, NJ: Center for Policy Research in Education, Eagleton Institute of Politics, Rutgers, The State University of New Jersey.

Levin, H. M. (1988). Cost-effectiveness and educational policy. *Educational Evaluation and Policy Analysis, 10*(1), 51–69.

Levin, H. M., Glass, G. V., & Meister, G. R. (1987). Different approaches to improving performance at school. *Zeitschrift fur Internationale Erziehungs und Sozial Wissenschaftliche Forschung, 3*, 156–176.

Levin, H. M., Leitner, D., & Meister, G. R. (1986). *Cost-effectiveness of alternative approaches to computer-assisted instruction* (microform). Stanford, CA: Stanford University, Center for Educational Research.

Levin, H. M., & McEwan, P. J. (2001). *Cost-effectiveness analysis: Methods and applications* (2nd ed.). Thousand Oaks, CA: Sage Publications.

Levine, A. (2006). Educating school teachers [Electronic Version]. Retrieved 22 April 2008 from http://www.edschools.org/pdf/Educating_Teachers_Report.pdf.

Levy-Tossman, I., Kaplan, A., & Assor, A. (2007). Academic goal orientations, multiple goal profiles, and friendship intimacy among early adolescents. *Contemporary Educational Psychology, 32*(2), 231–252.

Lewis, C. P. (2004). *The relation between extracurricular activities with academic and social competencies in school-age children: A meta-analysis*. Unpublished Ph.D.,Texas A&M University,TX.

Lewis, M., & Samuels, S. J. (2003). Read more–read better? A meta-analysis of the literature on the relationship between exposure to reading and reading achievement [Electronic Version]. Retrieved 12 March 2007 from http://www.tc.umn.edu/~samue001/publications.htm.

Lewis, R. J., & Vosburgh,W.T. (1988). Effectiveness of kindergarten intervention programs: A meta-analysis. *School Psychology International, 9*(4), 265–275.

Lewis,T. L. (1979). *The medusa and the snail: More notes of a biology watcher*. New York: Viking Press.

Ley, K., &Young, D. (2001). Instructional principles for self-regulation. *EducationalTechnology Research and Development, 49*(2), 93–103.

L'Hommedieu, R., Menges, R. J., & Brinko, K. T. (1990). Methodological explanations for the modest effects of feedback from student ratings. *Journal of Educational Psychology, 82*(2), 232–241.

Liao,Y. K. (1990). *Effects of computer-assisted instruction and computer programming on students' cognitive performance: A quantitative synthesis*. Unpublished Ed.D., University of Houston,TX.

Liao,Y. K. (1992). Effects of computer-assisted instruction on cognitive outcomes: A meta-analysis. *Journal of Research on Computing in Education, 24*(3), 367–380

Liao,Y. K. C. (1998). Effects of hypermedia versus traditional instruction on students' achievement: A meta-analysis. *Journal of Research on Computing in Education, 30*(4), 341–359.

Liao, Y. K. C. (1999). Effects of hypermedia on students' achievement: A meta-analysis. *Journal of Educational Multimedia and Hypermedia, 8*(3), 255–277.

Liao,Y. K. C. (2007). Effects of computer-assisted instruction on students' achievement in Taiwan: A meta-analysis. *Computers and Education, 48*(2), 216–233.

Liao,Y. K. C., & Bright, G. W. (1991). Effects of computer programming on cognitive outcomes: A meta-analysis. *Journal of Educational Computing Research, 7*(3), 251–268.

Lietz, P. (2006). A meta-analysis of gender differences in reading achievement at the secondary school level. *Studies In Educational Evaluation, 32*(4), 317–344.

Light, R. J., & Pillemer, D. B. (1984). *Summing up: The science of reviewing research*. Cambridge,

MA: Harvard University Press.

Linn, M. C., & Hyde, J. S. (1989). Gender, mathematics, and science. *Educational Researcher, 18*(8), 17–27.

Linn, M. C., & Petersen, A. C. (1985). Emergence and characterization of sex differences in spatial ability: A meta-analysis. *Child Development, 56*(6), 1479–1498.

Lipsey, M. W., & Wilson, D. B. (1993). The efficacy of psychological, educational, and behavioral treatment: Confirmation from meta-analysis. *American Psychologist, 48*(12), 1181–1209.

Lipsey, M. W., & Wilson, D. B. (2001). *Practical meta-analysis*. Thousand Oaks, CA: Sage Publications.

Little, J. W. (2007).Teachers accounts of classroom experience as a resource for professional learning and instructional decision making. *Yearbook of the National Society for the Study of Education, 106*, 217–240.

Livingston, C., & Borko, H. (1990). High school mathematics review lessons: Expert-novice distinctions. *Journal for Research in Mathematics Education, 21*(5), 372–387.

Lloyd, J. W., Forness, S. R., & Kavale, K. A. (1998). Some methods are more effective than others. *Intervention in School and Clinic, 33*(4), 195–200.

Locke, E.A., Frederick, E., Lee, C., & Bobko, P. (1984). Effect of self-efficacy, goals, and task strategies on task performance. *Journal of Applied Psychology, 69*(2), 241–251.

Locke, E. A., & Latham, G. P. (1990). *A theory of goal setting and task performance.* Englewood Cliffs, NJ: Prentice Hall.

Long, M. H., & Sato, C. J. (1983). Classroom foreigner talk discourse: Forms and functions of teachers' questions. In H. Seliger & M. H. Long (Eds.), *Classroom oriented research in second language acquisition* (pp. 268–285). Rowley, MA: Newbury House.

Lorentz, J. L., & Coker, H. (1980).Teacher behaviour. *Evaluation in Education, 4*, 61–63.

Lortie, D. C. (2002). *Schoolteacher: A sociological study.* Chicago: University of Chicago Press.

Lott, G. W. (1983).The effect of inquiry teaching and advance organizers upon student outcomes in science education. *Journal of Research in Science Teaching, 20*(5), 437–451.

Lou,Y. (2004). Understanding process and affective factors in small group versus individual learning with technology. *Journal of Educational Computing Research, 31*(4), 337–369.

Lou, Y., Abrami, P. C., & d'Apollonia, S. (2001). Small group and individual learning with tech- nology: A meta-analysis. *Review of Educational Research, 71*(3), 449–521.

Lou,Y.,Abrami, P. C., Spence, J. C., Poulsen, C., Chambers, B., & d'Apollonia, S. (1996). Within-class grouping: A meta-analysis. *Review of Educational Research, 66*(4), 423–458.

Lou,Y., Bernard, R., & Abrami, P. (2006). Media and pedagogy in undergraduate distance education: A theory-based meta-analysis of empirical literature. *Educational Technology Research and Development, 54*(2), 141–176.

Lounsbury, J. H., & Clark, D. C. (1990). *Inside grade eight: From apathy to excitement.* Reston, VA: National Association of Secondary School Principals.

Lovelace, M. K. (2005). Meta-analysis of experimental research based on the Dunn and Dunn model. *Journal of Educational Research, 98*(3), 176–183.

Loveless, T. (1999). *The tracking wars: State reform meets school policy.* Washington, DC: Brookings Institution Press.

Lowe, J. (2001). Computer-based education: Is it a panacea? *Journal of Research on Technology in Education, 34*(2), 163–171.

Luecht, R. M. (2006, September). *Assessment engineering:An emerging discipline.* Paper presented at the Centre for Research in Applied Measurement and Evaluation, University of Alberta, Edmonton, AB, Canada.

Luecht, R. M., Gierl, M. J., Tan, X., & Huff, K. (2006, April). *Scalability and the development of useful diagnostic scales.* Paper presented at the Annual Meeting of the National Council on Measurement in Education, San Francisco, CA.

Luik, P. (2007). Characteristics of drills related to development of skills. *Journal of Computer Assisted Learning, 23*(1), 56-68.

Luiten, J., Ames,W., & Ackerman, G. (1980). A meta-analysis of the effects of advance organizers on learning and retention. *American Educational Research Journal, 17*(2), 211-218.

Lundeberg, M. A. (1987). Metacognitive aspects of reading comprehension: Studying understanding in legal case analysis. *Reading Research Quarterly, 22*(4), 407-432.

Lundeberg, M. A., & Fox, P. W. (1991). Do laboratory findings on test expectancy generalize to classroom outcomes? *Review of Educational Research, 61*(1), 94-106.

Luria, A. R. (1976). *Cognitive development: Its cultural and social foundations* (M. Lopez-Morillas & L. Solotaroff,Trans.). Cambridge, MA: Harvard University Press.

Lustick, D., & Sykes, G. (2006). National Board Certification as professional development:What are teachers learning? *Education Policy Analysis Archives, 14*(5), 1-43.

Lyday, N. L. (1983). *A meta-analysis of the adjunct question literature.* Unpublished Ph.D.,The Pennsyl- vania State University, PA.

Lysakowski, R. S., & Walberg, H. J. (1980). Classroom reinforcement. *Evaluation in Education, 4,* 115-116.

Lysakowski, R. S., & Walberg, H. J. (1980, April). *Classroom reinforcement and learning: A quantitative synthesis.* Paper presented at the Annual Meeting of the American Educational Research Associa-tion, Boston, MA.

Lysakowski, R. S., & Walberg, H. J. (1982). Instructional effects of cues, participation, and corrective feedback: A quantitative synthesis. *American Educational Research Journal, 19*(4), 559-578.

Lytton, H., & Romney, D. M. (1991). Parents' differential socialization of boys and girls: A meta-analysis. *Psychological Bulletin, 109*(2), 267-296.

Lyubomirsky, S., King, L., & Diener, E. (2005). The benefits of frequent positive affect: Does happiness lead to success? *Psychological Bulletin, 131*(6), 803-855.

Ma, X. (1999). A meta-analysis of the relationship between anxiety toward mathematics and achievement in mathematics. *Journal for Research in Mathematics Education, 30*(5), 520-541.

Ma, X., & Kishor, N. (1997).Assessing the relationship between attitude toward mathematics and achievement in mathematics:A meta-analysis. *Journal for Research in Mathematics Education, 28*(1), 26-47.

Mabe, P. A., III, & West, S. G. (1982).Validity of self-evaluation of ability: A review and meta-analysis. *Journal of Applied Psychology, 67*(3), 280-296.

Machtmes, K., & Asher, J. W. (2000). A meta-analysis of the effectiveness of telecourses in distance education. *American Journal of Distance Education, 14*(1), 27-46.

Madamba, S. R. (1980). *Meta-analysis on the effects of open and traditional schooling on the teaching-learning of reading.* Unpublished Ph.D., University of California, Los Angeles, CA.

Maehr, M. L., & Steinkamp, M. (1983). *A synthesis of fndings on sex differences in science education research. Final report* (Research/Technical No. NSF/SED-83001 NSF-SED-80-07857). Urbana, IL: Illinois University.

Mahar, C. L. (1992). *Thirty years after Ausubel: An updated meta-analysis of advance organizer research.* Unpublished Ph.D., University of Illinois at Urbana, Champaign, IL.

Malofeeva, E. V. (2005). *A meta-analysis of mathematics instruction with young children* Unpub-

lished Ph.D., University of Notre Dame, Notre Dame, IN.
Malone, M. R. (1984, April). *Project MAFEX: Report on preservice field experiences in science education*. Paper presented at the Annual Meeting of the National Association for Research in Science Teaching, New Orleans, LA.
Mangino, C. (2004). *A meta-analysis of Dunn and Dunn model correlational research with adult populations*. Unpublished Ed.D., St. John's University (New York), NY.
Mantione, R. D., & Smead, S. (2003). *Weaving through words: Using the arts to teach reading comprehension strategies*. Newark, DE: International Reading Association.
Mantzicopoulos, P., & Morrison, D. (1992). Kindergarten retention: Academic and behavioral outcomes through the end of second grade. *American Educational Research Journal, 29*(1), 182-198.
Marcucci, R. G. (1980). *A meta-analysis of research on methods of teaching mathematical problem solving*. Unpublished Ph.D.,The University of Iowa,IA.
Margo, A. M., & Thomas, E. S. (1989). Constructing more meaningful relationships: Mnemonic instruction for special populations. *Educational Psychology Review, 1*(2), 83-111.
Marmolejo,A. (1990). *The effects of vocabulary instruction with poor readers:A meta-analysis*. Unpublished Ed. D., Columbia University Teachers College, NY.
Marsh, H. (2007). Students' evaluations of university teaching: Dimensionality, reliability, validity, potential biases and usefulness. In R. P. Perry & J. C. Smart (Eds.), *The scholarship of teaching and learning in higher education: An evidence-based perspective* (pp. 319-383). Netherlands: Springer.
Marsh, H. W., & Rowe, K. J. (1996).The effects of single-sex and mixed-sex mathematics classes within a coeducational school: A reanalysis and comment. *Australian Journal of Education, 40*(2), 147-162.
Martin, A. D., Quinn, K. M., Ruger,T. W., & Kim, P.T. (2004). Competing approaches to predicting supreme court decision making. *Perspectives on Politics, 2*(4), 761-767.
Martin,A. J. (2006). Personal bests (PBs): A proposed multidimensional model and empirical analysis. *British Journal of Educational Psychology, 76*, 803-825.
Martin, D. M., Preiss, R. W., Gayle, B. M., & Allen, M. (2006). A meta-analytic assessment of the effect of humorous assessment lectures on learning. In B. M. Gayle, R. W. Preiss, N. Burrell & M. Allen (Eds.), *Classroom communication and instructional processes: Advances through meta-analysis* (pp. 295-313). Mahwah, NJ: Lawrence Erlbaum Associates.
Marzano, R. J. (1991). Creating an educational paradigm centered on learning through teacher-directed, naturalistic inquiry. In L. Idol & B. Fly (Eds.), *Educational values and cognitive instruction: Implications for reform* (pp. 411-441). Hillsdate, NJ: Lawrence Erlbaum Associates.
Marzano, R. J. (1991). *Cultivating thinking in English and the language arts* (No. ISBN-0-8141-0991-8). Urbana, IL: National Council of Teachers of English.
Marzano, R. J. (1991). Fostering thinking across the curriculum through knowledge restructuring. *Journal of Reading, 34*(7), 518-525.
Marzano, R. J. (1998). *A theory-based meta-analysis of research on instruction*. Aurora, CO: Mid-Continent Regional Educational Lab.
Marzano, R. J. (2000). *A new era of school reform: Going where the research takes us*. Aurora, CO: Mid-Continent Research for Education and Learning.
Marzano, R. J. (2003). *What works in schools: bTranslating research into action*. Alexandria,VA: Association for Supervision and Curriculum Development.
Marzano, R. J., Gaddy, B. B., & Dean, C. (2000). *What works in classroom instruction* (No. RJ96006101).

Aurora, CO: Mid-Continent Research for Education and Learning.

Marzano, R. J., Marzano, J. S., & Pickering, D. (2003). *Classroom management that works: Research-based strategies for every teacher.* Alexandria,VA: Association for Supervision and Curriculum Development.

Marzano, R. J., Pickering, D. J., & Pollock, J. E. (2001). *Classroom instruction that works: Research-based strategies for increasing student achievement.* Aurora, CO: Mid-Continent Research for Education and Learning.

Masgoret, A. M., & Gardner, R. C. (2003). Attitudes, motivation, and second language learning: A meta-analysis of studies conducted by Gardner and Associates. *Language Learning, 53*(1), 123-163.

Mason, D. A., & Burns, R. B. (1995). Teachers' views of combination classes. *Journal of Educational Research, 89*(1), 36-45.

Mason, D. A., & Burns, R. B. (1996)."Simply no worse and simply no better" may simply be wrong: A critique of Veenman's conclusion about multigrade classes. *Review of Educational Research, 66*(3), 307-322.

Mason, D. A., & Doepner, R. W., III. (1998). Principals' views of combination classes. *Journal of Educational Research* (Vol. 91, pp. 160-172): Heldref Publications.

Mastropieri, M., & Scruggs, T. (1989). Constructing more meaningful relationships: Mnemonic instruction for special populations. *Educational Psychology Review, 1*(2), 83-111.

Mathes, P. G., & Fuchs, L. S. (1991). *The efficacy of peer tutoring in reading for students with disabilities: A best-evidence synthesis* (Information Analyses No. H023B0026). Nashville,TN:Vanderbilt University, Peabody College.

Mathes, P. G., & Fuchs, L. S. (1994).The efficacy of peer tutoring in reading for students with mild disabilities: A best-evidence. *School Psychology Review, 23*(1), 59.

Mayer, R. E. (1989). Systematic thinking fostered by illustrations in scientific text. *Journal of Educational Psychology, 81*(2), 240-246.

Mayer, R. E. (1999). Multimedia aids to problem-solving transfer – A dual coding approach. *International Journal of Educational Research, 31,* 611-623.

McCall, R. B., & Carriger, M. S. (1993). A meta-analysis of infant habituation and recognition memory performance as predictors of later IQ. *Child Development, 64*(1), 57-79.

McCrae, R. R., & Costa, P. T., Jr. (1997). Personality trait structure as a human universal. *American Psychologist, 52*(5), 509-516.

McDermid, R. D. (1989). *A quantitative analysis of the literature on computer-assisted instruction with the learning-disabled and educable mentally retarded.* Unpublished Ph.D., University of Kansas, KS.

McEvoy, T. J. (1982). *A meta-analysis of comparative research on the effect of desegregation on academic achievement and self-esteem of black students.* Unpublished EdD,Wayne State University, MI.

McField, G. P. (2002). *Does program quality matter? A meta-analysis of select bilingual education studies.* Unpublished Ph.D., University of Southern California, CA.

McGiverin, J., Gilman, D., & Tillitski, C. (1989). A meta-analysis of the relation between class size and achievement. *The Elementary School Journal, 90*(1), 47-56.

McGraw, K. O., & Wong, S. (1992). A common language effect size statistic. *Psychological Bulletin, 111*(2), 361-365.

McKenna, K. (1991). *The use and effectiveness of computer-based models of the economy in the teaching of macroeconomics.* Unpublished doctoral dissertation, University of Western Australia.

McKey, R. H., Condelli, L., Ganson, H., Barrett, B., McConkey, C., & Plantz, M. C. (1985). *The impact of Head Start on children, families, and their communities. Final Report of the Head Start Eealuation, synthesis and utilization project. Executive summary.* Washington, DC: CSR. Inc.

McLinden, D. J. (1988). Spatial task performance: A meta-analysis. *Journal of Visual Impairment and Blindness, 82*(6), 231–236.

McMaster, K. N., & Fuchs, D. (2002). Effects of cooperative learning on the academic achievement of students with learning disabilities: An update of Tateyama-Sniezek's review. *Learning Disabilities Research and Practice, 17*(2), 107–117.

McNeil, B. J., & Nelson, K. R. (1991). Meta-analysis of interactive video instruction: A 10 year review of achievement effects. *Journal of Computer-Based Instruction, 18*(1), 1–6.

Meehan, A. M. (1984). A meta-analysis of sex differences in formal operational thought. *Child Development, 55*(3), 1110–1124.

Meehl, P. E. (1954). *Clinical versus statistical prediction: A theoretical analysis and a review of the evidence.* Minneapolis, MN: University of Minnesota Press.

Mehana, M., & Reynolds, A. J. (2004). School mobility and achievement: A meta-analysis. *Children and Youth Services Review, 26*(1), 93–119.

Mehana, M. A. A. (1997). *A meta-analysis of school mobility effects on reading and math achievement in the elementary grades.* Unpublished PhD,The Pennsylvania State University, PA.

Meisels, S. J., & Liaw, F. R. (1993). Failure in grade: Do retained students catch up? *Journal of Educational Research, 87*(2), 69–77.

Mellinger, S. F. (1991). *The development of cognitive flexibility in problem-solving: Theory and application.* Unpublished Ph.D.,The University of Alabama, AL.

Menges, R. J., & Brinko, K. T. (1986, April). *Effects of student evaluation feedback: A meta-analysis of higher education research.* Paper presented at the Annual Meeting of the American Educational Research Association, San Francisco, CA.

Mento,A. J., Steel, R. P., & Karren, R. J. (1987).A meta-analytic study of the effects of goal setting on task performance: 1966–1984. *Organizational Behavior and Human Decision Processes, 39*(1), 52–83.

Mentore, J. L. (1999). *The effectiveness of early intervention with young children "at risk":A decade in review.* Unpublished Ph.D., Fordham University, New York, United States.

Messick, S. (1990). *Validity of test interpretation and use.* Princeton, NJ: Educational Testing Service. Messick, S., & Jungeblut, A. (1981).Time and method in coaching for the SAT. *Psychological Bulletin, 89*(2), 191–216.

Metcalf, K. K. (1995, April). *Laboratory experiences in teacher education: A meta-analytic review of research.* Paper presented at the Annual Meeting of the American Educational Research Association, San Francisco, CA.

Metsala, J. L., Stanovich, K. E., & Brown, G. D. A. (1998). Regularity effects and the phonological deficit model of reading disabilities:A meta-analytic review. *Journal of Educational Psychology, 90*(2), 279–293.

Meyer, G. J., Finn, S. E., Eyde, L. D., Kay, G. G., Moreland, K. L., Dies, R. R., et al. (2001). Psychological testing and psycohological assessment: A review of evidence and issues. *American Psychologist, 56*(2), 128–165.

Meyer, J. P., & Gellatly, I. R. (1988). Perceived performance norm as a mediator in the effect of assigned goal on personal goal and task performance. *Journal of Applied Psychology, 73*(3), 410–420.

Meyer, L. A. (1984). Long-term academic effects of the direct instruction project follow through.

The Elementary School Journal, 84(4), 380-394.

Mikolashek, D. L. (2004). *A meta-analysis of empirical research studies on resilience among students at-risk for school failure.* Unpublished Ed.D., Florida International University, FL.

Miller, H. L., Jr. (1997). The New York City public schools integrated learning systems project: Evaluation and meta-evaluation. *International Journal of Educational Research, 27*(2), 91-183.

Miller, J. B. (1999). *The effects of training in phonemic awareness: A meta-analysis.* Unpublished Ed.D., University of Kansas, KS.

Miller, N., & Carlson, M. (1982). *School desegregation as a social reform: A meta-analysis of its effects on black academic achievement.* Washington, DC: National Institute of Education.

Miller, R. J., & Rowan, B. (2006). Effects of organic management on student achievement. *American Educational Research Journal, 43*(2), 219-253.

Milligan, K., Astington, J. W., & Dack, L. A. (2007). Language and theory of mind: Meta-analysis of the relation between language ability and false-belief understanding. *Child Development, 78*(2), 622-646.

Milligan, S., & Thomson, K. (1992). *Listening to girls: A report of the consultancy undertaken for the Australian Education Council Committee to Review the National Policy for the Education of Girls in Australian Schools.* Carlton,Victoria: Australian Education Council.

Milne, S., Sheeran, P., & Orbell, S. (2000). Prediction and intervention in health-related behavior: A meta-analytic review of protection motivation theory. *Journal of Applied Social Psychology, 30*(1), 106-143.

Minton, K. J. (2005). *Learning-related vision and academic success: A meta-analytical study.* Unpublished Ph.D., Union Institute and University, OH.

Miron, G., & Nelson, C. (2001). *Student academic achievement in charter schools:What we know and why we know so little* (Occasional Paper No. 41). New York: Columbia University, National Center for the Study of Privatization in Education.

Mislevy, R. J. (2007).Validity by design *Educational Researcher, 36*(8), 463-469.

Mitchell, M.L. W. (1987). *A comparison of the effectiveness of innovative instructional methods utilized in lower division mathematics as measured by student achievement: A meta-analysis of the findings.* Unpublished doctoral dissertation, University of Arizona.

Mitchell, D. E., & Beach, S. A. (1990). *How changing class size affects classrooms and students. Policy Briefs Number 12.* San Francisco, CA: Far West Laboratory for Educational Research and Development.

Moga, E., Burger, K., Hetland, L., & Winner, E. (2000). Does studying the arts engender creative thinking? Evidence for near but not far transfer. *Journal of Aesthetic Education, 34*(3/4), 91-104.

Mohr, K.A. J. (1998).Teacher talk:A summary analysis of effective teachers' discourse during primary literacy lessons *Journal of Classroom Interaction, 33*(2), 16-23.

Moin, A. K. (1986). *Relative effectiveness of various techniques of calculus instruction: A meta-analysis.* Unpublished Ph.D., Syracuse University, NY.

Molnar, A., Smith, P., Zahorik, J., Palmer, A., Halbach, A., & Ehrle, K. (1999). Evaluating the SAGE program:A pilot program in targeted pupil-teacher reduction in Wisconsin. *Educational Evaluation and Policy Analysis, 21*(2), 165-177.

Monk, D. H. (1994). Subject area preparation of secondary mathematics and science teachers and student achievement. *Economics of Education Review, 13*(2), 125-145.

Monk, D. H.,Walberg, H. J., & Wang, M. C. (2001). *Improving educational productivity.* Greenwich, CT: Information Age Publishing.

Moon, C. E., Render, G. F., & Pendley, D. W. (1985, March-April). *Relaxation and educational out-*

comes: A meta-analysis. Paper presented at the Annual Meeting of the American Educational Research Association, Chicago, IL.

Moore, D. W., & Readence, J. E. (1984). A quantitative and qualitative review of graphic organizer research. *Journal of Educational Research, 78*(1), 11–17.

Morris, C. H. (1995). *Meta-analysis of home visiting research with low-income families: Client, intervention, and outcome characteristics.* Unpublished M.S., Utah State University, UT.

Morris, D. R. (1993). Patterns of aggregate grade-retention rates. *American Educational Research Journal, 30*(3), 497–514.

Moseley, D., Baumfield, V., Higgins, S., Lin, M., Miller, J., Newton, D., et al. (2004). *Thinking skill frameworks for post-16 learners: An evaluation.* London: Learning and Skills Research Centre.

Mosteller, F., Light, R. J., & Sachs, J. A. (1996). Sustained inquiry in education: Lessons from skill grouping and class size. *Harvard Educational Review, 66*(4), 797.

Mottet, T. P. (1998, March). *Teaching from a distance:"Hello, is anyone out there?"* Paper presented at the Annual Ethnography in Research Forum, Philadelphia, PA.

Muhlenbruck, L., Cooper, H. M., Nye, B., & Lindsay, J. J. (1999). Homework and achievement: Explaining the different strengths of relation at the elementary and secondary school levels. *Social Psychology of Education, 3*(4), 295–317.

Muijs, D., & Reynolds, D. (2001). *Effective teaching: Evidence and practice.* London: Paul Chapman.

Mukawa, T. E. (2006). *Meta-analysis of the effectiveness of online instruction in higher education using Chickering and Gamson's seven principles for good practice.* Unpublished Ed.D., University of San Francisco, CA.

Mukawa, T. E. (2006). *Seven principles for good practice and effective online instruction in higher education.* Paper presented at the World Conference on E-Learning in Corporate, Government, Healthcare, and Higher Education 2006, Honolulu, HI.

Mukunda, K. V., & Hall, V. C. (1992). Does performance on memory for order correlate with performance on standardized measures of ability? A meta-analysis. *Intelligence, 16*(1), 81–97.

Mullen, B., & Copper, C. (1994). The relation between group cohesiveness and performance: An integration. *Psychological Bulletin, 115*(2), 210–227.

Mullen, B., Symons, C., Hu, L.T., & Salas, E. (1989). Group size, leadership behavior, and subordinate satisfaction. *Journal of General Psychology, 116*(2), 155–170.

Muller, J. C., Gullung, P., & Bocci, P. (1988). Concept de soi et performance scolaire: Une meta-analyse [Self-concept and academic performance: A meta-analysis]. *Orientation Scolaire et Professionnelle, 17,* 53–69.

Multon, K. D., Brown, S. D., & Lent, R. W. (1991). Relation of self-efficacy beliefs to academic outcomes: A meta-analytic investigation. *Journal of Counseling Psychology, 38*(1), 30–38.

Murawski, W. W., & Swanson, H. L. (2001). A meta-analysis of co-teaching research: Where are the data? *Rase: Remedial and Special Education, 22*(5), 258–267.

Murdock, T. A. (1987). It isn't just money:The effects of financial aid on student persistence. *Review of Higher Education, 11*(1), 75.

Murphy, P. K., & Alexander, P. A. (2006). *Understanding how students learn: A guide for instructional leaders.* Thousand Oaks, CA: Corwin Press.

Murphy, R., & Maree, D. J. F. (2006). Meta-analysis of dynamic assessment research in South Africa [Electronic Version]. *Journal of Cognitive Education and Psychology, 6,* 32–60. Retrieved 2 July 2007 from www.iacep.coged.org.

Murphy, R.T. (1991). *Educational effectiveness of Sesame Street:A review of the first twenty years of research, 1969–1989.* Princeton, NJ: Educational Testing Service.

Musselman, C. R., Wilson, A. K., & Lindsay, P. H. (1988). Effects of early intervention on hearing impaired children. *Exceptional Children, 55*(3), 222.

Naglieri, J. A., & Das, J. P. (1997). *Das-Naglieri cognitive assessment system.* Itasca, IL: Houghton Mifflin.

Naglieri, J. A., & Das, J. P. (1997). Intelligence revised:The planning, attention, simultaneous, succes- sive (PASS) cognitive processing theory. In R. F. Dillon (Ed.), *Handbook on testing* (pp. 136–163). Westport, CT: Greenwood Press.

Nash, R., & Harker, R. K. (1997). *Progress at school: Final report to the Ministry of Education.* Palmerston North: Massey University, Educational Research and Development Centre.

National Centre for Educational Statistics. (1985). *High school and beyond: An analysis of course-taking patterns in secondary schools as related to student characteristics* (No. NCES-85-206). Washington, DC: US Government Printing Office.

National Council on the Accreditation of Teacher Education. (2000). NCATE 2000 unit standards [Electronic Version]. Retrieved June 19, 2000 from http://www.ncate.org/2000/200stds.pdf.

National Reading Panel. (2000). *Report of the National Reading Panel: Teaching children to read: An evidence-based assessment of the scientific research literature on reading and its implications for reading instruction: Reports of the subgroups.* Rockville, MD: NICHD Clearinghouse.

Neale, D. C. (1969).The role of attitudes in learning mathematics. *Arithmetic Teacher, 16*(8), 631–640.

Neber, H., Finsterwald, M., & Urban, N. (2001). Cooperative learning with gifted and high-achieving students: A review and meta-analyses of 12 studies. *High Ability Studies, 12*(2), 199–214.

Neill, J. T., & Richards, G. E. (1998). Does outdoor education really work? A summary of recent meta-analyses. *Australian Journal of Outdoor Education, 3*(2), 2–9.

Nelson, C. S. (1994). *A meta-analysis of parent education programs for children two to nine years.* Unpub- lished Psy.D., Adler School of Professional Psychology, IL.

Nelson, G.,Westhues, A., & MacLeod, J. (2003).A meta-analysis of longitudinal research on preschool prevention programs for children. *Prevention and Treatment, 18,* 1–35.

Nesbit, J. C., & Adesope, O. O. (2006). Learning with concept and knowledge maps:A meta-analysis. *Review of Educational Research, 76*(3), 413–448.

Neubert, M. J. (1998). The value of feedback and goal setting over goal setting alone and potential moderators of this effect: A meta-analysis. *Human Performance, 11*(4), 321–335.

Neuman, G. A., Edwards, J. E., & Raju, N. S. (1989). Organizational development interventions: A meta-analysis of their effects on satisfaction and other attitudes. *Personnel Psychology, 42*(3), 461–489.

Neuman, S. B. (1986, July). *Television and reading: A research synthesis.* Paper presented at the International Television Studies Conference, London, England.

Neuman, S. B. (1988). The displacement effect: Assessing the relation between television viewing and reading performance. *Reading Research Quarterly, 23*(4), 414–440.

Neumann, A. (2006). Professing passion:Emotion in the scholarship of professors at research universities. *American Educational Research Journal, 43*(3), 381–424.

Neville, D. D., & Searls, E. F. (1991). A meta-analytic review of the effect of sentence-combining on reading comprehension. *Reading Research and Instruction, 31*(1), 63–76.

Newell, A. (1990). *Unified theories of cognition.* Cambridge, MA: Harvard University Press.

Newman, M. (2004). *Problem-based learning:An exploration of the method and evaluation of its effectiveness in a continuing nursing education programme.* London: Middlesex University.

Newman, M., Garrett, Z., Elbourne, D., Bradley, S., Noden, P.,Taylor, J., et al. (2006). Does secondary school size make a difference?: A systematic review. *Educational Research Review, 1*(1), 41-60.

Niemiec, R. P. (1989). Comparing the cost-effectiveness of tutoring and computer-based instruction. *Journal of Educational Computing Research, 5*(4), 395-407.

Niemiec, R. P., Samson, G., Weinstein, T., & Walberg, H. J. (1987). The effects of computer-based instruction in elementary schools: A quantitative synthesis. *Journal of Research on Computing in Education, 20*(2), 85-103.

Niemiec, R. P., Sikorski, C., & Walberg, H. J. (1996). Learner-control effects:A review of reviews and a meta-analysis. *Journal of Educational Computing Research, 15*(2), 157-174.

Niemiec, R. P., & Walberg, H. J. (1985). Computers and achievement in the elementary schools. *Journal of Educational Computing Research, 1*(4), 435-440.

Niemiec, R. P., & Walberg, H. J. (1987). Comparative effects of computer-assisted instruction: A synthesis of reviews. *Journal of Educational Computing Research, 3*(1), 19-37.

Nikolaou, C. (2001). *Hand-held calculator use and achievement in mathematics: A meta-analysis.* Unpublished Ph.D., Georgia State University, GA.

Nishi, S. (1990). *Class size: The issue for policy makers in the State of Utah.* Salt Lake City, UT: Utah State Office of Education.

Nist, S. L., & Simpson, M. L. (1989). PLAE, a validated study strategy. *Journal of Reading, 33*(3), 182-186.

Noland,T. K., & Taylor, B. L. (1986, April). *The effects of ability grouping:A meta-analysis of research findings.* Paper presented at the Annual Meeting of the American Educational Research Association, San Francisco, CA.

Nordin, A. B. (1980). Improving learning: An experiment in rural primary schools in Malaysia. *Evaluation in Education, 4*, 143-263.

Novak, J. D. (1977). *A theory of education.* Ithaca, NY: Cornell University Press.

Novak, J. M., & Purkey, W. W. (2001). *Invitational education.* Bloomington, IN: Phi Delta Kappa Educational Foundation.

Novick, M. R., & Jackson, P. H. (1974). *Statistical methods for educational and psychological research.* New York: McGraw-Hill.

Nowicki, E. A. (2003). A meta-analysis of the social competence of children with learning disabilities compared to classmates of low and average to high achievement. *Learning Disability Quarterly, 26*(3), 171-188.

Ntoumanis, N., & Biddle, S. J. H. (1999). Affect and achievement goals in physical activity: a meta-analysis. *Scandinavian Journal of Medicine and Science in Sports, 9*(6), 315-332.

Nuthall, G. A. (1999). Introduction and background. *International Journal of Educational Research, 31*(3), 141-256.

Nuthall, G. A. (1999). Learning how to learn: The evolution of students' minds through the social processes and culture of the classroom. *International Journal of Educational Research, 31*(3), 141-256.

Nuthall, G. A. (2000).The role of memory in the acquisition and retention of knowledge in science and social studies units. *Cognition and Instruction, 18*(1), 83-139.

Nuthall, G.A. (2005).The cultural myths and realities of classroom teaching and learning:A personal journey. *Teachers College Record, 107*(5), 895-934.

Nuthall, G. A. (2007). *The hidden lives of learners.* Wellington, New Zealand: New Zealand Council for Educational Research.

Nye, B., Konstantopoulos, S., & Hedges, L. V. (2004). How large are teacher effects? *Educational*

Evaluation and Policy Analysis, 26(3), 237–257.

Nye, C., Foster, S. H., & Seaman, D. (1987). Effectiveness of language intervention with the language/ learning disabled. *The Journal of speech and hearing disorders, 52*(4), 348–357.

O' Shaughnessy, T. E., & Swanson, H. L. (1998). Do immediate memory deficits in students with learning disabilities in reading reflect a developmental lag or deficit?: A selective meta-analysis of the literature. *Learning Disability Quarterly, 21*(2), 123–148.

Oakes, J. (1985). *Keeping track: How schools structure inequality.* New Haven:Yale University Press.

Oakes, J. (1987). *Tracking in secondary schools: A contextual perspective.* Santa Monica, CA: The Rand Corporation.

Oakes, J. (1992). Can tracking research inform practice? Technical, normative, and political considerations. *Educational Researcher, 21*(4), 12–21.

Oakes, J. (1993) Ability grouping, tracking and within-school segregation in the San Jose Unified School District. Report prepared in conjunction with *Vasquez v. San Jose Unified School District*, University of California, Los Angeles, School of Education.633 C.F.R. (1993).

Oakes, J. (1995). Two cities' tracking and within-school segregation. *Teachers College Record, 96*(4), 681–690.

Oakes, J. (2005). *Keeping track: How schools structure inequality* (2nd ed.). New Haven, Conn.; London: Yale University Press.

Oakes, J., Gamoran, A., & Page, R. N. (1992). Curriculum differentiation: Opportunities, outcomes, and meanings. In P. W. Jackson (Ed.), *Handbook of research on curriculum: A project of the American Educational Research Association* (pp. 570–608). New York: Macmillan.

Oakes, J., & Guiton, G. (1995). Matchmaking: The dynamics of high school tracking decisions. *American Educational Research Journal, 32*(1), 3–33.

Oakes, J., Ormseth,T., Bell, R., & Camp, P. (1990). *Multiplying inequalities:The effects of race, social class, and tracking on opportunities to learn mathematics and science.* Santa Monica, CA: Rand.

Oakes, J., Quartz, K. H., Gong, J., Guiton, G., & Lipton, M. (1993). Creating middle schools: Technical, nor mative, and political considerations. *The Elementary School Journal, 93*(5), 461–480.

Oakes, J., & Wells, A. S. (1996). *Beyond the technicalities of school reform: Policy lessons from detracking schools.* Los Angeles, CA: UCLA Graduate School of Education and Information Studies.

Oakes, J.,Wells, A. S., Jones, M., & Datnow, A. (1997). Detracking:The social construction of ability, cultural politics, and resistance to reform. *Teachers College Record, 98*(3), 482–510.

O'Connor, M. C., & Paunonen, S. V. (2007). Big Five personality predictors of post-secondary academic performance. *Personality and Individual Differences, 43*(5), 971–990.

Odden, A. (2007). *Redesigning school finance systems: Lessons from CPRE research. CPRE Policy Briefs. RB-50.* Philadelphia, PA: University of Pennsylvania, Consortium for Policy Research in Education.

Ogunyemi, O. A. (1983). *An analytic study of the efficacy of black-and-white pictorial instruction on achievement.*

Oh, S. S. (1987). *A comparative study of quantitative vs. qualitative synthesis of Title VII Bilingual Education Programs for Asian children in New York City.* Unpublished Ph.D.,The Florida State University, FL.

Oliver, L. W., & Spokane, A. R. (1988). Career-intervention outcome: What contributes to client gain? *Journal of Counseling Psychology, 35*(4), 447–462.

Olson, D. R. (2003). *Psychological theory and educational reform: How school remakes mind and society.* Cambridge: Cambridge University Press.

Olson,T., & Wisher, R. A. (2002).The effectiveness of web-based instruction: An initial inquiry, *The*

International Review of Research in Open and Distance Learning [Online].
O'Mara, A. J., Marsh, H. W., Craven, R. G., & Debus, R. L. (2006). Do self-concept interventions make a difference? A synergistic blend of construct validation and meta-analysis. *Educational Psychologist, 41*(3), 181–206.
O'Neal, M. R. (1985, November). *Cerebral palsy: The meta-analysis of selected interventions.* Paper presented at the Annual Conference of the Mid-South Educational Research Association, Biloxi, MS.
Onuoha, C. O. (2007). *Meta-analysis of the effectiveness of computer-based laboratory versus traditional hands-on laboratory in college and pre-college science instructions.* Unpublished Ph.D., Capella University, MN.
Oosterlaan, J., Logan, G. D., & Sergeant, J.A. (1998). Response inhibition in AD/HD, CD, Comorbid AD/HD+ CD, Anxious, and Control Children: A meta-analysis of studies with the stop task. *The Journal of Child Psychology and Psychiatry and Allied Disciplines, 39*(03), 411–425.
O'Shaughnessy, T. E., & Swanson, H. L. (1998). Do immediate memory deficits in students with learning disabilities in reading reflect a developmental lag or deficit?: A selective meta-analysis of the literature. *Learning Disability Quarterly, 21*(2), 123–148.
Ostendorf, V. A. (1997). Teaching by Television. *New Directions for Teaching and Learning, 1997*(71), 51–58.
Othman, N. (1996). *The effects of cooperative learning and traditional mathematics instruction in grades K-12: A meta-analysis of findings.* Unpublished Ed.D.,West Virginia University,WV.
Ottenbacher, K., & Petersen, P. (1985).The efficacy of early intervention programs for children with organic impairment: A quantitative review. *Evaluation and Program Planning, 8*(2), 135–146.
Ottenbacher, K. J., & Cooper, H. M. (1983). Drug treatment of hyperactivity in children. *Developmental medicine and child neurology, 25*(3), 358–366.
Ottenbacher, K. J., Muller, L., Brandt, D., Heintzelman, A., Hojem, P., & Sharpe, P. (1987). The effectiveness of tactile stimulation as a form of early intervention: A quantitative evaluation. *Journal of developmental and behavioral pediatrics, 8*(2), 68–76.
Ouyang, R. (1993). *A meta-analysis: Effectiveness of computer-assisted instruction at the level of elementary education (K-6).* Unpublished Ed.D., Indiana University of Pennsylvania, PA.
Oyer, E. J. (1996). *Validity and impact of meta-analyses in early intervention research.* Unpublished Ph.D., Indiana University, IN.
Page, E. B., & Grandon, G. M. (1979). Family configuration and mental ability: Two theories contrasted with US data. *American Educational Research Journal, 16*(3), 257–272.
Page, E. B., & Grandon, G. M. (1981). Massive intervention and child intelligence the Milwaukee project in critical perspective. *Journal of Special Education, 15*(2), 239–256.
Page, R. N. (1991). *Lower-track classrooms: A curricular and cultural perspective.* New York: Teachers College Press.
Palmeter, F. R. D. (1991). *The effects of computer programming on children's higher-level cognitive processes: A review of the research on Logo.* Unpublished Ed.D., Rutgers The State University of New Jersey, New Brunswick, NJ.
Pang, S. (1998). *The relationship between giftedness and self-concept: A meta-analysis of gifted research.* Unpublished M.A., California State University, Long Beach, CA.
Pantili, L.,Williams, J., & Fortune, J. (1991, April). *Principal assessment: Effective or not? A meta-analytic model.* Paper presented at the Annual Meeting of the American Educational Research Association, Chicago, IL.

Parham, J. L. (1983). *A meta-analysis of the use of manipulative materials and student achievement in elementary school mathematics*. Unpublished Ed.D., Auburn University, AL.

Parker, L. H. (1985). *A strategy for optimising the success of girls in mathematics: Report of a project of national significance*. Canberra, Australia: Commonwealth Schools Commission.

Parker, L. H., & Rennie, L. J. (1997). Teachers' perceptions of the implementation of single-sex classes in coeducational schools. *Australian Journal of Education, 41*(2), 119-133.

Paro, K. M. L., & Pianta, R. C. (2000). Predicting children's competence in the early school years: A meta-analytic review. *Review of Educational Research, 70*(4), 443-484.

Paschal, R. A., Weinstein, T., & Walberg, H. J. (1984). The effects of homework on learning: A quantitative synthesis. *Journal of Educational Research, 78*(2), 97-104.

Patall, E. A., Cooper, H. M., & Robinson, J. C. (2008). The effects of choice on intrinsic motivation and related outcomes: A meta-analysis of research findings. *Psychological Bulletin, 134*(2), 270-300.

Pearson, P. D., Ferdig, R. E., Blomeyer, J. R. L., & Moran, J. (2005). *The effects of technology on teading performance in the middle-school grades: A meta-analysis with recommendations for policy*. Naperville, IL: Learning Point Associates, North Central Regional Educational Laboratory (NCREL).

Peddie, R., Hattie, J. A. C., & Vaughan, K. (1999). *The use of exemplars in outcomes-based curricula: An international review of the literature. Report to the Ministry of Education*. Auckland: Auckland Uniservices Ltd.

Pegg, J. (2003).Assessment in mathematics:A developmental approach. In J. Royer (Ed.), *Mathematical cognition* (pp. 227-259). Greenwich, Conn: Information Age Publishing.

Pehkonen, E. (1992). *Problem fields in mathematics teaching, Part 3.Views of Finnish seventh-graders about mathematics teaching* (No. 108). Helsinki, Finland: University of Helsinki, Department of Teacher Education.

Péladeau, N., Forget, J., & Gagné, F. (2003). Effect of paced and unpaced practice on skill application and retention: How much is enough? *American Educational Research Journal, 40*(3), 769-801.

Penuel,W. R., Kim, D., Michalchik,V., Lewis, S., Means, B., Murphy, R., et al. (2002). *Using technology to enhance connections between home and school:A research synthesis. Prepared for the Planning and Evaluation Services, U.S. Department of Education*. Menlo Park, CA: SRI International.

Persell, C. H. (1979). *Education and inequality: The roots and results of stratification in America's schools*. New York: Free Press.

Peters, R. S. (1960). *The concept of motivation*. London: Routledge.

Peterson, P. L. (1980). Open versus traditional classrooms. *Evaluation in Education, 4,* 58-60.

Peterson, S. E., DeGracie, J. S., & Ayabe, C. R. (1987).A longitudinal study of the effects of retention/promotion on academic achievement. *American Educational Research Journal, 24*(1), 107-118.

Petty, G. (2006). *Evidence based teaching: A practical approach*. Cheltenham, UK: Nelson Thornes.

Pflaum, S. W. (1982). Synthesizing research in reading. *Reading Psychology, 3*(4), 325-337.

Pflaum, S. W., Walberg, H. J., Karegianes, M., & Rasher, S. P. (1980). Methods of teaching reading. *Evaluation in Education, 4,* 121-122.

Phillips, D. C. (1995).The good, the bad, and the ugly:The many faces of constructivism. *Educational Researcher, 24*(7), 5-12.

Phillips, G. W. (1983). *Learning the conservation concept:A meta-analysis*. Unpublished Ph.D., University of Kentucky, KY.

Phillips, N. B., Hamlett, C. L., Fuchs, L. S., & Fuchs, D. (1993). Combining classwide curriculum-based measurement and peer tutoring to help general educators provide adaptive education. *Learning Disabilities Research and Practice, 8*(3), 148–156.

Piaget, J. (1970). *Genetic epistemology.* New York,: Columbia University Press.

Piburn, M. D. (1993, April). *Evidence from meta-analysis for an expertise model of achievement in science.* Paper presented at the Annual Meeting of the National Association for Research in Science Teaching, Atlanta, GA.

Pintrich, P. R., Cross, D. R., Kozma, R. B., & McKeachie, W. J. (1986). Instructional psychology. *Annual Review of Psychology, 37*(1), 611–651.

Podlozny, A. (2000). Strengthening verbal skills through the use of classroom drama: A clear link. *Journal of Aesthetic Education, 34*(3/4), 239–275.

Poirier, B. M. (1989). *The effectiveness of language intervention with preschool handicapped children: An integrative review.* Unpublished Ph.D., Utah State University, UT.

Polit, D. F., & Falbo, T. (1987). Only children and personality development: A quantitative review. *Journal of Marriage and the Family, 49*(2), 309–325.

Pólya, G. (1945). *How to solve it: A new aspect of mathematical method.* Princeton, NJ: Princeton University Press.

Pong, S. l., Dronkers, J., & Hampden-Thompson, G. (2002). *Family policies and academic achievement by young children in single-parent families: an international comparison. Population research institute working paper* (Reports – Research No. PRI-WP-02-03 1-R24-HD41025). University Park, PA: Population Research Institute,The Pennsylvania State University.

Pong, S. l., Dronkers, J., & Hampden-Thompson, G. (2003). Family policies and children's school achievement in single- versus two-parent families. *Journal of Marriage and Family, 65*(3), 681–699.

Popham, W. J. (1969). Curriculum materials. *Review of Educational Research, 39*(3), 319–338.

Popham, W. J., Eisner, E., Sullivan, H., & Tyler, L. (1969). *Instructional objectives.* Washington, DC: American Educational Research Association.

Popper, K. R. (1963). *Conjectures and refutations.The growth of scientific knowledge.* London: Routledge.

Popper, K. R. (1968). *The logic of scientific discovery* (3rd ed.). London: Hutchinson.

Post, G. S. (1998). *An investigation into the application of accelerated learning theory as it relates to improving employee performance in the learning organization for the twenty-first century.* Unpublished Ed.D., Northern Illinois University, IL.

Powers, D. E. (1986). Relations of test item characteristics to test preparation/test practice effects: a quantitative summary. *Psychological Bulletin, 100*(1), 67–77.

Powers, D. E. (1993). Coaching for the SAT:A summary of the summaries and an update. *Educational Measurement: Issues and Practice, 12*(2), 24–30.

Powers, S., & Rossman, M. H. (1983, March). *Evidence of the impact of bilingual education: A meta-analysis.* Paper presented at the Annual Arizona Bilingual Education Conference,Tucson, AZ.

Powers, S., & Rossman, M. H. (1984). Evidence of the impact of bilingual education:A meta-analysis. *Journal of Instructional Psychology, 11*(2), 75–78.

Pratt, S., & George, R. (2005). Transferring friendship: Girls' and boys' friendships in the transition from primary to secondary school. *Children and Society, 19*(1), 16–26.

Preiss, R. W., & Gayle, B. M. (2006). A meta-analysis of the educational benefits of employing advanced organizers. In B. M. Gayle, R. W. Preiss, N. Burrell & M. Allen (Eds.), *Classroom communication and instructional processes: Advances through meta-analysis* (pp. 329–344). Mahwah, NJ:

Lawrence Erlbaum Associates.

Pressey, S. L. (1949). *Educational acceleration: Appraisals and basic problems*. Columbus, OH: Ohio State University.

Pressley, M., & Afflerbach, P. (1995). *Verbal protocols of reading: The nature of constructively responsive reading*. Hillsdale, NJ: Lawrence Erlbaum Associates.

Pressley, M., Gaskins, I. W., Solic, K., & Collins, S. (2006). A portrait of Benchmark School: How a school produces high achievement in students who previously failed. *Journal of Educational Psychology, 98*(2), 282–306.

Pressley, M., Mohan, L., Raphael, L. M., & Fingeret, L. (2007). How does Bennett Woods Elementary School produce such high reading and writing achievement? *Journal of Educational Psychology, 99*(2), 221–240.

Prince, M. (2004). Does active learning work? A review of the research. *Journal of Engineering Education, 93*(3), 223–231.

Prins, F. J.,Veenman, M.V. J., & Elshout, J. J. (2006).The impact of intellectual ability and metacognition on learning: New support for the threshold of problematicity theory. *Learning and Instruction, 16*(4), 374–387.

Prout, H. T., & DeMartino, R. A. (1986). A meta-analysis of school-based studies of psychotherapy. *Journal of School Psychology, 24*(3), 285–292.

Pugh, K. J., & Bergin, D.A. (2006). Motivational influences on transfer. *Educational Psychologist, 41*(3), 147–160.

Purdie, N. (2001). Self-regulation of learning in university contexts. *New Zealand Journal of Educational Studies, 36*(2), 259–270.

Purdie, N., & Hattie, J. A. C. (1999).The relationship between study skills and learning outcomes: A meta-analysis. *Australian Journal of Education, 43*(1), 72–86.

Purdie, N., & Hattie, J. A. C. (2002). Assessing students' conceptions of learning. *Australian Journal of Developmental and Educational Psychology, 2*, 17–32.

Purdie, N., Hattie, J. A. C., & Carroll, A. (2002). A review of the research on interventions for attention deficit hyperactivity disorder: What works best? *Review of Educational Research, 72*(1), 61–99.

Purkey,W. W. (1992). An introduction to invitational theory. *Journal of Invitational Theory and Practice, 1*(1), 5–15.

Qin, Z. (1992). *A meta-analysis of the effectiveness of achieving higher-order learning tasks in cooperative learning compared with competitive learning*. Unpublished Ph.D., University of Minnesota, MN.

Qin, Z., Johnson, D. W., & Johnson, R.T. (1995). Cooperative versus competitive efforts and problem solving. *Review of Educational Research, 65*(2), 129–143.

Qu, Y., & Becker, B. J. (2003, April). *Does traditional teacher certification imply quality? A meta-analysis*. Paper presented at the Annual Meeting of the American Educational Research Association, Chicago, IL.

Quinn, M. M., Kavale, K. A., Mathur, S. R., Rutherford, R. B. J., & Forness, S. R. (1999). A meta-analysis of social skill interventions for students with emotional or behavioral disorders. *Journal of Emotional and Behavioral Disorders, 7*(1), 54.

Randolph, J. J. (2005). A quantitative synthesis of response card research on student participation, academic achievement, classroom disruptive behavior, and student preference. 149–165.

Randolph, J. J. (2007). Meta-analysis of the research on response cards: Effects on test achievement, quiz achievement, participation, and off-task behavior. *Journal of Positive Behavior Inter-*

ventions, 9(2), 113–128.

Raudenbush, S. W. (1984). Magnitude of teacher expectancy effects on pupil IQ as a function of the credibility of expectancy induction: A synthesis of findings from 18 experiments. *Journal of Educational Psychology, 76*(1), 85–97.

Raymond, M. E., & Hanushek, E. A. (2003). High-stakes research: The campaign against accountability has brought forth a tide of negative anecdotes and deeply flawed research. Solid analysis reveals a brighter picture. *Education Next, 3*(3), 48–55.

Razel, M. (2001). The complex model of television viewing and educational achievement. *Journal of Educational Research, 94*(6), 371.

Readence, J. E., & Moore, D. W. (1981). A meta-analytic review of the effect of adjunct pictures on reading comprehension. *Psychology in the Schools, 18*(2), 218–224.

Ready, D. D., Lee, V. E., & Welner, K. G. (2004). Educational equity and school structure: School size, overcrowding, and schools-within-schools. *The Teachers College Record, 106*(10), 1989–2014.

Redfield, D. L., & Rousseau, E. W. (1981). A meta-analysis of experimental research on teacher questioning behavior. *Review of Educational Research, 51*(2), 237–245.

Reid, R., Gonzalez, J. E., Nordness, P. D., Trout, A., & Epstein, M. H. (2004). A meta-analysis of the academic status of students with emotional/behavioral disturbance. *The Journal of Special Education, 38*, 130–143.

Reid, R., Trout, A. L., & Schartz, M. (2005). Self-regulation interventions for children with attention deficit/hyperactivity disorder. *Exceptional Children, 71*(4), 361–377.

Reifman, A., Villa, L. C., Amans, J. A., Rethinam, V., & Telesca, T.Y. (2001). Children of divorce in the 1990s: A meta-analysis. *Journal of Divorce and Remarriage, 36*(1/2), 27–36.

Remmer, A. M., & Jernstedt, G. (1982). Comparative effectiveness of simulation games in secondary and college level instruction: A meta-analysis. *Psychological Reports, 51*(3, Pt 1), 742.

Reynolds, A. J., & Walberg, H. J. (Eds.). (1998). *Evaluation for educational productivity* (Vol. 7). Greenwich, CT: Elsevier Science/JAI Press.

Rice, J. K. (1999). The impact of class size on instructional strategies and the use of time in high school mathematics and science courses. *Educational Evaluation and Policy Analysis, 21*(2), 215–229.

Richmond, M. J., Jr. (1977). *Issues in year-round education*. North Quincy, Massachusetts: The Chris-topher Publishing House.

Ritts, V., Patterson, M. L., & Tubbs, M. E. (1992). Expectations, impressions, and judgments of physically attractive students: A review. *Review of Educational Research, 62*(4), 413–426.

Robbins, S. B., Lauver, K., Le, H., Davis, D., Langley, R., & Carlstrom, A. (2004). Do psychosocial and study skill factors predict college outcomes? A meta-analysis. *Psychological Bulletin, 130*(2), 261–288.

Roberts, B. W., Walton, K. E., & Viechtbauer, W. (2006). Patterns of mean-level change in personality traits across the life course: A meta-analysis of longitudinal studies. *Psychological Bulletin, 132*(1), 1–25.

Roberts, R. M. (2002). *The role of computers in school restructuring: A meta-analysis*. Unpublished M.A., California State University, Fresno, CA.

Roberts, T. (1998). *The power of Paideia schools: Defining lives through learning*. Alexandia, VA: ASCD Publications.

Roberts, T., & Billings, L. (1999). *The Paideia classroom: Teaching for understanding*. Larchmont, NY: Eye on Education.

Robinson, T. R., Smith, S. W., Miller, M. D., & Brownell, M.T. (1999). Cognitive behavior modification of hyperactivity-impulsivity and aggression: A meta-analysis of school-based studies. *Journal of Educational Psychology, 91*(2), 195–203.

Robinson,V. M. J., Lloyd, C., & Rowe, K. J. (2008).The impact of educational leadership on student outcomes: An analysis of the differential effects of leadership types. *Education Administration Quar- terly, 44* (5).

Roblyer, M. D., Castine, W. H., & King, F. J. (1988). Assessing the impact of computer-based instruction: A review of recent research. *Computers in the Schools, 5*(3), 1–149.

Rock, S. L. (1985). *A meta-analysis of self-instructional training research.* Unpublished Ph.D., University of Illinois at Urbana-Champaign, IL.

Rodriguez,A. J. (1997). *Counting the runners who don't have shoes:Trends in student achievement in science by socioeconomic status and gender within ethnic groups. Research monograph.* Madison, WI: National Institute for Science Education.

Roessingh, H. (2004). Effective high school ESL programs: A synthesis and meta-analysis. *Canadian Modern Language Review/ La Revue canadienne des langues vivantes, 60*(5), 611–636.

Rogers, E. M. (1962). *Diffusion of innovations.* New York: Free Press of Glencoe.

Rogers, E. M. (2003). *Diffusion of innovations* (5th ed.). New York: Free Press.

Rogers, K. B. (1991). *The relationship of grouping practices to the education of the gifted and talented learner. Executive summary. Research-based decision making series.* Storrs, CT: University of Connecticut, National Research Center on the Gifted and Talented.

Rohrbeck, C. A., Ginsburg-Block, M. D., Fantuzzo, J. W., & Miller, T. R. (2003). Peer-assisted learning interventions with elementary school studies: A meta-analytic review. *Journal of Educational Psychology, 95*(2), 240–257.

Rolheiser-Bennett, N. C. (1986). *Four models of teaching:A meta-analysis of student outcomes.* Unpublished Ph.D., University of Oregon, OR.

Rolle, A. (2004). Out with the old–in with the new: Thoughts on the future of educational productivity research. *Peabody Journal of Education, 79*(3), 31–56.

Rolstad, K., Mahoney, K., & Glass, G. V. (2005). The big picture: A meta-analysis of program effectiveness research on English language learners. *Educational Policy, 19*(4), 572–594.

Romney, D. M., & Samuels, M. T. (2001). A meta-analytic evaluation of Feuerstein's Instrumental Enrichment program. *Educational and Child Psychology, 18*(4), 19–34.

Ropo, E. (1987, April). *Teachers' conceptions of teaching and teaching behavior: Some differences between expert and novice teachers.* Paper presented at the Annual meeting of the American Educational Research Association,Washington, DC.

Rose, L. H., & Lin, H. T. (1984). A meta-analysis of long-term creativity training programs. *Journal of Creative Behavior, 18*(1), 11–22.

Rosen,Y., & Salomon, G. (2007).The differential learning achievements of constructivist technology-intensive learning environments as compared with traditional ones: A meta-analysis. *Journal of Educational Computing Research, 36*(1), 1–14.

Rosenbaum, C. M. (1983). *A meta-analysis of the effectiveness of educational treatment programs for emotionally disturbed students.* Unpublished Ed. D.,The College of William and Mary,VA.

Rosenbaum, J. E. (1980).Track misperceptions and frustrated college plans: An analysis of the effects of tracks and track perceptions in the National Longitudinal Survey. *Sociology of Education, 53*(2), 74–88.

Rosenshine, B. (2003). High-stakes testing: Another analysis [Electronic Version]. *Education Policy Analysis Archives, 11.* Retrieved 29 April 2008 from http://epaa.asu.edu/epaa/v11n24/.

Rosenshine, B., & Meister, C. (1994). Reciprocal teaching: A review of the research. *Review of Edu-*

cational Research, 64(4), 479-530.
Rosenthal, R. (1991). *Meta-analytic procedures for social research* (Rev. ed.). Newbury Park: Sage Publications.
Rosenthal, R. (1991). Teacher expectancy effects: A brief update 25 years after the Pygmalion experiment. *Journal of Research in Education, 1*(1), 3-12.
Rosenthal, R., & DiMatteo, M. R. (2001). Meta-analysis: Recent developments in quantitative methods for literature reviews. *Annual Review of Psychology, 52*(1), 59-82.
Rosenthal, R., & Jacobson, L. (1968). *Pygmalion in the classroom:Teacher expectation and pupils' intellectual development.* New York: Holt, Rinehart, and Winston.
Rosenthal, R., & Rubin, D. B. (1978). Interpersonal expectancy effects: The first 345 studies. *Behavioral and Brain Sciences, 1*(3), 377-415.
Rosenzweig, C. J. (2000). *A meta-analysis of parenting and school success:The role of parents in promoting students' academic performance.* Unpublished Ph.D., Hofstra University, NY.
Roseth, C. J., Fang, F., Johnson, D. W., & Johnson, R. T. (2006, April). *Effects of cooperative learning on middle school students: A meta-analysis.* Paper presented at the Annual Meeting of the American Educational Research Association, San Francisco, CA.
Roseth, C. J., Johnson, D. W., & Johnson, R. T. (2008). Promoting early adolescents' achievement and peer relationships:The effects of cooperative, competitive, and individualistic goal structures. *Psychological Bulletin, 134*(2), 223-246.
Ross, J. A. (1988). Controlling variables: A meta-analysis of training studies. *Review of Educational Research, 58*(4), 405-437.
Ross, S. (1998). Self-assessment in second language testing: a meta-analysis and analysis of experiential factors. *Language Testing, 15*(1), 1-20.
Roth, P. L., BeVier, C.A., Switzer, F. S., III, & Schippmann, J. S. (1996). Meta-analyzing the relationship between grades and job performance. *Journal of Applied Psychology, 81*(5), 548-556.
Rousseau, E. W., & Redfield, D. L. (1980).Teacher questioning. *Evaluation in Education, 4,* 51-52.
Rowan, K. S. (1988). *Learning styles and teacher inservice education.* Unpublished Ed.D.,The University of Tennessee,TN.
Rowe, D. W. (1985). *The big picture: A quantitative meta-analysis of reading comprehension research.* Bloomington, IN: Indiana University, Language Education Department.
Rowe, K. J. (1988). Single-sex and mixed-sex classes:The effects of class type on student achievement, confidence and participation in mathematics. *Australian Journal of Education, 32*(2), 180-202.
Rowe, K. J. (2005). *Teaching reading: National inquiry into the teaching of literacy.* Canberra, Australia: Department of Education, Science and Training.
Rowe, K. J., & Rowe, K. S. (1993, November). *Assessing student behaviour:The utility and measurement properties of a simple parent and teacher-administered behavioural rating instrument for use in educational and epidemiological research.* Paper presented at the Annual Conference of the Australian Association for Research in Education, Fremantle,WA.
Rubie, C. (2003). *Expecting the best: Instructional practices, teacher beliefs, and student outcomes.* Unpublished PhD, University of Auckland, Auckland.
Rubie-Davies, C., Hattie, J. A. C., & Hamilton, R. (2006). Expecting the best for students: Teacher expectations and academic outcomes. *British Journal of Educational Psychology, 76,* 429-444.
Rubie-Davies, C. M. (2006).Teacher expectations and student self-perceptions: Exploring relationships. *Psychology in the Schools, 43*(5), 537-552.
Rubie-Davies, C. M. (2007). Classroom interactions: Exploring the practices of high- and low- ex-

pectation teachers. *British Journal of Educational Psychology, 77*, 289–306.

Rubin, S. F. (1996). *Evaluation and meta-analysis of selected research related to the laboratory component of beginning college level science instruction*. Unpublished Ed.D.,Temple University, PA.

Rummel, A., & Feinbero, R. (1988). Cognitive evaluation theory: A meta-analytic review of the literature. *Social Behavior and Personality: An International Journal, 16*(2), 147–164.

Runyan, G. B. (1987). *Effects of the mnemonic-keyword method on recalling verbal information:A meta-analysis*. Unpublished Ph.D.,The Florida State University, Florida, United States.

Rush, S. M. (1992). *Functional components of a local and a national profile of elementary school at-risk students as determined through meta-analysis and factor analysis*. Unpublished Ed.D., University of South Dakota, SD.

Russo, C. J., & Rogus, J. F. (1998). Catholic schools: Proud past, promising future. *School Business Affairs, 64*(6), 13–16.

Russo, R. (2007). *Bridge of sighs*. New York: Alfred A. Knopf.

Ryan, A. W. (1990). *Meta-analysis of achievement effects of microcomputer applications in elementary schools*. Unpublished Ph.D., New York University, NY.

Ryan,A. W. (1991). Meta-analysis of achievement effects of microcomputer applications in elementary schools. *Educational Administration Quarterly, 27*(2), 161–184.

Sabornie, E. J., Cullinan, D., Osborne, S. S., & Brock, L. B. (2005). Intellectual, academic, and behavioral functioning of students with high-incidence disabilities: A cross-categorical meta-analysis. *Exceptional Children, 72*(1), 47–63.

Sadler, D. R. (1989). Formative assessment and the design of instructional systems. *Instructional Science, 18*(2), 119–144.

Salomon, G., & Perkins, D. N. (1989). Rocky roads to transfer: Rethinking mechanism of a neglected phenomenon. *Educational Psychologist, 24*(2), 113–142.

Salzman, S. A. (1987, April). *Meta-analysis of studies investigating the effects of father absence on children's cognitive performance*. Paper presented at the Annual Meeting of the American Educational Research Association Washington, DC.

Salzman, S. A. (1988, April). *Father absence, socioeconomic status, and race: Relations to children's cognitive performance*. Paper presented at the Annual Meeting of the American Educational Research Association, New Orleans, LA.

Samson, G. E. (1985). Effects of training in test-taking skills on achievement test performance: A quantitative synthesis. *Journal of Educational Research, 78*(5), 261–266.

Samson, G. E. (1987).The effects of teacher questioning levels on student achievement:A quantitative synthesis. *Journal of Educational Research, 80*(5), 290–295.

Samson, G. E., Borger, J. B., Weinstein, T., & Walberg, H. J. (1984). Pre-teaching experiences and attitudes: A quantitative synthesis. *Journal of Research and Development in Education, 17*(4), 52–56.

Samson, G. E., Graue, M. E., Weinstein, T., & Walberg, H. J. (1984). Academic and occupational performance: A quantitative synthesis. *American Educational Research Journal, 21*(2), 311–321.

Samson, G. E., Strykowski, B., Weinstein, T., & Walberg, H. J. (1987). The effects of teacher questioning levels on student achievement: A quantitative synthesis. *Journal of Educational Research, 80*(5), 290–295.

Samuelstuen, M. S., & Bråten, I. (2007). Examining the validity of self-reports on scales measuring students' strategic processing. *British Journal of Educational Psychology, 77*(2), 351–378.

Sanders,V.A. H. (1979). *A meta-analysis:The relationship of program content and operation factors to measured effectiveness of college reading-study programs*. Unpublished Ed. D., University of the

Pacific, CA.
Sanders,V. A. H. (1980, March). *College reading and study programs: Do they make any difference?* Paper presented at the Annual Meeting of the Western College Reading Association, San Francisco, CA.
Sanders, W. L. (2000). Value-added assessment from student achievement data: Opportunities and hurdles. *Journal of Personnel Evaluation in Education, 14*(4), 329–339.
Sanders,W. L., Ashton, J. J., & Wright, S. P. (2005). *Comparison of the effects of NBPTS certified teachers with other teachers on the rate of student academic progress. Final report.* Arlington,VA: National Board for Professional Teaching Standards.
Sanders,W. L., & Rivers, J. C. (1996). *Cumulative and residual effects of teachers on future student academic achievement:* University of Tennessee Value-Added Research and Assessment Center.
Sandy-Hanson, A. E. (2006). *A meta-analysis of the impact of computer technology versus traditional instruction on students in kindergarten through twelfth grade in the United States:A comparison of academic achievement, higher-order thinking skills, motivation, physical outcomes and social skills.* Unpublished Ph.D., Howard University,Washingon, DC.
Schacter, J. (1999). *The impact of education technology on student achievement: What the most current research has to say:* Milken Exchange on Education Technology, Santa Monica, CA.[BBB35521].
Schagen, I., & Elliot, K. (2004). *But what does it mean? The use of effect sizes in educational research.* Slough, UK: NFER/Institute of Education.
Schatz, J. (2003). Academic achievement in children with sickle cell disease: A meta-analysis. Department of Psychology, University of South Carolina.
Schaubroeck, J., & Muralidhar, K. (1991). A meta-analysis of the relative effects of tabular and graphic display formats on decision-making performance. *Human Performance, 4*(2), 127–145.
Scheerens, J., & Bosker, R. J. (1997). *The foundations of educational effectiveness* (1st ed.). Oxford: Pergamon Press.
Scheerens, J.,Vermeulen, C. J.A. J., & Pelgrum,W. J. (1989). Generalizibility of instructional and school effectiveness indicators across nations. *International Journal of Educational Research, 13*(7), 789–799.
Scherr, T. G. (2007). Educational experiences of children in foster care: Meta-analyses of special education, retention and discipline rates. *School Psychology International, 28*(4), 419–436.
Schiefele, U., Krapp, A., & Schreyer, I. (1993). Metaanalyse des Zusammenhangs von Interesse und schulischer Leistung [Meta-analysis of the relation between interest and academic achievement]. *Zeitschrift für Entwicklungspsychologie und Pädagogische Psychologie, 25,* 120–148.
Schiefele, U., Krapp, A., & Winteler, A. (1992). Interest as a predictor of academic achievement: A meta-analysis of research. In K. A. Renninger, S. Hidi & A. Krapp (Eds.), *The role of interest in learning and development* (pp. 183–212). Hillsdale, NJ: Lawrence Erlbaum Associates.
Schieffer, C., Marchand-Martella, N. E., Martella, R. C., Simonsen, F. L., & Waldron-Soler, K. M. (2002). An analysis of the Reading Mastery program: Effective components and research review. *Journal of Direct Instruction, 2*(2), 87–119.
Schiller, D., Walberg, H. J., & Haertel, G. D. (1980). Quality of instruction. *Evaluation in Education, 4,* 119–120.
Schimmel, B. J. (1983, April). *A meta-analysis of feedback to learners in computerized and programmed instruction.* Paper presented at the Annual Meeting of the American Educational Research Asso- ciation Montreal, Canada.
Schlaefli, A., Rest, J. R., & Thoma, S. J. (1985). Does moral education improve moral judgment? A

meta-analysis of intervention studies using the defining issues test. *Review of Educational Research, 55*(3), 319-352.

Schmidt, M., Weinstein, T., Niemiec, R. P., & Walberg, H. J. (1986). Computer-assisted instruction with exceptional children. *Journal of Special Education, 19*(4), 493-501.

Schneider, B. H. (1992). Didactic methods for enhancing children's peer relations: A quantitative review. *Clinical Psychology Review, 12*(3), 363-382.

Scholl, B. J., & Leslie,A. M. (2001). Minds, modules, and meta-analysis. *Child Development, 72*, 696-701.

Schram, C. M. (1996).A meta-analysis of gender differences in applied statistics achievement. *Journal of Educational and Behavioral Statistics, 21*(1), 55-70.

Schramm, R. M. (1989). *The effects of using word processing equipment in writing instruction:A meta-analysis.* Unpublished Ed.D., Northern Illinois University, Illinois, United States.

Schramm, R. M. (1991). The effects of using word processing equipment in writing instruction. *Business Education Forum, 45*(5), 7-11.

Schroeder, C. M., Scott,T. P.,Tolson, H., Huang,T.Y., & Lee,Y. H. (2007).A meta-analysis of national research: Effects of teaching strategies on student achievement in science in the United States. *Journal of Research in Science Teaching, 44*(10), 1436-1460.

Schuler, H., Funke, U., & Baron-Boldt, J. (1990). Predictive validity of school grades:A meta-analysis. *Applied Psychology: An International Review, 39*(1), 89-103.

Schulze, R. (2004). *Meta-analysis: A comparison of approaches.* Toronto: Hogrefe and Huber.

Schwienhorst, K. (2002).The state of VR: A meta-analysis of virtual reality tools in second language acquisition. *Computer Assisted Language Learning, 15*(3), 221-239.

Scope, E. E. (1998). *A meta-analysis of research on creativity:The effects of instructional variables.* Unpublished Ph.D., Fordham University, New York, United States.

Scott, G., Leritz, L. E., & Mumford, M. D. (2004).The effectiveness of creativity training:A quantitative review. *Creativity Research Journal, 16*(4), 361-388.

Scott, R. S. (1984). Meta-analysis: How useful in appraising desegregatory effects? *Psychological Reports, 55*(3), 739-743.

Scott,T. P.,Tolson, H., Schroeder, C., Lee,Y.-H.,Tse-Yang, H., Hu, X., et al. (2005). *Meta-analysis of national research regarding science teaching.* College Station, TX: Texas A&M University, Center for Mathematics and Science Education.

Scott-Little, C., Hamann, M. S., & Jurs, S. G. (2002). Evaluations of after-school programs: A meta-evaluation of methodologies and narrative synthesis of findings. *American Journal of Evaluation, 23*(4), 387-419.

Scriven, M. (1971).The logic of cause. *Theory and Decision, 2*(1), 49-66.

Scriven, M. (1975). Causation as explanation. *Nous, 9*(1), 3-16.

Scriven, M. (1987). Fallacies of statistical substitution. *Argumentation, 1*(3), 333-349.

Scriven, M. (2002).The limits of explication. *Argumentation, 16*(1), 47-57.

Scriven, M. (2005, December). *Can we infer causation from cross-sectional data?* Paper presented at the School Level Data Symposium, National Research Council,Washington DC.

Scriven, M. (2005). Causation. In S. Mathison (Ed.), *Encyclopedia of evaluation* (pp. 43-47).Thousand Oaks, CA: Sage.

Scruggs,T. E., & Mastropieri, M. A. (1996).Teacher perceptions of mainstreaming/inclusion, 1958-1995: A research synthesis. *Exceptional Children, 63*(1), 59-74.

Scruggs, T. E., White, K. R., & Bennion, C. (1986). Teaching test-taking skills to elementary-grade students: A meta-analysis. *Elementary School Journal, 87*(1), 69-82.

Seastrom, M. M., Gruber, K. J., Henke, R., McGrath, D. J., & Cohen, B. A. (2002). Qualifications of the public school teacher workforce: Prevalence of out-of-field teaching 1987-88 to 1999-2000. *Education Statistics Quarterly, 4*(3), 12-19.

Seastrom, M. M., Gruber, K. J., Henke, R., McGrath, D. J., & Cohen, B. A. (2002). *Qualifications of the public school teacher workforce: Prevalence of out-of-field teaching, 1987-88 to 1999-2000. Statistical analysis report.* Jessup, MD: ED Publications.

Seidel, T., & Shavelson, R. J. (2007). Teaching effectiveness research in the past decade: The role of theory and research design in disentangling meta-analysis results. *Review of Educational Research, 77*(4), 454-499.

Seipp, B. (1991). Anxiety and academic performance: A meta-analysis of findings. *Anxiety, Stress, and Coping, 4*(1), 27-41.

Selley, N. J. (1999). *The art of constructivist teaching in the primary school: A guide for students and teachers.* London: David Fulton.

Sencibaugh, J. M. (2005). *Meta-analysis of reading comprehension interventions for students with learning disabilities: Strategies and implications.* St Louis, MO: Harris-Stowe State Unversity..

Sencibaugh, J. M. (2007). Meta-analysis of reading comprehension interventions for students with learning disabilities: strategies and implications. *Reading Improvement, 44*(1), 6-22.

Senechal, M. (2006). *The effect of family literacy interventions on children's acquisition of reading. From kindergarten to grade 3. A meta-analytic review.* Washington, DC National Institute for Literacy.

Severiens, S. E., & Ten Dam, G.T. N. (1994). Gender differences in learning styles:A narrative review and quantitative meta-analysis. *Higher Education, 27*(4), 487-501.

Shachar, M., & Neumann, Y. (2003). Differences between traditional and distance education academic performances: A meta-analytic approach [Electronic Version]. *The International Review of Research in Open and Distance Learning, 4.* Retrieved 29 June 2007 from http://www.irrodl.org/ index.php/irrodl/article/view/153/704

Shah, A. K., & Oppenheimer, D. M. (2008). Heuristics made easy: An effort-reduction framework. *Psychological Bulletin, 134*(2), 207-222.

Shahid, J., & Thompson, D. (2001, April). *Teacher efficacy: A research synthesis.* Paper presented at the Annual Meeting of the American Educational Research Association, Seattle,WA.

Shakeshaft, C., & McNamara, J. F. (1980). Women in academic administration. *Evaluation in Education, 4,* 76-78.

Shanker, A. (1993). Public vs. private schools. National Forum. *Phi Kappa Phi Journal, 73*(4), 14-17.

Shanteau, J. (1992). Competence in experts: The role of task characteristics. *Organizational Behavior and Human Decision Processes, 53,* 252-266.

Shapiro,E.J.,Kerssen-Griep,J.,Gayle,B.M.,&Allen,M.(2006).How powerful is PowerPoint?Analyzing the educational effects of desktop presentational programs in the classroom. In B. M. Gayle, R. W. Preiss, N. Burrell & M. Allen (Eds.), *Classroom communication and instructional processes: Advances through meta-analysis* (pp. 61-75). Mahwah, NJ: Lawrence Erlbaum Associates.

Sharpe, D., & Rossiter, L. (2002). Siblings of children with a chronic illness: A meta-analysis. *Journal of Pediatrric Psychology, 27*(8), 699-710.

Shaver, J. P., Curtis, C. K., Jesunathadas, J., & Strong, C. J. (1987, April). *The methodology and outcomes of research on modifying attitudes toward persons with disabilities: A comprehensive, systematic review.* Paper presented at the Annual Meeting of the American Educational Research Association, Washington, DC.

Shaver, J. P., Curtis, C. K., Jesunathadas, J., & Strong, C. J. (1987). *The modification of attitudes toward persons with handicaps: A comprehensive integrative review of research. Final report.* Logan, Utah: Bureau of Research Services, Utah State University.

Shaver, J. P., Curtis, C. K., Jesunathadas, J., & Strong, C. J. (1989). The modification of attitudes toward persons with disabilities: Is there a best way? *International Journal of Special Education, 4*(1), 33–57.

Sheeran, P. (2002). Intention-behavior relations:A conceptual and empirical review. *European Review of Social Psychology, 12,* 1–36.

Shepard, L. A. (1989). A review of research on kindergarten retention. In L. A. Shepard & M. L. Smith (Eds.), *Flunking grades: Research and policies on retention* (pp. 64–78). London: Falmer Press.

Shepard, L.A., & Smith, M. L. (Eds.). (1989). *Flunking grades: Research and policies on retention.* London: Falmer Press.

Shermer, M. (1997). *Why people believe weird things: Pseudoscience, superstition, and other confusions of our time.* New York:WH Freeman.

Shiell, J. L. (2002). *A meta-analysis of Feuerstein's Instrumental Enrichment.* Unpublished Ph.D., The University of British Columbia, Canada.

Shomoossi, N. (2004).The effect of teachers' questioning behavior on EFL classroom interaction: A classroom research study. *The Reading Matrix, 4*(2), 96–104.

Shrager, L., & Mayer, R. E. (1989). Note-taking fosters generative learning strategies in novices. *Journal of Educational Psychology, 81*(2), 263–264.

Shulman, L. S. (1987). Knowledge and teaching: Foundations of the new reform. *Harvard Educational Review, 57*(1), 1–22.

Shulruf, B., Keuskamp, D., & Timperley, H. (2006). *Coursetaking or subject choice?* (No. Technical Report #7). Auckland, New Zealand: Starpath: Project for Tertiary Participation and Support, The University of Auckland.

Shwalb, B. J., Shwalb, D. W., & Azuma, H. (1986). Educational technology in the Japanese schools – a meta-analysis of findings. *Educational Technology Research, 9*(1–2), 13–30.

Shymansky, J. A. (1983). The effects of new science curricula on student performance. *Journal of Research in Science Teaching, 20*(5), 387–404.

Shymansky, J. A. (1984). BSCS programs: Just how effective were they? *American Biology Teacher, 46*(1), 54–57.

Shymansky, J. A., Hedges, L.V., & Woodworth, G. (1990). A reassessment of the effects of inquiry- based science curricula of the 60's on student performance. *Journal of Research in Science Teaching, 27*(2), 127–144.

Shymansky, J. A., Kyle, W. C. J., & Alport, J. M. (1983). The effects of new science curricula on student performance. *Journal of Research in Science Teaching, 20*(5), 387–404.

Shymansky, J. A., & Others, A. (1987). A reassessment of the effects of 60's science curricula on student performance: Final report (p. 58).

Shymansky, J. A., Woodworth, G., Berg, C., & Hedges, L. V. (1986, March). *A study of uncertainties in the meta-analysis of research on the effectiveness of "new" science curricula. Preliminary report.* Paper presented at the Annual Meeting of the National Association for Research in Science Teaching, San Francisco, CA,.

Sibley, B. A., & Etnier, J. L. (2002).The effects of physical activity on cognition in children: a meta-analysis. *Medicine and Science in Sports and Exercise, 34*(5), S214.

Sibley, B.A., & Etnier, J. L. (2003).The relationship between physical activity and cognition in children: a meta-analysis. *Pediatric Exercise Science, 15*(3), 243–256.

Signorella, M. L., Frieze, I. H., & Hershey, S. W. (1996). Single-sex versus mixed-sex classes and gender schemata in children and adolescents. A longitudinal comparison. *Psychology of Women Quarterly, 20*(4), 599–607.

Silva, R. R., Munoz, D. M., & Alpert, M. (1996). Carbamazepine use in children and adolescents with features of attention-deficit hyperactivity disorder: a meta-analysis. *Journal of the American Academy of Child and Adolescent Psychiatry, 35*(3), 352–358.

Silver, H. C., & Greenhaiis, J. H. (1983). The impact of goal, task and personal characteristics on goal-setting behavior. *Eastern Academy of Management Proceedings*, 11–13.

Simmons, J. (1991). *Learning controversy: A situational perspective.*

Simpson, S. N. (1980). Comment on "Meta-Analysis of Research on Class Size and Achievement." *Educational Evaluation and Policy Analysis, 2*(3), 81–83.

Sindelar, P. T., & Wilson, R. J. (1984). The potential effects of meta-analysis on special education practice. *18*(1), 81–92.

Sipe,T. A., & Curlette,W. L. (1996, April). *A meta-meta-analysis: Methodological aspects of meta-analyses in educational achievement.* Paper presented at the Annual Meeting of the American Educational Research Association, New York.

Sipe,T. A., & Curlette,W. L. (1996). A meta-synthesis of factors related to educational achievement: A methodological approach to summarizing and synthesizing meta-analyses. *International Journal of Educational Research, 25*(7), 583–698.

Sirin, S. R. (2005). Socioeconomic status and academic achievement: A meta-analytic review of research. *Review of Educational Research, 75*(3), 417–453.

Sirotnik, K. A. (1983). What you see is what you get: Consistency, persistency, and mediocrity in classrooms. *Harvard Educational Review, 53*(1), 16–31.

Sirotnik, K.A. (1985). School effectiveness:A bandwagon in search of a tune. *Educational Administration Quarterly, 21*(2), 135–140.

Sitzmann,T., Kraiger, K., Stewart, D., & Wisher, R. (2006).The comparative effectiveness of web-based and classroom instruction: A meta-analysis. *Personnel Psychology, 59*(3), 623–664.

Sizemore, R. W. (1981). Do Black and White students look for the same characteristics in teachers? *Journal of Negro Education, 50*(1), 48–53.

Skiba, R. J., & Casey, A. (1985). Interventions for behaviorally disordered students: A quantitative review and methodological critique. *Behavioral Disorders, 10*(4), 239–252.

Skiba, R. J., Casey, A., & Center, B. A. (1985). Nonaversive procedures in the treatment of classroom behavior problems. *Journal of Special Education, 19*(4), 459–481.

Slavin, R. E. (1987).Ability grouping and student achievement in elementary schools:A best-evidence synthesis. *Review of Educational Research, 57*(3), 293–336.

Slavin, R. E. (1987). Mastery learning reconsidered. *Review of Educational Research, 57*(2), 175–213.

Slavin, R. E. (1989). Class size and student achievement: Small effects of small classes. *Educational Psychologist, 24*(1), 99–110.

Slavin, R. E. (1990). Achievement effects of ability grouping in secondary schools: A best-evidence synthesis. *Review of Educational Research, 60*(3), 471–499.

Slavin, R. E., & Cheung, A. (2005). A Synthesis of Research on Language of Reading Instruction for English Language Learners. *Review of Educational Research, 75*(2), 247–284.

Slavin, R. E., Cheung, A., Groff, C., & Lake, C. (in press). Effective reading programs for middle and high schools: A best-evidence synthesis. *Reading Research Quarterly.*

Slavin, R. E., & Stevens, R. J. (1991). Cooperative learning and mainstreaming. In J. W. Lloyd, N. Singh & A. Repp (Eds.), *The regular education initiative: Alternative perspectives on concepts,*

issues, and models (pp. 177–192). Sycamore, IL: Sycamore.
Slee, R. (1998). High reliability organizations and liability students—The politics of recognition. In R. Slee, G. Weiner & S. Tomlinson (Eds.), *School effectiveness for whom? Challenges to the school effectiveness and school improvement movements (pp.* 101–114). London: Falmer Press.
Slemmer, D. L. (2002). *The effect of learning styles on student achievement in various hypertext, hypermedia, and technology-enhanced learning environments: A meta-analysis.* Unpublished Ed.D., Boise State University, ID.
Small, R. (2003). A fallacy in constructivist epistemology. *Journal of Philosophy of Education, 37*(3), 483–502.
Smith, B. A. (1996). *A meta-analysis of outcomes from the use of calculators in mathematics education.* Unpublished Ed.D., Texas A&M University, TX.
Smith,D.A.(1996). *A meta-analysis of student outcomes attributable to the teaching of science as inquiry as compared to traditional methodology.* Unpublished Ed.D.,Temple University, Pennsylvania, United States.
Smith, M. L. (1980).Teacher expectations. *Evaluation in Education, 4,* 53–55.
Smith, M. L., & Glass, G. V. (1980). Meta-analysis of research on class size and its relationship to attitudes and instruction. *American Educational Research Journal, 17*(4), 419–433.
Smith, R. A. (2003). *Problem-based versus lecture-based medical teaching and learning: A meta-analysis of cognitive and noncognitive outcomes.* Unpublished Ph.D., University of Florida, FL.
Smith, T. W., Baker, W. K., Hattie, J. A. C., & Bond, L. (2008). A validity study of the certification system of the National Board For Professional Teaching Standards. In L. Ingvarson & J. A. C. Hattie (Eds.), *Assessing teachers for professional certification: The first decade of the National Board for Professional Teaching Standards* (pp. 345–378). Oxford, UK: Elsevier.
Snead, C. C., II. (2005). *A meta-analysis of attention deficit/hyperactivity disorder interventions:An empirical road to pragmatic solutions.* Unpublished Ed.D.,Virginia Polytechnic Institute and State University, Virginia, United States.
Snook, I. (2003). *The ethical teacher.* Palmerston North, New Zealand: Dunmore Press.
Snow, C. E., Burns, M. S., & Griffin, P. (1998). *Preventing reading difficulties in young children.* Washington, DC: National Academy Press.
Snow, R. E. (1989).Aptitude–treatment interaction as a framework for research on individual differences in learning. In P. H. Ackerman, R. J. Sternberg & R. Glaser (Eds.), *Learning and individual differences: Advances in theory and research* (pp. 13–59.). New York: Freeman.
Snyder, S., & Sheehan, R. (1983). Integrating research in early childhood special education:The use of meta-analysis. *Diagnostique, 9*(1), 12–25.
Soe, K., Koki, S., & Chang, J. M. (2000). *Effect of computer-assisted instruction (CAI) on reading achievement: A meta-analysis.* Honolulu, HI: Pacific Resources for Education and Learning.
Sohn, D. (1982). Sex differences in achievement self-attributions: An effect size analysis. *Sex Roles, 8*(4), 345–357.
Song, E. Y., Pruitt, B. E., McNamara, J., & Colewell, B. (2000). A meta-analysis examining effects of school sexuality education programs on adolescents' sexual knowledge, 1960–1997. *Journal of School Health, 70*(10), 413–416.
Sowell, E. J. (1989). Effects of manipulative materials in mathematics instruction. *Journal for Research in Mathematics Education, 20*(5), 498–505.
Sparks, D. (2004). The looming danger of a two-tiered professional development system. *Phi Delta Kappan, 86*(4), 304–306.
Spielberger, C. D. (Ed.). (1972). *Anxiety: Current trends in theory and research* (Vol. 1). New York:

Academic Press.
Spielberger, C. D., & Sarason, I. G. (Eds.). (1989). *Stress and anxiety* (Vol. 12). Washington: Hemisphere Publishing Corporation.
Spies, C. (1987). Play, problem solving, and creativity in young children, *Biennial Meeting of the Society for Research in Child Development* (p. 46). Baltimore, MD.
Spitz, H. H. (1999). Beleaguered Pygmalion: A history of the controversy over claims that teacher expectancy raises intelligence. *Intelligence, 27*(3), 199–234.
Springer, L., Stanne, M. E., & Donovan, S. S. (1997, November). *Effects of small-group learning on undergraduates in science, mathematics, engineering, and technology: A meta-analysis.* Paper presented at the Annual meeting of the Association for the Study of Higher Education, Albuquerque, NM.
Springer, L., Stanne, M. E., & Donovan, S. S. (1999). Effects of small-group learning on undergraduates in science, mathematics, engineering, and technology: A meta-analysis. *Review of Educational Research, 69*(1), 21–51.
Spuler, F. B. (1993). *A meta-analysis of the relative effectiveness of two cooperative learning models in increasing mathematics achievement.* Unpublished Ph.D., Old Dominion University,VA.
Stage, S.A., & Quiroz, D. R. (1997).A Meta-analysis of interventions to decrease disruptive classroom behavior in public education settings. *School Psychology Review, 26*(3), 333–368.
Stahl, S. A., & Fairbanks, M. M. (1986). The effects of vocabulary instruction: A model-based meta-analysis. *Review of Educational Research, 56*(1), 72–110.
Stahl, S. A., McKenna, M. C., & Pagnucco, J. R. (1994). The effects of whole-language instruction: An update and a reappraisal. *Educational Psychologist, 29*(4), 175–185.
Stahl, S.A., & Miller, P. D. (1989). Whole language and language experience approaches for beginning reading: A quantitative research synthesis. *Review of Educational Research, 59*(1), 87–116.
Stallings, J., Almy, M., Resnick, L. B., & Leinhardt, G. (1975). Implementation and child effects of teaching practices in Follow Through classrooms. *Monographs of the Society for Research in Child Development, 40*(7/8), 1–133.
Standley, J. M. (1996). A meta-analysis on the effects of music as reinforcement for education/therapy objectives. *Journal of Research in Music Education, 44*(2), 105–133.
Stebbins, L. B. (1976). *Education as experimentation:A planned variation model* (Vol. 3). Cambridge, MA: Abt Associates.
Stebbins, L. B., St. Pierre, R. G., Proper, E. C., Anderson, R. B., & Cerva, T. R. (1977). *Education as experimentation: A planned variation model.* (Vol. 4 A-D). Cambridge, MA: Abt Associates.
Steedman, J. (1983). *Examination results in mixed and single-sex schools: Findings from the National Child Development Study.* Manchester, UK: Equal Opportunities Commission.
Steinberg, L. D., Brown, B. B., & Dornbusch, S. M. (1997). *Beyond the classroom:Why school reform has failed and what parents need to do.* New York: Simon and Schuster.
Steinkamp, M. W. (1982, March). *Sex-related dfferences in attitude toward science: A quantitative synthesis of research.* Paper presented at the Annual Meeting of the American Educational Research Association, New York.
Steinkamp, M. W., & Maehr, M. L. (1983). Affect, ability, and science achievement: A quantitative synthesis of correlational research. *Review of Educational Research, 53*(3), 369–396.
Steinkamp, M. W., & Maehr, M. L. (1984). Gender differences in motivational orientations toward achievement in school science: A quantitative synthesis. *American Educational Research Journal, 21*(1), 39–59.
Stekelenburg, C. R. (1991). *The effects of public high school size on student achievement: A meta-anal-*

ysis. Unpublished EdD, University of Georgia, GA.

Stennett, R. G. (1985). *Computer assisted instruction: A review of the reviews* (No. 85-01): London Board of Education (Ontario). Educational Research Services.[BBB10459].

Stephan,W. G. (1983). *Blacks and "Brown": The effects of school desegregation on Black students*. Washington, DC: National Institute of Education.

Stephens, C. S. (2001). A meta-analysis of research on student team effectiveness: A proposed application of phased interventions. *Journal of Informatics Education Research, 8.*

Sternberg, R. J., & Horvath, J. A. (1995). A prototype view of expert teaching. *Educational Researcher, 24*(6), 9–17.

Stevens, R. J., & Slavin, R. E. (1990). When cooperative learning improves the achievement of students with mild disabilities: A response to Tateyama-Sniezek. *Exceptional Children, 57*(3), 276–280.

Stone, C. L. (1983). A meta-analysis of advance organizer studies. *Journal of Experimental Education, 51*(4), 194–199.

Strahan, D. B. (1989). How experienced and novice teachers frame their views of instruction: An analysis of semantic ordered trees. *Teaching and Teacher Education, 5*(1), 53–67.

Strenze, T. (2007). Intelligence and socioeconomic success: A meta-analytic review of longitudinal research. *Intelligence, 35*(5), 401–426.

Strom, R. E., & Boster, F. J. (2007). Dropping out of high school: A meta-analysis assessing the effect of messages in the home and in school. *Communication Education, 56*(4), 433–452.

Strong, W. B., Malina, R. M., Blimkie, C. J. R., Daniels, S. R., Dishman, R. K., Gutin, B., et al. (2005). Evidence based physical activity for school-age youth. *The Journal of Pediatrics, 146*(6), 732–737.

Strube, M. J. (1981). Meta-analysis and cross-cultural comparison: Sex differences in child competitiveness. *Journal of Cross-Cultural Psychology, 12*(1), 3–20.

Stuebing, K. K., Fletcher, J., M., LeDoux, J., M., Lyon, G. R., Shaywitz, S. E., & Shaywitz, B. A. (2002). Validity of IQ-discrepancy classifications of reading disabilities: A meta-analysis. *American Educational Research Journal, 39*(2), 469–518.

Stuebing, K. K., Barth, A. E., Cirino, P.T., Francis, D. J., & Fletcher, J. M. (2008). Response to recent reanalyses of the National Reading Panel Report: Effects of systematic phonics instruction are practically significant. *Journal of Educational Psychology, 100*(1), 123–134.

Stumpf, H., & Klieme, E. (1989). Sex-related differences in spatial ability: More evidence for convergence. *Perceptual and Motor Skills, 69*(3, Pt 1), 915–921.

Subotnik, R. F., & Walberg, H. J. (2006). *The scientific basis of educational productivity.* Greenwich, CN: Information Age Publishing.

Sullivan, M. H. (1993). *A meta-analysis of experimental research studies based on the Dunn and Dunn Learning Style Model and its relationship to academic achievement and performance*. St John's University, NY.

Swanborn, M. S. L., & de Glopper, K. (1999). Incidental word learning while reading: A meta-analysis. *Review of Educational Research, 69*(3), 261–285.

Swanborn, M. S. L., & de Glopper, K. (2002). Impact of reading purpose on incidental word learning from context. *Language Learning, 52*(1), 95–117.

Swanson, H. L. (1999). Reading research for students with LD: A meta-analysis of intervention outcomes. *Journal of Learning Disabilities, 32*(6), 504–532.

Swanson, H. L. (2000). What instruction works for students with learning disabilities? Summarizing the results of a meta-analysis of intervention studies. In R. M. Gersten, E. P. Schiller & S.Vaughn (Eds.), *Contemporary special education research: syntheses of the knowledge base on critical in-*

structional issues (pp. 1-30). Mahwah, NJ: Lawrence Erlbaum Associates.

Swanson, H. L. (2001). Research on interventions for adolescents with learning disabilities: A meta-analysis of outcomes related to higher-order processing. *The Elementary School Journal, 101*(3), 331-348.

Swanson, H. L. (2001). Searching for the best model for instructing students with learning disabilities. *Focus on Exceptional Children, 34*(2), 1-15.

Swanson, H. L., Carson, C., & Sachse-Lee, C. M. (1996).A selective synthesis of intervention research for students with learning disabilities. *School Psychology Review, 25*(3), 370-391.

Swanson, H. L., & Hoskyn, M. (1998). Experimental intervention research on students with learning disabilities: A meta-analysis of treatment outcomes. *Review of Educational Research, 68*(3), 277-321.

Swanson, H. L., & Hoskyn, M. (2001). Instructing adolescents with learning disabilities:A component and composite analysis. *Learning Disabilities: Research and Practice, 16*(2), 109-119.

Swanson, H. L., Hoskyn, M., & Lee, C. (1999). *Interventions for students with learning disabilities: A meta-analysis of treatment outcomes.* New York: Guilford Press.

Swanson, H. L., & Jerman, O. (2006). Math disabilities: A selective meta-analysis of the literature. *Review of Educational Research, 76*(2), 249-274.

Swanson, H. L., & Lussier, C. M. (2001). A selective synthesis of the experimental literature on dynamic assessment. *Review of Educational Research, 71*(2), 321-363.

Swanson, H. L., & Malone, S. (1992). Social skills and learning disabilities: A meta-analysis of the literature. *School Psychology Review, 21*(3), 427-442.

Swanson, H. L., O'Connor, J. E., & Cooney, J. B. (1990).An information processing analysis of expert and novice teachers' problem solving. *American Educational Research Journal, 27*(3), 533-556.

Swanson, H. L., Trainin, G., Necoechea, D. M., & Hammill, D. D. (2003). Rapid naming, phonological awareness, and reading: A meta-analysis of the correlation evidence. *Review of Educational Research, 73*(4), 407.

Swanson, J. M., McBurnett, K.,Wigal,T., Pfiffner, L. J., & et al. (1993). Effect of stimulant medication on children with attention deficit disorder: A "review of reviews". *Exceptional Children, 60*(2), 154-162.

Sweet, M. A., & Appelbaum, M. I. (2004). Is home visiting an effective strategy? A meta-analytic review of home visiting programs for families with young children. *Child Development, 75*(5), 1435-1456.

Sweitzer, G. L., & Anderson, R. D. (1983). A meta-analysis of research on science teacher education practices associated with inquiry strategy. *Journal of Research in Science Teaching, 20*(5), 453-466.

Sweller, J. (2006). Discussion of 'Emerging topics in cognitive load research: Using learner and information characteristics in the design of powerful learning environments'. *Applied Cognitive Psychology, 20*(3), 353-357.

Sweller, J. (2008). Cognitive load theory and the use of educational technology. *Educational Technology, 48*(1), 32-34.

Szczurek, M. (1982). *Meta-analysis of simulation games effectiveness for cognitive learning.* Unpublished Ed.D., Indiana University, IN.

Taconis, R., Ferguson-Hessler, M. G. M., & Broekkamp, H. (2001).Teaching science problem solving: An overview of experimental work. *Journal of Research in Science Teaching, 38*(4), 442-468.

Tagomori, H. T., & Bishop, L. A. (1995). Student evaluation of teaching: Flaws in the instruments. *Thought and Action, 11*(1), 63-78.

Tamir, P. (1985). Meta-analysis of cognitive preferences and learning. *Journal of Research in Science Teaching, 22*(1), 1–17.
Taylor, L. A., III. (1984). *Strategic alternative and goal level effects on decision quality and goal commitment.* Unpublished D.B.A., Indiana University, Graduate School of Business, IN.
te Nijenhuis, J., Resing, W., Tolboom, E., & Bleichrodt, N. (2004). Short-term memory as an additional predictor of school achievement for immigrant children? *Intelligence, 32*(2), 203–213.
Teddlie, C., Reynolds, D., & Sammons, P. (2000). The methodology and scientific properties of school effectiveness research. In C. Teddlie & D. Reynolds (Eds.), *The international handbook of school effectiveness research* (pp. 55–133). London: Falmer Press.
Teddlie, C., & Springfield, S. (1993). *Schools make a dfference: Lessons learned from a 10 year study of school effects.* New York:Teachers College Press.
Tellez, K., & Waxman, H. (2004). *Quality teachers for English language learners: A research synthesis.* Philadelphia, PA: Mid Atlantic Lab for Student Success.
Tenenbaum, G., & Goldring, E. (1989). A meta-analysis of the effect of enhanced instruction: Cues, participation, reinforcement and feedback, and correctives on motor skill learning. *Journal of Research and Development in Education, 22*(3), 53–64.
Tenenbaum, H. R., & Ruck, M. D. (2007). Are teachers' expectations different for racial minority than for European American students? A meta-analysis. *Journal of Educational Psychology, 99*(2), 253–273.
Tettegah, S., & Anderson, C. J. (2007). Pre-service teachers' empathy and cognitions: Statistical analysis of text data by graphical models. *Contemporary Educational Psychology, 32*(1), 48–82.
Therrien, W. J. (2004). Fluency and comprehension gains as a result of repeated reading: A meta-analysis. *Remedial and Special Education, 25*(4), 252–260.
Thomas, A. M. (2000). *The effects of phonemic awareness instruction on reading achievement of kindergarten students: A meta-analysis.* Unpublished Ed.D., University of Sarasota, FL.
Thomas, J. R., & French, K. E. (1985). Gender differences across age in motor performance a meta-analysis. *Psychological Bulletin, 98*(2), 260–282.
Thomas, L. (1979). *The medusa and the snail: More notes of a biology watcher.* New York:Viking Press.
Thorne, S., Jensen, L., Kearney, M. H., Noblit, G., & Sandelowski, M. (2004). Qualitative metasynthesis: Reflections on methodological orientation and ideological agenda. *Qualitative Health Research, 14*(10), 1342–1365.
Thum,Y. M. (2002). *Measuring student and school progress with the California API. CSE Technical Report.* Los Angeles, CA: Center for the Study of Evaluation, National Center for Research on Evaluation, Standards, and Student Testing, California University.
Thurber, S., & Walker, C. E. (1983). Medication and hyperactivity: A meta-analysis. *Journal of General Psychology, 108*(1), 79–86.
Timmerman, C. E., & Kruepke, K. A. (2006). Computer-assisted instruction, media richness, and college student performance. *Communication Education, 55*(1), 73–104.
Timmerman, L. M. (2006). Family care versus day care: Effects on children. In B. M. Gayle, R. W. Preiss, N. Burrell & M. Allen (Eds.), *Classroom communication and instructional processes: Advances through meta-analysis* (pp. 245–260). Mahwah, NJ: Lawrence Erlbaum Associates.
Timperley, H., Wilson, A., Barrar, H., & Fung, I. Y. Y. (2007). *Teacher professional learning and development: Best evidence synthesis iteration* In. Wellington, New Zealand: Ministry of Education.
Tinoca, L. F. (2004). *From professional development for science teachers to student learning in sci-*

ence. Unpublished Ph.D.,The University of Texas at Austin,TX.
Tohidi, N. E. (1982). *Sex differences in cognitive performance on Piaget-like tasks: A meta-analysis of findings*. Unpublished Ph.D., University of Illinois at Urbana-Champaign, IL.
Tohidi, N. E., Steinkamp, M. W., & Maehr, M. L. (1986). *Gender differences in performance on tests of cognitive functioning: A meta-analysis of research findings*. Washington, DC: National Science Foundation.
Tomchin, E. M., & Impara, J. C. (1992). Unraveling teachers' beliefs about grade retention. *American Educational Research Journal, 29*(1), 199-223.
Torgerson, C. J., Brooks, G., & Hall, J. (2006). *A systematic review of the research literature on the use of phonics in the teaching of reading and spelling*. London: Department for Education and Skills.
Torgerson, C. J., Brooks, G., Porthouse, J., Burton, M., Robinson, A., Wright, K., et al. (2004). *Adult literacy and numeracy interventions and outcomes: A review of controlled trials*. London: National Research and Development Centre for Adult Literacy and Numeracy.
Torgerson, C. J., & Elbourne, D. (2002).A systematic review and meta-analysis of the effectiveness of information and communication technology (ICT) on the teaching of spelling. *Journal of Research in Reading, 25*(2), 129-143.
Torgerson, C. J., King, S. E., & Sowden, A. J. (2002). Do volunteers in schools help children learn to read? A systematic review of randomized controlled trials. *Educational Studies, 28*(4), 433-444.
Torgerson, C. J., Porthouse, J., & Brooks, G. (2005). A systematic review and meta-analysis of controlled trials evaluating interventions in adult literacy and numeracy. *Journal of Research in Reading, 28*(2), 87-107.
Torgerson, C. J., & Zhu, D. (2003). *A systematic review and meta-analysis of the effectiveness of ICT on literacy learning in English, 5-16*. London: EPPI-Centre, Social Science Research Unit, Institute of Education, University of London.
Torrance, H., & Pryor, J. (1998). *Investigating formative assessment:Teaching, learning and assessment in the classroom*. Buckingham: Open University Press.
Trachtenburg, P., & Ferruggia,A. (1989). Big books from little voices: Reaching high risk beginning readers. *The Reading Teacher, 42*(4), 284-289.
Trapmann, S., Hell, B.,Weigand, S., & Schuler, H. (2007). DieValidität von Schulnoten zurVorhersage des Studienerfolgs – eine Metaanalyse [The validity of school grades for academic achievement-a meta-analysis]. *Zeitschrift für Pädagogische Psychologie, 21*(1), 11–27.
Trautwein, U., Köller, O., Schmitz, B., & Baumert, J. (2002). Do homework assignments enhance achievement? A multilevel analysis in 7th-grade mathematics. *Contemporary Educational Psychology, 27*(1), 26-50.
Travlos, A. K., & Pratt, J. (1995). Temporal locus of knowledge of results: A meta-analytic review. *Perceptual and Motor Skills, 80*(1), 3-14.
Trussell-Cullen,A. (1994). *Whatever happened to times tables? Every parent's guide to New Zealand education*. Auckland, New Zealand: Reed Books.
Tubbs, M. E. (1986). Goal setting: A meta-analytic examination of the empirical evidence. *Journal of Applied Psychology, 71*(3), 474-483.
Tudor, M.T. (1992). Expert and novice differences in strategies to problem solve an environmental issue. *Contemporary Educational Psychology, 17*(4), 329-339.
Tunmer,W. E., & Nesdale,A. R. (1985). Phonemic segmentation skill and beginning reading. *Journal of Educational Psychology, 77*(4), 417-427.
Twenge, J. M., Zhang, L., & Im, C. (2004). It's beyond my control: A cross-temporal meta-analysis of increasing externality in locus of control, 1960-2002. *Personality and Social Psychology Review,*

8(3), 308–319.
Tyack, D. B., & Cuban, L. (1995). *Tinkering toward utopia: A century of public school reform.* Cambridge, Mass.: Harvard University Press.
Uguroglu, M. E., & Walberg, H. J. (1979). Motivation and achievement: A quantitative synthesis. *American Educational Research Journal, 16*(4), 375–389.
Uguroglu, M. E., & Walberg, H. J. (1980). Motivation. *Evaluation in Education, 4,* 105–106.
Uhry, J. K., & Shepherd, M. J. (1993). Segmentation/spelling instruction as part of a first-grade reading program: Effects on several measures of reading. *Reading Research Quarterly, 28*(3), 219–233.
Underhill, C. M. (2006). The effectiveness of mentor ing programs in corporate settings: A meta-analytical review of the literature. *Journal of Vocational Behavior, 68*(2), 292–307.
Urquiola, M. S. (2000). *Essays on educational financing and effectiveness in the United States and Bolivia.* Unpublished Ph.D., University of California, Berkeley, CA.
Useem, E. L. (1991). Student selection into course sequences in mathematics:The impact of parental involvement and school policies. *Journal of Research on Adolescence, 1*(3), 231–250.
Useem, E. L. (1992). Middle schools and math groups: Parents' involvement in children's placement. *Sociology of Education, 65*(4), 263–279.
Valentine, J. C. (2001). *The relation between self-concept and achievement: A meta-analytic review.* Unpublished Ph.D., University of Missouri, Columbia, MO.
Valentine, J. C., DuBois, D. L., & Cooper, H. M. (2004). The relation between self-beliefs and academic achievement: A meta-analytic review. *Educational Psychologist, 39*(2), 111–133.
van der Mars, H., Vogler, E. W., Darst, P. W., & Cusimano, B. (1995). *Novice and expert physical education teachers: They may think and decide differently ... but do they behave differently?* Washington, DC: Department of Education.
van Gog,T., Ericsson, K. A., Rikers, R., M. J. P., & Paas, F. (2005). Instructional design for advanced learners: Establishing connections between the theoretical frameworks of cognitive load and deliberate practice. *Educational Technology, Research and Development, 53*(3), 73–81.
van Ijzendoorn, M. H., & Bus, A. G. (1994). Meta-analytic confirmation of the nonword reading deficit in developmental dyslexia. *Reading Research Quarterly, 29*(3), 266–275.
van Ijzendoorn, M. H., & Juffer, F. (2005). Adoption is a successful natural intervention enhancing adopted children's IQ and school performance. *Current Directions in Psychological Science, 14*(6), 326–330.
van Ijzendoorn, M. H., Juffer, F., & Poelhuis, C. W. K. (2005). Adoption and cognitive development: A meta-analytic comparison of adopted and nonadopted children's IQ and school performance. *Psychological Bulletin, 131*(2), 301–316.
van Lier, L. (1988). *The classroom and the language learner: Ethnography and second Language classroom research.* London: Longman.
van Lier, L. (1998). The relationship between consciousness, interaction, and language learning. *Language Awareness, 7*(2/3), 128–143.
Vandell, D. L., Reisner, E. R., & Pierce, K. M. (2007). *Outcomes linked to high-quality afterschool programs: Longitudinal findings from the study of promising afterschool programs.* University of California, Irvine; University of Wisconsin – Madison; and Policy Studies Associates, Inc.
Vandevoort, L. G.,Amrein-Beardsley,A., & Berliner, D. C. (2004). National Board Certified Teachers and their students' achievement. *Education Policy Analysis Archives, 12*(46), 1–117.
Vanfossen, B. E., Jones, J. D., & Spade, J. Z. (1987). Curriculum tracking and status maintenance. *Sociology of Education, 60*(2), 104–122.

VanSickle, R. L. (1986). A quantitative review of research on instructional simulation gaming: A twenty-year perspective. *Theory and Research in Social Education, 14*(3), 245–264.

Varble, M. E., & Gilman, D. A. (1988). *A study of the relationship between class size and achievement.* Bloomington, IN: Indiana State University.

Vásquez, O.V., & Caraballo, J. N. (1993, August). *Meta-analysis of the effectiveness of concept mapping as a learning strategy in science education.* Paper presented at the Third International Seminar on the Misconceptions and Educational Strategies in Science and Mathematics Education, Ithaca, NY.

Vaughn, K. (2000). Music and mathematics: Modest support for the oft-claimed relationship. *Journal of Aesthetic Education, 34*(3–4), 149–166.

Vaughn, K., & Winner, E. (2000). SAT scores of students who study the arts: What we can and cannot conclude about the association. *Journal of Aesthetic Education, 34*(3/4), 77–89.

Vaughn, S., Gersten, R., & Chard, D. J. (2000).The underlying message in LD intervention research: Findings from research syntheses. *Exceptional Children, 67*(1), 99–116.

Vaughn, S., Kim, A.-H., Sloan, C.V. M., Hughes, M.T., Elbaum, B., & Sridhar, D. (2003). Social skills interventions for young children with disabilities: A synthesis of group design studies. *Remedial and Special Education, 24*(1), 2.

Vaughn,V. (1990). *Meta-analysis of pull-out programs in gifted education.* Paper presented at the Annual Convention of the National Association for Gifted Children, Little Rock, AR.

Vaughn,V. L., Feldhusen, J. F., & Asher, J. W. (1991). Meta-analyses and review of research on pull-out programs in gifted education. *Gifted Child Quarterly, 35*(2), 92–98.

Veenman, M.V. J., & Elshout, J. J. (1995). Differential effects of instructional support on learning in simulation environments. *Instructional Science, 22*(5), 363–383.

Veenman, M.V. J., Prins, F. J., & Elshout, J. J. (2002). Initial inductive learning in a complex computer simulated environment: The role of metacognitive skills and intellectual ability. *Computers in Human Behavior, 18*(3), 327–341.

Veenman, M.V. J., & Verheij, J. (2001). Technical students' metacognitive skills: Relating general vs. specific metacognitive skills to study success. *Learning and Individual Differences, 13*(3), 259–272.

Veenman, S. (1995). Cognitive and noncognitive effects of multigrade and multi-age classes: A best-evidence synthesis. *Review of Educational Research, 65*(4), 319.

Veenman, S. (1996). Effects of multigrade and multi-age classes reconsidered. *Review of Educational Research, 66*(3), 323–340.

Veenman, S. (1997). Combination classrooms revisited. *Educational Research and Evaluation, 3*(3), 262–276.

Vernon, D. T., & Blake, R. L. (1993). Does problem-based learning work? A meta-analysis of evaluative research. *Academic Medicine, 68*(7), 550–563.

Violato, C., & Russell, C. (2000). A meta-analysis of published research on the psychological effects of nonmaternal care on child development: Social policy implications. University of Calgary.

Vogel, J. J.,Vogel, D. S., Cannon-Bowers, J., Bowers, C.A., Muse, K., & Wright, M. (2006). Computer gaming and interactive simulations for learning: A meta-analysis. *Journal of Educational Computing Research, 34*(3), 229–243.

von Glasersfeld, E. (1995). *Radical constructivism: A way of knowing and learning.* London: Falmer Press.

Vosniadou, S. (2001). *How children learn*: The International Academy of Education and the International Bureau of Education.

Waddington, T. S. H. (1995, April). *Why mastery matters.* Paper presented at the Annual Meeting of the American Educational Research Association, San Francisco, CA.

Wade, R. K. (1985). What makes a difference in inservice teacher education? A meta-analysis of research. *Educational Leadership, 42*(4), 48–54.

Wade, S. E., & Moje, E. B. (2000). The role of text in classroom learning. In M. L. Kamil, P. B. Mosenthal, P. D. Pearson & R. Barr (Eds.), *Handbook of reading research* (Vol. 3, pp. 609–627). Mahwah, NJ: Lawrence Erlbaum Associates.

Wagemaker, H. (1993). *Achievement in reading literacy: New Zealand's performance in a national and international context.*

Wagner, R. K. (1988). Causal relations between the development of phonological processing abilities and the acquisition of reading skills: A meta-analysis. *Merrill-Palmer Quarterly, 34*(3), 261–279.

Waight, C. L.,Willging, P. A., & Wentling,T. L. (2002). *Recurrent themes in e-learning: A meta-analysis of major e-learning reports.* Campaign, IL: National Centre for Supercomputing Applications: Knowledge and Systems Group.

Walberg, H. J. (1980). *A meta-analysis of productive factors in science learning grades 6 through 12. Final Technical Report* (Research/Technical No. NSF-SED78-17374). Chicago, IL: College of Education, Illinois University.

Walberg, H. J. (1982). *Desegregation and educational productivity. Final report.* Washington, DC: National Institute on Education.

Walberg, H. J. (1984). Improving the productivity of America's schools. *Educational Leadership, 41*(8), 19–27.

Walberg, H. J. (1985). Research synthesis in special education introduction and overview. *Journal of Special Education, 19*(4).

Walberg, H. J. (1986). Syntheses of research on teaching. In M. C. Wittrock (Ed.), *Handbook of research on teaching* (3rd ed., pp. 241–229). New York: Macmillan.

Walberg, H. J. (2006). Improving educational productivity: An assessment of extant research. In R. F. Subotnik & H. J. Walberg (Eds.), *The scientific basis of educational productivity* (pp. 103–160). Charlotte, NC: Information Age Publishing.

Walberg, H. J., Niemiec, R. P., & Frederick, W. C. (1994). Productive curriculum time. *Peabody Journal of Education, 69*(3), 86–100.

Walberg, H. J., & Walberg, H. J., III. (1994). Losing local control. *Educational Researcher, 23*(5), 19–26.

Walker,A. E., & Leary, H. (2008).A problem based learning meta analysis: Differences across problem types, implementation types, disciplines, and assessment levels. *Interdisciplinary Journal of Problem Based Learning.*

Walker, D., Greenwood, C., Hart, B., & Carta, J. (1994). Prediction of school outcomes based on early language production and socioeconomic factors. *Child Development, 65*(2), 606–621.

Walker, J. T. (2001). *The effect of a problem-based learning curriculum on students' perceptions about self- directed learning.* Unpublished Ph.D.,The University of Mississippi, MS.

Wallace, T. A. (1989). *The effects of enrichment on gifted students: A quantitative synthesis.* Unpublished Ph.D., University of Illinois at Chicago, IL.

Walsh, K. (2006).Teacher education: Coming up empty. *Fwd, 3*(1), 1–6.

Wang, M. C., & Baker, E. T. (1986). Mainstreaming programs: Design features and effects. *Journal of Special Education, 19*(4), 503–521.

Wang, M. C., Haertel, G. D., & Walberg, H. J. (1993).Toward a knowledge base for school learning.

Review of Educational Research, 63(3), 249-294.
Wang, S., Jiao, H.,Young, M. J., Brooks,T., & Olson, J. (2008). Comparability of computer-based and paper-and-pencil testing in K-12 reading assessments: A meta-analysis of testing mode effects. *Educational and Psychological Measurement, 68*(1), 5-24.
Ward, S. A. (1980). Studies of knowledge synthesis. *Evaluation in Education, 4,* 130-142.
Waters, T., Marzano, R. J., & McNulty, B. (2003). *Balanced leadership: What 30 years of research tells us about the effect of leadership on student achievement. A working paper:* Mid-Continent Regional Educational Lab., Aurora, CO.[BBB23081].
Waters,T. J., & Marzano, R. J. (2006). *School district leadership that works:The effect of superintendent leadership on student achievement.* Denver, CO: Mid-continent Research for Education and Learning.
Watkins, D. (2001). Correlates of approaches to learning: A cross-cultural meta-analysis. In R. J. Sternberg & L.-F. Zhang (Eds.), *Perspectives on thinking, learning, and cognitive styles* (pp. 165-196). Mahwah, NJ: Lawrence Erlbaum Associates.
Waxman, H. C., Lin, M. F., & Michko, G. M. (2003). *A meta-analysis of the effectivenesss of teaching and learning with technology on student outcomes.* Naperville, Illinois: Learning Point Associates.
Waxman, H. C., & Tellez, K. (2002). *Research synthesis on effective teaching practices for English language learners* (Information Analyses No. LSS-Pub-Ser-2002-3). Philadelphia, PA: Mid-Atlantic Lab for Student Success.
Waxman, H. C., & Walberg, H. J. (1980).Teacher effectiveness. *Evaluation in Education, 4,* 123-124.
Waxman, H. C., Wang, M. C., Anderson, K. A., & Walberg, H. J. (1985). Adaptive education and student outcomes: A quantitative synthesis. *Journal of Educational Research, 78*(4).
Waxman, H. C.,Wang, M. C., Anderson, K. A., & Walberg, H. J. (1985). Synthesis of research on the effects of adaptive education. *Educational Leadership, 43*(1), 26-29.
Webb,T. L., & Sheeran, P. (2006). Does changing behavioral intentions engender behavior change? A meta-analysis of the experimental evidence. *Psychological Bulletin, 132*(2), 249-268.
Weinburgh, M. (1995). Gender differences in student attitudes toward science: A meta-analysis of the literature from 1970 to 1991. *Journal of Research in Science Teaching, 32*(4), 387-398.
Weinstein, R. S. (2002). *Reaching higher:The power of expectations in schooling.* Cambridge, MA: Harvard University Press.
Weinstein,T., Boulanger, F. D., & Walberg, H. J. (1982). Science curriculum effects in high school: A quantitative synthesis. *Journal of Research in Science Teaching, 19*(6), 511-522.
Weiss, B., Weisz, J. R., & Bromfield, R. (1986). Performance of retarded and nonretarded persons on information-processing tasks: Further tests of the similar structure hypothesis. *Psychological Bulletin, 100*(2), 157-175.
Weisz, J. R., Weiss, B., Alicke, M. D., & Klotz, M. L. (1987). Effectiveness of psychotherapy with children and adolescents:A meta-analysis for clinicians. *Journal of Consulting and Clinical Psychology, 55*(4), 542-549.
Wells, A. S., & Oakes, J. (1996). Potential pitfalls of systemic reform: Early lessons from research on detracking. *Sociology of Education, 69,* 135-143.
Westerman, D. A. (1991). Expert and novice teacher decision making. *Journal of Teacher Education, 42*(4), 292-305.
Wheelock, A. (1992). *Crossing the tracks: How "untracking" can save America's schools.* New York: New Press.
White, K. R. (1980). Socio-economic status and academic achievement. *Evaluation in Education, 4,* 79-81.

White, K. R. (1982). The relation between socioeconomic status and academic achievement. *Psychological Bulletin, 91*(3), 461-481.

White, K. R. (1986). Efficacy of early intervention. *Journal of Special Education, 19*(4), 401-416.

White, K. R., Bush, D. W., & Casto, G. C. (1985). Learning from reviews of early intervention. *Journal of Special Education, 19*(4), 417-428.

White, K. R., & Casto, G. (1985). An integrative review of early intervention efficacy studies with at-risk children: Implications for the handicapped. *Analysis and Intervention in Developmental Disa- bilities, 5*(1-2), 7-31.

White, K. R.,Taylor, M. J., & Moss,V. D. (1992). Does research support claims about the benefits of involving parents in early intervention programs? *Review of Educational Research, 62*(1), 91-125.

White, M. R. (1997). *The effects of cognitive learning strategies interventions with learning disabled students, in the topical areas of reading and mathematics.* Unpublished Ph.D.,The University of Iowa, IA.

White, W. A. T. (1988). A meta-analysis of the effects of direct instruction in special education. *Education and Treatment of Children, 11*(4), 364-374.

Whitehead, A. N. (1943). *Essays in science and philosophy.* New York: Philosphical Library.

Whitener, E. M. (1989). A meta-analytic review of the effect of learning on the interaction between prior achievement and instructional support. *Review of Educational Research, 59*(1), 65-86.

Whitley, B. E. (1997). Gender differences in computer-related attitudes and behavior:A meta-analysis. *Computers in Human Behavior, 13*(1), 1-22.

Whitley, B. E., Jr., & Frieze, I. H. (1985). Children's casual attributions for success and failure in achievement settings: A meta-analysis. *Journal of Educational Psychology, 77*(5), 608-616.

Whitley, B. E., Jr., Nelson, A. B., & Jones, C. J. (1999). Gender differences in cheating attitudes and classroom cheating behavior: A meta-analysis. *Sex Roles, 41*(9/10), 657-680.

Wickline, V. B. (2003, August). *Ethnic differences in the self-ssteem/academic achievement relationship: A meta-analysis.* Paper presented at the Annual Conference of the American Psychological Associa- tion,Toronto, ON, Canada.

Wideen, M., Mayer-Smith, J., & Moon, B. (1998). A critical analysis of the research on learning to teach: Making the case for an ecological perspective on inquiry. *Review of Educational Research, 68*(2), 130-178.

Wiersma, U. J. (1992). The effects of extrinsic rewards in intrinsic motivation: A meta-analysis. *Journal of Occupational and Organizational Psychology, 65*(2), 101-114.

Wierzbicki, M. (1993). Psychological adjustment of adoptees: A meta-analysis. *Journal of Clinical Child and Adolescent Psychology, 22*(4), 447-454.

Wiggins, G. P., & McTighe, J. (2005). *Understanding by design* (Expanded 2nd ed.). Alexandria, VA: Association for Supervision and Curriculum Development.

Wilen,W. W. (1991). *Questioning skills for teachers. What research says to the teacher* (2nd ed.). Washington, DC: National Education Association.

Wilkinson, I. A. G., & Fung, I.Y.Y. (2002). Small-group composition and peer effects. *International Journal of Educational Research, 37*(5), 425-447.

Wilkinson, I. A. G., Parr, J. M., Fung, I. Y. Y., Hattie, J. A. C., & Townsend, M. A. R. (2002). Discussion: Modeling and maximizing peer effects in school. *International Journal of Educational Research, 37*(5), 521-535.

Wilkinson, S. S. (1980). *The relationship of teacher praise and student achievement: A meta-analysis of selected research.* Unpublished Ed.D., University of Florida, FL.

Willett, J. B.,Yamashita, J. J. M., & Anderson, R. D. (1983). A meta-analysis of instructional systems

applied in science teaching. *Journal of Research in Science Teaching, 20*(5), 405-417.
Williams, P.A., Haertel, E. H., Haertel, G. D., & Walberg, H. J. (1982). The impact of leisure-time television on school learning: A research synthesis. *American Educational Research Journal, 19*(1), 19-50.
Williams, S. L. (2004). *A meta-analysis of the effectiveness of distance education in allied health science programs.* Unpublished Ph.D., University of Cincinnati, OH.
Willig, A. C. (1985). A meta-analysis of selected studies on the effectiveness of bilingual education. *Review of Educational Research, 55*(3), 269-317.
Willis, S., & Kenway, J. (1986). On overcoming sexism in schooling: to marginalize or mainstream. *Australian Journal of Education, 30*(2), 132-149.
Willms, J. D. (2000). Monitoring school performance for "standards-based reform". *Evaluation and Research in Education, 14,* 237-253.
Willson, V. L. (1983). A meta-analysis of the relationship between science achievement and science attitude: Kindergarten through college. *Journal of Research in Science Teaching, 20*(9), 839-850.
Willson,V. L. (1984). Adding results to a meta-analysis: Theory and example. *Journal of Research in Science Teaching, 21*(6), 649-658.
Winne, P. H., & Butler, D. L. (1994). Student cognition in learning from teaching. In T. Husen & T. Postlethwaite (Eds.), *International encyclopedia of education* (2nd ed., pp. 5738-5745). Oxford, England: Pergamon.
Winner, E., & Cooper, M. (2000). Mute those claims: No evidence (yet) for a causal link between arts study and academic achievement. *Journal of Aesthetic Education, 34*(3/4), 11-75.
Winner, E., & Hetland, L. (2000). The arts in education: Evaluating the evidence for a causal link. *Journal of Aesthetic Education, 34*(3/4), 3-10.
Wise, K. C. (1988). The effects of using computing technologies in science instruction: A synthesis of classroom research. In J. D. Ellis (Ed.), *1988 AETS Yearbook* (pp. 105-118). Colorado Springs, CO: Office of Educational Research and Improvement, U. S. Department of Education.
Wise, K. C. (1996). Strategies for teaching science:What works? *Clearing House, 69*(6), 337-338.
Wise, K. C., & Okey, J. R. (1983).A meta-analysis of the effects of various science teaching strategies on achievement. *Journal of Research in Science Teaching, 20*(5), 419-435.
Wiseman, A. W. (2002, February). *Principals' instructional management activity and student achievement: A meta-analysis.* Paper presented at the Annual Meeting of the Southwestern Educational Research Association, Austin,TX.
Witt, E. A. (1993, April). *Meta-analysis and the effects of coaching for aptitude tests.* Paper presented at the Annual Meeting of the American Educational Research Association, Atlanta, GA.
Witt, P. L.,Wheeless, L. R., & Allen, M. (2004). A meta-analytical review of the relationship between teacher immediacy and student learning. *Communication Monographs, 71*(2), 184-207.
Witt, P. L., Wheeless, L. R., & Allen, M. (2006). A relationship between teacher immediacy and student learning:A meta-analysis. In B. M. Gayle, R. W. Preiss, N. Burrell & M.Allen (Eds.), *Classroom communication and instructional processes:Advances through meta-analysis* (pp. 149-168). Mahwah, NJ: Lawrence Erlbaum Associates.
Witter, R.A., Okun, M.A., Stock,W.A., & Haring, M. J. (1984). Education and subjective well-being: A meta-analysis. *Educational Evaluation and Policy Analysis, 6*(2), 165-173.
Wittgenstein, L. (1958). *Philosophical investigations* (G. E. M. Anscombe, Trans. 2nd ed.). Oxford: Blackwell.
Witziers, B., Bosker, R. J., & Kruger, M. L. (2003). Educational leadership and student achievement: The elusive search for an association. *Educational Administration Quarterly, 39*(3), 398-425.

Wixson, K. K., Peters, C. W., Weber, E. M., & Roeber, E. D. (1987). New directions in statewide reading assessment. *Reading Teacher, 40*(8), 749–754.

Wofford, J. C., Goodwin,V. L., & Premack, S. (1992). Meta-analysis of the antecedents of personal goal level and of the antecedents and consequences of goal commitment. *Journal of Management, 18*(3), 595–615.

Wood, R. E., & Locke, E. A. (1987). The relation of self-efficacy and grade goals to academic performance. *Educational and Psychological Measurement, 47*(4), 1013–1024.

Wood, R. E., Mento, A. J., & Locke, E. A. (1987). Task complexity as a moderator of goal effects: A meta-analysis. *Journal of Applied Psychology, 72*(3), 416–425.

Wood, W. (1987). Meta-analytic review of sex differences in group performance. *Psychological Bulletin, 102*(1), 53–71.

Woolf, B. P., & Regian, J. W. (2000). Knowledge-based training systems and the engineering of instruction. In S. Tobias & J. D. Fletcher (Eds.), *Training and retraining: A handbook for business, industry, government, and the military* (pp. 339–356). New York: Macmillan Reference.

Woolfolk Hoy, A. (1998). *Educational psychology* (7th ed.). Boston: Allyn & Bacon.

Worthington, J. (1991, May). *Reading groups: Problems, solutions.* Paper presented at the Annual Meeting of the International Reading Association, Las Vegas, NV.

Wortman, P. M. (1983). *School desegregation and Black achievement: An integrative review.* Washington, DC: National Institute on Education.

Wortman, P. M., & Bryant, F. B. (1985). School desegregation and Black achievement:An integrative review. *Sociological Methods Research, 13*(3), 289–324.

Wortman, P. M., & Napoli, A. R. (1996). A meta-analysis of the impact of academic and social integration of persistence of community college students. *Journal of Applied Research in the Community College, 4*(1), 5–21.

Wright, P. M. (1990). Operationalization of goal difficulty as a moderator of the goal difficulty-performance relationship. *Journal of Applied Psychology, 75*(3), 227–234.

Xin,Y. P., Grasso, E., Dipipi-Hoy, C. M., & Jitendra,A. (2005).The effects of purchasing skill instruction for individuals with developmental disabilities: A meta-analysis. *Exceptional Children, 71*(4), 379–400.

Xin,Y. P., & Jitendra, A. K. (1999). The effects of instruction in solving mathematical word problems for students with learning problems: A meta-analysis. *Journal of Special Education, 32*(4), 207.

Yaakub, M. N., & Finch, C. R. (2001). Effectiveness of computer-assisted instruction in technical education: A meta-analysis. *Workforce Education Forum, 28*(2), 1–15.

Yair, G. (2000). Educational battlefields in America:The tug-of-war over students' engagement with instruction. *Sociology of Education, 73*(4), 247–269.

Yang, W.-L. (1997, March). *Validity issues in cross-national relational analyses: A meta-analytic approach to perceived gender differences on mathematics learning.* Paper presented at the Annual Meeting of the American Educational Research Association, Chicago, IL.

Yates, G. C. R. (2008). Roadblocks to scientific thinking in educational decision making. *Australiasian Journal of Special Education, 32*(1), 125–137.

Yaworski, J. (2000). Using computer-based technology to support the college reading classroom. *Journal of College Reading and Learning, 31*(1), 19–41.

Yeany, R. H., & Miller, P. A. (1983). Effects of diagnostic/remedial instruction on science learning: A meta-analysis. *Journal of Research in Science Teaching, 20*(1), 19–26.

Yeany, R. H., & Padilla, M. J. (1986). Training science teachers to utilize better teaching strategies: A research synthesis. *Journal of Research in Science Teaching, 23*(2), 85–95.

Yekovich, F. R., Thompson, M. A., & Walker, C. H. (1991). Generation and verification of inferences by experts and trained nonexperts. *American Educational Research Journal, 28*(1), 189–209.

Yoshida, S. A. (1989). *A meta-analysis of the effects of grade retention on the achievement of elementary school children.* Unpublished Ph.D., Fordham University, NY.

Yoon, J.-C. (2002). Three decades of sustained silent reading: a meta-analytic review of the effects of SSR on attitude toward reading. *Reading Improvement, 39*(4), 186–195.

Zhao,Y., Lei, J.,Yan, B., Lai, C., & Tan, H. S. (2005). What makes the difference? A practical analysis of research on the effectiveness of distance education. *Teachers College Record, 107*(8), 1836–1884.

Zippert, C. P. (1985). *The effectiveness of adjusting teaching strategies to assessed learning styles of adult students.* Unpublished Ph.D.,The University of Alabama, AL.

事項索引

【あ行】

浅い理解　66
異学年・異年齢学級編制　125
インタラクティブ・ビデオの利用　241
ウェブベースの学習　240
ADHD　83, 133
エビデンス　19, 35, 252, 256, 277, 281, 286
遠隔教育　246

【か行】

概念地図法（コンセプトマッピング）　163
解法つき例題の提示　168
学習のモデル　63
学習時間　185
学習者　23
　―自身による学習の管理　197
　―の経歴　84
　―への期待　143
　―要因　71, 82
　―を分類すること　148
学習障害児　226
学習スタイルに合わせた指導　197
学習成果　69
学習の階層化　165
学習への保護者の関与　107
学習方略　227, 265
学習目的　156
学力　69
　過去の―　84
家族構成　102
学級規模　117
　―の効果　17
学級経営的側面　129
学級構成　117
学級内学習集団編制　127
学級の状況　129
学級風土　129, 130
学校外での学習　116, 246
学校規模　114
学校全体で取り組む授業改善　223
学校要因　74, 112
家庭環境　105
家庭訪問　109
家庭要因　74, 98
我慢強さ　92
カリキュラム　22, 27, 43, 127

完全習得学習（マスタリー・ラーニング）
　　166
基準値　50, 272
帰納的な指導　214
逆向き設計　266
教育課程→カリキュラム
教科に対する態度　93
教室の文脈　269
教師と学習者の関係　139, 184
教師の明瞭さ　150
教授方略　205, 233
教師要因　76, 137
競争的な学習　223
共通言語効果量→CLE
協同的な学習　219
協力指導（co-teaching）　229
工夫改善　275, 282
クラスメイト　133
形成的評価　181
現職教育　141
効果　29, 272
　　―のある方法　29
効果量　14, 36, 48, 55, 272
交互作用　20
構成主義　63, 210, 263
行動目標　162
合理的で疑いの余地のない（BRD）　41
個別指導　202
個別的な学習　221
コンピュータを利用した指導（CAI）
　　229

【さ行】

挿し絵などの補助資料　213
CAI→コンピュータを利用した指導
CLE　37, 51, 83, 85, 99, 113, 138, 206,
　　230
自己概念　88
自己言語化と自己質問　196
視聴覚教材の利用　242
実証的な説明　262
質問（教師が学習者に質問すること）
　　182
指導改善のための形成的評価　181
指導方法　265
指導方法要因　78, 154
指標　52
指標図　13, 23, 53
シミュレーション　243
社会経済的な地位（SES）　98
就学前教育　94
就学前プログラム　95
集団のまとまりの側面　130
集中学習→分散学習と集中学習　187
集中力　92
宿題　37, 248
主効果　20
証拠　26, 31
小集団学習　128
優れた指導　60
スタディスキル　192
性格　86
生活保護　101

419

積極性　92
先行オーガナイザー　162
早期教育　94
相互教授法　209
SOLOモデル　67, 272

【た行】

態度と気質　86
探究的指導　215
知識の構成　66
父親との同居・別居　103
直接教授　63, 210, 226
ティームティーチング　229
テクノロジーの利用　229
テストの頻度　177
テスト方略の指導とコーチング　179
テストを行うことの効果　177
テレビ視聴　106
動機づけ　90
到達基準　165

【な行・は行】

能力別学習集団編制　121
パイディア指導法　224
母親の就労　105
ピア・チュータリング　188
ピア学習　237
ひとり親家庭　102
一人っ子　105
標準偏差　36
フィードバック　29, 43, 169, 239, 253, 268

深い理解　66
フラクスメア・プロジェクト　101
ブルームタキソノミー（教育目標の分類学）　68
プログラム学習　245
プロジェクト・フォロー・スルー　212, 287
分散学習と集中学習　187
偏差値　15
妨害行為の減少　113, 132
保護者（親）　74, 98, 110

【ま行・や行・ら行】

マルチレベルモデリング　112
見通しの立つ指導　57, 62, 252
メタ認知的方略　191, 193
メタ分析　35
　―の諸問題　39
　―の統合　42, 46
メンタリング　190
目標　157
問題解決的指導　217
問題に基づく学習（Problem-based learning）　218
要因　51
養子　104
ランダム化比較試験（RCT）　19, 30, 40
理解のレベル　271, 290
離婚　103
両親のそろった家庭　102
連続尺度　37

人名索引

Abrami, P. C. 233
Allen, M. 184, 246
Amato, P. R. 103
Bangert-Drowns, R. L. 167, 177, 179, 216, 237
Becker, B. J. 180
Bereiter, C. 63
Berliner, D. C. 120, 185
Bishop, R. 31, 139, 153, 261
Bloom, B. S. 68, 166
Borman, G. D. 223
Breddrman, T. 215
Burns, M. K. 161, 236
Casto, G. 94, 108
Cohen, J. 36, 38, 277
Cook, T. D. 42, 188
Cooper, H. M. 37, 93, 147, 248
Csikszentmihalyi, M. 88
Cuban, L. 231, 280
Darling-Hammond, L. 152, 268
Fuchs, D. 146, 161, 180
Fuchs, L. S. 146, 161, 180
Glass, G. V. 28, 29, 36, 39, 269
Goldring, E. B. 95, 237
Guskey, T. R. 167
Haertel, G. D. 131
Hattie, J. A. C. 23, 39, 42, 47, 61, 77, 84, 88, 118, 122, 170, 184, 192, 247, 273
Hearold, S. L. 107

Hedges, L. V. 36
Jeynes, W. H. 104, 109
Johnson, D. W. 220
Kavale, K. A. 149, 198, 200, 228
Kulik, C. L. C. 44, 128, 167, 177, 179, 243, 246
Kulik, J. A. 44, 128, 167, 177, 179, 243, 246
Levin, H. M. 73, 285
Liao, Y. K. C. 242
Marzano, R. J. 45, 129, 208
Mason, D. A. 126
Niemiec, R. P. 186, 197, 236
Nuthall, G. A. 30, 73, 152, 171, 187, 222, 259
Oakes, J. 122
Page, E. B. 123
Pressley, M. 154, 289
Rosenthal, R. 36, 38, 173
Rubie-Davies, C. M. 77, 147, 151
Scriven, M. 29, 30, 41, 252
Shymansky, J. A. 216
Slavin, R. E. 167
Torgerson, C. J. 41, 237
van Ijzendoorn, M. H. 104
Veenman, M. V. J. 69
Veenman, S. 125
Walberg, H. J. 44, 116, 186, 284
White, K. R. 94, 99, 108

■監訳者紹介

山森光陽（やまもり こうよう）

国立教育政策研究所初等中等教育研究部総括研究官

昭和50年生まれ。慶應義塾大学文学部卒業，早稲田大学大学院教育学研究科博士課程中退後，現職。専門は教育心理学。

著書に『学力：いま，そしてこれから』（共編著／ミネルヴァ書房），『観点別学習状況の評価規準と判定基準』（全体編集／図書文化）など。

■訳者紹介

山森　光陽	監訳者	序文，謝辞，日本語版序文，監訳者解説，第1章，第3章
亘理　陽一	静岡大学准教授	第2章
西村多久磨	東京大学／日本学術振興会特別研究員PD	第4章
飯田　順子	筑波大学准教授	第5章
大下　卓司	神戸松蔭女子学院大学講師	第6章，第7章
磯田　貴道	立命館大学准教授	第8章 p.154-165, p.185-204
（一財）応用教育研究所		第8章 p.165-185
篠ヶ谷圭太	日本大学准教授	第9章 p.205-223
中本　敬子	文教大学教授	第9章 p.223-251
岡田　涼	香川大学准教授	第10章

■著者紹介

ジョン・ハッティ　John Hattie
メルボルン大学教授（Laureate Professor），メルボルン大学大学院教育研究所長，オークランド大学名誉教授

1950年生まれ。Ph. D.（トロント大学）。オークランド大学教授，メルボルン大学教授等を経て，現職。専門は教育測定・評価，教育心理学。英国タイムズ紙教育版で「世界で最も影響力のある教育学者」と評される。

著書に，Visible Learning: A Synthesis of Over 800 Meta-Analyses Relating to Achievement (Routledge, 2009; 本書)．Visible Learning for Teachers: Maximizing Impact on Learning (Routledge, 2011)『学習に何が最も効果的か：メタ分析による学習の可視化：教師編』原田信之訳者代表／あいり出版）など。

教育の効果
メタ分析による学力に影響を与える要因の効果の可視化

2018年2月20日　初版第1刷発行　［検印省略］
2020年4月10日　初版第12刷発行

著　　者	John Hattie
監訳者	山森光陽 Ⓒ
発行人	福富　泉
発行所	株式会社　図書文化社

〒112-0012　東京都文京区大塚1-4-15
Tel. 03-3943-2511　Fax. 03-3943-2519
http://www.toshobunka.co.jp/
振替　00160-7-67697

装　　丁	株式会社 オセロ
ＤＴＰ	株式会社 Sun Fuerza
印　　刷	株式会社 厚徳社
製　　本	株式会社 村上製本所

JCOPY〈出版者著作権管理機構 委託出版物〉
本書の無断複写は著作権法上での例外を除き禁じられています。複写される場合は，そのつど事前に，出版者著作権管理機構（電話03-5244-5088, FAX 03-5244-5089, e-mail: info@jcopy.or.jp）の許諾を得てください。

ISBN 978-4-8100-7686-8　C3037
乱丁，落丁本はお取替えいたします。
定価はカバーに表示してあります。